이화여자대학교 이화어린이연구원 총서 6

발현적 교육과정에 기초한

영아 프로그램의 이론과 실제

| 김희진 지음 |

도서출판 파란마음

머리말

우리나라에서 영아가 가정 밖의 기관에서 지내기 시작한 것은 1991년 「영유아보육법」이 공포된 이후이니 벌써 25년이 되었습니다. 25년이라는 긴 세월동안 가정과 사회의 환경뿐만 아니라 영아를 교육하는 것과 관련된 법과 제도도 많이 바뀌었습니다. 가정과 사회 측면에서는 저출산 대책, 여성 취업의 확대를 위한 대책, 다양한 특성을 가진 가족을 지원하는 대책의 일환으로 영아교육(또는 보육)이 확장되어 왔습니다. 관련법과 제도도 점차 자리를 잡았고 표준보육과정, 어린이집 평가인증, 교사용 지침서, 각 연령별 영아보육 프로그램도 '아주 아주 상세히' 제시되기 때문에 그대로 따라하면 양질의 교육(또는 보육)을 실시할 수 있다는 환상도 갖게 되었습니다. 그러나 어린이집의 양적 증가와 국가에서 실시하는 평가, 제공하는 지침이 양질의 영아교육을 보장하는 것 같지는 않습니다.

영아의 흥미나 발달을 무시하고 교사 주도적으로 하는 활동, 유아를 가르치는 것과 유사하게 대집단으로 실시되는 활동, 영아가 알 필요 없는 내용을 가르치는 것을 목적으로 하는 무의미한 활동, 영아가 자발적으로 참여하는 것이 아니라 '동원' 되는 활동이 실시되는 것을 볼 때 마음이 아픕니다. 교사가 이런 활동이 영아의 성장과 발달에 기여한다고 생각하여 최선을 다하는 것을 보면서 무엇이 어디서부터 잘못되었나를 생각하게 됩니다.

영아를 위한 교육은 따뜻하고 우호적인 분위기에서, 영아의 흥미가 무엇인지 파악하고, 영아의 흥미를 기초로 교육적 가치가 있는 것을 선별하고, 영아의 발달 단계와 개인적 특성을 고려하여, 어떻게 가르칠지를 결정하는 과정입니다. 너무나 당연한 이 원리를 현장에서 실현하기는 어렵습니다. 16년 전인 2001년에 이 원리가 구현된 영아를 위한 좋은 프로그램을 개발하려는 목적으로 연구를 시작해서 2004년에 첫 결과물인 『영아를 위한 프로그램의 이론과 실제』를 출판했습니다.

그 후 외국의 영아를 위한 국가수준 교육과정, 개별 프로그램 사례, 발현적 교육과정, 영아를 위한 교육 내용 및 평가에 관한 이론을 더 공부하고 이화어린이연구원 원장으로 영아 학급을 지도하면서 영아를 위한 교육은 영아기 발달의 특성, 영아의 흥미, 경험, 개인 특성을 고려하고 영아의 자발적 탐색과 반응의 결과에 기초하여 전개되어야 한다는 것을 다시 확인할 수 있었습니다. 성인이 아닌 영아를 모든 의사결정의 중심에 두고 영아가 말하고자 하는 것에 귀기울일 때 진정한 영아 중심의 교육이 이루어질 수 있다고 생각합니다. 이 책이 영아를 유아의 축소판처럼 보고 교육하는 과정에서 좌절을 느끼는 현장교사와 영아교육에 대한 건전한 기초를 다져야할 예비 교사와 대학원 과정에서 영아교육을 공부하는 예비 학자에게 많은 도움이 되길 바랍니다. 그리고 여러분이 "영아에게 무엇을 어떻게 가르쳐야 할까요?, 영아를 교육하는 것은 유아를 교육하는 것과 어떤 점에서 같고 어떤 점에서 달라야 할까요?, 또는 영아를 잘 가르치기 위해 교사가 필수적으로 알아야 할 사항은 무엇인가요?"라는 질문을 받았을 때 '좋은' 답을 할 수 있길 희망합니다.

그동안 교사에게 영아를 가르치는 것의 기쁨과 영감을 준 영아들, 연구와 교육의 실제가 선순환하는 이화어린이연구원의 특성을 믿고 지지해주셨던 부모님들, 영아를 가르치면서 관찰과 반성적 사고와 전문가적 의사결정과정을 거쳐 전문가로 성장한 선생님들과 많은 양의 원고를 효율적으로 편집하여 읽기 편한 책으로 만들어주신 도서출판 파란마음에 감사를 전합니다.

2017년 1월

김희진

차례

제1부 영아 프로그램의 기초

제2부 영아 프로그램의 실제

제 1 부

영아 프로그램의 기초

01 영아 프로그램의 필요성

02 영아의 발달과 교육

03 영아를 위한 교육 및 보육기관의 질에 대한 기준

04 영아를 위한 교육과정의 세계적 경향과 표준보육과정

05 발현적 영아교육과정

06 영아를 위한 교육 환경의 구성 및 운영

01 영아 프로그램의 필요성

1 영아 프로그램의 정의

2 영아 프로그램의 필요성

3 양질의 영아 프로그램의 필요성

1. 영아 프로그램의 정의

영아 프로그램은 만 3세 미만의 영아, 즉 출생 후부터 만 35개월까지의 영아를 대상으로 하는 교육 및 보육을 의미한다. 영아 프로그램은 대상의 연령이 낮다는 것에서 오는 특수성 때문에 만 3세 이상의 유아를 대상으로 하는 프로그램과 세부적인 교육 목표, 방법, 내용, 환경, 교사의 역할 등은 다르지만, 신체, 인지, 언어, 사회 · 정서 발달과 성장이 이루어질 수 있도록 최적의 인적 · 물리적 환경을 통해 지원한다는 것은 동일하다. 즉, 영아 프로그램은 유아교육 및 보육의 큰 틀 안에서 영아의 다양한 특성을 고려한 교육을 제공하는 것을 의미한다.

2. 영아 프로그램의 필요성

최근 사회적 · 경제적 · 교육적 환경의 변화로 인해 가정 밖에서 교육받는 연령이 하향화되고 있는 추세이다. 교육 대상 연령의 하향화는 1980년대 이후 지속되어온 현상이지만 최근 가속화되고 있다. 과거에는 소수의 유아만이 초등학교 입학 전에 가정 밖에서 교육을 받았으나, 1980년대 이후에는 유치원, 어린이집 등을 포함한 유아교육기관에 다니는 것이 점차 보편적인 현상이 되었다. 1992년부터는 만 3세 유아도 유치원에 다닐 수 있게 되었고, 1991년 「영유아보육법」이 공포되어 만 3세 미만의 영아를 위한 교육도 어린이집과 놀이방에서 부분적으로 실시되었다. 그러나 취업모의 자녀가 많았기 때문에 영아의 교육적 필요성보다는 어머니의 직업적 필요성에 의해 보육이 실시되는 경우가 많았다. 1990년대 말부터는 다양한 요인으로 인해 만 3세 미만의 영아를 대상으로 하는 교육이 본격적으로 확산되었다. 본 절에서는 영아교육에 대한 요구 증가에 영향을 미친 요인을 통해 영아교육의 필요성을 살펴보고자 한다.

1) 여성 취업의 확대

현대의 산업 및 경제 구조 변화에 따라 여성 인력의 활용이 국가적인 과제로 떠오르고 있다. 우리나라의 2014년 여성 고용률은 49.5%, 여성 경제 활동 참가율은 51.3%

(통계청, 2014)로 나타났는데 이는 15세 이상 여성 인구 중 반 정도가 경제 활동에 참가하고 있음을 의미한다. 우리나라의 지난 10년간 여성 경제 활동 참가율은 50% 수준에서 정체되어 있고, 이는 2014년 OECD 평균이 62.8%임을 고려하면 OECD 32개 국가 중 하위권인 실정이다(e-나라지표, http://www.index.go.kr/potal/main/EachDtlPageDetail.do?idx_cd=1572).

여성이 지속적으로 경제 활동에 참여해야 함에도 불구하고, 출산 후 자녀를 맡길 기관을 찾지 못해 직장을 그만두는 경우가 많다. 15세부터 54세까지의 기혼여성 중 20.7%가 임신, 출산, 육아로 인한 경력 단절을 경험한다. 2015년에는 10가구 중 4가구가 맞벌이였는데 임신이나 출산 전까지 일하고 그 후 일을 그만두었다가 자녀가 어느 정도 성장하면 다시 일을 시작하는 전형적인 M자형 취업률 분포를 보이고 있다(통계청: 정책뉴스> 2016 통계로 보는 여성의 삶, http://www.kostat.go.kr). 국가통계포털(http://kosis.kr/)에서 이를 뒷받침할만한 통계 사료를 많이 찾을 수 있다. 15세 이상의 여성을 대상으로 한 여성 취업의 장애 요인이 무엇인가에 대한 2015년 조사에서 육아 부담이라고 응답한 응답자가 47.5%로 제시된 7가지 장애 요인 중 가장 높았다. 또한 30~39세 응답자 중 58.9%가, 비맞벌이 가정의 49.6%(참고: 맞벌이 가정은 48.5%)가 육아 부담을 취업 장애 요인으로 응답하였고, 실제 직장을 그만둔 여성의 45.8%가 자녀를 믿고 맡길 곳이 마땅치 않아서라고 응답한 것으로 보아 육아가 여성 취업에 장애 요인이 됨은 분명하다. 서울을 포함한 6대 도시에서 현재 맞벌이 하고 있는 800가정을 대상으로 한 연구(이윤진 · 이정원 · 김문정 · 황은숙, 2010)에서도 만 2세 이하의 자녀를 둔 가정의 45.1%만이 어린이집을 이용하고 있는 것으로 나타나 부모의 요구에 비해 영아 학급의 수가 부족함을 알 수 있다. 이상에서 살펴본 바와 같이 여성 취업의 확대로 인해 영아의 교육 및 보육의 필요성이 증가하고 있으나 영아를 수용할 수 있는 시설의 수는 부족하다고 할 수 있다.

최근 만 3세 미만의 영아를 둔 어머니들이 취업하는 경향이 증가함에 따라 가정 밖에서의 보육이 필요한 영아의 수도 증가하고, 가정 밖의 보육이 필요한 영아의 연령 또한 하향화되는 경향을 보이고 있으나 보육시설의 수는 절대 부족한 실정이다. 보건복지부의 보육 통계(보건복지부, 2016a)를 보면 2015년 12월을 기준으로 각종 유형의 어린이집에 재원 중인 어린이는 약 1,452,813명인데, 0세는 137,117명(약 10.6%), 1세는 308,227

명(약 21.2%), 2세는 419,252명(약 28.9%)로 전체 재원생의 약 60.7%가 만 2세 이하의 영아이다. 보건복지부 2002년 보육 통계에서 만 2세 이하의 영아가 차지하는 비율이 약 28%였음을 고려하면 지난 15년간 만 2세 이하의 영아가 어린이집에 다니는 퍼센트는 2배 이상 증가하였다.

2) 가족 구조의 변화

현대 가족 구조의 변화 중 가장 두드러진 현상은 핵가족화와 가족 당 자녀 수의 감소이다. 가구 구성 형태 중, 부모 또는 한부모와 자녀로 구성되는 2세대 가족의 비율이 약 55.7%를 차지(통계정보시스템: 가구구성/ 가구원수별 가구 자료, 2010, http://kosis.nso.go.kr)할 만큼 핵가족화가 진행되고 있다. 핵가족화로 인해 조부모나 친척과의 상호 교류가 적어짐에 따라 부모들이 취업, 외출, 또래 접촉, 교육 등의 이유로 자녀의 연령이 어릴 때부터 교육기관이나 프로그램을 찾는 경향이 높아지고 있다.

또한 여성 1명이 낳는 평균 출생아 수는 2015년에 1.24명(http://kosis.kr/)으로 2000년 1.47명, 2001년 1.30명에서 점차 감소한 것으로 나타났다. 자녀의 수가 감소할수록 자녀에 대한 관심과 기대, 자녀에게 투자할 수 있는 비용이 증가하기 때문에 어릴 때부터 자녀에게 다양한 교육적 경험을 제공하고자 하는 욕구도 증가하고 있다. 최근 영아를 대상으로 하는 놀잇감, 교재 · 교구, 학습지를 출판하거나 교사를 가정으로 보내 교육하는 상업적 프로그램이 증가하는 것도 이런 현상을 반영하는 것이라 할 수 있다. 살펴본 바와 같이 핵가족화와 가족 당 자녀 수의 감소로 인해 영아교육 프로그램에 대한 수요와 필요성이 증가하고 있다.

3) 영아기에 대한 시각의 변화

첨단 과학을 활용한 뇌과학(Nuroscience) 분야의 연구를 통해 영유아기가 두뇌 발달의 90%가 이루어지는 시기(Center on the Developing Child at Harvard University, 2007, 2010)이고 신생아는 출생부터 많은 능력을 가지고 태어난다는 것이 밝혀졌다. 예를 들면, 생후 1개월 경에는 부모가 자신에게 빨리 반응하는지 안 하는지에 따라 다르게 대처할 수 있고, 4~6개월 경에는 어떤 것(예 엄마의 옷)은 변하지만 어떤 것(예 엄마의 얼굴)은 변하지 않는다는 것을 이해하며, 덧셈이나 뺄셈에 대한 수학적 기초지식이나 중력에 대한 물리적 기초지식도 가지고 있다(뉴스위크 한국판 특별호, 2001, 2008).

현대의 첨단 과학은 신생아와 영아의 놀라운 능력뿐만 아니라 그런 능력을 극대화시키는 방법까지 제시(Family & Work Institute, 1996; Zigler, Finn-Stevenson & Hall, 2003)하고 있어 교육자와 부모들의 관심이 집중되고 있다. 출생 시 인간의 두뇌에는 약 1천억 개의 뉴런(신경 단위)이 있지만 아직 연결은 되지 않은 상태이다. 뇌가 잘 기능하기 위해서는 뉴런이 연결되어 수많은 양질의 시냅스(신경세포의 접합)가 형성되어야 한다. 뉴런이 어떤 방식으로 어느 정도 연결되어 어떤 시냅스가 형성될지, 즉 두뇌 발달의 질이 어떻게 결정될지는 영아가 어떤 경험을 했느냐에 따라 달라진다고 학자들은 밝히고 있다. 환경에서 주어지는 새로운 자극은 잠정적인 시냅스를 형성하고 형성된 시냅스는 다시 영아를 자극해 더 복잡한 기능을 할 수 있도록 해주기 때문이다(Berk & Meyers, 2015). 생후 3년간의 초기 경험이 이후의 성장과 발달에 결정적 역할을 한다는 것이 강조되면서 1990년대 이후 우리나라뿐만 아니라 전 세계적으로 영아를 위한 프로그램에 대한 수요와 필요성이 증가하고 있다.

4) 영아와 영아기 자체를 위한 교육 및 보육

영아를 위한 교육 및 보육은 전 세계적으로 영아보다는 영아 외적 요인에 의해 시작되었다. 즉, 영아나 영아기 자체를 위한 교육 및 보육이 제공되기보다는 사회의 산업 구조 변화에 따른 여성 취업 증가나 가족 구조 변화에 대한 대응과 저소득 가정을 지원하는 사회 복지적 측면의 필요성에 의해 시작되었다.

우리나라에서 1991년 제정된 「영유아보육법」 제2조 2항에 따르면 '보육시설이라 함은 보호자가 근로 또는 질병 기타 사정으로 영유아를 보호하기 어려운 경우에 보호자의 위탁을 받아 영유아를 보육하는 시설을 말한다.' 고 정의되어 보호자의 취업이나 질병 그리고 경제적 상황 같은 기타의 요인을 강조하고 있다. 이런 경향은 미국과 이탈리아도 예외가 아니다. 미국에서는 저소득 가정을 대상으로 하는 Head Start의 일환으로 영아를 대상으로 하는 Early Head Start가 시작되었고, 이탈리아에서는 1971년 가족을 지원하고, 여성의 취업을 촉진하고, 5개월간의 유급 산후 휴가를 보장하는 법률이 통과되어 영아-걸음마기 센터(infant-toddler center)가 확산되었다(Edwards, Gandini, & Forman, 2012).

그러나 최근 외국에서 영아기의 교육 및 보육은 영아 외적인 요인보다는 영아 자체를 위해 존재해야 한다는 인식이 빠르게 확산되고 있다. 즉, 영아를 위한 교육 및 보육은 영아기의 성장과 발달을 최적화할 수 있는 가장 보편적인 서비스이기 때문에 부모의 사회경제적 지위 또는 취업 여부와 관계없이 모든 영아가 누려야 하는 권리로 인식되고 있다. 이런 권리는 루소, 페스탈로치, 프뢰벨 등의 철학자에 의해서도 강조되어 왔다(Weber, 1984).

실제로 이탈리아에서는 1980년대에 담당 부처가 보건복지부에서 교육부로 이전되었고(Mantovani, 2001), 부모의 사회경제적 지위나 취업과 관계없이 많은 영아와 걸음마기 어린이가 영아-걸음마기 센터에 다니고 있다. 영아가 프로그램의 핵심이기 때문에 프로그램의 목적에도 영아의 동기 유발, 자기 규제, 사회적 교류의 확장, 신뢰할 만한 성인과의 교류 증대 등의 내용이 강조된다(Edwards et al., 2012).

요약하면, 만 3세 미만의 영아를 대상으로 하는 교육 및 보육은 유치원 교육이나 초·중등 교육과 마찬가지로 영아의 성장과 발달에 필수적인 요소이기 때문에 실시되어야 한다. 따라서 영아를 위한 교육과정도 부모의 직업적 또는 사회경제적 필요성보다는 영아의 교육적 필요성에 초점을 맞추어야 한다.

3. 양질의 영아 프로그램의 필요성

다양한 원인으로 촉발된 영아기 교육 및 보육에 대한 수요가 높아지면서 영아를 대상으로 하는 어린이집의 수가 증가하고 다양한 학원이 생겨났다. 불행히도 학원의 경우 행정적 규제만 있을 뿐 교육적 질을 점검하는 제도가 마련되어 있지 않다.

반면 어린이집의 경우 질을 보장하려는 노력이 꾸준히 이어져오고 있다. 1991년 제정되어 2016년까지 수십회의 개정을 거친 「영유아보육법」, 「영유아보육법」 시행령과 시행규칙에서는 0세, 1세, 2세를 따로 구분하여 보육교사 대 영아 비율, 보육료, 시설별 영아반의 지원 기준 등을 마련하였다. 매년 갱신되는 보육사업안내(보건복지부, 2016b)에서도 보육의 질을 향상하기 위해 어린이집 설치, 운영, 보육교직원 자격, 보육교직원 관리, 보육교직원 보수 교육 및 양성 교육, 어린이집 평가인증, 시간제 보육, 보육 예산 지원 측면의 지침을 마련하고 있고 필요한 사항에 대해서는 영아를 대상으로 하는 별도 지침을 제시하고 있다.

이렇게 제도적으로 질을 향상시키기 위한 노력을 하고 있으나 영아를 위한 양질의 보육이 실제로 이루어지는가에 대한 확신을 하기는 어렵다. 미국에서 1990년대 중반에 이루어진 일련의 연구 결과(Galinsky, Howes, Kontos, & Shinn, 1994)에서도 각종 제도와 평가 체제가 있음에도 불구하고 약 10%의 기관만이 양질의 보육을 제공하고 있고, 40% 정도의 기관은 오히려 영아의 성장과 발달을 저해하고 있다는 것이 밝혀졌다. 영아기의 특별 활동이 무의미함에도 불구하고 현재 우리나라에서는 실시되고 있다. 이미화 · 민정원 · 엄지원 · 윤지연(2013)이 서울 및 경기 지역에 0, 1, 2세반을 운영하는 다양한 설립 유형의 90개 어린이집을 대상으로 실시한 연구 결과에서 만 1세 학급의 33.5%가 만 2세 학급의 75.4%가 체육, 음악, 미술, 외국어, 감각 및 조작 같은 특별 활동 프로그램을 실시한다는 충격적인 결과를 보고하고 있다.

영아를 대상으로 하는 많은 연구는 영아교육 및 보육의 질이 중요함을 강조하고 있다. Family and Work Institute(1996)는 두뇌 발달에 관한 연구의 결과를 종합하고 여러 가지 시사점을 제공하였는데, 부적절 또는 부족한 경험이나 자극, 그리고 사회적 환경과의 관계 형성 실패는 오히려 영아에게 치명적인 해가 될 수 있다고 경고하였다. 반면 양질의 교육 및 보육의 지표가 되는 풍부하고 적절한 인적 · 물리적 환경 안에서

지지하고 안내해 주는 성인과 또래와의 신뢰로운 관계 형성은 영아의 발달을 촉진한다고 보고하였다. 뇌 과학을 연구하는 학자도 영아기가 중요하긴 하지만 영아기 교육의 초점은 신체, 감각 및 사회 · 정서 발달(Thompson & Nelson, 2001)이어야 함을 강조하고 있다. 또한 이들은 영아기의 부정적 경험은 건강과 발달을 이끄는 생물학적 시스템에 장기적으로 부정적 영향을 줄 수도 있다는 것도 경고하고 있다.

현재 양질의 영아교육 및 보육에 대한 부모의 요구는 매우 높다. 과거와 달리 취업모뿐만 아니라 비취업모도 자녀를 어린이집에 보낸다. 부모는 단순히 잘 먹이고, 잘 재우고, 잘 씻기고, 안전하게 놀게 하는 차원을 넘어서 교육적으로도 풍부한 자극이 제공되는 프로그램을 요구하고 있다. 취업모를 대상으로 한 연구에서 교육의 질이 좋으면 비용을 더 지불할 용의가 있다고 응답한 부모도 약 16%나 있었고, 약 40%의 부모들이 '적절한 교사 대 아동 비율, 발달과 연령에 적합한 교육 내용 제공'을 개선해야 할 약 15가지 사항 중 제1순위로 선택하였다(노동부, 2002).

이상에서 살펴본 바와 같이, 여성 취업의 확대, 가족 구조의 변화, 영아기에 대한 시각 변화의 요인이 복합적으로 작용하여 영아교육에 대한 수요가 증가하게 되었다. 그러나 영아교육에 대한 수요 증가가 영아를 위한 양질의 프로그램으로 연결된 것은 아니었다. 취업모의 자녀를 위한 유치원 종일반, 어린이집, 놀이방이 양적으로 증가하기는 하였으나, 영아에게 긍정적 영향을 주는 양질의 경험 제공이 보장된 것이 아니었기 때문이다. 비용, 시설, 교사 수급 등의 문제로 인해 최소의 보호만 제공하는 기관도 많았기 때문에 교육계와 보육계에서는 영아를 위한 양질의 교육 및 보육을 제공하는 것을 중요한 과제로 인식하고 있다.

또한 1990년 이후 영아의 뇌를 자극해 주는 다양한 놀잇감, 전략 및 프로그램이 개발되었지만, 어떤 것은 영아에게 도움이 되기보다는 해가 되기도 하였다. 예를 들면, 부모들은 생후 2~3개월 된 영아를 영재학원에 데리고 가서 플래시 카드를 교수 매체로 하는 부적절한 교육을 받게 했고, 그 부작용으로 소아정신과를 찾는 사례가 많이 생기기도 하였다.

영아에게 생후 3년간이 결정적 시기라는 것은 영아기의 경험이 긍정적 영향뿐만 아니라 부정적 영향도 줄 수 있음을 시사한다. 즉, 영아기에 경험하는 자극의 질이 부적절할 때는 영아의 성장과 발달에 지속적으로 부정적인 영향을 준다는 것이다. 따라서 영아기에 제공되는 다양한 경험은 영아의 성장과 발달을 지원할 수 있는 긍정적인 것이어야 한다.

요약하면, 영아를 위한 교육 프로그램의 수요가 다양한 요인의 영향으로 증가하고 수요의 증가에 따라 공급도 증가하였지만, 양질의 경험이 제공되고 있는가에 대해서는 의문이 제기되는 실정이다. 생후 3년간의 기간이 영아에게 결정적 시기이기 때문에 영아의 발달, 개인적 특성, 환경적 특성을 고려하여 전인적 발달과 성장을 지원할 수 있는 양질의 교육 프로그램이 필요하다.

02 영아의 발달과 교육

1 영아 발달과 교육

2 영역별 발달과 영아교육에의 시사점

1. 영아 발달과 교육

발달을 돕는 것 자체가 교육의 목적이 될 수 있느냐에 대해서는 많은 논쟁(Kohlberg & Mayer, 1972; Pellegrini & Dresden, 1991)이 있어 왔다. 그러나 영아의 신체, 인지, 언어, 사회 · 정서 발달이 언제, 어떤 방식으로 이루어지는가와 같은 발달의 과정이나 원리가 교육에 많은 시사점을 준다는 것에는 누구나 동의한다. 특히, 연령이 어릴수록 발달의 정도에 따라 할 수 있는 것과 없는 것(예 걷기, 가위질, 연필 잡기), 이해할 수 있는 것과 없는 것(예 다른 사람의 입장, 특정 개념)이 달라지고, 영아를 대상으로 하는 교육 목표, 교육 내용, 교육 방법, 교수 매체를 결정하는데도 영향을 주기 때문에 발달을 이해하는 것은 매우 중요하다.

영아교육과 관련된 문헌(김혜경 외, 2002; 박태순 · 최은실 · 최연희, 2013; 장영희, 2000; 한국어린이육영회, 2002)을 살펴보면 특히 만 1세 미만 영아의 경우에는 발달 그 자체가 교육이라고 할 정도로 영아의 발달과 교육은 밀접한 관계가 있다. 다음의 |표 2-1|에 나타나 있듯이, 영아의 발달 특성을 서술하고 발현하고 있는 능력을 지원해 줄 수 있는 전략을 '성인의 역할, 주요 경험, 또는 교육 활동' 이란 용어로 표현할 만큼 영아기 발달은 교육에 영향을 미친다.

실제로 영아의 교육을 담당하는 교사가 영아의 발달을 지원하기 위해서 영아의 발달을 이해하고, 관찰하고, 실천하는 것은 매우 중요하다. 이탈리아에서도 현직 교육에서 가장 중시하는 것이 영아의 발달을 이해하는 것이다(Edwards et al., 2012). 현직 교육은 교사가 어린이의 발달을 인식하고 이해하도록 하는 것을 중심으로 이루어지기 때문에 영아를 관찰하고 기록하고 토론하도록 하고 있다.

따라서 영아를 위한 교육과정을 계획하고 실천하기 위해서는 영아의 발달에 대한 이해를 기초로 곧 발현하려고 하거나 이미 발현하여 더욱 견고해져 가는 영아의 능력을 지원할 수 있도록 방향을 설정해야 한다. 즉, 비고스키가 강조하는 근접발달지대의 개념(Bodrova & Leong, 2005)을 이해하고 발달과 학습이 유기적인 연관 속에서 상호 영향을 주며 이루어질 수 있도록 지원하는 교사의 노력과 교육과정 운영이 필수적이다.

표 2-1 영아의 발달 특성

4개월 된 영아의 신체 발달 특성	성인의 역할 및 주요 경험(교육 활동)
• 똑바로 안았을 때 머리를 잘 가눌 수 있다.	• 바깥을 향해 똑바로 안아주어 주변의 사물을 탐색할 기회를 준다. 예 함께 바라보아요(p. 105)
• 주먹을 쥔 상태로 양손을 뻗어 물건에 손을 대려고 한다.	• 영아의 손이 닿는 위치에 가볍고 주먹으로 치기 쉬운 장난감을 놓아 준다. 예 소리가 나네(p. 95)
• 다양한 거리에 위치한 사물에 초점을 맞출 수 있다.	• 놀잇감을 영아가 볼 수 있도록 다양한 거리와 위치에 놓아 준다. 예 야! 예쁜 모양이다(p. 96)
• 타인의 도움을 받아 앉을 수 있다.	• 영아의 등에 받침을 대주어 앉을 수 있는 기회를 제공한다.
• 점차 복잡하고 의미 있는 패턴을 선호한다.	• 밝은 색상의 복잡하고 의미 있는 패턴을 가진 놀잇감이나 모빌을 제공한다. 예 리본과 실이 빙글빙글(p. 94)
• 소리 나는 곳을 향해 얼굴을 돌려 찾는다.	• 여러 방향에서 소리 나는 놀잇감을 흔들어 주거나 이름을 불러 준다. 예 방울 양말놀이(p. 106)

| 출처 | 한국어린이육영회(2002). 영아교육활동 자료집 1(3~12개월)

2. 영역별 발달과 영아교육에의 시사점

본 절에서는 0~2세 영아의 신체, 인지, 언어, 사회 · 정서 발달의 경향을 살펴봄으로써 영아를 위한 양질의 교육과정을 계획할 수 있는 기초를 제공하고자 한다. 본 절에서 제시되는 각 연령별 발달 특징은 평균적인 영아가 나타내는 특징이다. 영아기는 발달의 개인차가 큰 시기이기 때문에 발달이 빠른 영아와 더딘 영아 간에는 약 6개월의 차이가 있을 수 있다. 또한 영아 개인 내 발달 영역 간 차이도 커서 신체 발달은 또래 영아를 앞서가는 반면, 언어 발달은 뒤쳐질 수도 있다. 교사는 자신이 담당하고 있는 영아의 연령에 따른 전반적인 특성뿐만 아니라 개별 영아의 특성에도 주목하여 적절한 환경 구성, 활동 선정, 반응적인 상호작용이 이루어지도록 한다.

1) 신체 발달

출생 후 3년간은 인간 발달의 전 시기 중 발달이 가장 급속히 이루어지고, 많은 변화가 일어나며, 이 발달과 변화가 일생동안 큰 영향을 미치기 때문에 매우 중요한 시기이다. 특히 신체 발달은 첫 3년간 키는 약 2배, 몸무게는 약 5배 증가할 만큼 빨리 진행된다. 출생 직후에는 운동 능력이 미약하여 고개를 가누지도 못하던 영아가 2~3년 후에는 혼자 걷고, 안정적으로 달리거나 뛰어오를 수도 있게 된다. 출생 시에는 스스로 사물을 잡지도 못하고, 잡으려고 손을 뻗어도 조절이 안 됐지만, 역시 2~3년 후에는 필기도구를 사용하여 그림을 그리거나 큰 단추를 끼울 정도로 소근육이 발달하게 된다. 출생 시에도 지각이 어느 정도 발달되었지만, 점차 보기, 듣기, 냄새 맡기, 맛보기, 촉각으로 느끼기 능력도 미세한 차이를 구별할 수 있을 정도로 발달하게 된다. | 표 2-2 | 에 제시된 것은 첫 3년간 이루어지는 신체 발달의 평균적인 지표이다.

표 2-2 신체 발달의 일반적인 경향

평균 개월	신체 발달의 특성(분야: 개월*)
출생~6개월 전반*	• 키와 몸무게가 급속히 증가함 • 반사행동이 점차 사라짐 • 밤에 잠자는 패턴으로 수면 패턴이 점차 바뀜
신생아	• 약 20~30cm 거리의 사물만 봄(시각) • 사물의 외곽을 중심으로 시각적 탐색을 하고, 한 번에 하나의 사물에만 관심이 있음(시각) • 크기 항상성에 대한 개념이 있음(지각) • 큰 조각으로 된 패턴을 선호함(지각)
6주	• 머리를 안정적으로 들 수 있음(대근육)
2개월	• 엎드려 놓았을 때 양팔로 지탱하여 상체를 어느 정도 들 수 있음(대근육) • 앞에서 뒤로 뒤집을 수 있음(대근육) • 색을 인식함(시각) • 사물의 내부에 대한 시각적 탐색이 가능해짐(시각) • 점차 세밀한 패턴을 선호함(지각: 2~3개월) • 여러 세부 요소를 결합하여 전체 이미지 구성이 가능함(지각: 2~3개월) • 사람의 얼굴을 더 선호하기 시작함(지각: 2~3개월) • 사진에서 엄마의 얼굴을 식별해 냄(지각: 2~3개월)
3~4개월	• 뒤에서 앞으로 뒤집을 수 있음(대근육) • 손바닥으로 물건을 움켜잡을 수 있음(소근육) • 성인만큼 사물에 초점을 맞추어 볼 수 있음(시각) • 움직임에 대한 민감성이 증가함(시각: 3주~3개월)
5개월	• 한 손에 들고 있던 사물을 다른 손으로 옮겨 잡음(소근육)
6개월	• 움직이는 사물을 시각적으로 추적할 수 있음(시각) • 양쪽 눈을 사용해서 초점을 맞추는 능력이 점차 발달함(시각: 3~6개월)
7~12개월 전반*	• 혼자 앉고, 기고, 잡고 걸을 수 있음 • 잡기, 뻗기 등의 소근육 발달이 점차 정교해짐 • 점차 다양한 자극을 조직하여 의미 있는 패턴을 파악해 냄 • 점차 색, 모양, 소리, 질감의 차이점을 파악하여 사물을 구별하고 이해함
7개월	• 혼자 앉을 수 있음(대근육) • 기기 시작함(대근육) • 그림에 대한 민감성이 증가함(시각: 6~7개월)
8개월	• 잡고 일어섬(대근육)
9개월	• 까꿍놀이를 시작함 • 손가락으로 사물을 잡음(소근육)
10개월	• 점차 복잡하고 의미 있는 패턴을 식별해 냄(지각: 4~10개월) • 점차 사람 간의 얼굴 모습의 차이점을 인식하고, 정서적 표현을 식별해 냄(지각: 4~10개월)

〈계속〉

| 표 2-2 | 〈계속〉

평균 개월	신체 발달의 특성(분야: 개월*)
11개월	• 혼자 일어섬(대근육) • 깊이 지각이 점차 생김(시각: 6~11개월)
12개월	• 붙잡고 걷거나 혼자 걷기 시작함(대근육)
13~18개월 전반*	• 키와 몸무게가 증가하긴 하나 첫 1년보다는 둔화됨 • 걷기가 안정적이고 세련되어짐 • 소근육의 발달로 크기가 작은 사물도 점차 잘 다루게 됨
13개월	• 2개의 블록을 쌓을 수 있음(대 · 소근육)
14개월	• 힘차게 긁적거릴 수 있음(대 · 소근육)
16개월	• 도움 받아 계단을 올라갈 수 있음(대근육)
19~24개월 전반*	• 뛰고, 달리고, 기어 올라갈 수 있음 • 소근육의 발달로 크기가 더 작은 사물도 점차 잘 다루게 됨
23개월	• 제자리에서 두 발로 뛸 수 있음(대근육)
24개월	• 가장 자연스럽게 배변 훈련을 시작할 수 있음(신체 조절)
25개월	• 발끝으로 걸을 수 있음(대근육)
24~36개월*	• 보폭이 적당해지고, 다리에 맞춰 팔을 흔들며 리듬감 있게 걷게 됨(대근육) • 계단에서 뛰어내릴 수 있고, 두 발을 함께 모아 뛰어오를 수 있음(대근육) • 발, 어깨, 몸을 사용하지 않고, 팔만 뻗어 던지기 가능함(대근육) • 팔을 뻗어 공이 팔 안에 떨어지기만을 기다림(대근육) • 옷에 달린 큰 단추, 거는 단추 같은 것을 끼울 수 있음(소근육) • 잡아주면 큰 지퍼를 올리고 내릴 수 있음(소근육) • 숟가락을 효율적으로 사용함(소근육) • 문고리를 돌려 문을 열 수 있음(소근육) • 큰 구슬을 끈에 끼울 수 있음(소근육) • 식욕이 과거에 비해 줄어듦

*발달 현상이 여러 개월에 걸쳐 서서히 나타나는 경우를 표시함
| 출처 | Berk(1999). p. 184, 188, 203, 290–291을 재구성함

생후 첫 3년간 영아의 신체 발달 경향을 고려하여 성인이 지원할 수 있는 방법을 요약하면 다음과 같다. 다음에 제시된 성인의 역할은 영아를 대상으로 하는 프로그램에서 교육 활동을 계획하거나 교사의 역할을 수행할 때 염두에 두어야 하는 역할이다.

신체 발달을 위한 교사의 지원

- 특히, 생후 1년간은 대근육을 중심으로 하는 신체 발달이 급격히 이루어지므로 신체 발달 지표를 파악하고 적절한 환경을 제공하여 발달하는 신체운동 능력을 연습할 기회를 제공함
- 뻗기, 잡기, 쥐기 등의 소근육 발달을 지원할 수 있는 환경, 놀잇감, 기회를 제공함
- 운동 기능 간의 협응이 필요한 활동을 계획하여 제공함
- 실내 · 외에서 활발하게 움직일 수 있는 기회를 제공함
- 영아의 운동 협응 능력은 미약하나 혼자 하려는 욕구가 강하므로 특히 안전에 유의함
- 수유기와 이유기를 거쳐 성인의 음식을 먹을 수 있을 때까지 건강한 식습관을 형성하도록 지원함
- 연령이 어릴수록 운동 기능과 감각 기능을 활용하여 주변의 사물, 사람, 세상을 탐색하므로 신체 발달뿐만 아니라 인지 발달을 지원하는 기회로 활용함

다음은 교사가 영아의 신체 발달을 고려하지 않고 지도하는 사례를 통해 바람직한 지도 방안을 살펴본 것이다.

예 2-1 신체 발달을 고려하지 않은 교사의 지도 사례와 개선 방향

상황과 교사의 지도 사례(2세 학급)

- A가 미술 영역으로 온다. 교사가 다른 영아에게 포도 그림을 그려주는 것을 보고는 교사에게 "선생님, 포도."라고 말한다. 교사가 A4 용지에 포도를 그려 A에게 건넨 후 "색칠해."라고 말한다. A는 교실 바닥에 엎드려, 색연필을 주먹으로 잡고 포도를 색칠한다. A가 색칠한 포도송이는 포도알과는 상관없이 마구 칠해져 있다.
- A는 포도 그림을 교사에게 가지고 가서 "이거 포도 나오게(해줘요.)."라고 한다. 교사는 "아, 포도를 자르고 싶구나? 그럼 가위로 잘라보세요." 하고 말하며, 가위를 찾아 건네준다. A는 가위질을 하기 시작한다. 오른손으로 가위를 주먹 쥐듯이 잡고 종이를 왼손에 들었다. 두어 번 가위질을 하지만, 종이는 잘리지 않고 가위 날 사이에서 헛돈다.

발달 특성

- 대부분의 만 2세 영아, 특히 남아는 포도알 같은 작은 원에 색칠하거나 얇은 A4 사이즈의 종이에 그려진 곡선이 중첩된 모양(즉, 포도)을 자를만큼 소근육 발달과 눈과 손의 협응력이 발달되어 있지 않다.

바람직한 지도 방안

- 교사가 그려주기: 어떤 경우에도 교사가 그려주기보다는(포도 모양대로 그릴 수 없더라도) 영아가 그리도록 격려한다.
- 색칠하기: 포도를 색칠하게 하기보다는 큰 사이즈의 크레용이나 색연필로 대근육을 활용하여 원하는 대로 그리게 한다.

- 가위질하기
  - 위의 사진에 있는 가위가 아닌 영아용 가위를 준비해준다.
  - 정해진 모양대로 가위질을 하는 것이 아니고 자유롭게 가위질하게 한다.
- 가위질 연습
  - 점토 자르기, 빨대 자르기, 코팅 파지 자르기 등 영아가 쉽게 자를 수 있는 자료를 사용하게 하면 가위질 하는데 필요한 소근육 협응력이 발달되고 가위질을 하기 위해 손을 어떻게 움직여야 하는지 이해하기 쉽다.

---

2) 인지 발달

출생부터 2세까지 영아의 인지 발달은 신체 발달, 감각 및 지각 발달, 그리고 정서적 안정과의 밀접한 관계 속에서 급속히 이루어진다. 영아기의 인지 발달 과정과 결과는 피아제 이론의 영향을 받은 연구를 통해 밝혀져 왔다. 출생 직후에는 가지고 태어난 반사 능력에 의존하지만 점차 진보된 인지적 도구인 감각 운동 쉐마를 활용하여 주변의 물리적 · 인적 환경에 대해 이해하기 시작한다. 그 결과 제한된 범위이기는 하나 대상 영속성(눈에 보이지 않아도 사물이 존재한다는 것을 이해하는 능력), 표상(현재 눈에 보이지 않는 사물이나 과거에 한 경험에 대한 정신적 이미지를 형성하는 능력), 모방(예 얼굴 표정 모방) 및 지연된 모방(과거에 경험한 사건, 사물, 사람을 일정한 시간이 지난 후에 기억하고 모방하는 능력), 인지적 측면에서의 기능놀이(감각 운동 쉐마를 이용하여 반복하는 운동놀이), 상상놀이(~인 체하는 놀이), 물체의 특성과 물체의 움직임(예 중력)과 관련된 원리나 원인과 결과에 대한 이해(예 물건을 놓으면 아래로 떨어짐)를 할 수 있게 된다. [표 2-3]에 제시된 것은 첫 3년간 이루어지는 인지 발달의 일반적인 경향이다.

표 2-3 인지 발달의 일반적인 경향

평균 개월	인지 발달의 특성	물리적 현상(즉, 원인과 결과)에 대한 추론	모방
출생~6개월 전반*	• 점차 지연된 모방이 가능해짐 • 흥미로운 결과를 내는 우연한 행동을 반복하여 탐색함 • 대상 영속성 개념과 사물의 특성을 파악하는 능력이 증가함 • 주의 집중력이 점차 발달함 • 사람, 장소, 사물에 대한 재인 기억이 향상됨 • 사물 간의 유사성을 기초로 지각적 분류를 하기 시작함		
출생~1개월	• 반사를 이용해서 탐색함 • 빨기, 고개 돌리기 등의 제한된 운동 기술을 이용해서 탐색함	• 크기와 모양 항상성이 생김	• 성인의 얼굴 표정과 제스처를 모방함

〈계속〉

| 표 2-3 | 〈계속〉

평균 개월	인지 발달의 특성	물리적 현상(즉, 원인과 결과)에 대한 추론	모방
1~4개월	• 차기, 잡기, 뻗기 등의 발전된 운동 기술을 이용해서 탐색함 • 제한되기는 하나 반복 경험한 사건(예 수유)에 대해 예상함	• 대상 영속성에 대한 제한된 인식이 생김 • 중력, 물체 충돌 등 물리적 사건의 원인과 결과에 대한 인식이 생김	• 성인의 얼굴 표정에 대한 지연된 모방이 가능해짐
4~8개월	• 향상된 뻗기, 집기, 잡기, 두드리기, 던지기 등의 운동 기술을 이용하여 탐색함	• 중력, 물체 충돌 등 물리적 사건의 원인과 결과에 대한 이해가 증가함 • 사물 간의 차이점을 인식하기 위해 모양, 질감, 색을 활용함	• 영아가 많은 연습을 하면(즉, 반복을 하면) 제한되기는 하나 성인의 행동에 대한 모방이 가능해짐(예 걸레질 모방)
8~12개월	• 감각 운동 쉐마를 조합하여 사용하기 시작함 • 목적을 가지고 행동하기 시작함 • 사건에 대한 예측 능력이 향상됨	• 물건을 숨겼다 옮겼을 때 처음 숨긴 위치를 찾아봄(대상 영속성) • 중력, 물체 충돌 등이 포함된 더욱 복잡한 물리적 사건의 원인과 결과에 대한 이해가 증가함	• 성인의 행동에 대한 지연된 모방이 약 하루 동안 가능함
12~18개월	• 새로운 방법으로 사물을 탐색함 • 감각 운동적 문제를 시행착오를 거쳐 해결함	• 보는 동안 숨겨진 물건을 찾기 위해 다양한 장소를 찾아봄(대상 영속성)	• 성인과 또래의 새로운 행동을 모방함 • 1주일 정도의 기간까지 지연된 모방이 가능해짐 • 상황이나 맥락(예 병원에서 집)이 달라져도 지연된 모방이 가능해짐
18~24개월	• 머릿속에서 표상이 가능해짐에 따라 감각 운동적 문제를 갑자기 해결하는 듯 보임 • '~인 체하는 놀이'를 하기 시작함	• 보지 않는 동안 숨겨진 물건을 찾기 위해 다양한 장소를 찾아봄(대상 영속성)	• 성인이 한 일련의 행동을 그대로 모방하진 못하나 일부를 모방함 • 역할놀이에서 다양한 역할 모방이 가능함
24~36개월	• 표상 능력이 급속도로 발달해 언어, 상상놀이, 상징(예 사진, 모델, 간단한 도형)을 이해하는 능력이 증가함 • 매일의 익숙한 상황에서는 상대의 관점을 이해할 수도 있음 • 내부의 정신적 상태와 외부의 물리적 사건 사이의 차이점을 구별하기 시작함		• 상상놀이를 할 때 실물과의 유사성이 높은 소품에 대한 의존과 자기중심성이 점차 감소함

* 발달 현상이 여러 개월에 걸쳐 서서히 나타나는 경우를 표시함

| 출처 | Berk(1999). p. 221, 290-291, 406을 재구성함

생후 첫 3년간 영아의 인지 발달 경향을 고려하여 성인이 지원할 수 있는 방법을 요약하면 다음과 같다. 다음에 제시된 성인의 역할은 영아를 대상으로 하는 프로그램에서 교육 활동을 계획하거나 교사의 역할을 수행할 때 염두에 두어야 하는 역할이다.

인지 발달을 위한 교사의 지원

- 영아에게 다양한 특성(예 재질, 모양, 크기 등)을 가진 사물을 탐색할 기회를 제공함
- 놀이를 통해 자발적으로 인적, 물적 환경과 상호작용을 할 기회를 제공함
- 오감각과 운동 기능을 활발히 활용할 수 있는 활동을 제공함
- 영아가 직접 참여하여 경험하고 선택할 기회를 제공함
- 영아의 인지적 탐색 과정을 교사가 적절히 지원(예 근접발달지대 내에서의 지원)함
- 다양한 표상 및 상상놀이를 할 수 있는 기회를 제공함

다음은 교사가 영아의 인지 발달을 고려하지 않고 지도하는 사례를 통해 바람직한 지도 방안을 살펴본 것이다.

예 2-2 인지 발달을 고려하지 않은 교사의 지도 사례와 개선 방향

상황과 교사의 지도 사례(1세 학급)

- 쟁반에 호두와 대추가 각각 담긴 작은 그릇 2개, 구멍이 큰 계란판과 작은 계란판 각 1개, 그리고 숟가락이 준비되어 있다. 교사는 영아에게 호두와 대추를 숟가락으로 옮기는데, 호두는 큰 계란판에 대추는 작은 계란판에 옮겨 놓도록 권유하고 시범을 보인다. "이렇게 호두는 크지? 그러니까 큰 계란판에 숟가락으로 옮기는 거야! 그리고 이건 대추야. 작지? 그러니까 작은 계란판에 넣는 거야! 이렇게…." 영아가 숟가락으로 옮기는 것도, 호두와 대추를 지정된 크기의 계란판에 각각 넣는 것도 하지 못하나 교사는 계속 시범을 보인다.

발달 특성

- 호두와 대추의 크기 차이가 분명하지 않고, 같은 호두 또는 대추라도 크기가 균일하지 않기 때문에 영아가 크기를 구별하기 쉽지 않다. 또한 크기가 다른 두 가지의 계란판에 두 가지 크기의 호두와 대추를 나눠서 넣는 것은 두 종류의 사물을 같은 속성(크기)으로 나눠 계란판에 1:1 대응으로 넣는 것이기 때문에 1세 영아의 인지 발달 특성을 고려하면 불가능한 과제이다.

바람직한 지도 방안

- 호두와 대추의 탐색
  - 호두와 대추 각각의 특성(예 표면의 매끄러운 정도, 단단함, 색)에 대해 탐색하게 한다.
- 숟가락으로 옮기기
  - 인지적 발달이 아닌 신체적 발달과 관련된 사항이다.
  - 숟가락으로 옮기기를 강요하기보다는 원하면 손으로 집어서 옮길 수 있게 허용한다.
  - 숟가락으로 옮기기를 원할 때는 숟가락에 올려놓은 호두나 대추를 손으로 잡을 수 있게 한다.

- 계란판에 분류해서 넣기
  - 원하는 판에 넣도록 허용하는 것이 가장 바람직하다.
  - 판의 크기에 따라 분류해서 넣게 하기보다는 같은 크기의 판을 2개 주고 한 판에 한 종류만 넣게 하는 것이 인지 발달적으로 적합하다.

3) 언어 발달

영아기의 언어 발달은 크게 언어 이전 시기와 언어 이후 시기로 구분된다. 언어 이전 시기에는 울음, 목울림, 옹알이 등의 음성과 제스처, 그리고 시선을 이용한 주의집중 등을 주로 사용하여 의사소통을 하게 된다. 이 시기는 언어 이후 시기의 기초가 되는 중요한 시기로 모국어에서 사용하는 발음, 문법적 규칙뿐만 아니라 의사소통에 필요한 규칙(예 번갈아 이야기하기)도 서서히 이해하게 된다. 출생 후 1년쯤이 경과하면 의미 있는 첫 단어를 말하게 되는데, 이후 언어 발달은 가속화된다. 1년 6개월에서 2년 사이에 두 단어를 조합하여 의사소통하는 두 단어 시기를 거치면 어휘, 문장의 길이와 복합성이 폭발적으로 증가하게 된다. 2세 말경에는 모국어의 문법 규칙에 맞는 문장을 사용하는 능력도 점차 증가하며 이해 언어가 표현 언어보다 월등히 높은 수준에 있기 때문에 타인과의 의사소통도 점차 원활해진다. |표 2-4|에 제시된 것은 첫 3년간 이루어지는 언어 발달의 일반적인 경향이다.

표 2-4 언어 및 의사소통 발달의 일반적인 경향

평균 개월	언어 및 의사소통 발달의 특성
출생 직후	• 모든 언어에서 사용되는 소리를 구별함
2개월	• 'ㅇ' 같은 모음으로 된 즐거운 듯한 목울림 소리를 냄
4개월 이후	• 성인과 영아가 함께 같은 곳에 주의를 집중하고, 성인은 영아가 바라보는 것에 대한 이름을 말해 주기도 함
6~8개월	• 목울림 소리에 자음이 더해지면서 옹알이를 하게 되고, 같은 음절을 반복하는 것을 즐김 • 옹알이할 때 모국어에서 사용하는 음절을 많이 사용해서 반복함 • 점차 까꿍놀이 같은 간단한 놀이를 할 수 있음 • 모국어에서 사용되는 소리에 민감해짐
8~12개월	• 손가락으로 가리키기, 보여주기 등의 제스처를 사용함으로써 타인에게 영향력을 행사하고 의사소통의 수단으로 사용함 • 단어를 이해하기 시작함 • 모국어에 있는 장단/ 고저에 민감해짐 • 모국어의 내부 구조(즉, 문법의 기초)를 인식하기 시작함

〈계속〉

| 표 2-4 | 〈계속〉

평균 개월	언어 및 의사소통 발달의 특성
12개월	• 타인도 알아들을 수 있는 첫 단어를 사용함
13~18개월	• 까꿍놀이 같은 번갈아 하는 게임에 적극적으로 참여함으로써 의사소통의 패턴과 규칙을 익힘 • 과잉 축소 및 과잉 확장의 실수를 자주 범함
18~24개월	• 어휘가 급속히 증가해 50~200개의 단어를 사용함
24~26개월	• 2개의 단어를 결합해 사용하는 두 단어 시기가 시작됨
26~36개월	• 어휘가 급속히 증가함 • 점차 모국어의 문법에 맞는 말을 하게 됨 • 점차 효율적인 의사소통 기술을 활용함

| 출처 | Berk(1999). p. 242, 247, 290–291, 406을 재구성함

생후 첫 3년간 영아의 언어 발달 경향을 고려하여 성인이 지원할 수 있는 방법을 요약하면 다음과 같다. 다음에 제시된 성인의 역할은 영아를 대상으로 하는 프로그램에서 교육 활동을 계획하거나 교사의 역할을 수행할 때 염두에 두어야 하는 역할이다.

언어 및 의사소통 발달을 위한 교사의 지원

- 자음/ 모음 소리와 단어를 활용하여 영아의 목울림 소리와 옹알이에 반응해 줌
- 영아가 보는 것을 함께 보아 주고 그것에 대해 이야기해 줌
- 영아의 행동을 단어나 문장으로 표현해 줌
- 영아가 한 말을 올바른 단어와 문법을 사용하여 영아의 수준에 맞게 확장해 줌
- 까꿍놀이를 통해 의사소통의 중요한 규칙인 번갈아 말하기 규칙을 배울 수 있도록 함
- '~인 체하는 놀이'를 함께 함으로써 대화에서 사용되는 다양한 기술을 익히도록 격려함
- 영아의 요구를 파악한 후, 미리 문제를 해결해 주기보다는 영아가 스스로 원하는 것을 표현하도록 기다려 줌
- 영아와 가능하면 자주 이야기를 나눔으로써 언어 발달과 개념 발달을 촉진함
- 다양한 그림책을 읽어 줌으로써 어휘, 문법, 의사소통 규칙, 상징과 이야기 구조 같은 언어의 다양한 측면에 자연스럽게 노출되게 함

다음은 교사가 영아의 언어 발달을 고려하지 않고 지도하는 사례를 통해 바람직한 지도 방안을 살펴본 것이다.

예 2-3 언어 발달을 고려하지 않은 교사의 지도 사례와 개선 방향

상황과 교사의 지도 사례(1세 학급)

- 교사가 2권의 책을 6명의 영아에게 읽어주고 있다. 한 권은 악기가 그려진 책이고 다른 책은 과일이 그려진 책이다. 악기 책을 읽을 때는 악기 이름을 중심으로 읽어준다. "이거는 첼로, 이거는 바이올린, 이거는 플루트…, 자! 이거 뭐라고 했지? 첼로(영아가 "첼로!"라고 따라함)…, 이거는 바이올린(영아가 "바이올린이!"라고 따라함)." 과일 책을 읽어줄 때는 책 속의 과일 그림을 집어서 영아의 입에 넣어주는 행동을 반복하며 말한다. ("선생님이 한 개씩 나눠 줄게요." 입에 넣어주자 영아들은 신나서 소리를 지른다. 한두 명의 영아는 발을 구르고 소리치며 말한다. "야, 냠냠.")

발달 특성

- 1년 6개월에서 2년 사이에 영아의 언어 능력은 두 단어 시기로 발전하고 50~200개의 단어를 폭발적으로 습득한다. 영아가 습득해야 하는 단어는 일상생활에서 자주 접하는 단어가 중심이 되어야 한다. 첼로, 바이올린, 플루트 같은 악기 이름은 영아가 악기 소리를 들어보거나 자주 접하는 단어가 아니기 때문에 따라하게 하기보다는 다른 방식의 상호작용을 해주는 것이 더 적합하다. 과일 책에는 영아가 자주 접하는 과일이 있을 가능성이 높으므로 교사 주도적으로 입에 넣어 주기보다는 먹었던 과일에 대해 상호작용하는 것이 더 바람직하다.

바람직한 지도 방안

- 악기 책
  - 교사가 악기의 소리를 들려주거나 입으로 소리를 내주면 그것에 맞춰 몸을 움직이게 격려하는 방식의 상호작용을 한다.
  - 영아가 원하는 몸짓으로 움직이면서 악기 소리를 내거나 연주하는 흉내를 내보게 상호작용한다.
- 과일 책
  - 영아가 먹어본 과일이면 과일 이름, 맛, 색 등에 대해 서로 이야기를 나누게 격려한다.
  - 교사가 일방적으로 먹여주기보다는 원하는 과일을 말하게 하거나, 스스로 따먹게 하거나, 따서 친구 입에 넣어주는 방식으로 하는 상호작용도 격려한다.

4) 사회 · 정서 발달

영아의 사회 · 정서 발달의 내용은 발달의 다른 영역에 비해 상당히 광범위하다. 정서 발달을 예로 들면, 기본적인 정서와 자기-인식적인 정서(self-conscious emotions: 자아 개념에 영향을 줄 수 있는 수치심, 자부심 같은 정서)의 발달, 타인의 정서를 이해하고 반응하는 능력의 발달, 그리고 정서적 자기 규제 능력의 발달(자신의 긍정적 또는 부정적 정서를 상황과 상대에 맞게 적절히 표현하는 능력)이 첫 3년간 이루어진다. 또한 각 영아의 기질이 점차 분명해지면서 부모, 또래 및 교사와 상호작용하는데 영향을 주게 된다.

사회적으로는 자신이 누구인지에 대한 인식이 생기면서 자신이 타인의 생각 또는 행동과 어떻게 다른지에 대한 개념도 서서히 형성된다. 상호작용하는 사람의 범위 확대와 신체 발달은 타인과 상호작용하는 기본적인 기술(예 욕구 표현하기, 차례로 말 주고받기, 부탁하기, 거절하기)의 발달도 촉진시킨다. 즉, 출생 직후 주 양육자인 어머니를 중심으로 사회적 관계를 형성하던 영아가 점차 아버지, 형제/ 자매 같은 가족, 조부모 같은 친지와 이웃, 그리고 유아교육기관의 교사나 또래로 상호작용의 범위가 넓어진 것과 1세 이후 혼자 걸어서 원하는 곳으로 이동할 수 있는 능력이 증가한 것이 상호작용하여 사회 · 정서 발달이 이루어진 것이다.

이 시기에 가장 중요한 발달 과제 중 하나는 자신을 주로 양육해주는 부모 또는 교사와 신뢰로운 관계를 형성하는 것이다. 최근 아주 어린 영아가 어린이집이나 그 밖의 교육기관에서 교육과 보호를 받는 사례가 증가하기 때문에 주 양육자뿐만 아니라 교사와도 성공적인 애착 관계를 형성하도록 지원해야 한다. '애착' 이란 용어로 표현되는 주 양육자와의 신뢰로운 관계 형성은 영아가 성장하면서 타인과의 관계뿐만 아니라 신체, 인지, 언어 및 사회 · 정서 발달에도 지속적인 영향을 주기 때문에 매우 중요한 과제이다. 다음의 표에 제시된 것은 첫 3년간 이루어지는 사회 · 정서 발달의 일반적인 경향이다.

표 2-5 사회 · 정서 발달의 일반적인 경향

평균 개월	사회 · 정서 발달의 특성
출생 시	• 기쁨, 흥미, 놀람, 공포, 분노, 혐오, 슬픔 같은 기본적인 정서의 기초가 되는 표현을 함
2~3개월	• 사회적 미소를 짓기 시작하고, 성인의 얼굴 표정과 유사한 표정을 지어 반응함
3~4개월	• 강하고 극적인 자극을 주면 웃기 시작함 • I-self에 대한 개념이 나타나기 시작함
6~8개월	• 정서적 표현이 조직되기 시작하고, 사회적인 사건과 연결되어 나타남 • 다양한 상황에서 자주 화를 내기 시작함 • 공포, 특히 낯선 사람에 대한 공포가 나타나기 시작함 • 익숙한 양육자에 대한 선호가 더욱 분명해지고 분리불안이 나타남 • 익숙한 양육자를 탐색을 위한 안전기저로 사용함 • 거울 속에 나타난 자신과 타인을 구별하기 시작함
8~12개월	• 분노나 공포를 표현하는 빈도가 잦아지고 강도가 강해짐 • 타인의 얼굴 표정에 대한 이해력이 증가함 • 사회적 참조하기(불확실한 상황에서 익숙한 양육자의 표정을 보고 판단하는 것)가 가능해짐 • 극적인 자극이 아니라도 자극의 미세한 차이를 감지하고 웃거나 울 수 있음

〈계속〉

| 표 2-5 | 〈계속〉

평균 개월	사회 · 정서 발달의 특성
13~18개월	• 친근한 성인이나 형제와 놀이를 함께 하기 시작함 • 거울 속의 자신을 인식함 • 간단한 명령과 지시를 따를 수 있음 • 또래와 일정한 패턴이 있고 서로 번갈아하는 게임에 참여하기 시작함
19~24개월	• 자신에 대한 인식과 성인의 지시에 대한 이해가 증가하면서 자아에 대한 인식과 관련된 정서(예 수치심, 당황, 자부심)가 나타나기 시작함 • 정서에 관련된 어휘가 빠르게 증가함 • 자신의 정서를 규제하기 위해 언어를 사용함 • 자신의 감정과 타인의 감정이 다를 수 있다는 것을 알기 시작함 • 정서적 자기 규제 능력이 향상됨 • 감정 이입의 초기 형태가 나타나기 시작함 • 주 양육자가 곁에 없는 것을 점차 쉽게 받아들임 • 또래의 행동에 영향력을 행사하기 위해 언어를 사용함(예 하지 마!) • 자신을 나타내기 위해 자신의 이름을 사용하기 시작함 • 성, 연령, 착함/ 나쁨을 기준으로 자신과 타인을 분류하기 시작함 • 성유형적인 놀잇감을 선호하기 시작함
25~36개월	• 자아 개념과 자아 존중감이 발달하기 시작함 • 자신이 의도한 행동과 의도하지 않고 행한 행동을 구별하게 됨 • 협동 능력과 도구적 공격성이 공존함 • 감정 이입 능력이 발달함 • 성유형화된 사고와 행동이 증가함 • 기본 정서의 원인, 결과, 행동으로 나타날 때의 특징을 이해하기 시작함

| 출처 | Berk(1999). p. 259, 286, 290-291, 406을 재구성함

생후 첫 3년간 영아의 사회 · 정서 발달 경향을 고려하여 성인이 지원할 수 있는 방법을 요약하면 다음과 같다. 다음에 제시된 성인의 역할은 영아를 대상으로 하는 프로그램에서 교육 활동을 계획하거나 교사의 역할을 수행할 때 염두에 두어야 하는 역할이다.

사회 · 정서 발달을 위한 교사의 지원

- 생후 1년간 영아에게 의미 있는 양육자와 안정적인 애착이 이루어지도록 영아에게 따뜻하고 민감하고 신속히 반응함
- 어린이집이나 교육기관에 잘 적응할 수 있도록 교사가 따뜻하고 민감하게 반응함
- 교사(부모)-영아 간의 긍정적인 상호작용을 통해 긍정적인 정서를 경험하게 함
- 영아가 경험하는 다양한 정서의 원인을 파악하고 적절한 반응을 해줌
- 영아가 긍정적인 자기 인식적 정서를 발달시키고 긍정적인 자아 개념을 형성할 수 있도록 성공을 통해 성취감을 느낄 수 있는 활동을 제공함
- 영아가 집중하거나 즐겁게 하고 있는 활동을 중단해야 할 때는 미리 말해줌
- 규칙을 기억하고 준수할 능력이 미약하기 때문에 자주 알려주고 미리 상기시킴
- 스스로 자신을 통제했을 때 언어와 행동으로 격려함
- 언어 발달과 자기 통제 능력 간의 관계가 밀접하므로 언어 발달이 순조롭게 이루어지도록 지원함
- 영아의 기질, 기억력, 통제력의 증가를 고려하여 규칙을 설정해 감
- 또래 영아와 상호작용하면서 함께 놀 기회를 제공하고 긍정적 상호작용이 일어나도록 교사가 지원함
- 사회적 상호작용에 필요한 다양한 기술(예 소리 지르지 않기, 말로 부탁하기, 차례를 기다리기, 뺏지 않기)을 일상생활과 놀이를 통해 익히고 연습하도록 지원함

다음은 교사가 영아의 사회 · 정서 발달을 고려하지 않고 지도하는 사례를 통해 바람직한 지도 방안을 살펴본 것이다.

예 2-4 사회 · 정서 발달을 고려하지 않은 교사의 지도 사례와 개선 방향

상황과 교사의 지도 사례(만 2세 학급)

엄마, 아빠 사진에 원하는 스티커를 붙여 꾸미는 활동 중에 교사와 영아 사이에 오간 대화이다.

(교사가 언어 영역에서 놀고 있는 두 명의 영아에게 가서 말한다.)

교사: 너희 스티커 붙이기 안할 거지? 엄마 아빠 사진 꾸며줄 건데 여기 있으면 못하잖아.
영아 1, 2: 할 거예요~.

(두 영아가 책상에 와서 앉자, 교사가 부모 사진을 붙여 놓은 종이를 각각 나누어준다.)

영아 1, 2: 지금 해요?
교사: 색연필 정리해주세요. 그리고 기다려.

(교사가 스티커를 가져온다.)

영아 1: 선생님 나 별(스티커) 할래요. 별.

(교사는 각 영아에게 어떤 모양을 원하는지 물어본 뒤, 영아가 말한 모양 스티커를 한 장씩 나누어 준다.)

영아 2: 붙여도 돼요?

교사: 아니~, 다 받으면~, 조금만 기다려~. (다 나누어준 뒤) 자, 이제 붙여~. (영아들이 스티커를 종이의 여백이나 사진 등 아무 곳에나 붙인다.)

교사: 엄마 아빠 사진을 꾸며주는 거야. 얼굴 말고. 얼굴 말고 다른데 붙여줘. 얼굴에다 붙이면 엄마 아빠 얼굴이 안 보이잖아. ○○야, 사진, 사진, 사진 어디 있어?

영아들: (여기저기를 손가락으로 짚으며) 여기요? 여기요? 여기다가만 붙여요?

교사: 엄마 아빠 사진! 사진! 사진이 어떤 거야? 그런데 엄마 아빠 얼굴에 붙이면 보일까 안 보일까? 그래, 얼굴 말고 다른 곳에 붙여줘. ○○야! 엄마 아빠 얼굴을 가리면 얼굴이 안 보이겠지?

(영아는 스티커를 붙이며 노래를 부르기도 하고, 사진 내용 또는 엄마 아빠에 대해 이야기를 한다. 교사는 영아가 작업하는 것을 보며 계속 스티커를 붙이는 위치에 대해서만 말한다.)

영아 3: 자전거 멋져. 우리 아빠 자전거 3개 있다!

교사: ○○야! 아빠도 꾸며줘야 해. 엄마만 꾸미면 안 돼. 알았지?

발달 특성

- 영아기는 자율성이 증가하는 시기이고, 긍정적 정서에 대한 긍정적 반응이나 또래와 성인을 비롯한 주변의 사람으로부터 긍정적 반응을 지속적으로 받으면서 긍정적 자아와 정서 발달이 이루어진다.

바람직한 지도 방안

- 활동의 목표
  - 스티커로 엄마와 아빠의 사진을 꾸미는 것이 목표가 되기보다는 엄마와 아빠의 사진을 꾸미면서 부모에 대해 또는 부모와 한 긍정적 경험에 대해 이야기하는 것이 목표가 되어야 한다.
  - 현재처럼 스티커로 꾸미는 것이 목표일 때는 영아가 교사의 계획대로 붙이지 못하는 것에 대해 교사가 부정적 반응을 주로 하기 때문에 영아는 실패의 느낌을 경험하게 된다.
- 활동방식
  - 한 가지 종류의 스티커만 붙이기, 교사가 붙이라는 곳에만 붙이기, 교사가 시작하라고 해야만 시작하기의 방식은 영아의 자율성, 주도성, 창의성을 저해하는 방식이다. 영아가 원하는 다양한 종류의 스티커를 선택하여 원하는 방식으로 장식하게 하는 것이 더 바람직하다. 또한 스티커 이외의 다양한 방법(예 긁적거려 그리기)으로 장식하는 것이 허용되어야 한다.
  - 위의 대화에서 영아는 계속 얼굴에 스티커를 붙이고 교사는 못 붙이게 하는 것이 반복되는 것에서 알 수 있듯이 부모의 사진을 붙여 놓고 얼굴을 제외한 다른 곳에만 붙이게 하는 것은 영아의 발달 특성을 고려할 때 어려운 과제이다. 이런 방식으로 장식하길 원한다면 먼저 장식한 후 나중에 사진을 붙이는 방식으로 활동방식을 수정할 필요가 있다.
- 교사의 상호작용
  - 교사는 영아가 스티커를 교사가 원하는 대로 붙이는지에 대해서만 영아와 이야기하고 있다. 교사는 영아가 아빠와 엄마에 대해 느끼는 감정, 부모와 함께 한 일을 중심으로 이야기할 수 있도록 상호작용할 필요가 있다.
  - 영아의 실패보다는 성공에 초점을 맞출 필요가 있다. 예를 들어 독특하게 장식한 점 등에 대한 긍정적 상호작용을 해 주는 것이 좋다.

03 영아를 위한 교육 및 보육기관의 질에 대한 기준

1 어린이집 평가인증

2 영유아 환경 평정 척도

영아를 위한 최상의 기관은 양질의 물리적 환경 안에서, 일상생활을 교육의 기회로 활용하고, 영아의 발달을 고려하여 교육 활동을 선정하며, 놀이를 매개로 교육을 실시하고, 성인이 영아의 발달과 학습을 지원하는 역할을 수행하는 기관이다. 본 장에서는 0, 1, 2세 영아를 교육 및 보육하는 기관의 질을 평가하는 다양한 기준을 살펴봄으로써 영아교육 및 보육의 질이 높다는 것이 어떤 의미인지 살펴보고자 한다. 우리나라에서 보육시설의 질을 평가하기 위해 사용하는 어린이집 평가인증 지표(보건복지부 · 한국보육진흥원, 2014)와 출생~30개월 영아로 구성된 학급의 교육의 질을 평가하는 영유아 환경 평정 척도(Infant/ Toddler Environment Rating Scale)(Harms, Clifford, & Cryer, 2006)를 중심으로 살펴보면 다음과 같다.

1. 어린이집 평가인증

현재 실시되는 어린이집 평가인증은 2014년 11월에 제시된 3차 지표(6개 영역의 50개 공통 지표)를 기준(보건복지부 · 한국보육진흥원, 2014)으로 시범적으로 진행하고 있다. 3차 지표는 영아와 유아를 보육하는 기관에 공통으로 적용되나 영아 학급에만 관련된 추가적인 사항이 있을 경우는 별도로 표시하고 있다. 보육환경, 건강, 안전, 보육과정 운영, 보육 활동과 상호작용, 운영관리의 6개 영역 모두 양질의 보육과정을 운영하는데 영향을 미친다. 그러나 예비교사 교육과정의 다른 교과목에서도 평가 지표를 다루므로 본 절에서는 보육과정과 직접적인 관련이 있는 보육과정 운영(영역 4)과 보육 활동과 상호작용(영역 5) 중, 영아 학급에만 관련된 추가적인 사항을 중심으로 살펴보고자 한다. 다음은 2개 영역의 지표와 지표별 구성 요소를 간단히 요약하고 영아 학급에만 관련된 사항을 상세히 기록한 것이다.

❖ 영역 4: 보육과정 운영(8개 지표)

1. 어린이집은 연령에 적합한 보육과정을 계획하여, 이를 운영한다.

구성 요소(5)	영아 학급에만 관련된 사항
보육과정의 철학	• 없음
보육과정의 목표 및 내용	• 없음
반별 보육계획안의 작성	• 발달적 특성을 고려하여 동일한 활동을 반복 실시하도록 계획함
영유아의 발달 수준 및 개인차와 반 특성을 고려함	• 없음
영유아의 사전 경험을 고려한 보육과정을 운영함	• 없음

2. 어린이집은 영유아의 흥미를 반영하여 보육과정을 통합적으로 운영한다.

구성 요소(6)	영아 학급에만 관련된 사항
보육 활동을 주제를 중심으로 통합함	• 보육 활동뿐 아니라 낮잠, 수유 등의 일상적 양육 활동 내용도 연계하고 통합함
영유아의 관심을 반영함	• 없음
활동을 연계하고 확장함	• 없음
일과를 통합하고 시간 단위로 분절하여 진행하는 것을 지양함	• 없음
특별 활동의 진행 방식	• 24개월 미만 영아는 특별 활동을 하지 않음
담임교사에 의한 일관성 있는 보육과정을 운영함	• 없음

3. 보육교사는 일과를 균형 있게 계획하고 융통적으로 운영한다.

구성 요소(7)	영아 학급에만 관련된 사항
일관성 있게 일과를 계획함	• 없음
일과에 충분한 자유선택활동이 포함되게 함	• 없음
일과에 충분한 실외놀이 시간이 포함되게 함	• 0~1세: 30분 이상 • 2세: 1시간 이상
균형적인 일과를 계획하고 운영함	• 일상적 양육 활동을 더 많이 배정하고 개별 활동으로 계획함 • 신체 발달을 고려하여 동적 활동을 충분히 실시함
날씨, 건강 관련 문제 등에 적절히 대처함	• 없음

〈계속〉

구성 요소(7)	영아 학급에만 관련된 사항
특별한 이유 없이 영유아를 기다리게 하거나 재촉하지 않고 일과를 편안하게 운영함	• 없음
영유아의 욕구와 놀이 진행 정도를 고려하여 융통적으로 일과를 운영함	• 계획된 주제나 활동과 관련성이 없어도 영아가 관심을 보일 경우 관련 노래나 손유희, 관련 그림책을 추가 제시하는 등의 방법으로 보육 활동을 확장함

4. 보육교사는 영유아의 일상생활이 편안하게 이루어지도록 일과를 운영한다.

구성 요소(8)	영아 학급에만 관련된 사항
모든 영유아를 편견 없이 존중함	• 없음
개별적이고 배려하는 등원 지도를 실시함	• 영아가 부모와 편안하게 헤어질 수 있는 순간까지 기다려줌
편안한 분위기에서 씻고 닦는 일상을 경험하게 함	• 0~1세: 교사가 개별 영아를 씻겨주며 그 과정에서 일부분을 스스로 씻을 수 있도록 기회를 주고, 편안하고 즐겁게 씻는 과정을 함께 즐길 수 있도록 함 • 2세: 교사는 영아가 씻는 과정을 곁에서 지켜보며 단계적으로 언어화하여 안내하고, 영아가 스스로 할 수 있는 부분을 칭찬하고 격려하되 개별 영아의 준비도에 따라 직접적인 도움을 줌
안정된 분위기에서 간식과 식사 시간을 운영함	• 수유 시 영아를 팔에 안고 우유병을 잡아주며 눈을 맞추고 자연스럽게 대화를 시도함 • 음식에 적응할 시간을 충분히 주고 영아의 먹는 속도를 고려하여 융통성 있게 반응함 • 발달이 빠른 영아의 경우 스스로 먹을 수 있는 기회를 제공하고 올바른 식습관 지도를 병행함
편안한 분위기에서 잘 수 있도록 낮잠 시간을 운영함	• 낮잠 자기 전에 기저귀를 갈아주고, 긴장감을 풀어주어 쾌적하게 잘 수 있도록 도움
개별 영유아의 낮잠 특성을 고려함	• 개별습관을 사전에 파악하여 배려함
자연스러운 배변 경험이 이루어지도록 고려함	• 0~1세: 기저귀 갈 때 영아의 신체를 자극하며, 배변 활동을 자연스러운 놀이처럼 진행하여 편안하고 즐거운 분위기를 조성함 • 2세: 배변 훈련에 개인차가 있으므로 가정과 연계하여 지도함. 배변을 실수할 경우 너그럽게 수용하고 차츰 영아 스스로 할 수 있도록 격려함
편안하게 보호자를 기다리고 귀가하도록 배려함	• 없음

5. 보육교사는 여러 영역에서 다양한 놀이와 보육 활동이 이루어지도록 운영한다.

구성 요소(6)	영아 학급에만 관련된 사항
영유아가 보육 활동을 자발적으로 선택하도록 격려함	• 없음
자유선택활동 및 실외놀이 시간에 영유아가 놀이에 집중하고 있는지 수시로 확인함	• 없음
교사가 실내 · 외 다양한 흥미 영역에 참여하여 영유아의 놀이나 활동을 격려함	• 없음
활동과 놀이의 지속과 발달을 지원함	• 영아가 즐겨하는 감각, 탐색놀이 참여에 방해되는 요소가 없는지 환경을 수시로 점검함 • 영아의 언어적 시도에 반응함 • 각 영아의 신체 발달 수준과 흥미를 고려하여 영아에게 적합한 몸놀이를 제공함 • 한 가지 활동에 대한 충분한 탐색 시간을 영아에게 준 뒤, 다른 활동과 자연스럽게 연계함
계획된 것 이외의 활동과 놀이를 수용함	• 없음
영유아의 놀이 몰입에 대해 관찰하고 지원함	• 흥미를 보일만한 놀잇감을 탐색하도록 권유함 • 놀이에 참여하지 못하는 영아에게 놀이 행동을 언어화 해주는 방법으루 지원함

6. 보육교사는 영유아의 개별 활동과 놀이에서 동기유발 및 주도적 참여가 지속될 수 있도록 지도한다.

구성 요소(6)	영아 학급에만 관련된 사항
영유아 개별 선호놀이 유형 및 주제를 파악함	• 없음
개별 영유아의 발달 수준과 흥미에 적합한 놀잇감을 파악함	• 없음
영유아가 개별 활동과 놀이를 스스로 시도하도록 격려함	• 영아의 흥미 영역별 놀잇감 탐색을 허용함 • 영아의 선택에 긍정적인 신호를 보냄
개별 활동과 놀이에 참여하고 있는 영유아가 자신의 생각과 느낌을 나타낼 때 적절히 반응함	• 영아의 언어적, 비언어적 표현에 대해 긍정적으로 반응하고 언어적으로 확장함 • 새로운 개념이나 사물에 대한 설명을 통해 영아와의 개별 활동이 의미 있게 경험되도록 함
개별 활동과 놀이에 참여하고 있는 영유아의 요구나 질문에 대해 수용적인 태도를 가짐	• 0~1세: 영아의 몸짓이나 음성화로 된 요구에 대해 언어화하며 적합한 반응을 해줌 • 2세: 반복적으로 질문하는 경향이 있는 영아에 대해 인내를 가지고 꾸준히 수용하고 반응함
개별 영유아가 선호하는 놀이와 활동을 주도적으로 진행하도록 격려함	• 영아 스스로가 자신의 활동을 주도적으로 이끌도록 세심한 관찰, 적절한 반응, 언어적 확장을 해줌

7. 보육교사는 대 · 소집단 활동을 연령에 적합하게 운영한다.

구성 요소(6)	영아 학급에만 관련된 사항
영아의 경우 의도적인 대 · 소집단 활동을 진행하지 않음	• 0세: 개별 활동으로만 진행함 • 1~2세: 전이 시간에 일부 소집단 활동을 진행함 • 영아의 요구나 흥미에 따라 시작된 자발적인 소집단 활동은 가능하나, 영아 주도적 접근이 원칙임
영유아의 수를 고려하여 자리를 배치하고 활동 자료를 준비함	• 없음
활동의 내용에 적절하고 영유아에게 친근한 실물이나 입체 자료를 활용함	• 없음
영유아의 개별적 반응을 수용하되, 전체 영유아의 관심을 고루 반영하려고 노력함	• 없음
영유아의 집중 시간을 고려하여 진행함	• 없음
교사가 효율적으로 진행함	• 없음

8. 보육교사는 보육과정 및 영유아에 대해 주기적으로 평가한다.

구성 요소(5)	영아 학급에만 관련된 사항
놀이, 활동, 일상생활에서 개별 영유아의 반응과 행동을 객관적으로 관찰하여 주기적으로 기록함	• 월 2회 이상 주기적으로 기록함
개별 영유아의 일상생활, 실내 · 외 놀이 및 활동 전반에 걸쳐 고루 관찰한 내용을 기록함	• 영아의 전반적 모습을 파악하기 위해서 놀이 및 활동 장면에 대한 관찰과 기록을 함께 수집함
관찰 기록 외 활동 결과물 등의 추가 정보를 주기적으로 수집하여 평가에 활용함	• 끼적이기를 한 종이, 키와 몸무게를 잰 측정치, 신체, 언어나 음률 활동에 참여하는 동영상, 종이 벽돌로 쌓기놀이 하는 사진 등 다양한 자료를 주기적으로 수집함
각 반의 보육일지에 보육과정 평가 내용을 포함함	• 없음
각 반의 보육과정 운영 평가 내용을 다음 보육계획에 반영함	• 없음

❖ 영역 5: 보육 활동과 상호작용(10개 지표)

1. 영유아는 대 · 소근육 발달을 위해 연령에 적합한 신체 활동에 참여한다.

구성 요소(6)	영아 학급에만 관련된 사항
다양한 감각기관을 활용하는 경험을 제공함	• 모든 흥미 영역, 일과 전반에서 다양한 감각을 느끼는 경험을 하게함
신체 균형과 조절 능력 향상을 위한 대근육 신체 활동 경험을 제공함	• 0~1세: 머리를 가누고, 앉고, 서고 걷는 등의 신체 활동 경험을 제공함
실내 · 외 공간에서 대근육 신체 활동에 자발적으로 참여하게 함	• 없음
눈과 손의 협응과 소근육 조절 향상을 위한 신체 활동 경험을 제공함	• 없음
영유아가 자신의 신체를 긍정적으로 인식하고 움직이도록 지원함	• 없음
영유아의 운동 능력 숙달과 새로운 도전을 지원함	• 없음

2. 영유아는 연령에 적합한 다양한 언어 활동에 참여한다.

구성 요소(6)	영아 학급에만 관련된 사항
일과 중에 영유아가 자연스럽게 듣는 능력을 향상시키기 위한 언어적 모델이 됨	• 영아와 말할 때 주로 세 단어 이하 정도의 짧고 분명한 내용을 담은 문장으로 반복하여 말함 • 억양, 강조 등을 다양하게 사용함
영아의 경우에는 울음, 옹알이, 단어 등으로 자신의 욕구나 감정을 표현할 수 있는 다양한 경험을 하게 함	• 일과 중 옹알이, 한 단어, 짧은 문장 등으로 자신의 욕구나 감정을 적절히 표현하도록 격려함 • 영아 자신과 관련되어 있거나 흥미 있어 하는 자료를 활용하여 지도함
일과 중에 영유아가 사용하는 몸짓, 표정 등의 비언어적 행동을 관찰하고 적절히 반응함	• 없음
개별 영아가 좋아하는 그림책을 반복적으로 대화하듯 읽고 듣는 경험을 하게 하고, 영아의 표현에 반응함	• 일과 중 영아가 원할 때는 개별적으로 그림책을 반복해서 읽어줌 • 그림책 읽을 때 나타나는 영아의 표현에 반응함
영아가 원할 때 언제나 끼적일 수 있도록 지원함	• 영아가 끼적이기 할 때마다 격려함 • 끼적일 수 있는 공간을 마련해 줌
선, 그림, 발명 철자 등을 자발적으로 사용하여 영유아가 자연스럽게 자신의 의미를 표현한 쓰기 결과물이 있어야 함	• 없음

3. 영유아는 연령에 적합하게 자신과 가족, 주변 사회에 관심을 갖는 경험을 한다.

구성 요소(6)	영아 학급에만 관련된 사항
영아가 자신을 알아가는 즐거운 경험을 하도록 격려함	• 반복되는 일상적 양육을 통해 영아가 자신을 알아가는 경험을 하도록 자주 격려함
영유아가 자신의 감정을 알고 자연스럽게 표현하도록 격려함	• 없음
영유아가 자신의 부정적 감정을 타인에게 피해가 되지 않게 표현하도록 지도함	• 없음
영아의 경우에는 자신의 가족에 대해 알아보는 경험을 제공함	• 보육실 벽면에 가족 사진을 붙여주어 안정감을 느끼도록 함 • 영아와 부모, 조부모 등이 어린이집에서 매일 헤어지고 다시 만나는 과정을 편안하게 경험하도록 격려함
영아의 경우에는 어린이집에 있는 담임교사와 주변의 친근한 성인과 만나는 경험을 제공함	• 기회가 있을 때마다 주변의 성인을 자연스럽게 반복적으로 소개함 • 다른 성인이 말을 걸 때 보여야 하는 반응에 대해 모델링을 보여줌 • 성인의 사진을 보며 타인에 대한 관심을 높이도록 언어적 상호작용을 해줌
영유아가 일상경험, 놀이, 활동에서 성취감, 자신감을 높여가도록 격려함	• 없음

4. 영유아는 일상에서 예술을 자연스럽게 경험하고 표현할 기회가 있다.

구성 요소(6)	영아 학급에만 관련된 사항
일상의 소리나 움직임에 관심을 갖고 탐색해보는 경험을 제공함	• 없음
주변 환경의 색, 모양, 질감 등의 아름다움에 관심 갖는 경험을 제공함	• 없음
자신의 생각과 느낌을 노래, 리듬, 움직임으로 표현하고 즐길 수 있는 경험을 제공함	• 없음
다양한 미술 자료를 이용하여 자신이 원하는 방식으로 입체, 평면으로 꾸미기를 할 기회를 제공함	• 없음
영유아의 창의적 표현을 존중하고 격려함	• 없음
다른 사람이 만든 리듬, 노래, 미술작품, 움직임을 관심 있게 듣고 지켜볼 수 있는 경험을 제공함	• 없음

5. 영유아는 친숙한 주변 활동에서 자발적인 자연탐구 활동을 경험한다.

구성 요소(6)	영아 학급에만 관련된 사항
주변에서 쉽게 접하는 다양한 자료를 감각적으로 탐색하는 경험을 제공함	• 없음
주변에서 쉽게 접하는 사물을 이용하여 연령에 적합한 수 세기, 비교하기 등의 수 활동 경험을 제공함	• 0~1세: '있다'와 '없다' 구별, '한 개'와 '여러 개'의 수량을 지각하는 경험을 지원함 • 2세: 세 개 가량의 구체물을 세고, 1:1 대응해보면서 수량을 인식하게 되는 경험을 지원함
친근한 동 · 식물이나 자연물을 직접 관찰하거나 관련 자료를 탐색하는 경험을 제공함	• 없음
일상생활과 연계하여 수, 분류, 자연현상 등의 내용에 대해 자연스럽게 이야기 나눌 기회를 제공함	• 없음
영유아의 자발적이고 능동적인 탐구과정을 격려함	• 없음
영아의 경우에는 주변의 실제 사물과 자연물의 질감이나 모양을 직접 만져보는 경험을 제공함	• 영아가 관심 있어 하는 실제 사물과 자연물의 모양을 집중적으로 보거나, 질감을 만져보면서 반복적으로 탐색하는 경험을 제공함

6. 영유아는 발달 수준과 흥미에 적합하게 역할 및 쌓기놀이를 충분히 한다.

구성 요소(6)	영아 학급에만 관련된 사항
영유아의 역할 및 쌓기놀이 수준과 좋아하는 놀이 주제를 파악함	• 없음
영아가 자발적으로 단순한 상상놀이하도록 지원함	• 실물과 유사한 구체적인 자료를 준비함
영유아가 쌓기놀이에 몰입하도록 격려함	• 단순하게 블록을 쌓고 무너뜨리거나 담고 쏟는 등의 활동을 지켜봐주고, 격려해줌
역할 및 쌓기놀이를 위한 충분한 공간과 놀이 시간을 제공함	• 없음
영아의 경우에는 또래로부터 방해받지 않고 상상 및 쌓기놀이를 지속할 수 있도록 지원함	• 영아는 개별놀이를 하므로 영아 간에 서로 방해하지 않고, 놀잇감으로 인한 분쟁이 발생하지 않도록 지원함
영유아의 놀이 발달 수준에 적합하게 다양한 상호작용을 함	• 없음

7. 보육교사는 영유아와 신뢰로운 관계를 형성한다.

구성 요소(5)	영아 학급에만 관련된 사항
영유아의 정서 상태를 파악하여 민감하게 반응하고 수용함	• 없음
영유아의 정서 상태나 기분에 맞게 언어적으로 표현하여 반응함	• 없음
영유아의 부정적 정서에 적절히 반응함	• 없음
일관성 있고 예측 가능하게 반응함	• 교사는 개별 영아의 의사표현 방식을 파악하여 신속히 반응함
개별 영유아의 특성을 파악하여 상호작용함	• 교사는 개별 영아의 기질, 선호, 반응과 행동을 파악하여 민감하게 상호작용함

8. 보육교사는 개별 또는 집단으로 영유아와 바람직한 언어적 상호작용을 한다.

구성 요소(6)	영아 학급에만 관련된 사항
영유아의 개별적인 요구나 질문 듣기	• 없음
영아와 눈을 맞추고 민감하게 적절한 말로 반응하기	• 출생~1세: 울음, 옹알이, 단발음으로 요구할 때 파악하고 수용하여 해결해줌 • 1세: 정확하지 않은 발음이나 한두 단어로 요구를 표현할 때 그 단어를 포함하여 짧은 문장으로 다시 말해줌 • 2세: 두세 단어로 이루어진 짧은 문장으로 요구와 질문을 할 때 교사는 지속적으로 반응해줌
영유아가 이해할 수 있는 내용으로 반응하기	• 없음
교사가 적절한 언어 사용하기	• 없음
영유아가 허용적인 분위기에서 자유롭게 질문하고 개별적 요구를 표현하도록 기다려 주기	• 없음
영유아의 요구나 질문에 대해 비언어적 상호작용하기	• 없음

9. 보육교사는 영유아 간의 긍정적인 상호작용이 활발히 이루어지도록 격려한다.

구성 요소(5)	영아 학급에만 관련된 사항
영아가 일상에서 또래를 자연스럽게 관찰하거나 관심을 갖도록 격려함	• 0~1세: 교사가 다른 영아에게 관심을 갖도록 유도하고, 교사가 대신 말 걸어주며 모델링을 보여줌 • 1세: 또래 간의 상호작용이 일어나도록 영아 간의 긍정적 상호작용을 자주 격려해줌 • 2세: 일상에서 또래 간에 관심을 갖거나 상호작용을 할 때마다 격려해줌
영유아가 일과에서 다른 영유아와 자연스럽게 만나 친사회적 행동을 발달시키는 기회를 제공하고 격려함	• 없음
영유아가 자신의 감정이나 생각을 또래에게 말로 표현하도록 격려함	• 0~1세: 교사가 다른 영아를 향해 시선을 주거나 간단한 행동(예 손 흔들기)으로 또래에게 말을 걸어 표현하는 모습을 모델링해줌
영유아가 연령에 적합하게 함께 지켜야 할 약속과 규칙을 알고 지속적으로 익혀가도록 격려함	• 0~1세: 분명한 약속과 규칙을 정하기보다 반복적으로 알려주는 정도로 지도함 • 2세: 가장 최소한의 약속과 규칙을 반복적으로 이야기해주고 행동으로 보여줌
서로 다름을 인정하고 존중하도록 격려함	• 없음

10. 보육교사는 영유아의 어려움과 문제 상황을 파악하고 이를 적절히 지도한다.

구성 요소(5)	영아 학급에만 관련된 사항
영유아가 부정적 정서를 표현할 때 우선 안정을 찾도록 도와주고 원인을 파악함	• 없음
영유아가 부정적 정서를 적절하게 표현하도록 도움	• 0~1세: 수면, 배고픔 등의 생리적 욕구가 우선적으로 충족되었는지 항시 살핌 • 부정적 정서를 해소할 수 있도록 신체 놀이 등이 충분히 이루어지도록 함
활동 자료나 공간을 충분히 확보하여 영유아 간의 다툼이나 문제 상황이 발생하지 않게 함	• 영아의 발달 특성을 고려한 놀잇감을 구비하고 활동 공간을 마련함
영유아 간의 다툼이나 문제 발생 시 상황을 파악함	• 영아의 발달 특성상 교사가 문제 상황을 빨리 파악하여 신속하게 대처함
영유아 간의 다툼이나 문제 상황 발생 시 신체적 상해가 일어날 경우를 제외하고, 영아의 경우에는 발달 수준에 적합하게 적극적으로 개입함	• 영아 간 다툼이나 문제 상황이 발생했을 경우, 즉시 적극적으로 개입하여 안전 사고를 방지함 • 이후 양쪽 영아의 감정을 수용하고 영아가 이해할 수 있게 이유를 설명하며 교사가 긍정적 행동을 모델링해줌

이상에서 살펴본 바와 같이 보육과정과 직접적인 관련이 있는 보육과정 운영, 보육활동과 상호작용 영역은 보육환경, 건강, 안전, 운영관리 영역과 비교할 때 영아 학급에만 관련된 추가 사항이 더 많다. 이는 보육과정 또는 영아를 위한 교육 프로그램을 운영할 때는 영아의 특성을 더 많이 고려해야 한다는 것을 의미한다.

시간, 양, 개수와 관련된 추가사항은 이해하기도 실천하기도 용이하다. 예를 들어 실외놀이 시간을 0~1세는 30분 이상, 2세는 1시간 이상 실시하라는 지표는 이해하거나 실천하기 쉽다. 반면 질적인 것과 관련된 추가사항 또는 두 가지 지표가 개별적으로는 의미 있으나 두 가지 지표를 동시에 충족시키는 것이 어려운 경우는 실천하기 어렵다. 예를 들면, '영아는 개별놀이를 하므로 영아 간에 서로 방해가 되지 않고 놀잇감으로 인해 분쟁이 발생하지 않도록 지원' 하라는 추가사항과 '일상에서 또래 간에 관심을 갖거나 상호작용할 때마다 격려' 하라는 추가사항은 문서로는 이해할 수 있는 내용이다. 그러나 영아가 다른 영아에게 관심을 갖고 놀잇감을 뺏거나 원하지 않음에도 함께 놀이하자고 떼쓰는 경우 교사가 두 가지 지표를 다 만족시키는 방법으로 상호작용하는 것은 매우 어렵다. 따라서 문서가 아닌 실제 현장에서 양질의 보육과정 또는 영아교육 프로그램을 실천하기 위해서는 교사를 위한 다양한 지원뿐만 아니라 교사 스스로의 노력이 필요하다.

2. 영유아 환경 평정 척도

영유아 환경 평정 척도는 Harms 등(2006)이 University of North Carolina의 Frank Porter Graham Child Development Institute에서 개발한 것으로 출생부터 30개월의 영아로 구성된 학급의 교육의 질을 평가하는 척도이다. 척도의 제목은 환경 척도이나 우리나라의 어린이집 평가인증과 같이 전반적인 보육의 질을 평가하려는 목적으로 개발되었고 7개의 하위 척도와 39개의 항목으로 구성되어 있다.

다음은 한 개의 하위 항목을 간단히 요약한 것이다. 점수는 1(부적절함)에서 7(뛰어남)로 줄 수 있는데 1(부적절), 3(최소), 5(좋음), 7(뛰어남)에 해당되는 구체적인 예시가 있어 현재의 상태를 개선하려면 구체적으로 어떻게 해야 하는지 알 수 있다. 훈육의 질을 평가하기 위한 점수별 예를 살펴보면 다음과 같다.

예 3-1 항목 28. 훈육의 질에 대한 예

1 부적절	2	3 최소	4	5 좋음	6	7 뛰어남
1.1 훈육이 지나치게 엄격하거나 허용적임 1.2 때리기, 고함지르기를 하거나 오랫동안 움직이지 못하게 하거나 음식을 주지 않음		3.1 신체적 벌이나 심한 훈육은 하지 않음 3.2 보통은 문제(예 서로 다치게 하기, 물건 던지기)가 발생하지 않도록 통제함 3.3 어린이의 능력과 연령에 적합한 현실적인 기대를 함(예 나누어 쓰기를 권유하나 강요하지 않음 / 영아를 오래 기다리게 하지 않음)		5.1 갈등을 피하고 바람직한 상호작용을 촉진하는 방식으로 프로그램이 운영됨(예 여러 개의 같은 놀잇감, 순조로운 전이, 교사의 빠른 반응, 놀잇감을 가진 영아의 우선권 인정) 5.2 긍정적인 훈육방법을 효과적으로 사용함(예 다른 놀이로 전환시킴, time-out을 사용하지 않음) 5.3 긍정적인 행동에 교사가 관심을 보이고 반응함 5.4 교사가 일관성 있게 반응함		7.1 영아가 자신의 행동에 대한 결과를 이해하도록 교사가 항상 도움 7.2 문제 해결을 위해 공격적 행동보다는 바람직한 방법으로 의사소통하도록 교사가 영아를 도움(예 영아의 행동을 교사가 언어적으로 설명, 어휘가 부족하더라도 말로 설명해보도록 격려) 7.3 문제행동에 대해 필요한 경우 전문가의 조언을 구함

7개 하위 척도인 공간과 가구, 일상생활, 듣기와 말하기, 활동, 상호작용, 프로그램 구조, 부모와 직원 모두 양질의 영아 프로그램을 운영하는데 영향을 미치나, 직접적인 관련성이 적은 부모와 직원을 제외한 6개 하위 척도의 각 항목에 대한 7점(뛰어남) 기술을 중심으로 살펴보고자 한다.

❖ 하위 척도 1: 공간과 가구(5항목)

항목	7점_뛰어남에 해당되는 수준
실내 공간	• 채광 조절 가능 • 환기 조절 가능 • 청소하기 쉬운 재료로 된 바닥, 벽
일상생활과 놀이를 위한 가구	• 쉽게 접근하고 사용할 수 있는 가구 • 영아의 신체 크기에 맞는 책상과 의자 • 여분의 놀잇감 보관을 위한 편리하고 잘 조직된 정리 공간 • 성인에게도 편리한 의자나 앉을 자리
휴식과 편안함을 위한 설비	• 여러 영역에서 관찰되는 포근함과 부드러움 • 책읽기나 조용한 놀이에 활용되는 포근한 공간
공간 구성	• 다양한 경험을 제공할 수 있는 여러 공간 • 유사한 종류의 놀잇감을 모아 놓은 흥미 영역 • 놀이가 영아의 이동으로 인해 방해받지 않는 공간 배치
영아를 위한 전시	• 눈높이에 전시된 영아, 가족, 애완동물, 친구의 사진 • 찢어지지 않게 처리된 그림(예 코팅) • 주기적으로 교체되는 새로운 교재 · 교구 • 전시된 영아의 조형 결과물

❖ 하위 척도 2: 일상생활(6항목)

항목	7점_뛰어남에 해당되는 수준
등 · 하원	• 등 · 하원시 부모가 활동실에 머무는 것을 장려하는 우호적이고 편한 분위기 • 부모에게 제공되는 개별 영아의 일상적인 일과와 특별한 사항에 대한 정보
급 · 간식	• 먹는 동안 학습이 일어나도록 교사가 영아와 함께 앉아 천천히 진행하는 식사 • 영아가 좋은 식사습관을 갖도록 부모와 교사가 하는 협력
낮잠	• 영아가 편히 쉴 수 있게 하는 지원 • 낮잠 자지 않는 영아를 위해 별도로 준비된 활동
기저귀 갈기/ 화장실 가기	• 항상 유지되는 청결 • 영아의 신체 크기에 맞는 화장실 • 자조기술 지원

〈계속〉

항목	7점_뛰어남에 해당되는 수준
건강습관	• 자조기술이 서서히 발달하도록 지원함 • 하루 한 번 이상 실시하는 양치질 • 건강 관련 정보가 부모에게 제공됨
안전습관	• 교사는 영아가 안전에 관한 규칙을 따르도록 격려함 • 안전에 관한 규칙(이유)을 영아에게 설명함

❖ 하위 척도 3: 듣기와 말하기(3항목)

항목	7점_뛰어남에 해당되는 수준
영아가 언어 이해하도록 돕기	• 영아와 이야기할 때 다양한 범주의 간단하고 정확한 단어를 사용함 • 영아와 언어놀이를 함 • 영아와 다양한 주제에 관해 이야기를 함
영아가 언어를 사용하도록 돕기	• 교사와 영아가 이야기를 주고 받음 • 영아가 한 말에 어휘와 아이디어를 추가함 • 영아에게 간단한 질문을 해서 대답하도록 격려함 • 교사는 듣기와 말하기 간의 균형을 유지함
책 사용하기	• 영아가 꺼내 읽을 수 있도록 책을 제공함 • 매일 정기적으로 영아와 책을 읽음 • 영아의 흥미에 따라 책을 추가 또는 교체함

❖ 하위 척도 4: 활동(10항목)

항목	7점_뛰어남에 해당되는 수준
소근육	• 다양한 소근육 관련 놀잇감이 제공되고 교체됨 • 다양한 수준의 소근육 관련 놀잇감이 제공됨
활동적인 신체놀이	• 실외 환경의 표면이 적어도 2가지 이상임(예 잔디, 모래, 흙) • 비, 바람, 직사광선을 피할 수 있는 실외 환경 • 대근육 활동을 촉진할 수 있는 다양한 놀잇감/ 설비
미술(조형)	• 다양한 종류의 자료와 재료가 제공됨 • 영아의 수준에 따라 다양한 종류의 자료와 재료가 제공됨
음악과 동작	• 음악 관련 놀잇감이나 악기가 제공되고 교체됨 • 다양한 종류의 음악을 영아가 들을 수 있게 함 • 교사는 영아가 춤추고, 박자에 맞춰 움직이고, 노래 부르기를 하도록 격려함
블록놀이	• 최소한 3가지 종류 이상의 블록이 제공됨 • 다양한 소품이 제공됨 • 교사가 영아와 함께 블록놀이를 함
역할놀이	• 다양성(예 성, 인종, 문화)이 반영된 역할 놀잇감을 제공함 • 실내 · 외의 넓은 공간에서 역할놀이를 하도록 함 • 교사가 영아와 함께 역할놀이를 함
모래놀이/ 물놀이	• 매일 물 · 모래놀이가 제공됨 • 물과 모래를 이용한 다양한 놀이를 하게 함

〈계속〉

항목	7점_뛰어남에 해당되는 수준
자연/ 과학	• 교사가 동·식물 같은 자연에 대해 관심과 존중을 가지고 있다는 것을 영아에게 보임 • 자연/ 과학 영역이 잘 구성되고 보존됨
텔레비전, 비디오, 컴퓨터의 사용	• 영아가 적극적으로 참여하게 하기 위해서만 사용함 • 영아의 흥미와 경험을 지원하기 위해서만 사용함
다양성 수용	• 성역할에 대해 개방된 태도를 격려하는 자료를 제공함 • 문화에 대해 개방된 태도를 격려하는 자료를 제공함

❖ 하위 척도 5: 상호작용(4항목)

항목	7점_뛰어남에 해당되는 수준
놀이와 학습에 대한 감독	• 영아를 신중하게 관찰하고 문제가 발생하기 전에 예방함 • 각 영아를 개별적으로 감독함 • 활동의 종류에 따라 다른 방식으로 감독함
또래 상호작용	• 영아에게 서로의 행동, 의도, 감정을 설명해줌 • 또래 간 또는 성인-영아 간의 긍정적 사회적 상호작용에 대해 언급함
교사와 영아의 상호작용	• 영아의 기분과 욕구에 반응적으로 상호작용함 • 영아의 감정과 행동에 민감함
훈육	• 영아가 한 행동의 결과를 이해할 수 있게 지원함 • 영아가 문제를 해결하기 위해 공격적 행동보다는 말로 하도록 도와줌

❖ 하위 척도 6: 프로그램 구조(4항목)

항목	7점_뛰어남에 해당되는 수준
하루일과	• 영아의 다양한 욕구를 수용하기 위해 놀이 활동의 일정을 조정함 • 하루일과 중 전이가 유연함
자유놀이	• 영아와 교육적으로 유용한 상호작용을 함 • 영아의 흥미를 유발하기 위해 교재·교구를 추가함
집단놀이 활동	• 모든 영아가 참여할 수 있는 방식으로 진행됨 • 개별 영아의 참여를 격려하기 위해 여러 방식으로 지원함
장애아동에 대한 편의 제공	• 장애 특수 교사의 지도가 학급의 정규 활동 내에서 진행됨 • 장애 영아가 통합되어 대부분의 활동에 참여함 • 개별 장애 영아의 평가와 개입 계획 수립에 교사가 참여함

❖ 하위 척도 7: 학부모와 스태프(7항목)_생략

어린이집 평가인증 지표와 영유아 환경 평정 척도에서 양질의 영아 보육과정 또는 프로그램을 정의하는 요소는 매우 유사한 것을 알 수 있다. 본 절에서 살펴보지는 않았지만 미국 NAEYC의 유아교육기관 인증 평가 체제(www.naeyc.org/academy/)와 호주의 ACECQA(Australian Children's Education & Care Quality Authority)에서 제시한 국가 질 체제(National Quality Framework: NQF)(www.acecqa.gov.au/)에서 사용하는 평가

지표도 유사한 방식으로 질을 정의하고 있다. 각국에서 영아를 위한 교육 및 보육기관 또는 프로그램의 질을 평가하기 위해 사용하는 지표가 유사하다는 것은 '양질'의 프로그램이 무엇인가에 대한 보편적인 동의가 이루어지고 있음을 의미한다.

어린이집이나 영아를 대상으로 하는 프로그램의 질을 평가하는 지표를 읽어보면 전문성이 높지 않은 사람도 이해할 수 있고 실현하는 것이 어렵지 않은 듯 느껴진다. 그러나 어린이집 평가인증 과정에서 실제 관찰했던 아래의 예에서 볼 수 있듯이 높은 질이 의미하는 것을 실제에서 구현하는 것은 매우 어렵다. 다음은 0세 학급에서 실시된 것으로 질적 측면에서 부적절한 활동임을 알 수 있다.

예 3-2 0세 학급에서 관찰된 활동: 자동차와 배 칠하기

연령
- 0세

활동
- 자동차와 배

영역
- 기록 없음

활동 진행 방식
- 활동실의 벽에 전지를 붙여 놓고 자동차와 배의 윤곽선을 크게 각각 그려 놓음
- 전지 윗부분에 여러 색의 크레파스를 리본으로 묶어서 간격을 두고 고정시킴
- 교사가 영아에게 하는 상호작용은 '자동차 어디 있어? 배 어디 있어? 자동차에 그려봐. 배도 칠해보자.'와 같이 교통기관을 인식하고 그 안을 원하는 색으로 칠해보게 하는 것을 중심으로 이뤄짐

질적 측면에서의 평가
- 0세 학급 영아 대부분은 인지 발달 측면에서 자동차와 배를 구별하지 못하고, 윤곽선 만으로는 더욱 구별하기 어려움. 어휘 발달 측면에서도 '자동차'와 '배'란 어휘를 익힐 수 없음
- 자동차와 배의 구별 또는 교통기관은 0세 영아에게 적합한 교육 목표나 주제가 될 수 없음
- 두 손을 자유롭게 쓸 만큼 혼자 서기가 안 되는 영아가 많기 때문에 서서 리본에 묶인 크레파스로 그리기 어려움
- 윤곽선 밖으로 나가지 않게 그리기는 불가능함
- 리본에 크레파스가 묶여 있기 때문에 자유롭게 팔을 돌리기 어렵고 제한된 범위 안에서만 움직일 수 있음
- 영아는 손의 힘을 조절하여 잡기 어렵기 때문에 쉽게 부러지는 크레파스로 그리기 어려움
- 교사의 상호작용은 영아에게 반응하는 방식이 아니라 교사가 설정한 목표를 일방적으로 달성하려는 방식임

총평
- 영아의 발달 수준 및 개인차 반영, 영아의 사전 경험 고려, 영아의 관심 반영 등의 측면에서 개선할 필요 있음

다음은 1세 학급에서 실시된 것으로 질적 측면에서 부적절한 활동임을 알 수 있다.

예 3-3 1세 학급에서 관찰된 활동: 팬티 패션쇼

연령
- 1세

활동
- 팬티 패션쇼

영역
- 예술경험

활동 진행 방식
- 영아에게 자신의 기저귀를 찾아오게 함
- 기저귀에 스티커를 붙여 장식하게 함
- 활동실 안에 빨간색 테이프를 길게 붙여 모델이 걷는 길처럼 만듦
- 기저귀만 입은 상태로 빨간색 테이프 위를 '엉덩이를 씰룩씰룩' 하며 걷게 함
- 영아가 걸을 때 교사는 음악을 틀어주고 사진을 찍어줌

질적 측면에서의 평가
- 청결하게 관리되어야 할 기저귀에 스티커를 붙여 장식하는 것은 부적절함
- 1세 영아의 소근육 협응 발달 정도를 고려할 때 스스로 스티커를 떼서 붙일 수 없고 교사가 떼서 준 것을 붙이는 것은 무의미함
- 성인은 스티커를 붙이면 장식한다고 인식하나 1세 영아는 스티커로 장식한다는 개념이 없음
- 1세 영아의 대근육 발달 정도를 고려할 때 테이프로 만든 좁은 길 위를 따라 걷는 것은 불가능함
- 성인의 영역인 패션쇼를 영아에게 하게 하고 '엉덩이를 씰룩씰룩' 하며 걷도록 요구하는 것은 교육적으로 매우 부적절함

총평
- 영아의 발달 수준 및 개인차 반영, 영아의 사전 경험 고려, 영아의 관심 반영, 교육적 가치 등의 측면에서 개선할 필요 있음

다음은 2세 학급에서 실시된 것으로 질적 측면에서 부적절한 활동임을 알 수 있다.

예 3-4 2세 학급에서 관찰된 활동: 종이 벽돌 블록으로 식탁 만들기

- 연령
  - 2세
- 활동
  - 종이 벽돌 블록으로 식탁 만들기
- 영역
  - 자연탐구/ 신체운동

- 활동 진행 방식
  - 음식이 차려진 식탁 사진이나 화보를 보여줌
  - 종이 벽돌 블록을 이용하여 식탁을 만들도록 함
  - 원하는대로 만든 식탁 위에 음식을 차려보도록 함

- 질적 측면에서의 평가
  - 영아가 자발적으로 식탁 만들기를 시작하는 것이 아니고 교사가 식탁을 만들도록 요구함
  - 식탁을 만드는 자료도 종이 벽돌 블록만 이용하도록 제한함
  - 식탁 만들기 또는 식탁을 만들 자료 결정하기가 교사 주도로 이루어짐
  - 자유놀이임에도 불구하고 자유롭게 놀지 못하는 상황이 전개됨
  - 0세와 1세 활동의 예와 비교하면 '바람직한 활동'으로 보일 수 있으나 영아의 자율성과 주도성을 침해한다는 측면에서 보면 역시 바람직하지 않은 활동임

- 총평
  - 영아의 발달 수준 및 개인차 반영, 영아의 사전 경험 고려, 영아의 관심 반영, 교육적 가치 등의 측면에서 개선할 필요 있음

따라서 양질의 보육과정 또는 영아를 위한 프로그램을 운영하기 위해서는 평가 지표의 내용을 숙지하는 것뿐만 아니라 지표의 의미가 교실에서 실현되도록 노력하는 것이 중요하다.

S·U·P·E·R

04 영아를 위한 교육과정의 세계적 경향과 표준보육과정

1 교육과정의 구성 요소

2 교육 내용

3 교육과정 요소 간의 연계

4 교육과정과 교사용 지침으로서의 어린이집 표준보육과정에 기초한 영아보육 프로그램

1. 교육과정의 구성 요소

교육과정은 교육 목표, 교육 내용, 교수학습방법 및 평가로 구성되며 서로 밀접한 관련이 있다. 본 절에서는 교육과정의 세계적 경향을 보여주는 외국 몇 나라의 교육과정과 우리나라의 표준보육과정을 비교(김희진 · 박은혜 · 신은수 · 이지현, 2010)해 봄으로써 표준보육과정의 고유한 특성을 알아보고 개선방향을 모색하고자 한다(| 표 4-1 | 참조).

표 4-1 몇 나라의 교육과정

교육과정	미국*	영국	뉴질랜드	표준보육과정
대상연령	0~5세	0~5세	0~6세	0~2세
목표	영역별 목표	영역별 목표	영역별 목표	영역별 목표
교육 내용	9개 영역	7개 영역	5개 영역	6개 영역
구성	3단계 (영역→요소 →학습 진행)	3단계 (각 단계별 명칭 없음)	3단계 (요소→목표 →학습결과)	3단계 (영역→내용 범주 →내용)
영역의 수준 설정 기준	• 월령 - 0~6개월 - 6~12개월 - 12~18개월 - 18~24개월 - 24~36개월	• 월령 (개인차 고려하여 월령 중복) - 0~11개월 - 8~20개월 - 16~26개월 - 22~36개월	• 발달 단계 - 영아기 (0~18개월) - 걸음마기 (1~3세)	• 연령 - 0~1세: 4수준 - 2세: 2수준
교사용 지침 (지도서/ 프로그램)	• 교육과정 내에 원리만 제시	• 교육과정 내에 원리만 제시	• 교육과정 내에 원리만 제시	• 프로그램으로 분리
교수학습방법	• 영역별 교수학습방법의 원칙 제시	• 놀이와 탐구 • 적극적 학습 • 창조와 비판적 사고	• 영역별 교사 역할의 예 제시	• 영역별 지도 지침 및 유의점 제시
평가 기준	• 요소/ 학습 진행에 명시한 목표	• 학습 내용의 3단계에 명시한 목표	• 목표/ 학습결과에 명시한 목표	• 일일보육계획의 활동 평가 강조 (목표에 대한 평가는 강조 안 됨)

* 미국은 주별 교육과정이 상이하므로 코네티컷 주를 중심으로 기술함

첫째, 대상연령을 살펴보면 외국의 경우 출생부터 초등학교 입학 전까지의 모든 연령을 대상으로 하는 하나의 교육과정을 운영하고 있는 반면 우리나라는 0~2세를 대상으로 하는 표준보육과정과 3~5세를 대상으로 하는 누리과정을 분리해서 운영하고 있다. 표준보육과정과 누리과정의 목표, 교육 내용, 교수학습방법, 평가 간에 높은 연관성이 있는 것은 사실이나 처음부터 하나의 교육과정으로 개발된 것과는 그 의미가 다를 것이다.

둘째, 목표를 살펴보면 모든 나라에서 교육과정 영역별로 목표가 설정되어 있고, 영역별 내용과 매우 유사하므로 우리나라의 표준보육과정 목표만 간단히 살펴보고자 한다. 영아를 위한 표준보육과정의 목표는 0~1세와 2세로 나눠서 각 6개씩 설정하였고 관련 영역에서 목표를 달성하도록 명시하고 있다.

표 4-2 어린이집 표준보육과정의 목표

목표	0~1세를 위한 목표	2세를 위한 목표	관련 영역
1	• 건강하고 안전한 일상생활을 경험한다.	• 건강하고 안전한 생활습관의 기초를 마련한다.	기본생활
2	• 감각 및 기본 신체운동 능력을 기른다.	• 감각, 신체조절 및 기본운동 능력을 기른다.	신체운동
3	• 말소리를 구분하고 의사소통의 기초를 마련한다.	• 의사소통 능력의 기초를 기른다.	의사소통
4	• 친숙한 사람과 관계를 형성한다.	• 나를 인식하고 다른 사람과 더불어 생활하는 경험을 한다.	사회관계
5	• 아름다움에 관심을 가진다.	• 아름다움에 관심을 가지고 예술 경험을 즐긴다.	예술경험
6	• 보고 듣고, 만지면서 주변 환경에 관심을 가진다.	• 주변 환경에 호기심을 갖고 탐색하기를 즐긴다.	자연탐구

셋째, 교육 내용을 살펴보면 각 나라의 교육 내용은 구조적 측면에서 차이가 없는 것으로 보인다. 교육할 내용을 몇 개의 영역(예 뉴질랜드의 5개 영역~미국의 9개 영역)으로 나누고 각 영역별로 가르쳐야 할 세부 내용은 모든 국가에서 3단계로 나눠 상세히 기술하고 있다. 상세한 내용은 '2. 교육 내용'에서 집중적으로 살펴보고자 한다.

또한 가르쳐야 할 세부 내용의 수준은 월령(예 미국과 영국), 발달 단계(예 뉴질랜드), 연령(예 표준보육과정)별로 나눠 설정하고 있다. 세부 내용의 수준을 설정하는 방식은 미국, 영국, 뉴질랜드와 우리나라의 표준보육과정이 서로 다르다. 외국의 경우 월령 또는 발달 단계에 따라 각 세부 내용에 명시된 목표를 달성하기 위해 어떤 경험을 제공해야 하는지 또는 목표를 달성했을 때 영아가 어떤 행동을 보이는지를 중심으로 안내한다.

반면 표준보육과정은 어떤 수준으로 가르칠지를 0~1세는 1~4수준으로, 2세는 2수준으로 제시한다. 예를 들면, 1세의 신체운동 영역의 감각〉 신체인식하기〉 신체 탐색하기는 '손과 발 등을 바라보며 탐색한다'와 '주요 신체 부분의 움직임을 탐색한다'의 2수준으로 가르치도록 명시하고 있다.

넷째, 교수학습방법을 살펴보면, 교육 내용의 영역별 원칙(예 미국, 뉴질랜드, 표준보육과정) 또는 유아교육의 일반적 원칙(예 영국) 수준에서 교수학습방법의 원리를 간단히 제시하고 있다는 측면에서 모든 나라가 유사하다. 영역별 원칙으로 미국 코네티컷 주의 예를 살펴보면 인지 영역의 교수학습 원칙으로 '탐구하도록 격려하기', '질문하고 선택할 기회주기', '표상과 상징이 포함된 활동하도록 격려하기', '기억하도록 격려하기', '새롭고 약간 어려운 활동을 하도록 격려하기'를 제시하고 있다. 보건복지부(2013b)에서도 각 영역별로 '지도 지침 및 유의점' 항목을 두어 원칙을 제시하고 있다.

다섯째, 평가를 살펴보면, 외국의 교육과정과 표준보육과정은 상당한 차이가 있다. 본 장에서 살펴본 미국, 영국, 뉴질랜드는 모두 교육 내용을 근거로 평가할 것을 교사에게 요구하고 있다. 즉, 가르쳐야 하는 내용을 영유아가 학습했는지를 평가하도록 명시하고 구제척인 기준까지 제시한다. 반면 표준보육과정에서는 일일 보육계획안에 계획한 활동에 대한 평가는 하도록 되어 있으나 표준보육과정의 영역〉 내용 범주〉 내용〉 수준별 내용을 기초로 하는 평가에 대한 지침은 주고 있지 않다.

2. 교육 내용

교육과정의 핵심은 가르치고자 하는 것, 즉 교육 내용을 규정하는 것이다. 외국의 교육과정과 표준보육과정의 교육 내용을 비교하여 살펴봄으로써 각 국가에서 영아에게 무엇을 가르치고자 하는지 알아볼 수 있다. 국가 수준의 교육과정에서 교육 내용을 설정할 때 다양한 기준을 활용한다. 외국의 경우는 핵심역량(key competence), 발달(development), 학습 기준(learning standard) 또는 발달과 학습 기준(development & learning standards)(김희진 외, 2010)을 사용한다.

첫째, 미국의 경우 각 주별로 교육과정을 개발하고 사용하는 용어(예 early learning guidelines-알래스카 주; early learning standards-애리조나 주; early childhood framework-아칸소 주)는 약간씩 다르지만 무엇을 가르쳐야 할지에 대해서는 모두 상세히 기술하고 있다. 2014년 4월 발표된 미국 코네티컷 주의 Connecticut Early Learning and Development Stardards(CTELDS)(http://www.ct.gov/oec/cwp/view.asp?a=4541&q=536726)를 예로 살펴보자.

가장 상위 수준인 영역을 살펴보면 발달과 교과가 통합되어 있고 2번째 수준인 요소와 3번째 수준인 학습과정에서는 구체적으로 무엇을 가르칠지를 규정하고 있다. 주목할 것은 인지 영역의 요소와 학습과정 단계에서 효과적으로 학습하기 위해 필요한 성향이나 논리 및 추리력, 수행 기능을 강조한 것이다. 즉, 영아가 발달하고 학습해 가는 과정에서 필수적인 인지적 도구를 습득할 수 있도록 지도할 것을 교사에게 요구하고 있는 것이다.

표 4-3 미국의 Connecticut Early Learning and Development Standards(CTELDS)

1단계 (domain: 영역)	2단계 (strand: 요소)	3단계 (learning progress: 학습과정)	
인지 (cognition)	학습에의 효과적인 접근	• 호기심과 주도성 • 배우는 것에 대한 열정	• 환경, 사물, 사람에의 참여 • 학습경험에서 또래와의 협력
	논리와 추론	• 원인과 결과 • 문제 해결	• 사물의 특성에 대한 이해, 분류, 패턴 • 상징적 표상
	수행 기능	• 선택과 계획 • 인지적 융통성 • 주의집중과 충동의 통제	• 과업 지속성 • 작업 기억

〈계속〉

| 표 4-3 | 〈계속〉

1단계 (domain: 영역)	2단계 (strand: 요소)	3단계 (learning progress: 학습과정)	
사회정서 발달 (social & emotional dev.)	주 양육자와의 애착 형성	• 신뢰로운 관계	• 분리
	자기 규제 발달	• 정서와 행동의 규제	• 충동과 행동의 규제
	정서의 표현, 인식 및 반응	• 정서 표현	• 타인의 정서에 대한 인식과 반응
	자기인식, 자아 개념 및 유능성	• 자신에 대한 인식 • 자아 개념과 유능감	• 개인적 선호
	사회적 관계	• 성인과의 관계 • 갈등 해결	• 놀이에서의 또래 관계
신체 발달과 건강 (physical dev. & health)	대근육 기술	• 이동 능력	• 대근육 움직임과 협응
	소근육 기술	• 눈과 손의 협응	• 소근육 움직임과 협응
	적응 기술	• 먹기 일상/ 영양 • 옷 입고 벗기와 청결	• 안전/ 책임
	신체적 건강과 안녕	• 신체 활동	• 건강 관련 행동
언어와 문해 (language & literacy)	수용언어	• 말(단어)에 대한 이해	• 언어에 대한 이해
	표현언어	• 어휘 • 언어 구조	• 생각, 감정, 욕구에 대한 표현
	사회적 상호작용을 위한 언어	• 의사소통에 필요한 관습	• 상호작용을 위한 언어
	책읽기와 책에 대한 지식	• 책에 대한 흥미와 참여	• 책 내용이나 정보에 대한 이해
	인쇄와 인쇄물의 사용에 대한 지식	• 책에 대한 개념 • 글자(letter)에 대한 인식	• 인쇄에 대한 개념
	음운체계에 대한 인식	• 음운체계에 대한 인식	
	그림, 낱자, 단어를 통한 의미 전달	• 그리기와 쓰기	
창의적 예술 (creative arts)	예술에 참여하고 즐기기	• 음악 • 드라마	• 미술 • 율동(춤)
	창의적 작품을 탐색하고 반응하기	• 예술 감상	

〈계속〉

| 표 4-3 | 〈계속〉

1단계 (domain: 영역)	2단계 (strand: 요소)	3단계 (learning progress: 학습과정)	
수학 (mathematics)	수와 집합의 요소	• 수 이름 • 적혀 있는 수 인식 • 비교	• 수세기 • 양에 대한 인식
	연산과 대수적 사고	• 수 조작	
	측정과 자료	• 측정 • 분류와 범주화	• 자료
	기하와 공간 감각	• 공간관계 • 모양 구성	• 모양의 변별
과학 (science)	과학적 절차/ 방법 적용하기	• 질문하고 문제 정의하기 • 증거 사용하기	• 조사하기
	공학적 과정에 참여하기	• 공학적 사물(예 구슬 지나는 길) 디자인하기	
	생물의 패턴, 과정, 관계 이해하기	• 생명의 공통점과 다양성	• 생물과 환경 간의 상호작용
	물리과학에 대한 이해	• 에너지, 힘, 운동	• 물질과 물질의 특성
	지구과학에 대한 이해	• 지구의 특성과 날씨/ 물의 역할 • 지구와 인간 활동	
사회 (social studies)	자신, 가족, 다양한 지역사회에 대한 이해	• 개인의 발달과 정체성	• 문화
	사람과 환경에 대한 이해	• 힘, 권력, 정부 • 민주적 사상과 실천	• 사람, 장소, 환경
	경제 시스템과 자원에 대한 이해	• 개인, 집단, 단체 • 과학, 기술과 사회	• 생산, 분배, 소비
	시간의 변화에 대한 이해	• 시간, 지속성과 변화	

둘째, 영국의 경우 2014년 9월부터 시행되는 Statutory Framework for the Early Years Foundation Stage(EYFS)를 통해 0~5세 어린이가 발달시키고 배워야 할 기준(standards)을 정하고 유아교육기관에서 어린이가 기준에 맞게 발달하고 배우도록 하고 있다(http://www.gov.uk/government/publications/early-years-foundation-stage-framework-2). 영국은 만 3세 미만의 영아에게 강조되는 주 영역과 모든 어린이에게 적

용되는 학습 영역으로 영역을 나누고 있다. 이는 영아기는 기초적인 발달을, 유아기는 교과지식을 주요 교육 내용으로 설정함을 의미한다.

표 4-4 영국의 the Early Years Foundation Stage(EYFS)

1단계*	2단계	3단계	
주 영역 (prime areas; 특히 만 3세 미만)	의사소통과 언어	• 듣기와 주의 기울이기 • 말하기	• 이해하기
	신체 발달	• 움직이기와 손으로 다루기	• 건강과 자조 능력
	개인, 사회, 정서 발달	• 자신감과 자기 인식 • 관계 만들고 유지하기	• 감정과 행동의 조절
각 학습 영역 (specific areas)	문해	• 읽기	• 쓰기
	수학	• 수	• 모양, 공간, 측정
	세상에 대한 이해	• 사람과 지역사회 • 기술	• 세상
	표현 예술과 디자인	• 미디어와 자료의 탐구와 사용 • 창의력	

* 영국의 경우 각 단계별 명칭이 없음

셋째, 뉴질랜드는 교육과정을 어린이의 학습과 발달을 촉진하기 위해 설립된 교육적 환경에서 일어나는 직접적 또는 간접적(즉, 계획적인 또는 우발적인) 경험, 활동, 사건을 모두 포함하는 것으로 정의하고 있는데, Te Whāriki라고 불리는 교육과정을 통해 0~6세의 어린이가 배워야 할 것을 제시하고 있다. 뉴질랜드는 원주민인 마오리족을 비롯해 전 세계에서 이민 온 가정의 어린이를 교육해야 하기 때문에 다문화적 가치를 존중하고 실천할 능력의 함양을 특히 강조하여 교육과정 내용에 포함하고 있다(http://www.education.govt.nz/early-childhood/teaching-and-learning/ece-curriculum/).

표 4-5 뉴질랜드의 유아기 교육과정 Te Whāriki

1단계 (strand)	2단계 (goal)	3단계* (learning outcome: 지식, 기술, 태도)
안녕 (well-being)	건강의 증진	• 자신의 신체와 기능에 대한 이해 • 건강을 유지하는데 필요한 지식 • 자조기술의 발달 • 일상생활에 대한 긍정적 태도

〈계속〉

| 표 4-5 | 〈계속〉

1단계 (strand)	2단계 (goal)	3단계* (learning outcome: 지식, 기술, 태도)
안녕 (well-being) (계속)	정서적 안녕의 증진	• 스스로 선택하고 결정하는 능력 • 주의를 집중하고, 집중 상태를 유지하고, 참여하는 능력 • 어느 정도의 놀람, 변화, 불확실성, 혼란스러운 상황을 참아내고 즐기는 능력 • 자신의 가치에 대한 인식 능력 • 자신과 타인의 감정을 인식하는 능력 • (후략)
	안전의 보장	• 스스로를 안전하게 보호하는 능력과 지식 • 위험에 대한 걱정 없이 참여하고 도전하는 자신감 • 걱정과 두려움을 공개적으로 표현하는 능력과 자신감 • 걱정과 두려움을 성인이 신중하게 여기리라는 믿음 • 자신과 타인의 안전에 대한 책임의식 • (후략)
소속 (belonging)	가족과 세상과의 연계	• 사람, 이미지, 사물, 언어, 오감각을 통해 유아교육기관과 친숙한 세상 간에 연계가 있음에 대한 이해 • 지역사회의 다양한 특성에 대한 지식 • 새롭고 친숙하지 않은 세상의 특성에 대한 흥미와 특성을 발견하는 것에 대한 기쁨 • 사건이나 경험 간의 연계에 대한 이해 • 유아교육기관과 가정, 부모의 직장과 같은 관련된 기관 간의 연계에 대한 이해 • (후략)
	자신이 사는 사회와의 연계	• 자신이 속한 학급의 일과에 적극적으로 참여하는 능력 • 정리 · 정돈, 간단한 수리, 또래의 자조기술 발달 지원 등 자신이 속한 사회, 물리적 환경을 돌보는 기술 • 자신의 생각을 표현하고 타인을 지원하는 능력과 자신감 • 자신이 속한 기관에 대한 소속감 • 맥락에 맞는 역할을 할 수 있는 능력
	일상적 일과, 관습, 행사	• 자신이 속한 기관의 일상, 관습, 정기 행사에 대한 이해 능력 • 기관에 따라 다른 일상, 관습, 정기 행사에 대한 이해 능력 • 일상적인 하루가 지나는 패턴을 알고 예측하고 계획하는 능력 • 중간 정도의 변화에 흥미를 가지고 즐기는 능력 • 변화를 극복하는데 건설적인 전략을 사용하는 능력
	수용가능한 행동의 한계와 범위	• 규칙, 권리, 공정성에 대해 토론하고 조정하는 능력 • 자신이 속한 기관의 규칙과 각 규칙이 만들어진 이유를 이해하고 규칙과 이유는 기관에 따라 다르다는 것을 이해하는 능력 • 수용가능한 행동의 범위를 넘어서는 행동의 결과에 대한 이해 • 자신의 행동에 따른 결과에 책임지는 능력 • 동의하지 않을 때 그 이유를 적극적이고 적절하게 표현하는 능력

〈계속〉

| 표 4-5 | 〈계속〉

1단계 (strand)	2단계 (goal)	3단계* (learning outcome: 지식, 기술, 태도)
기여 (contribution)	공평한 학습 기회	• 자신과 타인의 권리에 대한 이해 • 차별적인 행동을 인식하고 적절히 반응하는 능력 • 다양성과 공정성의 가치에 대한 초기 개념 • 편견적 생각과 차별적 행동에 맞서 자신과 타인을 위해 나설 수 있는 자신감 • 자신과 타인의 성에 대한 긍정적 판단 • (후략)
	개인의 가치 존중	• 자신의 존재에 대한 인식 • 자신에 대한 현실적인 인식 • 새로운 지식과 능력을 습득할 능력이 있는 존재로서의 자신에 대한 인식 • 다양한 영역에 대한 흥미와 그 영역에서 발달시킨 능력 • 자신의 장점에 대한 인식과 장점이 존중된다는 확신
	협력을 통한 학습	• 또래와의 관계를 시작, 유지하고 즐기는데 필요한 기술과 전략 • 갈등을 평화롭게 해결할 수 있는 다양한 전략 • 경쟁에 대한 긍정적이고 건설적인 태도 • 집단의 욕구와 안녕에 대한 존중과 책임감 • 타인의 관점을 이해하고 공감하는 능력의 발달 • (후략)
의사소통 (communication)	비언어적 의사소통 기술	• 주고받기나 제안하기 같은 반응적이고 상호적인 기술 • 상상적인 아이디어를 비언어적인 방법으로 표현하고 교환할 수 있는 능력 • 의사소통에 필요한 정교한 몸짓이나 신체를 활용한 표현 능력의 발달 • 비언어적 메시지를 이해하는 능력의 발달 • 다양한 비언어적 방법으로 감정과 정서를 적절히 표현하는 능력
	언어적 의사소통 기술	• 실생활, 놀이, 문제 해결 상황에서 필요한 언어기술 • 고차원적인 목적(예 타인의 의사 묻기, 협상하기, 만약을 가정하는 말하기)에 필요한 언어기술 • 반복적인 소리나 말을 이용한 놀이(예 말놀이)에 대한 흥미와 즐김 • 언어 구조와 의미에 대한 지식과 기술의 점진적 발달 • 모국어가 가치 있게 여겨진다는 자신감 • (후략)

〈계속〉

| 표 4-5 | 〈계속〉

1단계 (strand)	2단계 (goal)	3단계* (learning outcome: 지식, 기술, 태도)
의사소통 (communication) (계속)	다양한 문화의 스토리와 상징	• 상징은 사람이 '읽을 수 있는 것'이고 생각, 경험, 아이디어는 말, 그림, 언어, 수, 소리, 모형, 사진 등으로 표상된다는 것에 대한 이해 • 이야기와 상징을 창조하는 경험 • 지역사회의 문화에서 존중되어 선택된 문학 경험 • 수, 길이, 무게 같은 수학적 상징과 개념을 이해하고 사용하는 능력 • 수학, 읽기, 쓰기에 필요한 테크놀로지와 자원에 대한 경험 • (후략)
	창의적/ 표현적 능력	• 창의적/ 표현적 예술에 사용되는 자료와 기법의 특성에 대한 이해 • 미술과 공예에 필요한 기술과 기술을 사용하는 과정에서의 자신감 • 감정, 기분, 상황, 문화를 표현하는 매체로서의 음악, 미술, 춤, 드라마에 대한 경험과 친숙함 • 감정, 정서, 정보의 표상에 사용하는 자료(예 연필, 블록, 악기)를 사용하는 기술 • 음악, 미술, 드라마, 춤이 즐겁고, 편안하게 해주고, 정보를 주고, 흥분시킬 수 있다는 것에 대한 경험과 기대 • (후략)
탐구 (exploration)	학습으로서의 놀이와 자발적 놀이의 가치가 존중되는 환경 경험	• 의사결정하고, 놀잇감을 선택하고, 자신의 문제를 스스로 설정하는 능력 • 잘 모르거나 확신이 없는 것도 좋은 학습자가 되는 과정이라 여기는 태도 • 자신의 학습에 책임을 진다는 기대 • 시도, 탐색, 호기심이 중요하고 가치 있는 학습 방식이라는 지식 • 상징놀이, 극화놀이, '~인 체하는 놀이'에 필요한 능력과 자신감 • (후략)
	신체에 대한 자신감과 통제력	• 신체적 건강을 유지하는 것과 관련된 지식 • 대 · 소근육 발달 또는 대 · 소근육의 협응 같은 신체에 대한 통제 능력 발달 • 세상을 탐색하고 이해하는데 필요한 전략(오감각, 도구, 자료, 설비를 이용한 적극적 탐색) • 공간에서 움직이고, 리듬에 맞춰 움직이고, 또래 옆에서 놀이하는 자신감

(계속)

| 표 4-5 | 〈계속〉

1단계 (strand)	2단계 (goal)	3단계* (learning outcome: 지식, 기술, 태도)
탐구 (exploration) (계속)	적극적 탐색, 사고, 추론 전략 습득	• 세상을 탐색하고 이해하는데 필요한 다양한 전략(예 문제 설정과 해결, 패턴 탐색, 분류 등)을 사용하는데 있어서의 자신감 • 다양한 자원(예 책)에서 정보를 찾고 활용하는 능력 • 질문하고 발견하는 유능하고 자신감 있는 '탐험가'로서의 자신에 대한 인식 • 오감각을 활용하여 적극적으로 탐색하고, 아이디어를 모색하고, 자료를 골라서 실험하는 자신감 • 창의적이고 표현적인 매체와 관련된 테크놀로지를 활용하여 발견한 것을 표상하는 능력
	자연, 사회, 물리적 세상과 재료에 대한 이해	• 자연, 사회, 물리적 세계에 대한 자신의 이론을 생성하고, 연구하고, 수정하는 능력 • 물질의 특성에 대한 이해 • 공간적 특성에 대한 이해 • 다양한 문화권에서 생성된 이야기(예 구전, 책, 실제, 가상)에 대한 이해 • 우정, 권위, 규칙 등과 같은 사회적 관계와 개념에 대한 이해 • (후략)

* 예시이므로 학습 결과가 5개 이상일 경우 5개까지만 본 표에 제시함

마지막으로 2013년부터 적용되고 있는 표준보육과정(보건복지부, 2013a)은 우리나라 0~2세 영아의 보육과정의 내용을 규정하고 있다. 지금까지 살펴본 외국의 사례와 유사하게 표준보육과정도 3단계(영역> 내용 범주> 내용)로 영아에게 무엇을 가르쳐야 할지 제시하고 있다. 0~2세에게 가르쳐야 할 내용은 6개 영역으로 나누었는데, 영아기는 일상생활을 통한 자조기술의 발달이 중요하므로 기본생활 영역을 분리해서 설정하고, 나머지 영역은 발달과 교과를 통합하여 내용을 구성하고 있다. 신체 발달과 신체 활동에의 적극적 참여가 반영된 신체운동 영역, 언어 발달이 반영된 의사소통 영역, 사회·정서 발달과 사회과 교과가 반영된 사회관계 영역, 음악과 미술을 중심으로 하는 예술 교과가 반영된 예술경험 영역, 수학 및 과학 교과가 반영된 자연탐구 영역으로 구성되어 있다. 그 후 각 영역마다 2~4개의 내용 범주(예 신체운동 영역은 3가지 내용 범주)로 나눈 후 다시 몇 개의 내용(예 신체운동 영역의 감각과 신체인식하기 내용 범주는 3개의 내용)으로 나눠 무엇을 가르칠지 제시하고 있다. 그 후 각 내용은 연령에 따라 1~4수준으로 나눠 어떤 난이도로 가르칠지도 명시하고 있다.

표 4-6 표준보육과정의 기본생활 영역

1단계(영역)	2단계(내용 범주)	3단계(내용)	
		0~1세	2세
기본생활	건강하게 생활하기	몸을 깨끗이 하기	몸을 깨끗이 하기
		즐겁게 먹기	바르게 먹기
		건강한 일상생활 하기	건강한 일상생활 하기
			질병에 대해 알기
	안전하게 생활하기	안전하게 지내기	안전하게 놀이하기
			교통안전 알기
		위험한 상황에 반응하기	위험한 상황 알기

표 4-7 표준보육과정의 신체운동 영역

1단계(영역)	2단계(내용 범주)	3단계(내용)	
		0~1세	2세
신체운동	감각과 신체 인식하기	감각적 자극에 반응하기	감각 능력 기르기
		감각기관으로 탐색하기	감각기관 활용하기
		신체 탐색하기	신체를 인식하고 움직이기
	신체 조절과 기본 운동하기	신체 균형 잡기	신체 균형 잡기
		대근육 조절하기	대근육 조절하기
		소근육 조절하기	소근육 조절하기
		기본 운동하기	기본 운동하기
	신체 활동에 참여하기	몸 움직임 즐기기	신체 활동에 참여하기
		바깥에서 신체 움직이기	바깥에서 신체 활동하기
		기구를 이용하여 신체 활동 시도하기	기구를 이용하여 신체 활동하기

표 4-8 표준보육과정의 의사소통 영역

1단계 (영역)	2단계 (내용 범주)	3단계(내용)	
		0~1세	2세
의사소통	듣기	주변의 소리와 말소리 구분하여 듣기	말소리 구분하여 듣고 의미 알기
		경험과 관련된 말 듣고 알기	짧은 문장 듣고 알기
		운율이 있는 말 듣기	짧은 이야기 듣기
		말하는 사람을 보기	말하는 사람 주의 깊게 보기
	말하기	발성과 발음으로 소리내기	낱말과 간단한 문장으로 말하기
		표정, 몸짓, 말소리로 말하기	자신이 원하는 것을 말하기
	읽기	말할 순서 구별하기	상대방을 바라보며 말하기
		그림책과 환경 인쇄물에 관심 가지기	그림책과 환경 인쇄물에 흥미 가지기
	쓰기	끼적이기	끼적이며 즐기기

표 4-9 표준보육과정의 사회관계 영역

1단계 (영역)	2단계 (내용 범주)	3단계(내용)	
		0~1세	2세
사회관계	나를 알고 존중하기	나를 구별하기	나를 구별하기
		나의 것 인식하기	좋아하는 것 해보기
	나와 다른 사람의 감정알기	나의 감정을 나타내기	나의 감정을 나타내기
		다른 사람에게 주의 기울이기	다른 사람의 감정에 반응하기
	더불어 생활하기	안정적인 애착 형성하기	내 가족 알기
		또래에 관심 갖기	또래와 관계하기
		자신이 속한 집단 알기	자신이 속한 집단 알기
		사회적 가치를 알기	사회적 가치를 알기

표 4-10 표준보육과정의 예술경험 영역

1단계 (영역)	2단계 (내용 범주)	3단계(내용)	
		0~1세	2세
예술경험	아름다움 찾아보기	예술적 요소에 호기심 가지기	예술적 요소 탐색하기
	예술적 표현하기	리듬 있는 소리로 반응하기	리듬 있는 소리와 노래로 표현하기
		움직임으로 반응하기	움직임으로 표현하기
		단순한 미술 경험하기	자발적으로 미술 활동 하기
		모방행동 즐기기	모방과 상상놀이 하기
	예술 감상하기	아름다움 경험하기	아름다움 즐기기

표 4-11 표준보육과정의 자연탐구 영역

1단계 (영역)	2단계 (내용 범주)	3단계(내용)	
		0~1세	2세
자연탐구	탐구하는 태도 기르기	사물에 관심 가지기	호기심 가지기
		탐색 시도하기	반복적 탐색 즐기기
	수학적 탐구하기	수량 지각하기	수량 인식하기
		주변 공간 탐색하기	공간과 도형에 관심 가지기
		차이를 지각하기	차이에 관심 가지기
		간단한 규칙성 지각하기	단순한 규칙성에 관심 가지기
			구분하기
	과학적 탐구하기	물체와 물질 탐색하기	물체와 물질 탐색하기
		주변 동 · 식물에 관심 가지기	주변 동 · 식물에 관심 가지기
		주변 자연에 관심 가지기	자연을 탐색하기
		생활도구 탐색하기	생활도구 사용하기

요약하면 본 절에서 살펴본 3개국과 우리나라의 영아를 위한 교육과정은 공통점과 차이점이 있다. 대상 연령 측면에서는 연속적인(즉, 0~5세를 위한 교육과정의 연계) 경우가 분리된(즉, 영아와 유아를 위한 교육과정의 분리) 경우보다 많았고, 교육 내용은 영역의 수는 다르나 발달, 교과, 또는 발달과 교과가 혼합된 형태로 제시된 경우가 많았다. 교육 내용은 대부분의 국가에서 3단계로 나눠 구체적으로 제시하고, 교육 내용의 수준은

월령(예 미국과 영국), 발달 단계(예 뉴질랜드), 또는 연령(예 표준보육과정)을 기준으로 다르게 설정하고 있다.

교사용 지침(지도서 또는 프로그램)은 외국과 우리나라의 표준보육과정이 가장 다른 측면이다. 위에서 살펴본 3개국뿐만 아니라 대부분의 외국은 분리된 교사용 지도서 또는 프로그램 없이 교육과정의 영역에 대해 기술할 때 교사를 위한 지침이나 안내도 함께 제시한다. 교사용 지도서 또는 프로그램의 유무가 교육 및 보육의 실제에 미치는 영향에 대해서는 '3. 교육과정 요소 간의 연계' 에서 상세히 살펴볼 것이다. 교수학습방법은 모든 나라에서 비교적 간단히 제시하고 있는데, 미국, 뉴질랜드, 우리나라는 교육 내용 영역별 교수학습방법을, 영국은 유아교육의 일반적 교수학습방법을 제시하고 있다. 평가는 외국의 3개국은 교육 내용을 근거로 평가할 것을 명시한 반면 우리나라는 구체적으로 명시하고 있지 않다.

3. 교육과정 요소 간의 연계

외국의 교육과정과 우리나라의 표준보육과정의 가장 큰 차이는 외국의 교육과정은 교육과정 요소 간의 연계뿐만 아니라 교육과정 요소와 교사를 위한 지침 간에도 연계가 있는 반면 표준보육과정은 그렇지 않다는 것이다. 김희진 등(2010)은 외국의 교육과정 요소 간 연계와 교사용 지침 간의 연계를 다음과 같은 |그림 4-1|으로 설명하였다(p. 124의 |그림 2|를 재구성).

앞서 설명한 바와 같이 외국의 교육과정에서는 명칭은 다르지만(예 미국은 영역→요소→학습과정) 3단계로 영역과 하위 영역을 설정하고 각 하위 영역에서 영아가 달성해야 하는 기준(지표, 목표)을 구체적으로 제시한다. 교사를 위한 지침에서는 영아가 각 기준을 달성하는데 도움이 되는 활동을 예로 제시하고 그것을 참고로 교사가 활동을 계획하도록 한다. 또한 교사가 계획한 활동을 하면서 영아가 보이는 반응을 보고 각 기준(즉, 목표)이 달성되었는지를 평가할 수 있는 구체적인 기준을 제시하고 있다. 따라서 교육과정의 영역부터 교사용 지침의 평가까지 일관성을 갖게 된다.

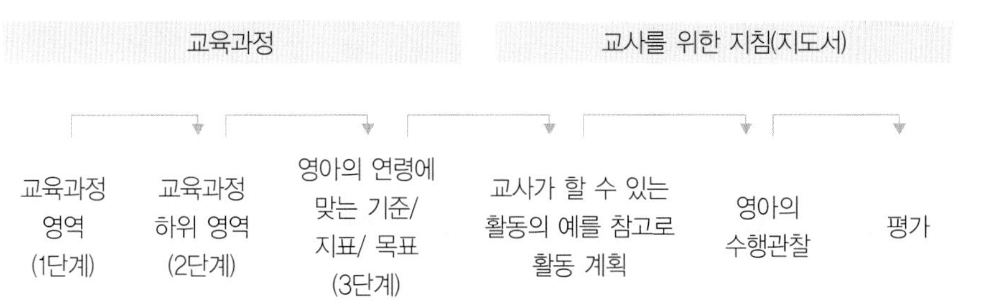

|그림 4-1| 외국의 교육과정과 교사를 위한 지침 간의 높은 연계성

교육과정 요소 간 연계와 교사용 지침과의 연계가 잘 드러난 사례로 미국 델라웨어주의 교육과정을 살펴보자. 영아와 걸음마기를 위한 조기 학습의 기초(Early Learning Foundations: Infant/toddler)(http://www.doe.k12.de.us/Page/587)는 교육과정을 Social · Emotional, Language and Literacy, Discoveries, Physical Development and Health의 4가지 영역으로 나누고 각 하위 영역에서 가르쳐야 할 것을 상세히 제시하고 있다. |그림 4-2|는 두 번째 교육과정 영역인 '영역 2: 언어와 문해(Language and

Literacy)' 에 속한 4개의 하위 영역(수용언어, 표현언어, 발현하는 문해, 발현하는 쓰기) 중 '표현언어: 의사소통하고 말하기(Expressive Language: Communicationg and speaking)' 의 기준과 관련된 교사를 위한 지침을 요약한 것이다.

교육과정			교사를 위한 지침(지도서)		
교육 과정 영역 (1단계)	교육 과정 하위 영역 (2단계)	해당 연령 영아를 위한 구체적 기준/ 지표/ 목표 (3단계)	교사가 할 수 있는 활동의 예를 참고로 활동 계획	영아의 수행 관찰	평가: 기준(지표, 목표)이 달성되면 관찰할 수 있는 영아 행동의 예
언어와 문해	표현 언어 (의사 소통하고 말하기)	LL6 소리, 말, 사인, 얼굴표정, 몸짓을 모방한다. LL7 추후 구나 짧은 문장으로 이어질 수 있는 소리, 말, 사인을 사용해서 의사소통한다. LL8 다양한 목적(예 정서나 몸 상태 표현하기)을 달성하기 위해 소리, 말, 사인을 사용한다. LL9 추후 대화로 이어질 수 있는 한 번씩 주고받는 말하기 패턴으로 소리, 말, 사인을 교환한다.	• 간단하고 분명한 단어/ 사인을 이용하여 자주 영아에게 말을 건냄 • 간단한 소리를 내고 영아가 모방할 때까지 기다려 줌 • 영아가 목울림 소리를 내거나 몸짓을 하면 영아의 의사소통 시도를 강화하기 위해 눈을 맞춰주고 고개를 끄덕여 줌 • 영아와 말할 때 '나', '너'와 같은 인칭 대명사를 사용함 • 영아가 내는 소리나 움직임을 따라 하고, 영아가 다시 교사를 따라 하기를 기다림 • 자주 노래를 불러주거나 손유희를 함 • 주변 환경의 소리를 들려주고 교사가 따라 하는 것을 보여줌(예 자동차를 보면 '부릉~') • 일상생활을 하면서 그 과정에 대해 이야기해 줌 〈후략〉	교사가 계획한 활동을 하는 동안 영아의 수행 능력 (또는 반응) 관찰	• 손가락으로 가리키기를 모방함 • 움직임이나 몸짓을 모방함 • 의미가 담긴 몸짓을 함 • 기분의 좋을 때와 안 좋을 때 다른 소리를 냄 • 영아에게 말을 걸면 사지를 움직이며 소리를 냄 • 의미를 전달하기 위해 다른 종류의 울기를 함 • 친숙한 사물의 이름을 말해주면 몸을 움직이거나 소리를 냄 • 특정한 상황에서 반복적으로 목울림 소리를 냄 • 성인과 상호작용을 하자는 의미로 웃거나 소리 냄 • 크게 웃음 • 친숙한 성인이 오면 팔을 듦(안아달라는 의미로) • 좋아하는 사람이나 성인을 보면 팔/ 다리를 흔듦 • 다른 영아가 울면 따라 욺

|→ 시작 끝 ←|

| 그림 4-2 | 교육과정과 교사를 위한 지침 간의 연계: 델라웨어 주의 영아와 걸음마기를 위한 조기 학습의 기초

| 그림 4-2 |에 나타나 있듯이 교육과정 영역, 하위 영역, 각 하위 영역별로 영아가 발달, 학습 또는 달성해야 하는 구체적 기준(또는 지표, 목표)이 명시되어 있다. 교사를 위한 지침서에는 구체적 기준(또는 지표, 목표)에 영아가 도달하게 하기 위해 교사가 준비해야 할 환경, 활동, 또는 해주어야 할 말이나 행동의 예를 풍부히 제시하고 있다. 또한 교사가 준비하거나 계획한 것을 실행하는 과정에서 영아가 보이는 반응을 보고 교육의 목표가 달성되었는지를 평가할 수 있도록 '기준(지표, 목표)이 달성되면 관찰할 수 있는 영아 행동의 예'를 제시하고 있다.

반면 표준보육과정은 영역, 영역별 내용 범주, 내용 범주별 내용과 영아보육 프로그램의 연계가 이루어져 있지 않다. 다시 말하면 표준교육과정의 영역, 내용 범주, 내용, 내용별 수준은 서로 연계성 있게 제시되어 있으나 교사가 사용하는 영아보육 프로그램은 생활 주제와 생활 주제에 따라 실시해야 하는 활동을 중심으로 구성되어 있기 때문에 교사가 표준보육과정을 구현하기 어렵다.

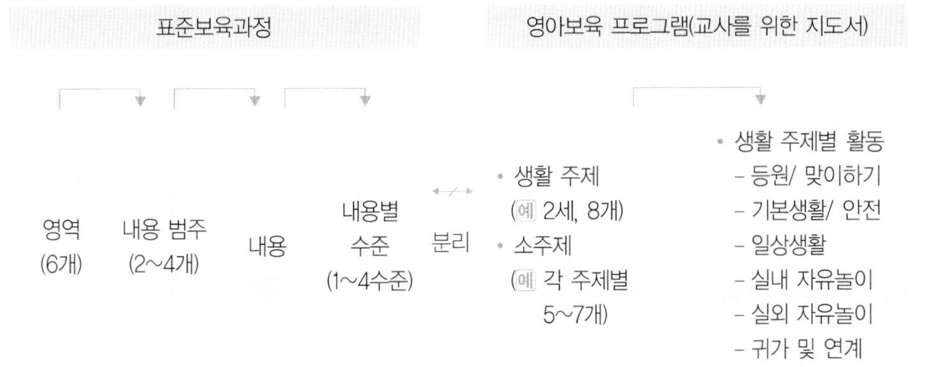

| 그림 4-3 | 표준보육과정과 교사를 위한 영아보육 프로그램 간의 낮은 연계

교사가 영아보육 프로그램을 실시하는 흐름을 요약하면 | 그림 4-4 |와 같다. 표준보육과정에서 제시하는 영역, 내용 범주, 내용과 수준에 대해서 교사가 인식하고 있지만 보육계획을 수립할 때는 생활 주제를 중심으로 제시된 영아보육 프로그램을 사용하게 된다. 물론 각 활동의 활동 목표에 표준보육과정 관련 요소가 기록되어 있다. 그러나 생활 주제에 맞는 활동을 먼저 선택하고, 그 활동이 어떤 영역, 내용 범주, 내용과 관련이 있는지에 대해 사후적으로 기록하는 것은 외국의 교육과정과 같이 교육과정에 달성해야 기준(지표, 목표)을 바탕으로 활동을 계획하는 것과는 매우 다르다.

표준보육과정				영아보육 프로그램			?	
영역	내용 범주	내용	수준	생활 주제	활동 선택	활동 수준	영아의 수행 관찰	평가 실시
명시적으로 고려하지 않음				생활 주제에 맞는 활동 선택		제시된 대로 실시하거나 교사에 따라 수정	영역, 내용 범주, 내용에 따라 관찰하고, 평가하고 기록하지 않음	

| 그림 4-4 | **영아보육 프로그램 실시 흐름도**

표준보육과정과 영아보육 프로그램 간의 연계가 어려운 상황을 영아보육 프로그램 0세(보건복지부, 2013b)의 일상생활의 안전을 위한 활동으로 제시된 '선생님에게 기대어 앉아보아요'(p. 58)를 통해 살펴보자.

예 4-1 0세 활동으로 살펴본 표준보육과정과 영아보육 프로그램 간의 연계

표준보육과정				영아보육 프로그램			?	
영역	내용 범주	내용	수준	생활 주제	활동 선택	활동 수준	영아의 수행 관찰	평가 실시
• 신체운동〉 신체조절과 기본운동하기〉 신체 균형 잡기〉 몸의 균형을 잡기 위한 자세를 시도한다. • 사회관계〉 더불어 생활하기〉 안정적 애착 형성하기〉 양육자에게 적극적으로 관심과 애착을 표현한다.				• 생활 주제와 무관 • 일상생활의 안전 관련 활동 • 6~9개월 영아를 위한 활동 • 활동방법: 1) 누워 있는 영아를 보며 두 손을 잡는다. 2) 손을 잡아주며 앉을 수 있도록 돕는다. 3) 영아의 등을 받쳐 주어 넘어지지 않도록 한다.			명시 안됨	명시 안됨

분석

- 기대 앉기는 영아의 앉기 능력 발달 초기에 나타남
- 이 활동은 '안전'이 아니라 '발현하는 앉기 능력 발달의 지원'에 초점을 두어야 함
- 안전은 교사가 '발현하는 앉기 능력의 발달을 지원'하는 과정에서 고려해야 할 요소일 뿐인데, 이것을 안전을 위한 활동으로 분류하는 것은 부적절함
- 표준보육과정을 기반으로 보육 프로그램이 실행되려면 다음과 같은 방식으로 진행되어야 함
  - 신체 균형 잡기〉 앉기에서의 균형 잡기
    → 균형 잡기를 지원할 다양한 방안(활동) 계획(예 쿠션에 기대 앉기, 영아용 의자에 기대 앉기, 교사의 몸에 기대 앉기 등 다양한 상황에서 기대 앉기를 할 수 있도록 지원)

- 활동 수준 고려(예 영아의 기대 앉기 능력에 따라 다양한 난이도로 기대 앉기를 하게 함)
- 영아의 수행 관찰(예 기대 앉는 면적의 넓이 또는 푹신함의 정도에 따라 옆으로 넘어지지 않고 있는지 관찰)
- 평가 후 추후 활동 수준 결정(예 넓은 면적에서 잘 기대 앉아 있을 수 있으면 좁은 면적에 기대 앉도록 함)

– 사회관계〉 더불어 생활하기〉 안정적 애착 형성하기〉 양육자에게 적극적으로 관심과 애착을 '표현하기'가 목표가 될 수는 없음. 애착을 '형성'하는 것이 목표이고 형성되었는지는 영아가 교사에게 보이는 반응(즉 표현)을 통해 평가할 수 있음

- 활동 수준: 6~9개월 영아의 앉기 능력은 월령 차뿐만 아니라 개인차가 많이 나므로 활동방법도 월령 차와 개인 차를 반영해서 지원할 수 있는 방식으로 서술되어야 함

외국의 교육과정에서는 안전을 어떻게 다루고 있는지 미국 코네티컷 주의 Connecticut the Early Learning and Development Standards(CTELDS)의 예를 들어 살펴보자. 영아가 어떤 활동을 하던 월령에 따라 영아에게 기대할 수 있는 안전에 대한 이해나 실천이 다름을 알 수 있다.

예 4-2 코네티컷 주의 안전과 관련된 내용을 통해 살펴본 교육과정과 교사를 위한 지침 간의 연계

CTELDS	월령별 지표의 예 (indicator: 알아야 하거나 할 수 있어야 하는 것)					평가
영역 요소 학습 진행	0~6 개월	6~12 개월	12~18 개월	18~24 개월	24~36 개월	
• 신체 발달과 건강〉 적응 기술〉 안전/책임	–	–	• 안전하지 않은 행동을 성인이 제재하면 따른다.	• 안전하지 않은 상황이나 물건에 대한 인식이 있어 친숙한 성인에게 손으로 가리키거나 몸짓으로 알린다.	• 안전에 관한 기본적 규칙을 말하고 실천할 수 있다. • 또래가 안전을 지키지 않았을 때 성인에게 알린다.	• 각 월령별 지표를 기준으로 수행을 관찰하고 평가

분석

- 안전을 성인이 보장해야 할 시기와 안전에 대한 지식, 능력, 태도를 영아가 습득할 수 있는 시기를 나눔
- 성인이 안전을 보장해야 하는 시기인 0~6개월, 6~12개월은 월령별 지표를 공란으로 두어 성인의 책임임을 강조함
- 영아의 신체, 인지, 언어 발달을 고려하여 각 월령별로 발달시킬 수 있는 안전에 대한 지식, 능력, 태도의 예를 제시하여 영아의 학습을 강조함

표준보육과정과 영아보육 프로그램 간의 연계가 어려운 상황을 영아보육 프로그램 1세(보건복지부, 2013c)의 10주간 진행되는 주제인 '느낄 수 있어요' 의 9주차 소주제인 '맛보아요' 에 해당되는 4가지 활동(pp. 248~257)을 통해 살펴보자.

예 4-3 1세 활동으로 살펴본 표준보육과정과 영아보육 프로그램 간의 연계

<table>
<tr><th colspan="4">표준보육과정</th><th colspan="2">영아보육 프로그램
생활 주제: 느낄 수 있어요
소주제: 맛보아요</th><th colspan="2">?</th></tr>
<tr><th>영역</th><th>내용 범주</th><th>내용</th><th>수준</th><th>• 활동 유형
• 활동명
• 활동방법</th><th>활동 수준</th><th>영아의 수행 관찰</th><th>평가 실시</th></tr>
<tr><td colspan="4">• 자연탐구〉 탐구하는 태도〉 탐색 시도〉 주변사물에 대한 의도적 탐색
• 신체운동〉 감각과 신체인식〉 감각기관으로 탐색〉 감각기관으로 주변 환경 탐색
• 신체운동〉 신체조절과 기본운동〉 소근육 조절〉 눈과 손 협응하여 소근육 활용</td><td>• 실내자유(신체)
• 조물조물 바나나 주스를 만들어요
• 바나나 탐색 후 껍질 벗김
→ 위생봉지에 넣어 손으로 으깸
→ 으깬 바나나 컵에 덜기
→ 교사가 우유 따라 주기
→ 교사가 맛을 몸짓, 표정, 언어로 표현</td><td rowspan="4">명시 안됨</td><td rowspan="4">명시 안됨</td><td rowspan="4">명시 안됨</td></tr>
<tr><td colspan="4">• 신체운동〉 감각과 신체인식〉 감각기관으로 탐색〉 감각기관으로 주변 환경 탐색
• 의사소통〉 말하기〉 발성과 발음으로 소리 내기〉 의미 있는 음절 소리 내보기</td><td>• 실내자유(언어)
• 과일 이름 듣고 말해요
• 준비된 과일 보고, 냄새 맡으며 탐색
→ 먹어보기
→ 교사가 말하는 과일 손으로 가리키도록 격려
→ 과일 이름 따라서 말하기</td></tr>
<tr><td colspan="4">• 신체운동〉 감각과 신체인식〉 감각적 자극에 반응하기〉 시 · 청 · 촉 · 후 · 미각으로 자극 느끼기
• 사회관계〉 나와 다른 사람의 감정 알기〉 나의 감정 나타내기〉 나의 욕구와 감정 나타내기</td><td>• 실내자유(감각 및 탐색)
• 과일을 맛보아요
• 여름 과일을 쟁반에 준비해주면 탐색
→ 과일 잘라주면 맛보기</td></tr>
<tr><td colspan="4">• 신체운동〉 신체조절과 기본운동〉 소근육 조절〉 눈과 손 협응하여 소근육 활용
• 예술경험〉 예술적 표현〉 모방행동 즐기기〉 단순한 모방행동을 놀이처럼 즐기기</td><td>• 실내자유(감각 및 탐색)
• 모형 음식을 식판에 담아요
• 영아가 사용하는 식판을 사진으로 찍어 A4 용지 크기로 출력한 후 코팅
→ 식판 모형 탐색
→ 음식 모형을 식판 위에 담게 함
→ 숟가락과 포크를 이용하여 먹는 흉내 내기
→ 다양한 상황을 놀이로 표현</td></tr>
</table>

분석

- 첫 3가지 활동
  - 어떤 종류의 음식(또는 과일)이든 보기, 맛보기, 냄새 맡기, 이름 말하기, 만져보기(가능한 경우)는 동시에 이루어지는 통합적 활동임
  - 만져서 으깨기, 과일 이름 말하기, 과일 맛보기를 분리하여 구조적인 활동으로 실시하는 것은 무의미함
  - 활동을 위한 활동이지 영아의 발달과 학습을 자연스럽게 지원하는 활동이 아님
  - 간식이나 급식 시간 같은 일상생활을 통해서 자연스럽게 오감각을 사용하여 경험하고 학습할 수 있음
- 4번째 활동: 모형 음식을 식판에 담아요
  - 교사가 의도적으로 시키지 않아도 영아가 자연스럽게 놀이할 때 나타나는 행동임
  - 동일한 크기로 제작된 평면 식판을 제시하는 것은 '원하지 않는 영아'도 획일화된 방식으로 음식을 담게 하는 부정적 효과를 낳을 수 있음
  - '자발성'이라는 놀이의 본질을 훼손할 가능성 있음

이상에서 살펴본 바와 같이 표준보육과정을 근거로 보육 활동을 하는 것이 아니고 생활 주제를 중심으로 보육 활동을 하기 때문에 교육과정의 구현이 어려운 상황이다. 따라서 외국의 사례와 같이 교육과정과 교육의 실제가 연계되는 방향으로 영아보육 프로그램이 제시될 필요가 있다.

4. 교육과정과 교사용 지침으로서의 어린이집 표준보육과정에 기초한 영아보육 프로그램

어린이집 표준보육과정에 기초한 영아보육 프로그램은 우리나라에만 있는 교사용 지침이다. 앞서 '3. 교육과정 요소 간의 연계'에서 살펴본 바와 같이 외국의 영아를 위한 교육과정은 교육 내용을 서술하면서 가르쳐야 할 내용을 가르치기 위해 교사가 할 수 있는 행동, 말, 상호작용 방식, 구성할 수 있는 환경이나 제시할 수 있는 교재 · 교구의 다양한 예만 제시한다.

반면 표준보육과정은 보육과정에 대한 해설과는 별도로 분리된 프로그램집을 교사를 위해 제시하고 있다. 표준보육과정에 기초한 영아보육 프로그램(보건복지부, 2013d)은 0, 1, 2세로 나눠서 교사가 생활 주제를 중심으로 할 수 있는 다양하고 구체적인 활동을 제시하고 있기 때문에 표준보육과정과 교사를 위한 지침 간의 연계가 이루어지기 어렵다. 생활 주제와 소주제를 중심으로 작성하는 연간 교육계획안, 월간 및 주간 교육계획안의 현황을 살펴보고 교육과정과의 연계를 강화하는 방안을 모색하고자 한다.

1) 생활 주제와 소주제를 중심으로 한 연간 교육계획안

영아를 위한 프로그램을 운영하는데 생활 주제(또는 교육 주제, 주제)와 소주제가 필수적인지를 비판적으로 살펴볼 필요가 있다. 영아보육 프로그램(보건복지부, 2013d)이 제시한 0, 1, 2세 프로그램의 생활 주제 선정 근거는 다음과 같다. 생활 주제는 발달 특성, 그 연령의 영아가 보편적으로 관심 있는 주제(예 동물, 색깔, 모양, 놀잇감), 어린이집이나 지역사회의 특성, 계절과 같은 환경 변화, 나-가족-또래로 이어지는 사회관계를 중심으로 설정한 것으로 되어 있다.

표 4-12 0, 1, 2세 영아보육 프로그램의 생활 주제 선정 근거

0세			1세		2세	
발달 과업 및 특성	적응	낯설어요	적응	새로운 것이 낯설어요	연령/흥미/발달	어린이집이 좋아요
				새로운 것도 좋아요		나는요
	애착	좋아해요	발달 과업 및 특성	느낄 수 있어요		나는 가족이 있어요
						나는 친구가 있어요
	감각 및 신체기능	느껴보아요 움직여요		움직이는 것이 재미있어요		동물놀이를 해요
	놀잇감 탐색	놀이는 재미있어요 I		나는 할 수 있어요	계절	봄나들이를 가요
				놀이할 수 있어요		재미있는 여름이에요
	주변 사물탐색	놀이는 재미있어요 II				알록달록 가을이에요
				좋아하는 놀이가 있어요		겨울과 모양을 즐겨요

구체적으로 영아보육 프로그램에 제시된 0, 1, 2세를 위한 생활 주제와 소주제 목록을 살펴보면 다음과 같다.

표 4-13 영아보육 프로그램에 제시된 연령별 생활 주제 및 소주제

0세		1세		2세	
생활 주제	소주제	생활 주제	소주제	생활 주제	소주제
낯설어요	엄마와 함께 해요	새로운 것이 낯설어요	어린이집에 왔어요	어린이집이 좋아요	나는 OO반이에요
					엄마, 아빠와 헤어질 수 있어요
	선생님을 만나요		만나고 친해져요		우리 반 선생님과 친구들이에요
	선생님을 만져봐요				재미있는 놀잇감이 있어요
	선생님과 놀아요		우리 반에 무엇이 있을까요?		내가 좋아하는 놀잇감이에요
					편안하게 지내요
	익숙해졌어요		밖으로 나가 보아요		안전하게 지내요
느껴 보아요	씻으며 느껴요	느낄 수 있어요	만져보아요	봄나들이 가요	바깥놀이가 재미있어요
	입으며 느껴요		살펴보아요		안전하게 바깥놀이해요
	먹으며 느껴요		들어보아요		꽃구경은 즐거워요
			맡아보아요		
	놀며 느껴요		맛보아요		벌레가 꿈틀꿈틀해요
	자연을 느껴요		온몸으로 느껴보아요		봄나들이 갈까요

〈계속〉

| 표 4-13 | 〈계속〉

0세		1세		2세	
생활 주제	소주제	생활 주제	소주제	생활 주제	소주제
움직여요	누워서 움직여요	놀이할 수 있어요	놀잇감은 재미있어요 1	나는요	나는 OOO이에요
	앉아서 움직여요		놀잇감은 재미있어요 2		내 몸을 살펴보아요
	기어요		물놀이는 재미있어요		나는 느껴요
	서고 걸어요		까꿍놀이는 재미있어요		내가 좋아하는 것이 있어요
	잡아보아요				혼자서도 잘해요
놀이는 재미있어요 I	움직이는 놀잇감	나는 할 수 있어요	즐겁게 할 수 있어요	재미있는 여름이에요	날씨가 더워졌어요
	구멍이 있는 놀잇감		말할 수 있어요		비가 많이 와요
	굴러가는 놀잇감		찾을 수 있어요		깨끗하게 씻어요
	까꿍 놀잇감				물놀이가 재미있어요 1
	소리가 나는 놀잇감				물놀이가 재미있어요 2
					여행을 가요
놀이는 재미있어요 II	통 · 상자놀이	움직이는 것이 재미있어요	바깥놀이는 재미있어요	나는 가족이 있어요	엄마 아빠가 좋아요
	헝겊 · 천놀이		몸을 움직여요		우리 가족을 흉내 내요 1
	공놀이		움직이게 할 수 있어요		우리 가족을 흉내 내요 2
	그릇놀이				우리 가족을 소개해요 1
					우리 가족을 소개해요 2
좋아해요	마주봐요	좋아하는 놀이가 있어요	그림책으로 놀아요	동물놀이 해요	여러 가지 동물이 있어요
	안아줘요		춤추고 놀이해요		엄마동물 아기동물
	같이 해봐요		흉내 내요		동물처럼 소리를 내어보아요
	함께 웃어요		쉬, 응가놀이가 좋아요		동물처럼 움직여보아요
	사랑해요				OO반이 좋아하는 동물
					동물을 사랑해요

〈계속〉

| 표 4-13 | 〈계속〉

0세	1세		2세	
	생활 주제	소주제	생활 주제	소주제
	새로운 것도 좋아요	함께 놀아요	알록달록 가을이에요	가을이에요
				가을나들이
				단풍이 물들어요
		선생님이 좋아요		자연물로 놀이해요
				알록달록 색깔나라
				재미있는 그리기 나라
			겨울과 모양을 즐겨요	여러 가지 모양이 있어요
				모양놀이해요
				즐거운 성탄이에요
				추워요
				따뜻하게 지내요
			나는 친구가 있어요	내 친구가 좋아요
				친구와 함께하는 놀이가 있어요
				우리는 OO살 (설날)
				형 · 언니가 되었어요
				즐거웠던 우리 반이에요

연령별 생활 주제를 살펴보기 전에 0세 영아를 지도하는 교사만을 위해 제시된 일상생활에 대해 살펴보자. 일상생활(예 청결, 수유 및 이유, 안전, 낮잠 및 휴식, 기저귀 갈이, 실외활동)은 연령이 어릴수록 교사가 직접 해주거나 많은 도움을 주어야 하는 것은 사실이나 1세와 2세 영아에게도 일상생활은 매우 중요하다. 스스로 일상생활을 해나갈 수 있는 자조기술의 발달은 서서히 이루어지므로(김희진 · 김현주 외, 2016) 1세와 2세 같은 어린 연령도 점차 영아 스스로 할 수 있도록 교사가 직접적인 도움을 줄여가면서 도와주어야 한다. 따라서 1세와 2세를 위한 프로그램에도 일상생활에 대한 지도가 반드시 포함되어야 한다.

연령별 생활 주제는 0세는 발달, 1세는 적응 및 발달, 2세는 연령, 흥미, 발달과 계절을 근거로 선정했다고 되어 있으나 관점에 따라서는 다르게 해석될 수 있다. 예를 들면 0, 1, 2세 프로그램에 모두 포함된 적응은 연령별로 다른 근거와 주제명으로 제시되어 있다. 적응과 관련된 '낯설어요'(0세)나, '새로운 것이 낯설어요'(1세)나, '어린이집이 좋아요'(2세)가 0세에서는 발달 과업 및 특성으로, 1세에서는 적응으로, 2세는 연령, 흥미, 발달로 근거가 분류되어 있다. 모두 전통적인 생활 주제인 '나와 유치원/ 어린이집'과 유사한데 0~1세는 '낯설음'을, 2세에서는 '좋음'을 핵심 용어로 사용하는지 이해하기 어렵고, 0, 1세 영아 모두에게 적응은 새로운 것에 대한 적응인데 1세에만 '새로운 것이 낯설다'라는 생활 주제의 명칭을 사용하는지도 이해하기 어렵다.

1세는 적응 및 발달을 근거로 생활 주제를 선정했다고 되어 있으나 '새로운 것이 낯설어요' 이외의 다른 생활 주제가 모두 발달과 관련된 것으로 보기 어렵다. 예를 들면, 생활 주제 '놀이할 수 있어요'와 '좋아하는 놀이가 있어요'는 적응이나 발달과 관련 있다고 보기 어렵다.

2세를 위한 생활 주제는 3세 이상의 유아를 위한 누리과정과 유사하게 전통적인 생활 주제로 되어 있다. 적응(어린이집이 좋아요), 계절(봄나들이를 가요, 재미있는 여름이에요, 알록달록 가을이에요, 겨울과 모양을 즐겨요), 나와 가족(나는요, 나는 가족이 있어요), 동물(동물놀이해요), 친구 또는 다음 학년으로의 전이(나는 친구가 있어요) 모두 전통적인 생활 주제로 볼 수 있다. 아래에 제시된 0, 1, 2세 생활 주제의 특징은 다음과 같이 요약할 수 있다.

0, 1, 2세 영아보육 프로그램 생활 주제의 특징

- 연령별 생활 주제 선정 근거와 일치하지 않는 생활 주제가 있다.
- 0세와 1세는 주로 그 시기의 발달 특성을 반영한 것으로 유추되는 생활 주제로, 2세는 전통적인 주제 중심의 생활 주제로 구성되어 있다.
- 0세와 1세를 위한 생활 주제는 서로 유사하고 2세의 생활 주제는 3세 이상의 유아를 위한 생활 주제와 더 유사하다.
- 학기 초나 학기 말은 기관에의 적응과 다음 연령 학급으로의 전이와 관련된 주제로 구성되어 있다.
- 2세는 영아가 이해하리라고 생각되는 또는 쉬운 개념이라고 생각되는 생활 주제로 구성되어 있다 (예 봄, 여름, 가을, 겨울, 나, 가족, 친구, 색/ 모양, 동물).

생활 주제 선정 근거가 중요한 이유는 생활 주제가 교육과정의 영역별 목표를 달성하기에 가장 적합한 소재로 사용되는 것이 아니라 생활 주제 자체를 가르치는 것으로 인식되기 때문이다. 생활 주제 자체를 가르치는 것이 중요하다면 영아의 발달과 학습에 기여하는 것이 명백히 또는 과학적으로 증명된 생활 주제를 선택해야 하나 이와 관련된 연구는 없는 실정이다.

영아보육 프로그램의 생활 주제는 예시로 명시되어 있음에도 불구하고 많은 어린이집에서는 연간 보육계획안, 월간 보육계획안, 일일 보육계획안을 영아보육 프로그램에 제시된 생활 주제를 중심으로 수립하고 있다. 어린이집의 사례를 통해서도 같은 경향을 발견할 수 있는지 살펴보자. |표 4-14|, |표 4-15|는 각기 다른 두 어린이집의 같은 연령을 위한 연간 보육계획안에 명시된 생활 주제와 소주제를 비교한 것이고, |표 4-16|은 같은 어린이집의 다른 연령, 즉 만 1세와 만 2세를 위한 생활 주제와 소주제를 비교한 것이다.

표 4-14 다른 어린이집의 만 1세 연간 보육계획안의 생활 주제 및 소주제

구분	어린이집 A (만 1세)		어린이집 B (만 1세)	
	주제	소주제	주제	소주제
3월	새로운 것이 낯설어요 I	• 어린이집을 둘러봐요 • 어린이집에서 놀이해요 • 선생님과 만나고 헤어져요 • 친구와 만나고 헤어져요 • 우리 반에 무엇이 있을까요?	편안한 1세반	• 어린이집에 왔어요 • 우리 선생님 우리 반이에요 • 내 물건 내 옷장이에요 • 어린이집에는 재미있는 것이 많아요
4월	새로운 것이 낯설어요 II	• 바깥에는 무엇이 있을까요? • 바깥에서 놀이해요 • 솔솔 바람 부는 봄이에요 • 봄에 핀 꽃을 살펴봐요	재미있는 놀잇감	• 놀잇감은 재미있어요 • 재미있는 모래놀이를 해요 • 미끄럼틀은 신나요 • 안전하게 놀이해요
5월	느낄 수 있어요 I	• 내 얼굴이에요 • 친구 얼굴을 살펴봐요 • 만지며 느껴요 • 어떤 소리가 날까요?	좋은 날씨	• 솔솔 바람이 불어요 • 예쁜 꽃들이 피었어요 • 나비가 날아다녀요 • 산책을 가요
6월	느낄 수 있어요 II	• 소리를 만들어요 • 여러 가지 음식이 있어요 • 맛보며 놀이해요 • 여러 가지 냄새가 있어요 • 온몸으로 느껴요	활발한 움직임	• 내 얼굴, 내 몸을 탐색해요 • 몸을 움직이고 느껴봐요 • 내가 좋아하는 것이 있어요 • 난 할 수 있어요

〈계속〉

| 표 4-14 | 〈계속〉

구분	어린이집 A (만 1세)		어린이집 B (만 1세)	
	주제	소주제	주제	소주제
7월	놀이할 수 있어요 I	• 다양한 놀잇감이 있어요 • 내가 좋아하는 놀잇감이 있어요 • 점토로 놀이해요 • 다양한 상자로 놀이해요	첨벙첨벙 물놀이	• 날씨가 더워서 땀이 나요 • 물놀이가 재미있어요 • 배가 아파요 • 몸을 깨끗이 씻어요
8월	여름/ 놀이할 수 있어요 II	• 더운 여름이에요 • 주룩주룩 비가 와요 • 물놀이는 재미있어요 • 사라지고 나타나요 • 까꿍놀이를 즐겨요	알고 싶어요	• 여러 가지 동물이 있어요 • 엄마 동물과 아기 동물이 있어요 • 동물처럼 소리를 내요 • 동물처럼 움직여요
9월	나는 할 수 있어요 I	• 스스로 하는 것을 즐겨요 • 배변에 관심을 가져요 • 물건에는 이름이 있어요 • 선생님, 친구와 이야기해요	즐거운 인형놀이	• 엄마 · 아빠가 좋아요 • 엄마 · 아빠를 흉내 내요 • 손가락 가족 • 할아버지 · 할머니가 계세요
10월	나는 할 수 있어요 II/ 가을	• 내 자리를 찾아요 • 가을이 왔어요 • 주렁주렁 열매가 열렸어요 • 알록달록 나뭇잎이에요	바깥세상	• 친구가 좋아요 • 우리를 도와주는 사람이 있어요 • 여러 가지 탈것 놀이를 해요 • 안전하게 타요
11월	움직이는 것이 재미있어요	• 내 몸을 탐색해요 • 움직이는 것을 즐겨요 • 따라하며 움직여요 • 움직이는 놀잇감이 있어요 • 놀잇감을 움직이며 놀이해요	그림책	• 만져보아요 • 들어보아요 • 맛을 보아요 • 냠냠 맛있는 요리 활동
12월	겨울/ 좋아하는 놀이가 있어요 I	• 추운 겨울이에요 • 겨울을 따뜻하게 보내요 • 그림책으로 놀이해요 • 춤추고 노래해요	추워요	• 날씨가 추워졌어요 • 옷차림이 달라요 • 추울 때 하는 놀이가 있어요 • 눈이 내려요
1월	좋아하는 놀이가 있어요 II	• 동물 흉내놀이해요 • 엄마, 아빠놀이해요 • 병원놀이해요 • 쉬, 응가놀이해요	궁금한 것이 많아요	• 여러 가지 색깔이 있어요 • 색깔로 놀이해요 • 여러 가지 모양이 있어요 • 모양놀이를 해요
2월	새로운 것도 좋아요	• 함께하는 놀이가 있어요 • 선생님, 친구와 함께 놀이해요 • 선생님 감사합니다 • 새로운 반에 가요	친구가 있어요	• 많이 자랐어요 • 도와줄 수 있어요 • 혼자서도 잘 해요 • 형 · 언니가 되었어요

1세 영아보육 프로그램은 6개의 생활 주제를 제시했다. 어린이집 A는 영아보육 프로그램에서 제시한 생활 주제 6개를 약 2개월 단위로 계획하여 12개월 동안 실시하면서 여름과 겨울을 추가하였다. 반면 어린이집 B는 영아보육 프로그램과 상당히 다른 생활 주제로 연간 보육계획안을 구성하였다. 주제의 명칭(예 새로운 것이 낯설어요 vs. 편안한 1세반; 놀이할 수 있어요 vs. 재미있는 놀잇감)도 상이할 뿐만 아니라 유사한 주제의 소주제도 상이하게 구성되어 있다. 또한 날씨(좋은 날씨), 동물(알고 싶어요), 여름 및 여름 위생(땀, 물놀이, 배탈, 씻기) 등 만 3세 이상의 유아를 위한 전통적인 생활 주제와 유사한 주제도 연간 보육계획안에 반영되어 있다. 요약하면 어린이집마다 연간 보육계획안을 작성할 때 설정하는 생활 주제는 영아보육 프로그램과 유사하기도 하고 독자적이기도 하지만 생활 주제 설정의 근거가 없다는 측면에서는 유사하다.

표 4-15 다른 어린이집의 만 2세 연간 보육계획안의 생활 주제 및 소주제

구분	어린이집 A (만 2세)		어린이집 B (만 2세)	
	주제	소주제	주제	소주제
3월	어린이집이 좋아요	• 나는 ○○반이에요 • 엄마, 아빠와 헤어질 수 있어요 • 우리 반 선생님과 친구들이에요 • 내가 좋아하는 놀잇감이에요	어린이집 생활 I	• 어린이집 생활 적응하기 I • 우리 반, 우리 선생님 • 부모와 쉽게 적응하기 • 내 물건/ 내 옷장
4월	어린이집이 좋아요/ 제비나라 봄소식	• 편안하게 지내요 • 안전하게 지내요 • 바깥놀이가 재미있어요 • 안전하게 바깥놀이해요 • 꽃구경은 즐거워요	어린이집 생활 II	• 일과 적응하기 • 배변 의사 표현하기 • 기분 좋은 낮잠 • 음식 맛있게 먹기 • 교실 외 놀이 공간 탐색
5월	제비나라 봄소식/ 나는요	• 벌레가 꿈틀꿈틀해요 • 봄나들이 갈까요 • 나는 ○○○이에요 • 내 몸을 보살펴요	놀잇감	• 놀잇감 탐색하기 • 놀잇감 바르게 사용하기 • 놀잇감 제자리 찾기 • 친구와 함께 놀기
6월	나는요/ 나는 가족이 있어요	• 나는 느껴요 • 내가 좋아하는 것이 있어요 • 혼자서도 잘해요 • 엄마 아빠가 좋아요	탈것	• 자동차 놀이해요 • 여러 가지 달것 I • 여러 가지 탈것 II • 안전하게 타기

〈계속〉

| 표 4-15 | 〈계속〉

구분	어린이집 A (만 2세)		어린이집 B (만 2세)	
	주제	소주제	주제	소주제
7월	나는 가족이 있어요/ 재미있는 여름이에요	• 우리 가족을 소개해요 • 우리 가족을 흉내내요 I • 우리 가족을 흉내내요 II • 초록초록 여름이 되었어요 • 첨벙첨벙 물놀이 I	동물	• 내가 좋아하는 동물 • 집에서 기르는 동물 • 동물원/ 동물 • 동물 보살피기
8월	재미있는 여름이에요	• 첨벙첨벙 물놀이 II • 시원하게 지내요 • 건강하게 지내요 • 즐거웠던 여름여행	더워요 (물놀이, 여름)	• 더워요(여름철 날씨) • 재미있는 물놀이 • 여름철 음식 • 혼자 할 수 있어요(옷차림)
9월	알록달록 가을이에요	• 가을이에요 • 알록달록 단풍이 들어요 • 가을 나들이 I • 가을 나들이 II	나	• 내 얼굴/ 내 몸 • 내 이름/ 내 물건 • 신체 부위 알기
10월	알록달록 가을이에요/ 동물친구들	• 자연물로 놀이해요 • 가을 나무와 열매 • 여러 가지 동물이 있어요 • 동물처럼 소리 내어보아요 • 동물처럼 움직여 보아요	가족	• 우리 엄마/ 아빠 • 할아버지/ 할머니/ 형/ 누나 • 아주머니/ 아저씨 • 인사하기
11월	동물친구들/ 알록달록 색깔, 울퉁불퉁 모양	• 엄마 동물과 아기 동물 • ㅇㅇ반이 좋아하는 동물 • 여러 가지 모양이 있어요 • 색깔로 놀이해요	친구	• 내 친구 • 친구와 함께 해보기 I, II • 친구와 사이좋게 지내기
12월	알록달록 색깔, 울퉁불퉁 모양/ 호호 추운 겨울이에요	• 모양으로 놀이해요 • 재미있는 그리기 나라 • 날씨가 추워요 • 신나는 겨울축제 • 겨울을 따뜻하게 보내려면	추워요	• 겨울의 날씨 • 눈/ 얼음/ 바람 • 따뜻하게 입기(옷차림) • 크리스마스 • 감기
1월	호호 추운 겨울이에요/ 키도 쑥쑥 마음도 쑥쑥	• 건강하게 겨울을 보내요 • 신나는 겨울놀이 I • 신나는 겨울놀이 II • 혼자서도 할 수 있어요	색/ 모양	• 새해 • 여러 가지 색 • 여러 가지 모양 • 같은/ 다른 색(모양)
2월	키도 쑥쑥 마음도 쑥쑥	• 친구와 함께 할 수 있어요 • 즐거웠던 우리 반 • 우리는 다섯 살(설날) • 형, 언니가 되어요	형/ 언니	• 달라졌어요 • 도울 수 있어요 • 즐거웠던 우리 반 • 혼자서도 잘해요

2세 영아보육 프로그램은 9개의 생활 주제를 제시했다. 어린이집 A와 어린이집 B의 2세를 위한 연간 보육계획안의 생활 주제와 소주제는 학기 초, 학기 말과 여름에 선정된 주제를 제외하고는 공통점보다 차이점이 많았다. 어린이집 A의 생활 주제 및 소주제는 2세 영아보육 프로그램의 생활 주제와 거의 유사하고 어린이집 B의 생활 주제는 생활 주제와 생활 주제의 실시 순서가 영아보육 프로그램과 다르다. 두 어린이집에서 계획한 생활 주제는 선정된 주제, 선정된 주제를 실시하는 시기, 그리고 소주제 측면에서 차이점이 많았다. 예를 들면, 어린이집 A는 5~6월에 '나'를 계획한 반면, 어린이집 B는 9월에 '나'를 계획하였다. 어린이집 A는 생활 주제 '친구'를 3월의 '어린이집이 좋아요'와 2월 '키도 쑥쑥 마음도 쑥쑥'의 소주제로 나눠서 계획한 반면, 어린이집 B는 11월에 하나의 주제로 다루었다. 또한 어린이집 A는 개념과 관련된 주제로 나, 봄, 가족, 여름, 가을, 동물, 모양, 색, 겨울을, 어린이집 B는 탈것, 동물, 나, 가족, 친구, 색/ 모양을 다루었다.

위에 제시된 두 어린이집에서 같은 주제를 계획하였어도 소주제의 범위, 난이도 측면에서 차이를 보였다. 예를 들면, 교육 주제 '나'에 대한 소주제로 어린이집 A는 이름, 느낌, 좋아하는 것, 혼자하기를 선정하였고, 어린이집 B는 내 얼굴, 내 몸, 내 이름, 내 물건, 신체 부위 이름을 선정하였다. 교육 주제 '동물'에 대한 소주제로 어린이집 A는 동물의 종류, 소리, 움직임, 엄마 동물과 아기 동물, 좋아하는 동물을 선정하였고, 어린이집 B는 내가 좋아하는 동물, 집에서 기르는 동물, 동물원/ 동물, 동물 보살피기를 선정하여 영아의 경험을 중심으로 하였다.

요약하면 어린이집마다 연간 보육계획안을 작성할 때 설정하는 생활 주제는 영아보육 프로그램과 유사하기도 하고 독자적이기도 하지만 생활 주제 설정의 근거가 없다는 측면에서는 유사하다. 이렇듯 교육기관마다 선정하는 생활 주제와 소주제의 종류, 난이도, 범위뿐만 아니라 실시 시기까지 차이가 있는 이유는 각 어린이집에 재원 중인 영아의 연령별 특성과 교육과정의 내용을 고려하지도 않고 영아를 위한 교육과정이 어떠해야 하는지에 대한 기본적 동의도 없기 때문인 것으로 보인다.

다음으로 같은 어린이집의 만 1세와 만 2세 생활 주제와 소주제의 비교를 통해 각 연령에서 다루는 주제와 소주제의 수준이 연령차를 반영할 정도의 차이가 있는지 살펴보고자 한다.

표 4-16 동일한 어린이집의 만 1세와 만 2세 연간 보육계획안

구분	만 1세		만 2세	
	주제	소주제	주제	소주제
3월	어린이집 적응하기 I	• 어린이집에 왔어요 • 부모님과 헤어져요 • 내 물건/ 옷장을 찾아요 • 선생님, 친구들과 함께 있어요	어린이집 생활 I	• 어린이집 생활 적응하기 I • 우리 반, 우리 선생님 • 부모와 쉽게 적응하기 • 내 물건/ 내 옷장
4월	어린이집 적응하기 II	• 즐겁게 인사해요 • 음식을 맛있게 먹어요 • 기분 좋게 낮잠 자요 • 다치지 않게 놀아요	어린이집 생활 II	• 일과 적응하기 • 배변 의사 표현하기 • 기분 좋은 낮잠 • 음식 맛있게 먹기 • 교실 외의 놀이 공간 탐색
5월	어린이집 돌아보기	• 우리 반에 무엇이 있나? • 화장실에서 무엇을 해요? • 바깥놀이를 신나게 해요 • 어린이집에는 무엇이 있을까요?	놀잇감	• 놀잇감 탐색하기 • 놀잇감 바르게 사용하기 • 놀잇감 제자리 찾기 • 친구와 함께 놀기
6월	재미있는 놀잇감	• 놀잇감을 살펴보아요 • 놀잇감을 사용해 보아요 • 놀잇감을 제자리에 두어요 • 약속을 지켜요	탈것	• 여러 가지 탈것 I • 여러 가지 탈것 II • 안전하게 타기 • 자동차놀이해요
7월	느낌	• 눈으로 보아요 • 손과 발로 보아요 • 입과 코로 느껴요 • 귀로 들어 보아요	동물	• 내가 좋아하는 동물 • 집에서 기르는 동물 • 동물원/ 동물 • 동물 보살피기
8월	더워요/ 배변 훈련	• 깨끗하게 씻어요 • 물놀이를 해요 • 배변 의사를 표현해요 • 변기를 사용해요	더워요 (물놀이, 여름)	• 더워요(여름철 날씨) • 재미있는 물놀이 • 여름철 음식 • 혼자 할 수 있어요(옷차림)
9월	동물	• 동물에 친근감을 느껴요 • 동물소리를 들어봐요 • 동물을 흉내 내요 • 어린이집에서 기르는 동물을 살펴봐요	나	• 내 얼굴/ 내 몸 • 내 이름/ 내 물건 • 신체 부위 알기
10월	나	• 내 이름을 말해 보아요 • 내 얼굴/ 내 몸을 살펴봐요 • 내 물건을 알아요 • 내가 좋아하고 싫어하는 것을 표현해요	가족	• 우리 엄마/ 아빠 • 할아버지/ 할머니/ 형/ 누나 • 아주머니/ 아저씨 • 인사하기

〈계속〉

| 표 4-16 | 〈계속〉

구분	만 1세		만 2세	
	주제	소주제	주제	소주제
11월	가족	• 우리 가족은 누구일까? • 엄마를 사랑해요 • 아빠를 사랑해요 • 아빠/ 엄마와 함께 해요	친구	• 내 친구 • 친구와 함께 해보기 I/ II • 친구와 사이좋게 지내기
12월	추워요	• 날씨가 추워요 • 따뜻하게 입어요 • 크리스마스예요 • 눈이 와요	추워요	• 겨울의 날씨 • 눈/ 얼음/ 바람 • 따뜻하게 입기(옷차림) • 크리스마스 • 감기
1월	내 친구와 선생님	• 내 친구는 누구일까? • 친구와 사이좋게 지내요 • 친구와 함께 해보아요 • 선생님과 함께 놀아요	색/ 모양	• 새해 • 여러 가지 색 • 여러 가지 모양 • 같은/ 다른 색(모양)
2월	이만큼 컸어요	• 혼자 먹어요 • 혼자 씻어요 • 친구를 도울 수 있어요 • 형, 언니 반에 가보아요	형/ 언니	• 달라졌어요 • 도울 수 있어요 • 즐거웠던 우리 반 • 혼자서도 잘해요

| 표 4-16 | 에 제시된 만 1세와 만 2세의 생활 주제와 소주제를 비교하면 만 1세와 만 2세의 연령차에도 불구하고 주제와 소주제 간의 공통점이 많이 나타난다. 3월과 4월은 기관에의 적응을 돕기 위한 주제가 계획되어 있고, 여름과 겨울에는 계절의 특성을 알아보는 주제가, 2월에는 윗반으로의 전이를 준비하는 주제로 구성되어 있다. 그밖에 동물, 나, 가족, 친구 같은 주제도 연령마다 반복되는데, 만 1세 때보다 만 2세 때는 더 빠른 시기에 편성된다는 차이점이 있다. 예를 들면, 동물은 1세 때는 9월에 계획된 반면, 2세 때는 7월에 계획되었고, 나와 가족은 1세 때 10월과 11월에 계획된 반면, 2세 때는 9월과 10월에 계획되어 있다. 유일한 차이점은 만 1세 때는 느낌이라는 주제가, 만 2세 때는 탈것과 색/ 모양이라는 주제가 편성되어 있다는 것이다.

연령차에도 불구하고 주제와 소주제가 유사하고 반복되는 것은, 영유아가 자신과 직접 관련된 것을 먼저 학습하고 성장함에 따라 점차 직접 관련성이 적은 것도 학습할 수 있다는 원리를 고려할 때 당연한 결과라 할 수 있다(이귀윤, 1996). 만 3세 이상의

유아를 위한 교육과정에서도 연령마다 유사한 교육 주제를 제시하고, 같은 주제라도 유아의 수준에 맞게 다르게 적용할 것을 강조하고 있다(교육과학기술부 · 보건복지부, 2013).

그러나 유사한 주제와 소주제의 반복과는 별도의 문제로, 선정된 교육 주제와 그 시기가 적절한가에 대해서도 생각해 보아야 한다. 영아의 기관 적응을 돕거나 계절과 관계되었거나 윗반으로의 전이와 관련된 주제들은 선정의 근거와 실시하는 시기가 타당한 것으로 보인다. 그러나 그 밖의 개념과 관련된 주제는 영아를 담당하는 교사들도 그 주제 정도면 영아가 이해할 것 같아서, 또는 그 시기에 하면 적절할 것 같아서라는 이유를 제시하고 있다. 실제 영아보육 프로그램(보건복지부, 2013d)의 0, 1, 2세 프로그램의 생활 주제 선정 근거로 그 연령의 영아가 보편적으로 관심 있는 주제로 동물, 색깔, 모양, 놀잇감을 언급하고 있다. 그러나 영아가 보편적으로 관심을 보이는 주제로 동물, 색, 모양, 놀잇감을 특정한 시기에 하도록 선정하는 학술적 근거는 없다. 개인 영아에 따라서 자동차, 꽃, 호랑이, 로봇, 공주 등 다양한 것에 관심을 가질 수 있다. 근거도 없이 대부분의 영아가 관심을 보일 것으로 가정하고 선정한 몇 개의 생활 주제를 모든 영아를 대상으로 일률적으로 가르치는 것은 영아의 흥미를 무시하고 교사가 일방적으로 가르치는 것과 다르지 않다.

2) 생활 주제와 소주제를 중심으로 한 월간 및 주간 교육계획안

월간 및 주간 교육계획안을 수립할 때 가장 중요한 것은 그 주에 설정된 목표를 달성할 수 있는 활동을 선정하고 일련의 원칙을 가지고 배열하는 것이다. 영아보육 프로그램이나 인터넷에 공개된 영아를 위한 보육과정의 월간 보육계획은 연간 보육계획에 맞춰 생활 주제를 중심으로 수립되어 있다. 아래에서는 월간 및 주간 보육계획안의 현황과 문제점을 살펴보고자 한다.

연간 보육계획안에 제시된 특정 주제(예 교통기관)를 중심으로 월간 및 주간 보육계획안을 작성할 때는 교통기관과 관련된 책 보기나 노래 부르기, 교통기관 모양의 종이에 그림 그리기, 자동차 바퀴에 물감을 찍어 그려 보기, 쌓기놀이 영역에서 각종 교통기관 모형 가지고 놀기 등과 같이 교통기관과 관련된 활동을 선정하는 것이 보통이다. 그러나 앞서 강조한 바와 같이 일정 기간 동안 집중적으로 교통기관과 관련된 활동을 한다고 해서 영아가 교통기관에 대해 배우는 것이 아니기 때문에 이렇게 배우는 것은 부적절하다. 걸어서 등원하거나 특정 기간(예 여름 휴가 기간)에만 교통기관을 집중적으로 경험하던 1970~80년대와는 달리 현재의 영아는 거의 매일 교통기관을 이용하고, 다양한 종류의 교통기관(예 비행기, 기차, 배 등)을 빈번히 이용하기 때문이다. 영아가 개인적 경험 또는 기관에서의 경험(예 견학 시 이용)이 동기가 되어 교통기관에 대해 흥미를 보일 때, 그리고 그 흥미가 많은 영아에게 확산될 때 교통기관을 생활 주제로 선정하는 것이 바람직하다.

또한 아래 예로 제시된 '어린이집 생활'을 주제로 한 월간 및 주간 보육계획안에서 볼 수 있듯이 주제 중심으로 활동을 계획한다고 해도 모든 활동이 생활 주제와 연관이 있는 것은 아니다. 보육실 둘러보기, 반 이름 알아보기, 선생님과 친구 얼굴 찾아보기, 노래-어린이집에 왔어요 배우기 등은 생활 주제와 관련이 있으나 일주일 동안 반 이름과 선생님과 친구의 이름을 부르고 사진을 찾아보았다고 해서 영아가 알게 되는 것이 아니고 일 년 동안 생활하면서 점차적으로 알게 되는 것이다. 나머지 생활 주제와 관련 없는 활동들도 이 시기의 영아에게 적절한 활동일 수 있지만 주제를 중심으로 서술한 월간 보육계획안에 있기 때문에 주제와 관련 없는 활동으로 평가 절하되기도 한다.

예 4-4 주제 중심 월간 보육계획안의 예(2세 학급)

- 기간: 2월 29일~3월 26일
- 주제: 어린이집이 좋아요
- 목표: 새로운 친구, 선생님과 친숙해지고 어린이집 생활에 적응하도록 한다.

주		1주(2/29~3/5)	2주(3/7~12)	3주(3/14~19)	4주(3/21~26)
소주제		나는 ○○반이에요	엄마, 아빠와 기분 좋게 헤어질 수 있어요	우리 반 선생님과 친구들이에요	재미있는 놀잇감이 있어요
목표		• 어린이집 생활에 잘 적응할 수 있도록 부모님과 함께 적응할 기간을 가지며, 놀이실 환경을 탐색해 보도록 한다. • 부모님과 안정적으로 헤어지며 새로운 환경에 적응한다. • 새로운 반과 새로운 친구들, 우리 선생님에 대해 친근감을 갖고 어린이집 생활과 환경에 적응할 수 있다. • 다양한 놀잇감을 탐색하고 흥미있는 놀잇감을 선택하여 영역에서 반복하여 놀이한다.			
등원 및 맞이하기		• 엄마, 아빠와 손잡고 보육실 둘러보기			
기본생활습관		• 내 사물함을 살펴봐요			
일상생활	점심 및 간식	• 간식 먹기 전 손 씻기			
	낮잠	• 자장가 들으며 낮잠 자기			
	배변 활동	• 배변 후 "쉬 했어요." 표현하기			
실내자유놀이	언어	• 동시–이름표 • 우리 반 이름이에요 • 우리 반 이름을 따라 끼적여요 • 여러 가지 인사	• 동시–아침에 일어나서 • 손인형으로 인사해요 • 우리 반의 하루일과 • 친구와 함께 쓱싹 쓱싹	• 동시–아이 좋아 • 누구일까요? • 약속 책 만들기 • 동화–울지 말고 말하렴 • 친구야 사랑해	• 동시–재미있는 놀잇감 • 고마워 책 만들기 • 선생님과 함께 그림책을 읽어요 • 종이/ 신문지에 끼적이기
	쌓기·역할	• 조물조물 반죽놀이 • 종이 벽돌 블록 기차	• 따르릉~ 전화놀이 • 우레탄 블록을 쌓아요	• 나는 요리사! • 종이 벽돌 블록으로 식탁 만들기	• 생일 축하해요 • 생일상 만들기
	감각·탐색	• 알록달록 우리 보육실 • 선생님과 친구 모습을 살펴봐요	• 촉감 기차 • 모양 고리 꿰기	• 선생님과 친구 얼굴을 찾아보세요 • 친구 손과 비교하기	• 빙글빙글 스팽글 • 무엇이 들어있을까요?
	미술	• 모양종이에 그려요 • 스펀지 도장 찍기	• 도트 물감놀이 • 모양 종이에 스티커를 붙어요	• 선생님과 친구들 사진에 콕콕~ • 통통 공을 만들어요(컬러클레이)	• 휴지로 표현해요 (퍼포먼스 미술) • 색종이를 접어 보아요

〈계속〉

| 예 4-4 | 〈계속〉

실내자유놀이	음률	• 새노래– 안녕 • 스카프를 흔들어요	• 새노래–어린이집에 왔어요 • 리본막대 흔들기	• 새노래–○○는 어디 있나? • 탬버린으로 찰~	• 새노래–모두 제자리 • 마라카스로 연주해요
	신체	• 대근육–붕붕카 타기 • 소근육–손으로 풍선을 톡톡	• 대근육–데구르르 통통! • 소근육–친구와 스티커놀이	• 대근육–친구와 함께 낙하산놀이 • 소근육–친구와 손뼉 치기	• 대근육–보자기로 인형을 받아요 • 소근육–모양 상자에 맞춰 모양을 끼워요
실외 활동		• 놀이터 둘러보기 • 선생님과 자전거 타기 • 대체 활동–매트 위를 굴러요	• 선생님과 자전거 타기 • 그릇에 모래를 담아요 • 대체 활동–리본 채놀이	• 그릇에 모래를 담아요 • 선생님과 미끄럼틀 타기 • 대체 활동–계단 오르내리기	• 선생님과 미끄럼틀 타기 • 방울방울 비눗방울 • 대체 활동–풍선 놀이
안전교육		• 교실에서의 안전–생활안전	• 안전벨트를 꼭 해요–교통안전	• 남자와 여자–성폭력 아동학대 예방	• 앗! 뜨거워요: 1층 조리실에서의 화재–소방대피 훈련
전이		• 손유희 – 안녕 안녕 – 막대 하나 • 동화 – 안녕하세요?	• 손유희 – 뚱보와 홀쭉이 • 동화 – 엄마는 나 없을 때 무얼 할까? – 어린이집이 좋아요	• 주말 지낸 이야기 • 손유희 – 선생님이 좋아요 – 손 무릎 • 동화 – 유치원에 가기 싫어요	• 주말 지낸 이야기 • 손유희 – 아기 돼지 삼형제 – 엄마별 아기별 • 동화 – 유치원에 간 데이빗
사회관계 증진 활동		• 차례대로 블록 쌓기	• 친구에게 음식 먹여 주기	• 친구와 놀잇감 정리하기	• 친구에게 놀잇감 빌려주기
가정 및 지역사회연계		• 귀가–엄마, 아빠에게 반갑게 인사하기 • 가정과의 연계–가족과 어린이집에서 한 일 이야기해 보기			

위의 월간 보육계획안 중 2주차 주간 보육계획안을 자세히 살펴보자.

예 4-5 주제 중심 월간 보육계획안의 2주차 주간 보육계획안 예(2세 학급)

- 기간: 3월 2주
- 주제: 어린이집이 좋아요
- 소주제: 엄마, 아빠와 기분 좋게 헤어질 수 있어요
- 목표: 부모님과 안정적으로 헤어지며 새로운 환경에 적응한다.

<table>
<tr><td colspan="2">주제</td><td colspan="2">어린이집이 좋아요</td><td>소주제</td><td colspan="3">엄마, 아빠와 기분 좋게 헤어질 수 있어요</td></tr>
<tr><td colspan="2">목표</td><td colspan="6">부모님과 안정적으로 헤어지며 새로운 환경에 적응한다.</td></tr>
<tr><td colspan="2">요일
활동</td><td>7(월)</td><td>8(화)</td><td>9(수)</td><td>10(목)</td><td>11(금)</td><td>12(토)
통합보육</td></tr>
<tr><td colspan="2">등원 및 맞이하기</td><td colspan="6">• 엄마, 아빠와 손잡고 보육실 둘러보기</td></tr>
<tr><td colspan="2">기본생활 및 안전교육</td><td colspan="6">• 내 사물함을 살펴봐요/ 안전벨트를 꼭 해요(교통안전)</td></tr>
<tr><td colspan="2">사회관계 증진 활동</td><td colspan="6">• 친구에게 음식 먹여주기</td></tr>
<tr><td colspan="2">전이</td><td colspan="6">• 주말 지낸 이야기/ 손유희–뚱보와 홀쭉이
• 동화–엄마는 나 없을 때 무얼 할까?/ 어린이집이 좋아요</td></tr>
<tr><td rowspan="3">일상생활</td><td>점심 및 간식</td><td colspan="6">• 간식 먹기 전 손 씻기</td></tr>
<tr><td>낮잠</td><td colspan="6">• 자장가 들으며 낮잠 자기</td></tr>
<tr><td>배변 활동</td><td colspan="6">• 배변 후 “쉬 했어요.” 표현하기</td></tr>
<tr><td rowspan="6">실내자유놀이</td><td>신체 활동</td><td colspan="6">• 대근육–떼구르르 통통! • 소근육–친구와 스티커놀이</td></tr>
<tr><td>언어 활동</td><td colspan="6">• 동시–아침에 일어나서/ 손인형으로 인사해요
• 우리 반의 하루일과/ 친구와 함께 쓱싹 쓱싹</td></tr>
<tr><td>감각 및 탐색</td><td colspan="6">• 촉감 기차/ 모양 고리 꿰기</td></tr>
<tr><td>쌓기 · 역할</td><td colspan="6">• 따르릉 전화놀이/ 우레탄 블록으로 쌓아요</td></tr>
<tr><td>미술</td><td colspan="6">• 도트 물감놀이/ 모양 종이에 스티커를 붙여요</td></tr>
<tr><td>음률</td><td colspan="6">• 새노래–어린이집에 왔어요/ 리본 막대 흔들기</td></tr>
<tr><td rowspan="2">특별 활동</td><td>레고</td><td colspan="6">• 꿈틀꿈틀 뱀</td></tr>
<tr><td>코앤코</td><td colspan="6">• 손유희를 통해 기본생활습관을 경험해 본다.</td></tr>
<tr><td colspan="2">실외 활동</td><td colspan="6">• 선생님과 자전거 타기/ 그릇에 모래를 담아요(대체 활동: 리본 채 흔들기)</td></tr>
<tr><td colspan="2">가정 및
지역사회연계</td><td colspan="6">• 귀가–엄마, 아빠에게 반갑게 인사하기
• 가정과의 연계–가족과 어린이집에서 한 일 이야기해 보기</td></tr>
</table>

월간 보육계획안의 일부인 2주차 주간 보육계획안이기 때문에 월간 보육계획안에 내재된 문제점과 유사한 문제를 가지고 있다. 엄마, 아빠 손잡고 보육실 둘러보기(등원 및 맞이하기), 내 사물함 살펴보기(기본생활 및 안전교육), 어린이집이 좋아요(전이), 어린이

집에 왔어요(새노래)는 생활 주제와 관련이 있으나 나머지 활동은 생활 주제와 무관하다. 촉감 기차(감각 및 탐색), 떼구르르 통통(대근육)은 영아의 발달 특성과 관련 있는 활동인 반면 배변 후 "쉬 했어요." 표현하기(배변 활동)는 영아의 개인적 배변 훈련 시기를 무시하고 모든 월령의 영아가 같은 단계에 있다고 가정한 활동이다. 친구에게 음식 먹여주기(사회관계 증진 활동)는 사회관계 증진 활동이라는 활동 유형에 맞게 맞춘 부자연스러운 활동이고, 그 밖의 활동들도 생활 주제보다는 활동 유형(예 언어, 미술, 음률 등)과 관련 있는 활동이다. 또한 2세 영아가 놀이하면서 자연스럽게 할 수 있는 레고나 손유희를 특별 활동의 형태로 배워야 하는지를 비판적으로 평가할 필요가 있다.

위에서 살펴본 2세 학급의 사례가 같은 시점인 3월 첫 주의 1세 학급 월간 보육계획안과 주간 보육계획안에서도 유사하게 나타나는지 살펴보자.

예 4-6 주제 중심 월간 보육계획안의 예(1세 학급)

- 기간: 2월 29일~3월 26일
- 주제: 어린이집이 좋아요
- 목표: 새로운 친구 선생님과 친숙해지고 어린이집 생활에 적응하도록 한다.

<table>
<tr><th colspan="2">주</th><th>1주(2/29~3/5)</th><th>2주(3/7~12)</th><th>3주(3/14~19)</th><th>4주(3/21~26)</th></tr>
<tr><td colspan="2">소주제</td><td>어린이집에 왔어요</td><td>엄마와 함께 해요</td><td>선생님과 만나고 헤어져요</td><td>만나고 친해져요</td></tr>
<tr><td colspan="2">목표</td><td colspan="4">• 새로운 환경에 관심을 갖고 자유롭게 탐색하며 놀이한다.
• 엄마와 함께 놀이하며 원에 대한 친숙함을 느끼고, 안정적으로 적응한다.
• 교사와 함께 놀이하며 안정적인 애착을 형성한다.
• 친구와 함께 놀이하며 긍정적인 관계를 형성해 나가고, 다양한 경험을 통해 원의 하루일과에 편안하게 적응한다.</td></tr>
<tr><td colspan="2">등원 및 맞이하기</td><td>• 선생님과 손 흔들며 인사해요</td><td>• 엄마와 손 흔들며 인사해요</td><td>• 선생님 손잡고 교실에 들어와요</td><td>• 선생님 품에 안기며 인사해요</td></tr>
<tr><td colspan="2">사회관계증진 활동</td><td colspan="2">• 선생님이 불러 주시는 이름</td><td>• 선생님과 인사하고 헤어져요</td><td>• 친구와 손 흔들며 인사해요</td></tr>
<tr><td rowspan="4">일상생활</td><td>기본생활 및 안전</td><td colspan="2">• 선생님께 고개 숙여 인사해요</td><td>• 손을 깨끗이 씻어요</td><td>• 울지 않고 엄마를 기다려요</td></tr>
<tr><td>점심 및 간식</td><td>• 어린이집 음식을 맛 보아요</td><td>• 도움 받아 먹어요</td><td>• 자리에 앉아서 먹어요</td><td>• 숟가락 사용하여 먹어요</td></tr>
<tr><td>낮잠</td><td>• 내 이불이에요</td><td>• 내 이불에 편안한 자세로 누워요</td><td>• 토닥임 느끼며 잠들어요</td><td>• 이불을 덮고 잠자요</td></tr>
<tr><td>기저귀 갈이/배변 활동</td><td colspan="2">• 기저귀 갈이대에 누워 보아요</td><td colspan="2">• 선생님 도움 받아 뽀송뽀송 기저귀를 갈아요</td></tr>
</table>

〈계속〉

| 예 4-6 | 〈계속〉

실내자유놀이	신체	• 대근육－매트 오르내려요 • 소근육－엄마에게 헝겊 공을 주어요	• 대근육－영차 영차 어디로 갈까요? • 소근육－손가락을 잡아요	• 대근육－놀이집 문을 “똑똑똑” • 소근육－선생님과 손 맞추기	• 대근육－굴러가는 공을 따라 걸어요 • 소근육－코코코 놀이
	음률	• ‘안녕’ 노래에 맞추어 손 흔들어요	• 엄마와 함께 마라카스를 흔들어요	• ‘작은 동물원’ 들으며 탬버린을 흔들어요	• ‘악어 떼’ 노래에 맞추어 스카프 흔들기
	언어	• 엄마 아빠 사진을 봐요 • 여러 가지 쓰기 도구가 있어요	• 선생님과 함께 책을 봐요 • 선생님과 내 이름을 써봐요	• 손인형으로 말해요 • 딩동! 누구세요	• ‘바스락 바스락’ 헝겊 책 • 선생님 사진에 끼적여요
	동시	• 봄 친구가 놀러 왔어요	• 돌다리	• 고무풍선	• 내 장난감 친구들
	감각 및 탐색	• 여기는 어디일까요? • 서랍장 사진을 봐요	• 뽁뽁이놀이 • 울룩불룩 주머니	• 놀잇감에서 소리가 나요 • 어느 손에 있을까요?	• 반짝반짝 스티커 • 우리 반 친구 사진을 봐요
	미술	• 조물조물 밀가루 반죽 탐색해요	• 선생님 얼굴에 스티커를 붙여요	• 울퉁불퉁 골판지에 그려요	• 풍선 위에 그림을 그려요
	역할 · 쌓기	• 어떤 놀잇감이 있을까요? • 다양한 블록이 있어요	• 인형을 안아줘요 • 말랑말랑 스펀지 블록	• 바구니에 음식 담고 쏟기 • 벽돌 블록 기차를 만들어요	• 친구와 맛있는 음식을 먹어요 • 친구와 함께 컵 블록놀이
실외놀이 (대체 활동)		• 엄마와 실외놀이터를 산책해요 • 어린이집 복도를 걸어요	• 어린이집 오는 길을 둘러봐요 • 엄마가 굴려주는 공을 잡아요	• 선생님 손잡고 산책해요 • 선생님 손잡고 깡충 뛰어요	• 미끄럼틀을 타요 • 선생님과 함께 공놀이해요
전이		• 원가		• 선생님은 ○○을 사랑해	• ○○는 어디 있나
창의/ 인성교육		• 배려-토끼이야기	• 질서-줄을 서시오	• 협력－하모니를 만들어요	• 효-넌 나의 예쁜 아가란다
귀가 및 가정과의 연계		• 가방 메고 어린이집 가는 놀이해요	• 즐거운 마음으로 엄마를 기다려요	• 친구를 만나면 반갑게 인사해요	• 우리 반 친구들이에요
안전교육		• 생활안전－교실에서의 안전	• 교통안전－안전벨트를 꼭해요	• 성폭력/ 아동학대예방－남자와 여자	

위의 월간 보육계획안 중 2주차 주간 보육계획안을 자세히 살펴보자.

예 4-7 주제 중심 월간 보육계획안의 2주차 주간 보육계획안 예(1세 학급)

- 기간: 3월 2주
- 주제: 어린이집이 좋아요
- 소주제: 엄마와 함께 해요
- 목표: 엄마와 함께 놀이하며 원에 대한 친숙함을 느끼고, 안정적으로 적응한다.

<table>
<tr><td colspan="2">주제</td><td colspan="3">어린이집이 좋아요</td><td>소주제</td><td colspan="2">엄마와 함께 해요</td></tr>
<tr><td colspan="2">목표</td><td colspan="6">엄마와 함께 놀이하며 원에 대한 친숙함을 느끼고, 안정적으로 적응한다.</td></tr>
<tr><td colspan="2">요일
활동</td><td>7(월)</td><td>8(화)</td><td>9(수)</td><td>10(목)</td><td>11(금)</td><td>12(토)
통합보육</td></tr>
<tr><td colspan="2">등원 및 맞이하기</td><td colspan="6">• 엄마와 손 흔들며 인사해요</td></tr>
<tr><td colspan="2">사회관계 증진 활동</td><td colspan="6">• 선생님이 불러 주시는 이름</td></tr>
<tr><td rowspan="4">일상생활</td><td>기본생활 및 안전</td><td colspan="6">• 선생님께 고개 숙여 인사해요</td></tr>
<tr><td>점심 및 간식</td><td colspan="6">• 도움 받아 먹어요</td></tr>
<tr><td>낮잠</td><td colspan="6">• 내 이불에 편안한 자세로 누워요</td></tr>
<tr><td>기저귀 갈이/ 배변 활동</td><td colspan="6">• 기저귀 갈이대에 누워 보아요</td></tr>
<tr><td rowspan="4">실내자유놀이</td><td>신체</td><td colspan="6">• 대근육–영차영차 어디로 갈까요? • 소근육–손가락을 잡아요
• 음률–엄마와 함께 마라카스를 흔들어요</td></tr>
<tr><td>언어</td><td colspan="6">• 선생님과 함께 책을 봐요/ 선생님과 내 이름을 써봐요 • 동시–돌다리</td></tr>
<tr><td>감각 · 탐색</td><td colspan="6">• 뽁뽁이놀이/ 울룩불룩 주머니
• 미술–선생님 얼굴에 스티커를 붙어요</td></tr>
<tr><td>역할 · 쌓기</td><td colspan="6">• 인형을 안아줘요/ 말랑말랑 스펀지 블록</td></tr>
<tr><td colspan="2">실외 활동</td><td colspan="6">• 어린이집 오는 길을 둘러봐요
• 대체 활동–엄마가 굴려주는 공을 잡아요</td></tr>
<tr><td colspan="2">전이</td><td colspan="6">• 원가</td></tr>
<tr><td colspan="2">창의/ 인성교육</td><td colspan="6">• 질서–줄을 서시오</td></tr>
<tr><td colspan="2">안전교육</td><td colspan="6">• 교통안전 안전벨트를 꼭 해요</td></tr>
<tr><td colspan="2">귀가 및 가정과의 연계</td><td colspan="6">• 즐거운 마음으로 엄마를 기다려요</td></tr>
</table>

1세를 위한 월간 및 주간 보육계획안도 2세를 위한 월간 및 주간 보육계획안과 유사한 문제를 내포하고 있다. 생활 주제와 무관한 활동(예 실내 자유선택활동의 대부분은 생활 주제와 무관함), 1세 영아의 발달에 부적합한 활동(예 1세는 쓰기에 필요한 신체적 능력과 인지, 언어적 이해가 발달하지 않은 시기이므로 선생님과 내 이름을 쓰는 활동은 발달적으로 부적절함), 발달과 학습이 점진적이라는 것을 무시한 활동(예 1세 영아가 1주일 안에 도움 받아 먹기, 자리에 앉아서 먹기, 숟가락 사용해서 먹기를 잘 하게 될 수 없으며, 각각은 지속적인 교사의 지원과 영아의 연습을 통해 서서히 완성되는 능력임), 자발적인 놀이보다는 교사가 미리 계획한 놀이를 통한 교육(예 모든 활동이 교사가 미리 계획한 활동으로 영아의 욕구나 흥미와 무관하게 실시함), 1세의 발달과 학습 방식을 고려하지 않은 부적절한 창의인성교육(예 1세는 배려, 질서, 협력, 효의 개념 자체를 이해할 수 없음)이 많음을 알 수 있다.

3) 주제와 소주제를 중심으로 한 연간, 월간 및 주간 교육계획안의 문제점

특정 주제와 소주제를 중심으로 연간, 월간, 주간 교육계획안을 수립하는 것의 가장 큰 문제점은 연간 교육계획이 영아가 성장하고 학습하는 특성을 반영하지 않는다는 것이다. 첫째, 영아기는 일상의 삶과 가장 근접한 방식으로 학습할 때 가장 잘 배우는 시기이다. 아동기 이후에는 삶과 직접 관련이 적은 교육 주제에 대한 학습이 가능해진다. 그러나 영아기에 영아의 삶과 관련이 적은 생활 주제를 인위적으로 선정하고 인위적인 시기에 학습하도록 하면 이는 영아에게 무의미한 자극에 지나지 않게 된다.

영아가 관심을 보이기 때문에 선정되는 교통기관이나 동물 같은 교육 주제를 예로 들어 보자. 교사는 교통기관이란 주제로 교육하기 위해, 다양한 종류의 교통기관을 추가해 주고, 교통기관에 관한 책을 내주고, 교통기관에 관한 그림을 붙여 주고, 교통기관의 모양대로 종이를 잘라 그림을 그리게 하고, 육상/ 해상/ 항공 교통으로 분류하는 활동을 하고, 교통기관에 관한 노래를 부른다. 그러나 영아는 성인의 기대와는 달리 일정한 시기 동안(예 6월 한 달) 같은 주제를 가지고 집중 학습했다고 해서 그것에 대해 알게 되지 않는다. 영아는 매일의 일상에서 차를 타보고, 차를 타면서 차창 밖으로 지나가는 다양한 차를 보고, 다양한 교통기관 모형을 가지고 놀면서 교통기관에 대한 개념을 서서히 알아가게 된다. 교사는 주말이나 방학을 지내고 온 영아가 교통기관에 대해 언급할 때, 실외놀이 도중 하늘에 비행기나 헬리콥터가 지나가는 것을 유심히 보거나 기관 주변에서 공사차(예 포크레인)를 보면서 관심을 보일 때, 영아가 가지고 온 책에 다양한 교통기관이 묘사되어 있을 때, 즉 일상생활 속에서 기회가 있고 영아가 관심을 보일 때에 영아의 수준에 맞게 교통기관에 대해 다양한 활동을 하거나 이야기를 할 수 있다.

같은 이유로 기관에의 적응같이 당연히 필요하다고 생각되는 교육 주제도 무의미한 자극이 될 수 있다. 학기 초에 영아가 기관에 적응하도록 도와주어야 하는 것이 중요하기는 하지만, 영아가 기관에 적응하는 것은 1년 동안 지속되는 과정이다. 왜냐하면 영아가 성장함에 따라 어린이집에 적응하는 방식이 달라지기 때문이다. 예를 들면, 학기 초에는 자신의 장을 찾을 수 있도록 도와주는 것이 중요한 과제이지만 영아가 성장함에 따라 옷과 신발과 실내화를 제자리에 넣는 것, 옷을 제대로 거는 것, 자신이 만든 조형 작품을 보관하는 것 등을 할 수 있게 지속적으로 도와주는 것이 필요하다. 또 학기 초에는 부모와 헤어지고 주교사와 애착을 형성하는 것이 적응을 돕는 중요한 과제이지만, 점차 다른 교사나 기관장 같은 기관 내의 다른 성인, 같은 학급 내의 또래, 같은 기관 내의 다른 학급 영아들과도 원만한 관계를 유지하도록 돕는 것이 중요한 과제가 된다. 이 모든 것이 기관에의 적응을 돕는 것이기 때문에 학기 초에만 '기관 적응'이란 교육 주제를 선정하여 운영하는 것이 적절한지를 비판적으로 고려할 필요가 있다.

둘째, 영아기는 성인 주도 활동 또는 의도적으로 준비된 대·소집단 활동보다는 성인과 영아 또는 영아와 영아 사이에 자연스럽게 일어나는 일상적인 상호작용을 통한 다양한 경험의 결과로 성장하는 시기이다. 그러나 교육 주제와 소주제를 중심으로 연간 교육계획을 구성하면 성인 주도의 활동 또는 의도적으로 준비된 대·소집단 활동 중심이 되기 쉽다. 왜냐하면 교사는 선정된 교육 주제와 그와 관련된 교육 목표를 달성해야 한다는 책무성을 느끼기 때문에 의도적인 활동을 준비하고 이를 개별 활동보다는 대·소집단 활동으로 실시할 가능성이 높아지기 때문이다. 이런 방식으로 활동이 실시되면 영아의 흥미와 요구는 무시된 채 집단 활동에의 참여를 강요받을 가능성도 높아지기 때문에 특정 교육 주제를 특정 시기에 계획하여 실시하는 것은 부적절하다.

셋째, 영아기는 발달 특성상 발달의 개인차가 매우 심한 시기이다. 만 1세 미만의 영아를 한 반으로 구성할 때 3개월의 영아와 12개월의 영아는 신체, 인지, 언어, 사회·정서 발달 측면에서 매우 큰 차이를 보인다. 만 24개월에서 35개월의 영아로 구성된 2

세 학급이라고 해도 발달의 모든 측면에서 개인차가 심한 것은 마찬가지이다. 이런 영아를 대상으로 한 가지 교육 주제와 소주제를 선정해서 교육한다는 것은 현실적으로 불가능에 가깝다. 예를 들면 0세의 경우 3~4월에 할 수 있는 생활 주제는 '움직여요' 인데, '누워서 움직여요', '앉아서 움직여요', '기어요', '서고 걸어요', '잡아 보아요' 의 소주제로 구성되어 있다. 누워 있던 영아가 서서 걷게 되는 과정을 묘사한 소주제는 영아의 대근육 발달과 관련되어 있다. 0세반의 모든 영아가 같은 월령이 아닌데 3~4월에 이를 생활 주제를 하는 것은 비현실적이다. 모든 영아가 같은 걷기 발달 과정을 거치지만 1년 동안 이루어지는 과정이기 때문에 특정 시기에 생활 주제로 설정하는 것은 불합리하다. 다른 예를 1세의 사례로 들어보자. 1세의 경우 7~8월에 배변 훈련을 중심으로 교육 주제가 계획된다. 여름철에 배변 훈련을 실시할 경우 다양한 장점이 있는 것은 사실이나, 이런 장점은 월령적으로 여름에 배변 훈련을 할 신체적 · 정서적 준비가 된 소수의 영아에게만 해당된다. 다른 영아들은 각자에게 적절한 시기에 개별적으로 배변 훈련을 실시하여야 한다. 또 2세 학급의 경우, 10월에 가족에 관한 교육 주제를 선정하여 우리 엄마/ 아빠, 할아버지/ 할머니/ 형/ 누나, 아주머니/ 아저씨, 인사하기를 중심으로 한 소주제를 계획하고 있다. 그러나 영아의 발달과 가족의 상황에 따라 가족이란 개념이 있는지부터 시작하여 소주제로 선정된 다양한 가족이 영아 주변에 존재하는지에 이르기까지 영아 간 개인차는 다양하다. 영아기의 이런 특성 때문에 특정 교육 주제를 특정 시기에 계획하여 실시하는 것은 부적절하다.

넷째, 영아기는 일상생활에서의 반복적 경험을 통해 주변의 사물과 사람에 대해 탐색하고 이해하고 알아가는 시기이다. 따라서 어떤 교육 주제를 선택하든 그것이 의미있기 위해서는 영아가 일상의 삶 속에서 반복해서 경험할 수 있어야 한다. 같은 사물과 사람에 대해 100번을 경험하더라도 영아의 발달하는 능력, 그때의 시간적/ 공간적/ 상황적 맥락, 상대의 반응에 따라 영아들은 매번 유사하지만 다른 경험을 하게 된다. 같은 것을 다르게 경험하는 것의 반복을 통해 영아는 그것에 대해 총체적으로 이해하게 된다. 예를 들면, 색에 대해 집중적으로 한 달 동안 활동했다고 해서 색에 대해 알게 되는 것이 아니라, 주변의 다양한 음식, 옷, 놀잇감, 가구 같은 사물의 색이나 계절에 따라 변하는 자연의 색을 각기 다른 맥락에서 자신이 직접 반복적으로 경험하면서 오랜 기간에 걸쳐 알아가게 되는 것이다. 여기서 중요한 것은 자신이 삶 속에서 직접 반복적으로 경험해야 한다는 것이다. 즉, 1년 내내 색에 대해 배워도 영아의 삶과 관계없는 방식으로 제시되기보다는 영아가 먹는 음식, 입는 옷, 가지고 노는 놀잇감의 색으로 제시되어야 영아가 색을 의미 있게 받아들인다.

결론적으로 영아의 삶과 흥미는 통합적인 것이다. 매일의 삶은 나, 가족, 친구, 색, 모양, 느낌, 동물, 교통기관과 관련된 경험으로 가득 차 있고, 영아는 이 모든 것에 관심을 보이고 이 모든 것을 통합적으로 경험해간다. 영아교육이 일상의 삶과 가장 근접한 방식으로 이루어져야 한다는 원리, 자극이 아닌 것으로서의 교육과정, 일상생활으로서의 교육과정, 자발적인 놀이로서의 교육과정을 실현하기 위해서는 특정한 주제를 특정한 기간 동안 다루도록 연간 교육계획을 수립하는 방식은 재고될 필요가 있다. 중요한 것은 어떤 생활 주제로 가르치느냐가 아니라 교육과정에 제시된 내용을 가르치기 위해서 어떤 생활 주제를 선택할 것인가이다. 즉, 생활 주제를 가르치는 것이 아니라 가르칠 것(교육과정의 내용)을 가르치기 위한 소재로 생활 주제를 활용해야 하는 것이다.

05 발현적 영아교육과정

1 영아교육과정의 특징

2 영아교육과정의 목표

3 영아교육과정의 영역

4 영아를 위한 교육계획의 수립

본 장에서는 영아를 위한 프로그램의 교육과정 특성을 살펴본 후, 교육과정의 구성 요소인 교육 목표, 교육 내용, 교육계획의 수립에 대해 살펴보고자 한다.

1. 영아교육과정의 특징

교육의 대상이 누구든지 교육을 실시한다는 것은 교육의 대상에게 필수적이라고 판단되는 교육 목표를 설정한 후, 설정된 교육 목표를 달성할 수 있도록 교육 내용, 교육 방법, 교육 자료, 교육 환경을 준비하는 것이다. 즉, 교육과정을 준비하여 교육을 실시하는 것을 의미한다. 따라서 교육과정을 설정할 때 가장 중요한 것은 교육 대상의 특성을 파악하는 일이다. 왜냐하면 교육 대상이 누군가에 따라 교육 목표, 교육 내용, 교육 자료, 교육 환경이 모두 달라지기 때문이다(이정환 · 김희진, 2013b).

교육 대상의 특성을 파악할 때는 발달적 특성뿐만 아니라 개인적 특성, 가족적 특성, 사회적 특성 및 환경 등을 포괄적으로 고려해야 한다. Bredekamp와 Rosegrant(1995)는 유아를 위한 바람직한 교육과정은 아래에 제시된 20개의 사항에 대해 동의할 수 있는 것이라고 밝혔다. 그들이 제시한 조건 중 어떤 것은 교육 목표 수준, 어떤 것은 교육 내용 수준, 어떤 것은 교육 활동의 선정 수준, 또 어떤 것은 교수 방법 수준에서 반영될 수 있는 것이기는 하나 영아를 위한 교육과정을 계획할 때도 염두에 두어야 할 조건이다.

- 상호작용적인 학습을 통해 학습자가 지식을 구성하도록 격려하는가?
- 신체, 인지, 언어, 사회, 정서적 목표를 달성하도록 돕는가?
- 지식이나 기술을 학습하는 과정에서 학습에 대해 긍정적인 느낌을 갖게 하는가?
- 학습자의 개인적인 삶이나 경험과 연관되어 있는가?
- 학습자에 대한 기대가 현실적인가?
- 학습자와 교사 모두에게 흥미로운가?
- 학습자의 언어, 문화, 개인 및 가족의 다양성을 수용하고 예민하게 반응하는가?
- 학습자가 현재 가진 지식과 능력을 확고히 하고 발전시킬 기회를 제공하는가?
- 학습자에게 의미 있는 맥락에서 교육 활동을 실시해 개념의 이해를 돕는가?

- 전통적인 교과 영역이 통합되어 있는가?
- 관련 분야의 기준에 따라 지식이 정확하고 신뢰롭게 제시되는가?
- 가르치려고 하는 내용이 가치 있는 것인가?
- 학습자가 적극 참여하고 선택하도록 격려하는가?
- 정답이나 결과보다는 탐구와 탐색에 초점을 두는가?
- 사고하고, 추론하고, 문제 해결을 하고, 의사결정하는 능력의 발달을 격려하는가?
- 성인과 또래와의 사회적 상호작용을 격려하고 촉진하는가?
- 학습자의 생리적 욕구(예 휴식, 영양, 배변 등)를 존중하는가?
- 학습자의 심리적 안정감, 안전, 소속감을 지원하는가?
- 활동을 통해 성공의 느낌, 학습의 즐거움을 경험하도록 하는가?
- 학습자와 교사에게 융통성을 부여하는가?

위와 같이 영유아를 위한 교육과정을 설계할 때 공통적으로 고려해야 할 사항이 많다. 그러나 영아는 유아나 아동과 여러 측면에서 유사점도 많지만 차이점도 많기 때문에 만 3세 미만의 영아를 위한 교육과정은 유아나 아동을 위한 교육과정의 '축소판'이나 '낮은 수준판'이 되어서는 안 된다. 특히 영아는 성인 주도 활동 또는 의도적으로 준비된 대·소집단 활동보다는 성인과 영아 또는 영아와 영아 사이에 자연스럽게 일어나는 일상적인 상호작용을 통해 다양한 경험을 한 결과로 성장하고 학습한다. 따라서 영아를 위한 교육과정의 핵심은 일상생활과 놀이를 중심으로 유아의 발달적, 개인적, 가족적, 사회적 특성을 고려하여 교육과정의 모든 영역이 통합되도록 하는 것이다. 영아를 위한 교육과정의 특성(김희진, 2015, 4; 김희진·김언아·홍희란, 2006; Edwards et al., 2012)을 자세히 살펴보면 다음과 같다.

1) 자극이 아닌 것으로서의 교육과정

자극과 교육이라는 단어는 교육에 대해 이야기할 때 같은 의미로 사용되는 경향이 있지만, 자극과 교육은 본질적으로 같지 않다. 혹자는 연령이 어릴수록 자신의 욕구를 표현하는 능력과 의사소통 기술이 제한되어 있기 때문에 성인이 영아에게 도움이 된다고 생각하는 자극을 선별하여 제공하여야 하고, 그것을 영아를 위한 교육이라고 주장한다. 특히, 영아기의 두뇌 발달은 외부로부터의 자극을 많이 받아야 이루어진다는 연구결과(뉴스위크, 1999, 2001; 서유헌, 2000; Family and Work Institute, 1996; Lally, 1998)의 잘못된 해석으로 인해, 영아에게 무조건적으로 많은 자극을 주는 것을 교육이라고 생각하는 경향이 있다. 대표적인 예로 영아를 대상으로 플래시 카드를 이용하여 지속적인 자극을 주는 프로그램을 들 수 있다. 심한 경우, 생후 3~4개월 된 영아를 엄마의 무릎에 앉혀 놓고 머리를 돌리지 못하도록 잡은 채, 영아에게 무의미한 숫자나 외국어를 지속적으로 보여줌으로써 영아에게 부적절한 자극을 주기도 한다.

자극은 '영아에게 해주는 것', 즉 영아의 욕구나 반응에 관계없이 일방적으로 외부에서 주어지는 것으로 정의할 수 있다. 반면 교육은 '영아의 다양한 욕구에 바람직한 방식으로 반응하고, 관계를 맺고, 의사소통을 한 결과'로서 일어나는 것이다. 자극은 기본적으로 '제공하는 것'이기 때문에 영아가 주변의 사물, 사람, 환경에 영향력을 행사하고 스스로 알아가려는 성향을 무시하게 된다. 영아와 주변의 인적, 물리적 환경과의 상호작용이 필수적이기는 하나, 이것이 일방적으로 주어진다면 무의미한 자극에 지나지 않게 된다. 반면 교육은 성인이 준비한 활동이든, 영아가 자발적으로 시작한 활동이든 영아가 그 경험에 주도적으로 참여하여 주변의 사물과 사람들과의 반응적인 상호작용을 통해 배워가는 과정이다. 따라서 같은 활동도 모든 영아에게 다른 방식으로 적용되고 활동의 결과도 다를 수밖에 없다.

자극이 아닌 교육에 대해 논의할 때 자연스럽게 떠오르는 질문은 '그럼 교사는 아무것도 준비하지 않고 영아들이 관심을 보이는 것에 대해서만 잘 반응해 주면 되는가?' 하는 것이다. | 예 5-1 | 에 제시된 두 교사의 행동을 살펴봄으로써 위의 질문에 대한 답을 찾을 수 있을 것이다.

예 5-1 영아에게 제공되는 단순한 자극 vs. 교육의 기회

영아 월령: 8개월

- 활동: 거울놀이
- 상황: 영아가 거울 속의 자신을 인식하지 못하지만, 거울 속의 인물을 들여다보는 것을 즐기므로 활동을 준비하였다. 활동을 시작하려는데, 영아가 거울을 보기보다는 거울 뒤에 있는 다른 영아가 노는 모습을 보려고 한다.
- 교사 1
  - 영아에게 계속 거울을 보여주며 "거울 안에 있는 것이 누구니?" 한다.
- 교사 2
  - 거울을 활용하여 다른 영아와의 까꿍놀이를 시작한다. 즉, 거울을 돌려 다른 영아의 모습을 가려지게 했다가 나오게 했다가를 반복하며 까꿍놀이를 한다.

영아 월령: 28개월

- 활동: 밀가루 반죽놀이
- 상황: 미술 영역에 밀가루 반죽을 준비하였지만, 아무 영아도 관심을 보이지 않는다.
- 교사 1
  - 역할놀이 영역에서 놀고 있는 영아를 미술 영역으로 데려가 흥미를 유발시킨다.
- 교사 2
  - 역할놀이 영역으로 밀가룩 반죽을 가져가 음식 재료로 사용하게 한다.

해설

밀가루 반죽을 역할놀이 영역으로 가져가 음식 재료로 쓰고 있다.

- 교사 1: 앞서 언급한 플래시 카드를 보여주는 것 같은 행동이 아니기 때문에 교사의 행동이 부적절한 자극이 아니라고 생각하기 쉽다. 그러나 좋은 의도에서 준비한 교육적인 활동도 교사가 어떻게 제시하느냐에 따라 자극이 되기 쉽다. 영아의 관심을 고려하기보다는 교사가 준비한 활동을 하게 하는데 더 관심을 두었고, 영아가 주도적으로 참여하게 하기보다는 교사가 주도하여 활동을 진행하였기 때문에 자극이 될 수 있다.
- 교사 2: 자신이 준비한 활동을 하면서도 영아가 현재 관심을 보이는 것에 초점을 두고 영아가 주도적으로 참여하도록 하였다.
  - 8개월 영아를 지도하는 교사의 경우, 까꿍놀이를 천천히 하면서 영아가 다른 영아를 보려는 욕구를 만족시켜 주고, 점차 영아가 까꿍놀이에 관심을 보인다면 거울 속에 비친 자신을 대상으로 까꿍놀이를 하게 할 수도 있다.
  - 28개월 영아를 지도하는 교사의 경우, 밀가루 반죽을 제시하는 장소만 변경함으로써 자연스럽게 밀가루 반죽을 가지고 그릇에 담기, 찍기, 자르기 등을 할 수 있도록 하였다.

영아를 위한 교육과정의 핵심은 준비된 활동이든, 영아의 관심에 대한 반응으로 시작된 활동이든, 우연한 기회에 시작된 활동이든 간에 영아에게 단순한 자극이 아니라 교육의 기회가 되도록 하는 것이다.

2) 교육과정으로서의 영아의 흥미와 요구

유아, 초 · 중등을 포함한 각급 학교에서 학습자를 위한 교육과정을 계획할 때는 학습자의 흥미와 요구, 사회 · 문화적 요구, 전문가의 견해, 교육 철학 및 심리 등의 문헌에서 추출된 지식 등을 고려한다(김재춘, 2012; Posner, 2004). 영아를 대상으로 하는 교육도 예외는 아니지만, 학습자의 흥미와 요구 및 능력을 더욱 적극적으로 고려하여야 한다는 것이 다른 급의 교육에서 교육과정을 계획할 때와는 다른 점이다.

특히 초 · 중등교육의 대상처럼 학습자의 연령이 증가할수록 학습자가 배워야 할 개념, 능력, 태도 등은 사회 · 문화적 요구, 전문가의 견해, 교육 철학 및 심리학적 지식에 의해 미리 정해지고, 학습자의 흥미와 요구는 문자 그대로 '고려'의 사항이 된다. 교사가 미리 정해진 학습 목표와 내용을 미리 정해진 교수 방법으로 가르칠 때 학습의 효과를 높이기 위해 학생의 흥미와 요구를 고려할 것을 권장한다. 예를 들면, 음악 시간에 노래를 가르칠 때, 학생의 요구와 흥미에 따라 노래를 선택해서 가르치는 것이 아니라, 제시된 노래를 '가능하면' 학생의 흥미를 유발하는 교수 전략을 사용해서 지도하는 수준으로 학습자의 요구를 고려한다. 유아를 위한 교육에서는 학습자의 흥미와 요구를 고려하는 정도가 상급 학교와는 비교도 안 되게 높고 융통적으로 교육과정을 운영할 것을 강조한다. 영아를 위한 교육과정을 계획할 때는 영아의 흥미와 관심 및 요구가 교육과정 계획의 핵심이 되어야 한다.

학자들은 이 점을 강조하기 위하여 영아를 교육과정 계획의 '적극적인 동반자(active partner)'로 인식하거나 교육과정을 '반응적인(responsive) 교육과정'(Lally, 2001)으로 칭하기도 한다. 또한 교육 활동도 '가능성 계획(possibility plans)'이라고 개념화함으로써(Albrecht & Miller, 2000), 영아의 관심과 요구를 수용하는 것의 중요성을 강조한다. 즉, 교사는 영아에게 교육적인 의미가 있다고 판단되는 활동을 계획하기는 하지만, 그 활동이 교사의 의도대로 진행되느냐는 영아의 흥미와 관심에 따라 많은 영향을 받기 때문에 가능성을 계획하는 것으로 인식해야 한다는 것이다. 다음의 예는 교사가 계획한 활동이 영아의 흥미와 관심에 따라 어떻게 계획과는 다르게 전개되었는지를 보여준다.

예 5-2 만 2세 영아의 흥미와 관심에 따른 교육계획의 조정

교사의 계획

- 학급의 창틀에 놓인 화분에 영아가 분무기로 물을 주게 격려함으로써 계절을 느끼고 식물에 관심을 갖도록 활동을 계획하였다.

영아의 반응

- 영아는 꽃에 물을 주는 것보다는 분무기로 물을 뿌리는 것 자체에 더 관심을 보였다. 영아는 꽃보다는 학급의 놀잇감과 친구의 얼굴에 물을 뿌리기 시작했으며 교사가 만류하여도 듣지 않았다.

교육계획의 수정

- 교사는 학급 밖에 화분을 포함한 몇 가지 놀잇감을 놓아주고 약간 떨어진 거리에서 분무기로 물을 쏘아 맞추어 보는 활동을 고안하였다. 물을 쏘아 맞추어 보는 활동을 하면서 영아와 '물에 맞았다', '물이 많다', '젖는다', '흐른다'는 말을 나눌 기회가 많았다. 교사는 천, 종이, 비닐, 휴지 같이 물을 뿌렸을 때 젖는 특성이 다르게 나타나는 다양한 재질의 물건을 걸어 두고 분무기로 쏘아 보도록 하였다. 결국 화분에 물을 주는 활동에서 분무기로 사물을 맞추어 보고 물의 특성을 탐색하는 활동으로 전이가 되었지만 영아의 흥미와 관심을 존중하였기 때문에 영아가 물과 분무기의 특성에 대해 경험할 수 있는 교육적 계기가 되었다.

화분에 물주기를 하고 있다.

분무기를 이용하여 그림을 그리고 있다.

영아의 흥미와 요구를 존중하는 교육과정을 계획하고 운영한다는 것을 아무 계획 없이 영아의 흥미와 요구만 쫓아가는 것으로 오해하거나, 영아의 흥미와 요구가 무엇이든 간에 무조건 존중해야 한다는 것으로 오해해서는 안 된다. 한 집단을 구성하는 영아

의 일반적인 특성뿐만 아니라 영아의 개별적인 특성에 대한 이해, 영아의 발달에 대한 지식을 근거로 영아를 위한 교육과정을 치밀하게 계획하지만, 영아의 다양한 흥미와 요구에 따라 교육과정이 수정될 수 있을 만큼 교육과정이 융통적이고 개방적이고 역동적이어야 한다는 의미이다.

또한 영아의 성장과 발달을 지원할 수 있고, 비록 교사가 원래 계획한 것과는 다른 종류의 경험이라도 교육적으로 의미가 있는 경험을 제공하는 방식으로 영아의 흥미와 요구에 대한 수용이 이루어져야 한다. 따라서 교사는 교육과정을 계획할 때 영아를 교육과정 계획의 동반자로 인식하고 영아의 흥미와 요구 및 능력이 반영되고 활용되는 반응적인 교육과정을 계획해야 한다. 다음은 2세 학급의 사례이다. 떨어진 모서리 보호대에 대한 영아의 흥미에서 시작한 활동이 어떻게 전개되었는지를 살펴보면서 영아의 흥미를 존중하면서도 풍부한 학습 기회를 제공할 수 있다는 것을 느껴보자.

◑ 2세 학급에서 영아의 흥미를 존중하면서도 풍부한 학습의 기회를 제공하는 교사

"뱀 같아! 길어서!"

"책을 봐, 물고기 같아."
"큰 물고기! 상어다!"

"이게 상어야?"
"응~ 이빨 봐. 무서워!"
"잡아먹어?"
"나는 상어 본 적 있어."

떨어진 모서리 보호대를 가지고 영아는 뱀, 큰 물고기, 또는 상어로 표상하면서 놀기 시작하였다. 교사는 영아가 표상한 동물이 나오는 책을 제시하여 주었다.

상어에 대한 영아의 관심이 높아져 교사는 상어에 대한 책을 읽어 주었다.

"물에서 수영해!"

"고기 먹자!"
"크와아앙!"

책을 읽어줄 때 또는 책을 읽은 후 자연스럽게 상어를 표정, 음성, 몸짓을 사용하여 표현하는 활동이 진행되었다.

교사는 표현 활동으로 연계시키기 위해 종이에 상어의 질감을 표현할 수 있도록 준비해 주었다. 책에서 보았던 상어를 그릴 수 있게 회색 물감을 준비해 주고 종이에 붓으로 칠하게 하였다.

다양한 매체에 물감으로 그려보는 경험을 하도록 전지와 아세테이트지를 준비해주었고 붓뿐만 아니라 손으로도 칠해보게 하였다.

종이와 아세테이트지에 회색으로 칠을 했지만 상어를 그릴 수 없어 5세 학급의 도움을 받기로 하였다. 교사와 영아가 5세 학급 교사와 형님에게 그려달라고 부탁하였다.

5세 학급의 유아는 영아가 원하는 상어를 그려주기 위해 작은 종이에 연습을 한 후 밑그림을 그렸다.

5세 유아는 '진짜' 상어 같은 상어를 그리기 위해 상어 동영상을 태블릿 PC에 틀어서 참고했다.

크고 힘 있는 상어를 그리기 위해 못 쓰는 장판에 확대해서 그린 후 잘라냈다.

종이 상어는 장판에 붙였고, 아세테이트 상어는 교실에 커튼처럼 걸어서 상상놀이를 하는데 사용하였다.

영아는 5세반 형님에게 고마움을 자발적으로 표현하였다.

징판에 붙인 종이 상어는 학급 출입구에 붙였다.

"상어야 어디 아프니?"

"상어다! 빨리 배에 올라타!"

"상어는 큰 밥을 줘야 해."

아세테이트지에 그린 상어는 교실에서 상어와 관련된 다양한 상상놀이를 하는데 활용하였다.

3) 교육과정으로서의 일상생활

교육과정으로서의 일상생활은 영아가 일상생활을 영위하면서 자연스럽게 경험하는 먹기, 자기, 씻기, 옷 입기 · 벗기, 화장실 사용하기 같은 일련의 활동이 모두 교육과정이라는 것을 의미한다. 일상생활 그 자체가 교육과정이 될 수 있는 것은 영아의 삶을 일상생활을 하는 시간과 교육받는 시간으로 분리할 수 없기 때문이다(김희진 · 김현주 외, 2016).

영아기에 중요한 것은 자신, 주변의 가까운 타인, 주변 환경을 알아가고, 그것들에 대해 긍정적인 사고를 가지고, 삶의 주인으로 살아가도록 성인이 지원하는 것이다. 따라서 교사가 준비한 교육적 활동을 실시할 시간을 확보하기 위해 일상생활에 필요한 시간을 최소화하는 것은 영아가 자신의 삶의 주인이 되지 못하도록 방해하는 것과 같다. 특히, 어린이집에서 장시간 보육하는 영아의 경우, 일상생활이 해치워야 하는 잡일거리가 아니라 양질의 교육적 경험이 될 수 있도록 하는 것이 더욱 중요하다. 예를 들면, 아주 어린 영아의 기저귀를 가는 시간이 단순히 젖은 기저귀를 갈아주는 시간이 아니라 교사와의 애착을 형성하고, 다양한 언어적 · 정서적 상호작용을 하고, 감각적 경험을 할 수 있는 의미 있는 시간이 되도록 교육계획을 작성하고 실천해야 한다. 월령이 높은 영아의 경우도 대 · 소변을 보는 시간이 자신의 신체에 대해 알아나가고, 자조 기술을 배우고, 건강과 관련된 습관을 형성하는 시간이 되도록 배려해야 한다.

교육과정으로서의 일상생활이 정착되기 위해서는 영아를 지도하는 교사의 전문성에 대한 재정의가 필요하다. 영아를 지도하는 교사 중 일부는 영아가 일상생활을 영위하도록 지원하는 것에 교육적 가치를 두지 않기 때문에 영아 교사로서의 정체성과 전문성에 혼란을 느끼기도 한다. 그러나 영아의 일상생활이 교육적 기회가 되도록 하는 것 자체가 영아 교사의 전문성임을 인식하고 교육과정으로서의 일상생활이 실현되도록 하는 노력이 필요하다.

◑ 일상생활을 교육의 기회로 활용하는 교사

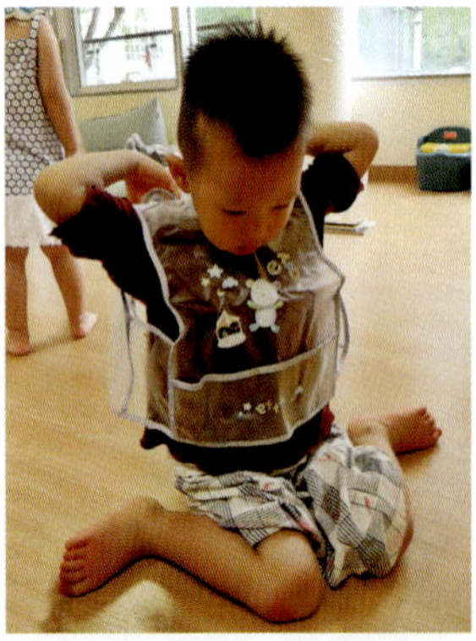

교사가 격려해서 턱받이를 스스로 착용하는 영아

화장실 사용 방법을 1:1로 지도하는 교사

먹기 싫어하는 음식을 조금 먹어보도록 격려하는 교사

4) 교육과정으로서의 자발적 놀이

놀이는 어린이와 영유아기를 대표하는 이미지라고 할 만큼 어린이와 뗄 수 없는 관계이다. 성인에게 놀이는 삶의 스트레스를 해소하고 여가를 즐기고 재충전하는 시간이지만, 어린이에게는 삶 그 자체이다. 놀이를 통해 영아는 자신과 자신을 둘러싼 환경을 접하고, 환경과 상호작용하고, 환경을 이해하면서 삶에 익숙해지고 삶을 정복해간다.

놀이는 본질적으로 내적 동기에 의해 유발되는 자발적 활동이기 때문에 놀이하는 동안 영아는 기쁨과 즐거움을 경험하게 된다. 또한 놀이는 사전 계획, 규칙, 절차, 결과에 구애받지 않는 개방형의 활동이기 때문에 놀이하는 동안 영아는 자유롭게 의문을 갖고, 탐색하고, 실험하고, 선택하고, 결정할 기회를 갖는다. 놀이는 외부의 지시 없이 자기 주도적으로 진행하는 활동이기 때문에 영아는 자신의 생각과 의견을 적극적으로 실험할 기회와 자신의 삶을 통제할 기회를 얻게 된다. 또한 놀이는 반복적인 특성이 있기 때문에 영아가 발달시켜 온 다양한 능력, 기술, 지식을 연습할 기회도 제공한다(Frost, Wortham, & Reifel, 2005; Gordon, 2009; Johnson, Christie, & Wardle, 2005; Wood, 2009).

위와 같은 놀이의 특성 때문에 놀이가 영아에게 중요한 학습의 매체가 되고, 신체, 인지, 언어 및 사회 · 정서 발달에 영향을 준다는 것은 널리 알려진 상식이다. 놀이하는 동안 신체를 활발히 움직이고, 대 · 소근육을 사용할 기회가 많기 때문에 신체와 운동 기능의 발달이 촉진된다. 오감각을 사용하여 주변의 사물, 사람, 자연을 탐색하고, 호기심을 갖고 스스로 계획을 세우고, 다양한 방법으로 문제를 해결하기 때문에 인지 발달이 이루어진다. 혼자 또는 친구와 놀이하면서 새로운 어휘를 배우고 생각과 느낌을 말하고 들을 기회뿐만 아니라 의사소통할 기회를 가지기 때문에 언어 발달도 이루어진다. 영아가 어릴 때는 성인과 주로 상호작용하지만, 성장하면서 또래와 상호작용할 기회가 점차 증가한다. 다양한 또래와 노는 동안 사회 구성원으로 살아가는데 필요한 태도, 지식, 기술을 자연스럽게 배우고 연습할 기회도 갖게 되어 사회적 능력의 발달도 이루어진다. 또한 놀이 과정에서 기쁨, 환희, 두려움, 놀람 등의 다양한 정서를 경험하면서 정서를 표현하고 조절할 능력이 발달하며 놀이를 통해 부정적 정서를 해소할 기회를 갖게 된다(Frost et al., 2005; Gordon, 2009; Johnson et al., 2005; Wood & Attfield, 2005).

이렇듯 놀이가 어린이 삶의 일부이고, 발달과 학습의 매체이기 때문에 놀이가 영아교육과정의 근간이 되는 것은 당연하다고 할 수 있다. 그러나 놀이의 기본적인 본질이나 특성을 변형시키지 않고 놀이를 교육과정에 통합시키는 것은 어려운 과업이다. 왜냐하면, 놀이의 형태로 교육 활동을 제시한다고 해서 놀이를 통한 교육이 이루어지는 것이 아니기 때문이다. 교육과정으로서의 놀이가 이루어지기 위해서는 일상생활을 교육의 기회로 활용하여야 하고, 영아의 능력, 흥미, 관심이 무엇인지 끊임없이 관찰하고, 이해하고, 적절히 반응해야 하며, 영아의 자발적인 놀이를 교육의 기회로 활용할 수 있는 교사의 전문성이 요구된다.

5) 교육과정으로서의 문제 해결

영아를 위한 교육과정에서 가장 중요한 것은 영아가 세상이 어떻게 움직이는 것인지를 스스로 배울 수 있게 지원하는 것이다(Edwards et al., 2012). 세상이 어떻게 움직이는 것인지를 스스로 배운다는 것은 영아가 일상생활 속에서 성인, 또래와 놀이를 하면서 직면하는 많은 문제를 성인의 적절한 지원을 받아 스스로 해결해 나간다는 것을 의미한다.

여기서의 '문제 해결'은 '인지적 문제의 해결'만을 의미하는 것이 아님을 명심해야 한다. 영아는 넘어지지 않고 기어가거나 서서 신발을 신는 것 같은 신체와 관련된 문제, 배고프다는 것을 울음으로 전달하거나 교사에게 원하는 것을 전하는 것 같은 의사소통과 관련된 문제, 친구와의 싸움을 해결하거나 새로 만난 사람에게 인사를 하는 것 같은 사회적인 문제, 부모와 헤어질 때 생기는 슬픈 기분이나 친구와 싸워서 생긴 분한 기분을 조절하는 정서적인 문제, 그리고 블록을 길게 연결하거나 퍼즐 조각을 맞추는 것 같은 인지적인 문제를 해결해야 한다. 문제의 원인도 다양하여 어떤 문제는 영아의 발달 특성 때문에, 어떤 문제는 영아의 개인적 또는 성격적 특성 때문에, 어떤 문제는 상황적 특성 때문에, 어떤 문제는 문제의 대상이 되는 상대의 특성 때문에 발생한다.

만 3세 미만의 영아를 대상으로 하는 교육과정은 다양한 원인으로 발생하는 다양한 문제를 영아가 주도적으로 해결하도록 지원하는 것이다. 교사는 영아가 문제를 해결하기 위해 다양한 방법을 생각하고, 지속적으로 노력하고, 도움을 청하고, 때로는 포기하는 것도 배울 수 있도록 도와주어야 한다. 문제 해결로서의 교육과정을 채택한다는 것은 일상생활, 놀이, 그리고 우연한 사건을 교육과정으로 채택한다는 것을 의미하기도 한다. 영아에게 문제지를 내주거나 없는 문제를 일부러 만들어 제시하는 것은 불가능하다. 영아는 오직 일상생활과 놀이, 그리고 우연한 사건을 경험하면서 다양한 문제를 직접 해결할 기회를 가질 수 있다.

◑ 영아가 다양한 문제를 적극적으로 해결할 기회를 제공하는 교육과정

물이 가능하면 많이 튀게 해야 하는 문제

엄마가 보고 싶어도 참아야 하는 문제(금붕어가 있는 어항을 찾아 스스로 위안을 얻고 있음)

혼자 신발을 신어야 하는 문제

블록을 넘어뜨리지 않고 길게 세워야 하는 문제

6) 교육과정으로서의 우연한 사건

영아를 위한 교육과정이 너무 광범위하여 정의하기 어려운 이유 중 하나가 우연한 사건도 교육과정이 될 수 있기 때문이다(Epstein, 2014; Stacey, 2011). 교사가 계획한 활동을 교사 주도로 실시하는 상황에서 우연한 사건을 교육의 기회로 활용하기는 어렵다. 물론 교사가 계획한 활동을 실시할 때도 영아의 흥미를 유발시키고 적극적으로 참여하도록 유도할 수 있다. 그러나 스스로 유발된 흥미로 인해 영아가 참여하는 것과 교사의 안내를 받아 유발된 흥미로 인해 영아가 참여하는 것은 본질적으로 다르다.

영아를 대상으로 하는 교육에서는 영아의 자발적인 참여와 흥미가 중요한 요소로 고려되어야 한다. 동물, 교통기관 등의 생활 주제를 미리 정하고 그대로 시행하는 것보다 교사가 계획하지는 않았지만 우연히 발생한 가치 있는 사건을 교육의 기회로 활용하는 것이 더 의미 있다. 게다가 우연한 사건은 영아의 흥미와 관심에 의해 자발적으로 시작되는 경우가 많기 때문에 더욱 효과적인 교육의 기회가 될 수 있다.

우연한 사건이 교육과정이 될 수 있다는 것이 교사가 아무 준비 없이 있다가 영아가 흥미와 관심을 보이는 행동을 모두 활용해야 한다는 의미는 아니다. 교사로서 우연한 사건을 교육과정으로 활용할 것인가를 결정하기 위해서는 순간적으로 많은 것을 고려해야 한다. '사회 · 문화적으로 가치 있는 활동인가?', '영아에게서 막 발달하려고 하는 능력이나 기술을 촉진시켜 줄 수 있는 활동인가?', '영아가 이미 가지고 있는 능력이나 기술을 더욱 확고히 할 수 있는 활동인가?', '영아의 신체, 인지, 언어, 사회 · 정서 발달을 통합시켜 줄 수 있는 활동인가?' 등을 고려해야 한다.

예를 들면, 교사가 곽휴지에서 휴지를 뽑아 코를 닦아 주는 것을 본 어떤 영아가 곽휴지에서 휴지가 연속해서 딸려 나오는 것에 흥미를 느껴 계속 뽑기 시작했다고 가정하자. 교사는 휴지가 아깝기 때문에 그렇게 하면 아깝다고 가르치고 못하게 할 것인가? 아무 말 없이 곽휴지를 높은 곳으로 치워버릴 것인가? 아니면 이를 교육과정의 일부로 활용할 것인가? 곽휴지에서 휴지를 뽑는 행동이 교육과정으로 활용될 수 있는지를 판단하기 위해서 교사는 많은 것을 고려해야 한다. 휴지의 용도와 절약이라는 사회적 가치를 가르치는 것이 중요하다고 판단한다면, 그것을 가르치는 교육의 기회로 활용할 수 있다. 소근육과 대근육의 협응력 발달을 도울 수 있는 기회로 활용하는 것이 사회적 가치보다 더 중요하다고 판단한다면 그것을 돕는 기회로 활용할 수 있다. 그러나 두 가지가 다 중요하다고 판단하는 교사는 곽휴지 또는 상자에서 스카프 빼기 활동으로 전환하여 활용할 수 있다. 이렇듯 영아를 위한 교육과정에는 우연한 사건도 포함될 수 있기 때문에 영아를 교육하는 교사는 전문적인 자질과 판단 능력을 갖추는 것이 매우 중요하다. 그러나 교육현장에서는 위와 같은 사안에 대한 고려도 없이 휴지 뽑기를 미리 계획해서 일률적으로 실시하고 있는 실정이다. 각 영아마다 곽휴지 한 통을 집에서 가져오게 하거나 한 통씩 배부한 후 영아의 흥미 유무나 한 장씩 뽑는데 필요한 대·소근육 협응력의 발달 정도를 고려하지 않고 활동을 실시한다. 교사는 본 절에서 강조한 여섯 가지 영아교육과정의 특성을 고려하여 활동을 선택할 필요가 있다.

◑ 우연한 사건으로 시작되었지만 풍부한 학습의 기회가 내재된 교육과정

마당놀이를 하다가 떨어진 꽃잎을 주워서 입으로 불어 보는 활동을 우연히 시작한 영아와 교사

꽃잎을 불어 날리는 활동을 하다 교육의 기회로 판단한 교사가 준비한 시트지에 꽃잎을 힘껏 불어서 붙여 보려는 영아

점차 시트지에 꽃잎 많이 붙이기로 영아의 관심이 옮아가자 떨어지는 꽃잎을 많이 붙일 수 있는 방법을 고안해서 큰 시트지를 잡고 있는 교사와 영아

마당에서 주워 온 떨어진 꽃잎으로 꾸미기를 하고 있는 영아

영아가 서로의 작품을 감상하도록 전시한 꽃잎으로 꾸민 작품

2. 영아교육과정의 목표

연령이 어릴수록 발달이 교육에 많은 영향을 주기는 하지만, 교육은 발달 이상의 것을 포함하기 때문에(Kessler, 1991; Pellegrini & Dresden, 1991; Walsh, 1991), 영아를 대상으로 하는 교육의 목표가 발달만을 중심으로 설정되는 것은 바람직하지 않다. 또한 유아와 영아를 대상으로 하는 교육의 기본적인 원리나 원칙은 유사하지만, 영아기의 고유한 특성이 반영된 교육 목표가 설정되는 것이 바람직하다(김희진, 2014; Schwartz & Copeland, 2013). 예를 들면, 영아기에 가까운 성인과의 신뢰 형성이 영아의 발달과 학습에 미치는 영향력은 유아기에 부모, 교사, 또래와 원만한 관계를 맺는 것이 미치는 영향력과 비교할 수 없을 정도로 크다. 유아기도 영아기와 마찬가지로 오감각을 통한 직접 경험과 놀이를 통한 학습이 중요하지만 일반적인 신체운동 능력 발달과 관련된 목표로 함께 설정될 수 있다. 그러나 월령이 어릴수록 오감각을 통한 탐색은 대 · 소근육의 발달과는 별도로 중요한 의미를 가지기 때문에 별도의 목표를 설정하는 것이 필요하다.

따라서 영아를 위한 교육과정을 계획할 때는 앞서 언급한 바와 같이, 영아가 성장하여 살아갈 사회에서 구성원에게 요구하는 사회 · 문화적 가치 및 태도, 영아가 성장하는 가정의 맥락, 기관의 철학, 영아의 개인적 특성, 그리고 영아기만의 특수한 발달 특성 및 그에 따른 과업을 고려하여 목표를 설정해야 한다. 영아를 지도하는 맥락과 각 기관의 철학에 따라 다양한 목표가 설정될 수 있지만, 공통적으로 설정될 수 있는 목표는 다음과 같다.

① 영아 스스로 일상생활을 영위해 갈 수 있는 능력을 함양한다.

- 기관에 안정적으로 적응하여 일상생활을 할 수 있는 능력을 기른다.
- 의 · 식 · 주에 관련된 일상생활을 스스로 할 수 있는 자조 능력을 기른다.
- 일상생활을 영위할 때 필요한 바람직한 식습관을 기른다.
- 일상생활을 영위할 때 필요한 바람직한 건강습관을 기른다.
- 일상생활을 영위할 때 필요한 바람직한 안전습관을 기른다.
- 일상생활을 영위할 때 요구되는 적절한 행동과 부적절한 행동을 구별하고 부적절한 행동을 자제할 능력을 기른다.
- 일상생활에 필요한 자신의 소유물을 다루고 정리할 능력을 기른다.

② 신체 및 운동 능력의 발달을 이룬다.

- 자신의 감각기관과 신체에 대한 인식, 명칭과 기능에 대한 이해를 높인다.
- 영아에게 적절한 영양 제공과 신체 활동 기회의 제공을 통해 신체의 발달을 이룬다.
- 영아에게 적절한 재료, 도구, 활동을 통해 대 · 소근육의 발달을 이룬다.
- 대근육–대근육 간의 운동 협응, 소근육–소근육 간의 운동 협응, 대근육–소근육 간의 운동 협응 능력을 기른다.
- 신체 활동에 적극적이고 즐겁게 참여하는 태도를 기른다.

③ 감각 및 탐색 능력의 발달을 이룬다.

- 오감각을 균형 있게 사용하고 활용할 수 있는 능력을 기른다.
- 주변의 물리적 환경을 적극적으로 탐색하는 태도를 기른다.
- 감각 및 탐색을 통해 경험한 것을 이해하고 조직하는 능력을 기른다.
- 물리적 환경 간의 관계를 이해하는 능력을 기른다.
- 감각과 탐색 능력을 활용하여 심미적 능력을 기른다.

④ 문제 해결 능력을 기른다.

- 학습에 필요한 기본적인 성향(예 호기심, 관찰력, 주도성, 주의 집중, 끈기)을 기른다.
- 영아의 일상에서 일어나는 다양한 사회적, 물리적 현상에 호기심을 갖는 태도를 기른다.
- 주도적이고 적극적으로 문제를 해결하려는 태도를 기른다.
- 창의적이고 다양한 방법으로 문제를 해결하려는 태도와 능력을 기른다.
- 문제 해결 과정에서 결과보다는 과정과 노력을 중시하는 태도를 기른다.
- 주변의 사회적 · 물리적 환경을 다루고 활용할 수 있는 자신의 능력에 대한 자신감을 갖게 한다.

⑤ 자신과 타인과의 의사소통 능력을 기른다.

- 말하기, 듣기, 창의적 읽기 및 쓰기 능력을 기른다.
- 자신의 생각과 정서를 적극적이고 긍정적으로 표현할 수 있는 태도를 기른다.
- 다양한 매체와 활동을 통해 자신과 타인의 생각과 정서를 이해하고 표현할 능력을 기른다.

- 다양한 매체와 활동을 통해 자신의 경험을 심미적으로 표현할 능력을 기른다.
- 적절한 문학을 경험하고 느낀 것을 다양한 매체를 통해 표현할 능력을 기른다.

⑥ 자신, 타인과 바람직한 관계를 형성한다.

- 자신과 타인은 분리되어 있지만 상호 영향을 주는 존재라는 것을 인식한다.
- 자신을 가치가 있는 존재로 인식한다.
- 자신이 성취한 것에 대해 긍정적으로 생각하는 태도를 기른다.
- 부모, 또래, 교사 등 주변의 중요한 사람들과의 긍정적 애착 및 관계를 형성한다.
- 타인과의 바람직한 관계 형성의 기초가 되는 사회적 기술을 기른다.
- 사회적 가치를 존중하고 지키는 태도를 기른다.

위에 제시된 목표는 만 3세 미만의 영아를 대상으로 하는 교육에서 설정될 수 있는 공통적인 목표지만, 실제로는 0~1세, 만 1세, 만 2세의 연령별 특성이 상이하기 때문에 별도의 목표가 설정되거나 연령에 맞게 재해석되는 것이 바람직하다. 예를 들면 위에 제시된 목표 중 '① 영아 스스로 일상생활을 영위해 갈 수 있는 능력을 함양한다.' 라는 목표는 월령이 어린 영아에게는 불가능한 목표이다. 따라서 '(기저귀 갈기, 우유 먹기, 잠자기 등의) 일상생활에 즐겁게 참여한다.' 로 재설정되거나 '점차 일상생활을 영위하는 데 적극적으로 참여하고 동참한다.' 의 의미로 재해석될 수 있다. 반면, 만 1세 이상의 영아에게는 '제한된 범위이긴 하나 스스로 옷을 입고 벗고, 화장실을 사용하고, 손을 씻기 등을 할 수 있다.' 로 해석될 수 있다. 또한 '⑤ 자신과 타인과의 의사소통 능력을 기른다.' 라는 목표도 월령이 어린 영아에게는 '(울기, 웃기, 옹알이 등의 비언어적 의사소통 수단을 이용하여) 자신과 타인과의 의사소통 능력을 기른다.' 로 재해석될 수 있고, 월령이 높은 영아에게는 '간단한 어휘와 문장 및 신체를 사용하여 의사소통할 수 있는 능력을 기른다.' 로 해석될 수 있다.

요약하면 영아를 위한 교육과정 목표는 영아기를 대상으로 하는 교육에서 공통적으로 설정될 수 있는 목표를 설정하되, 영아기 내에서의 각 연령별 특성에 맞게 조정되어야 한다. 전반적으로는 영아가 살아갈 사회, 가정, 기관의 특성과 영아의 일반적 특성 및 개별적 특성을 고려하여 설정되어야 한다. 각 교육과정 목표가 설정된 근거는 다음 절의 영아교육과정의 영역에 제시되어 있다.

3. 영아교육과정의 영역

영아를 위한 교육과정의 영역이 어떻게 구성되어야 하는지에 대해서는 학자들마다 견해가 다양하여, 양질의 보호를 강조하는 교육과정, 영아의 발달적 요구를 강조하는 교육과정, 성인의 역할을 강조하는 교육과정, 놀이를 통한 학습을 강조하는 교육과정, 물리적 환경을 강조하는 교육과정, 영아의 발달 과업을 강조하는 교육과정 등이 있다(장영희, 2000). 그러나 이런 교육과정은 영아교육과정의 다양한 측면 중 한 측면만을 강조하고 있다.

본 절에서는 영아의 발달과 학습의 특성을 고려하고, 교육과정의 통합성을 강조하기 위하여 6개의 교육과정 내용 영역을 설정하였다. 설정된 6개의 교육과정 영역은 일상생활 영역, 신체 및 운동 영역, 감각 및 탐색 영역, 문제 해결 영역, 의사소통 영역, 관계 형성 영역이다. 비록 분리된 명칭으로 교육과정 영역을 설정하기는 하였으나, 각 영역을 서로 분리된 영역이라기보다는 상호 연결된 영역으로 이해해야 한다.

예를 들면, 일상생활 영역은 다른 5개 영역과 밀접한 관련이 있다. 일상생활 영역의 '스스로 손 씻기'를 할 수 있기 위해서는 대·소근육 발달 같은 기본적인 신체·운동 기능 및 협응의 발달이 이루어져야 하고, 옷을 적시지 않고 손을 씻거나 비누를 고루 묻히는 것 같은 문제를 해결해야 하며, 손 씻기와 관련된 요구 사항을 타인에게 전할 수도 있어야 한다.

감각 및 탐색 영역에서 '물과 녹말을 섞은 혼합물의 특성'을 탐색하기 위해서는 손과 팔의 근육을 조절하거나, 녹말과 물의 성질이나 혼합된 결과를 이해하는 과정에서 문제를 해결해야 하며, 자신이 느낀 촉감 등을 다양한 방법으로 표현하여 타인에게 전달해야 한다. 따라서 영아를 위한 교육과정 영역은 편의상 구분한 것이긴 하지만 본질적으로는 분리될 수 없다는 것을 이해하여야 영아에게 양질의 교육과정을 제공할 수 있다. 각 영역의 정의 및 세부 영역은 |표 5-1|과 같다.

표 5-1 교육과정 영역의 정의 및 교육 내용

교육과정 영역	정의	세부 내용
일상생활 영역	기관 적응과 기본생활습관을 중심으로 일상생활을 스스로 영위할 수 있는 자조 능력의 발달을 도와주는 영역	• 기관에 적응하기 • 급 · 간식 먹기 및 뒷정리하기 • 씻기/ 이 닦기 • 신발 · 옷 입기, 벗기 및 자기 물건 정리하기 • 배변 훈련 및 용변 처리하기 • 낮잠 및 휴식하기 • 정리 · 정돈하기 • 인사하기
신체 및 운동 영역	신체에 대한 이해와 운동 기능(대 · 소근육) 및 협응 능력 발달을 도와주고 신체 활동을 즐기는 태도를 기르는 영역	• 신체의 명칭 및 기능에 대한 이해 • 대근육(앉기/ 기기/ 걷기/ 뛰기/ 구르기 등) 발달 • 소근육(잡기/ 자르기/ 끼우기 등) 발달 • 운동 기능 간의 협응 - 대근육 기능 간의 협응 - 소근육 기능 간의 협응 - 대 · 소근육 기능 간의 협응 • 신체 활동에 적극적이고 즐겁게 참여하기
감각 및 탐색 영역	물리적 환경과의 상호 작용을 통해 물리적 세계에 대한 이해를 지원하는 영역	• 다양한 방식으로 탐색하고 특성 이해하기(보기, 듣기, 만지기, 맛보기, 냄새 맡기) • 다양한 도구를 활용해 탐색하기 • 물리적/ 화학적 변화 탐색하기 • 사물 간의 관계를 이해하기(예 비교하기, 관계 짓기) • 적극적으로 탐색하는 태도 갖기
문제 해결 영역	인지적 문제를 비롯한 다양한 분야의 문제를 해결하는 능력의 발달을 지원하는 영역	• 학습에 필요한 기본 성향 기르기(예 주도성, 주의 집중, 끈기 등) • 물리적 환경에서 접하는 문제 해결하기 - 호기심 갖기 - 탐색/ 관찰하기 - 질문하기 - 비교하기 - 원인과 결과 알아보기 - 해결방안 찾기
의사소통 영역	언어적 · 비언어적 수단을 통해 생각과 정서를 표현하고 전달하는 능력의 발달을 지원하는 영역	• 다양한 방법으로 의사소통하기 • 타인의 말 듣기 • 새로운 어휘 익히기 • 간단한 문장으로 표현하기 • 자신의 생각, 경험, 느낌을 글, 그림, 노래, 율동 등의 다양한 방법으로 표현하기 • 영아에게 적절한 양질의 문학 접하게 하기 • 자신의 긍정적 또는 부정적 정서 이해하기, 적절히 표현하기, 조절하기 • 타인의 감정과 생각 이해하기

〈계속〉

| 표 5-1 | 〈계속〉

교육과정 영역	정의	세부 내용
관계 형성 영역	자신, 또래, 성인과의 바람직한 관계 형성을 지원하는 영역	• 자신을 가치 있게 생각하기 • 성인과의 애착 형성하기 • 또래와의 긍정적 관계 형성하기(예 친근감 느끼기, 친구 만들기, 함께 놀기) • 친사회적으로 행동하기 • 인적 환경에서 접하는 문제 해결하기 - 갈등의 원인 알기 - 타인의 입장 이해하기 - 적절한 방법으로 해결하기 • 단체 생활에 필요한 기술 익히기(예 줄서기, 규칙 지키기, 기다리기, 함께 활동하기)

각 영역을 구체적으로 살펴보면 다음과 같다.

1) 일상생활 영역

일상생활 영역은 영아가 기관에 안정적으로 적응하고 일상생활을 스스로 영위할 수 있도록 하는 자조 능력의 발달을 지원하는 교육과정 영역이다. 유아를 위한 교육과정과는 달리 일상생활 영역을 독립시킨 이유는 만 3세 미만의 영아에게는 일상생활을 하는 데 필요한 음식 먹기(예 수저 사용하기, 바른 자세로 먹기, 흘리지 않고 먹기, 골고루 먹기, 즐겁게 먹기, 뒷정리하기), 씻기(예 깨끗이 씻기, 물비누 및 종이타월 사용하기, 수도 적절히 사용하기, 씻는 습관 갖기), 옷 입고 벗기(예 입기, 걸기, 벗기, 단추 또는 지퍼 채우기, 적절한 옷 입기), 인사하기(예 친구와 성인에게 인사하기, 때와 장소와 상대에 맞게 인사하기), 대 · 소변 가리기(예 대 · 소변 의사 표시하기, 실수하지 않고 대 · 소변 보기, 대 · 소변 후 뒤처리하기), 놀잇감 정리하기 등이 중요한 과업이기 때문이다. 따라서 일상생활을 교육의 기회로 활용하여 영아가 일상생활에 필요한 다양한 태도, 능력, 기술을 익힐 수 있도록 도와주는 것이 교육과정의 가장 중요한 내용 요소라고 할 수 있다.

위의 다양한 과업이 어떤 수준에서 어떤 방식으로 교육과정에서 실현되느냐 하는 것은 영아의 발달 특성과 개인적 특성에 따라 다르다. 예를 들면, 어떤 월령의 영아에게나 '즐겁게 먹기'가 중요한 과업이지만, 8개월, 18개월, 28개월 된 영아에게 모두 다른 방식으로 적용된다. 8개월 된 영아는 교사가 안고 우유를 먹여주면서 눈을 맞추고 온화한 목소리로 말을 걸어 주어 안정감을 느끼며 먹는 것이 즐겁게 먹는 것이다. 18개월 된 영아는 손가락으로 집을 수 있는 영아용 간식을 낮은 식탁에 앉아 1~2명의 또래나 교사와 편안한 분위기에서 먹는 것이 즐겁게 먹는 것이다. 28개월 된 영아는 교사의 도움을 약간 받아 스스로 간식을 가져오고 숟가락과 포크 같은 도구를 사용하여 점심을 먹을 때 3~4명의 또래나 교사와 이야기를 나누며 먹는 것이 즐겁게 먹는 것이다. 영아의 발달 및 개인적 특성에 부합하는 방식으로 영아를 지원하기 위해서 교사는 항상 영아를 관찰하고 기록하고 평가하는 노력이 필요하다.

2) 신체 및 운동 영역

신체 및 운동 영역은 영아의 신체 및 운동 기능의 정상적인 발달과 협응이 이루어지고 신체 활동에 적극적인 태도를 갖도록 지원하는 영역으로 주로 신체 발달과 관계있는 교육과정 영역이다. 출생 후 3년간 영아는 괄목할 만한 신체 및 운동 기능의 발달을 이룬다. 신체적으로 출생 시 신장은 50cm 내외, 체중은 약 3.5kg 내외이던 것에서 만 2세 경이 되면 신장은 약 100cm 내외, 체중은 약 14~15kg 내외로 성장한다. 운동 기능의 대근육 측면에서도 반사에 의해 움직이던 것에서 목가누기, 뒤집기, 앉기, 서기, 걷기를 거쳐 뛸 수 있게 된다. 소근육도 발달해 만 2세가 되면 미숙하지만 가위질하기, 그림 그리기, 단추나 구슬 끼우기 등이 가능하게 된다. 운동 기능의 협응도 이루어져서 건너뛰기나 뛰어서 차기 같은 대근육의 협응, 작은 물체 잡아서 뿌리기 같은 대근육과 소근육의 협응, 잡고 오리기 같은 소근육 간의 협응도 이루어진다(Berk & Meyers, 2015).

따라서 영아를 위한 교육과정의 영역에서 신체 및 운동 기능의 발달과 협응은 중요한 위치를 차지한다. 다른 영역과 마찬가지로 일상생활과 놀이를 하는 가운데 자연스럽게 신체 및 운동 기능의 발달과 협응이 이루어지도록 교사는 영아가 다양한 기구와 도구를 활용한 활동을 경험할 수 있게 한다. 또한 적절히 도전적이면서도 다양한 신체 활동에 참여하는 경험을 통해 영아가 신체 활동을 즐기는 성향을 갖도록 지원한다.

3) 감각 및 탐색 영역

감각 및 탐색 영역은 영아가 세상을 탐구하는 가장 기본적인 도구인 오감각을 사용하여 물리적 환경을 탐색하고 이해하도록 지원하는 교육과정 영역이다. 영아는 자신이 직접 참여하여 보고, 듣고, 맛보고, 냄새 맡고, 만져서 자신을 둘러싼 세상을 이해하게 되고 점차 적극적으로 탐색하게 된다(Fu, Stremmel, & Hill, 2002).

월령에 따라 차이는 있지만 영아가 다양한 도구를 점차 능숙하게 사용할 수 있게 되면서 물리적 · 화학적 변화를 탐색할 수 있게 될 뿐만 아니라 물리적 환경과의 관계도 이해하게 된다. 영아는 오감각을 활용하여 주변을 탐색하는데, 주변의 세상을 인지적뿐만 아니라 심미적으로도 이해하므로 교육과정을 운영할 때는 이 점을 고려하여 다양한 경험을 할 수 있도록 배려해야 한다.

교사는 영아에게 다양한 감각 경험을 제공하고, 다양한 도구와 방법으로 직접 탐색하도록 함으로써 영아가 인지적 · 심미적으로 세상을 이해하고 표현하도록 도와준다. 예를 들면, 일상생활에서 간식으로 과자를 먹을 때도 과자의 모양, 맛, 색, 냄새, 느낌에 대해 이야기 나눌 수도 있고, 우유와 함께 먹었을 때의 맛이나 녹는 느낌에 대해 말, 그림, 몸 등으로 표현하도록 격려할 수 있다. 가을에 늙은 호박을 삶은 후 내용물을 오감각을 사용하여 탐색할 수도 있고, 찌기 전과 후의 상태에 대해서 이야기를 나누거나, 작은 국자, 숟가락, 포크, 플라스틱 칼 등의 도구를 사용해서 다양한 모양의 그릇에 담고 쏟기를 할 수도 있다.

교사는 영아에게 어떤 자료나 재료를 어떤 방식으로 소개하고, 어떤 도구를 어느 시기에 소개하여 영아의 탐색 활동을 지원할지를 신중히 결정하여야 한다. 영아는 생소한 자료나 재료에 거부감을 느끼기도 하기 때문에 학기 초에는 친숙하고 거부감이 적은 자료나 재료를 사용하여야 한다. 예를 들면, 학기 초에는 미끈거리는 물미역이나 끈적거리는 젤리보다는 영아에게 익숙한 점토가 더 적절하다. 또한 재료나 도구의 안정성도 중요한데, 콩 같은 자료나 끝이 날카로운 도구의 사용은 영아가 그 자료나 도구를 다룰 능력이 있는지를 고려한 후 결정한다.

감각 및 탐색 영역은 유아를 위한 교육 환경의 미술 영역과 비교해 볼 때, 다양한 매체를 탐색하고 다룬다는 측면에서는 유사하나 자신의 생각, 느낌, 경험을 그리고, 오리고, 자르고, 붙이고, 꾸미고, 접는 등의 활동을 통해 표현하고 감상하는 것이 주목적이 아니라는 점에서는 다르다. 전통적으로 미술 활동이라고 인식되는 활동도 교사의 의도나 영아가 활동하면서 보이는 반응에 따라 소근육 활동(예 국수 가위로 자르기, 요술 블록에 물 묻혀 길게 연결하기)과 의사소통을 위한 활동(예 OHP에 사물 올려놓고 설명하기, 자신이 경험한 것 그려 보기) 등으로 분류될 수 있다.

4) 문제 해결 영역

문제 해결 영역은 영아가 일상생활에서 접하는 인지적 문제를 해결하는 능력의 발달을 지원하는 교육과정 영역이다. 영아는 인지적 문제만 직면하는 것이 아니고 신체, 인지, 언어, 사회 · 정서 측면에서 다양한 문제를 경험한다. 다른 측면의 문제는 다른 교육과정 영역에서 다루고 있기 때문에 이 영역에서는 인지적 문제 해결에 초점을 두고자 한다.

영아가 주변의 물리적 환경에서 접하는 문제와 해결 방법은 월령에 따라 다르지만, 만 2세의 경우를 예로 들어보자. 빨래를 하는 역할놀이를 하면서 빨래를 줄에 널어야 하는 상황에서 짧은 양말은 긴 양말이나 옷처럼 쉽게 줄에 널어지지 않는다. 균형을 잡아서 널거나 빨래집게로 집어야 하는데 만 2세 영아에게 두 가지 모두 쉽게 해결되는 문제가 아니다.

물리적 환경에서 접하는 인지적 문제를 해결하기 위해서는 주변의 현상에 호기심을 갖고, 탐색하고, 관찰하고, 질문하고, 원인과 결과를 알아보고, 다양한 방법으로 표현해 보도록 격려해야 한다. 앞서 언급한 바와 같이 만 3세 미만의 영아를 대상으로 하는 교육과정은 다양한 원인으로 발생하는 다양한 문제를 영아가 주도적으로 해결하도록 지원하는 것이다. 교사는 일상생활, 놀이, 그리고 우연한 사건을 통해 직면하는 다양한 문제를 영아가 주도권을 가지고 해결할 수 있도록 기회를 제공하는 것이 중요하다.

5) 의사소통 영역

의사소통 영역은 영아가 말이나 글을 활용하는 언어적 의사소통 능력뿐만 아니라 몸짓, 그림, 표정 등을 활용하는 비언어적 의사소통 능력을 갖도록 지원하는 교육과정 영역이다. 중요한 것은 첫째로 영아가 언어적 의사소통 수단뿐만 아니라 비언어적 의사소통 수단을 통해서도 의사소통을 할 수 있도록 지원하는 것이다. 둘째는 의사소통을 하는 대상에게 생각이나 의견 같은 인지적 측면뿐만 아니라 느낌이나 긍정적/ 부정적 감정 같은 정서적 측면도 포함해서 전달하는 능력을 영아가 갖도록 지원하는 것이다. 이 점이 유아를 위한 교육과정의 언어생활 영역과 다른 점이라고 할 수 있다.

출생 직후 울기만이 영아의 생각과 감정을 표현하는 유일한 수단이었던 것에서 웃기, 소리내기, 옹알이하기, 손짓하기, 한두 단어로 말하기, 짧은 문장으로 말하기, 긁적거리기, 그림, 노래, 율동 같은 몸짓으로 표현하기 등 다양한 언어적/ 비언어적 의사소통 수단을 갖게 된다(Berk, 1999). 영아의 월령에 따라 의사소통 영역에 포함되어야 할 내용은 다양하다. 만 2세 영아를 예로 들면, 새로운 어휘 익히기, 간단한 문장으로 표현하기, 자신의 생각, 경험, 느낌을 글, 그림, 노래, 율동 등의 다양한 방법으로 표현하기, 영아에게 양질의 문학 접하게 하기, 자신의 긍정적 또는 부정적 정서 이해하기/ 적절히 표현하기/ 조절하기, 타인의 감성과 생각 이해하기 등이 교육과정의 내용으로 포함될 수 있다.

의사소통 영역과 관련된 교육 활동을 실시하기 위해 교사는 일련의 활동을 계획할 수도 있고, 일상생활과 놀이를 하면서 우연히 발생하는 기회를 활용할 수 있다. 예를 들면, 모자가 자주 등장하는 동화를 듣고 역할놀이를 할 때 다양한 크기와 모양의 모자를 제공해 주어 영아가 느낀 것을 자발적으로 표현해 보도록 계획할 수도 있고, 비 오고 바람 부는 날에는 적절한 음악과 스카프나 끈 같은 도구를 제공할 수도 있다. 또 놀이 도중 영아 간에 갈등이 생겼을 때 그 우발적인 기회를 활용하여 영아가 생각과 감정을 표현하고 조절할 수 있도록 지원할 수 있다. 계획된 활동이든 우발적인 기회를 활용한 활동이든 중요한 것은 영아가 다양한 방법으로 의사소통을 하는 것을 통해 자신과 타인과 세상에 대해 긍정적인 생각을 갖고 관계를 맺을 수 있도록 도와주는 것이다.

6) 관계 형성 영역

관계 형성 영역은 영아가 자신, 또래, 그리고 성인과 바람직한 관계를 형성하도록 지원하는 교육과정 영역이다. 영아는 출생 후 1년 동안 자신과 세상이 분리된 존재라는 것을 이해하는 과정에서 세상과의 관계 맺기가 이루어진다. 영아와 세상과의 관계 맺기 과정에서 영아는 타인과의 관계뿐만 아니라 자신과의 관계도 긍정적으로 형성하여야 한다. 영아는 출생 후 만 3세 이전까지 자신을 가치 있게 생각하기, 성인과의 애착 형성하기, 또래와의 긍정적 관계 형성하기(친근감 느끼기, 친구 만들기, 함께 놀기), 친사회적으로 행동하기, 단체 생활에 필요한 기술 익히기(예 줄서기, 규칙 지키기, 기다리기, 함께 활동하기) 등의 과업을 완성하여야 한다. 특히, 어린 월령부터 어린이집에서 장시간 머무르는 영아는 부모와 가족뿐만 아니라 기관의 성인과 또래와도 애착을 형성하고 좋은 관계를 맺어야 하기 때문에 영아를 위한 교육과정에서 관계 형성 영역은 매우 중요하다.

영아기는 타인과의 상호작용을 희망하고 즐기는 동시에 영아기 사고의 특성(예 인지 및 정서적 조망 수용 능력의 한계)으로 인하여 대인 간 문제가 빈번히 일어나는 시기(Berk & Meyers, 2015)이다. 따라서 인적 환경에서 접하는 문제를 해결할 수 있도록 지원하는 것이 교육과정에 포함되어야 한다. 영아 사이에서 발생하는 갈등의 원인을 알아보고, 자신과 타인의 생각을 비교해 보고, 교사의 도움을 받아 적절한 방법으로 해결해 보는 경험을 갖도록 해야 한다.

영아를 위한 교육과정을 운영하면서 관계 형성 영역과 관련된 교육 활동을 고안하고 준비하고 실행에 옮기는 것은 매우 어려운 일이다. 신체 및 운동 영역에서는 영아의 대근육 간 협응 능력 발달을 지원하기 위해 실외놀이 시 공을 발로 굴리면서 걸어보게 하는 활동을 계획하고 영아가 흥미를 보일 때 실행에 옮길 수 있다. 감각 및 탐색 영역에서도 교사는 영아가 '다양한 부드러운 느낌'을 경험해 보도록 실크 천, 두부, 로션 등을 준비할 수 있다. 그러나 관계 형성을 위한 교육 활동은 위와 같은 방식으로 이루어지기는 어렵다. 영아가 일상에서 자발적으로 세상을 탐색하고 그 결과를 격려해 주지 않으면서 '영아 격려하기'란 활동을 준비해서 말로만 '너는 가치 있는 어린이다.'라고 한다고 해서 영아가 자신을 가치 있게 여기게 되지는 않는다. 마찬가지로 돕기와 나누기 같은 친사회적 행동에 대한 교사의 모델링도 없고 그런 행동이 가치 있게 여겨지지 않는 환경에서 말로만 서로 돕고 나누자고 한다고 해서 영아가 친사회적 행동을 하게 되지는 않는다.

영아기에 맺어진 관계에 대한 이미지는 이후의 삶을 살아가는데 사회 · 정서적 측면뿐만 아니라 신체, 인지, 언어적 측면에도 많은 영향을 미친다(Bowlby, 1969; Erikson, 1950). 관계 형성 영역이 교육과정에서 실현되기 위해서는 일상생활과 놀이를 하는 가운데 자연스럽게 자신과 타인과의 긍정적인 관계가 형성되도록 교사가 학급의 사회, 도덕적 분위기를 형성하는 것이 중요하다.

4. 영아를 위한 교육계획의 수립

영아를 위한 교육계획은 영아교육의 목표와 내용을 기초로 영아의 5개 발달 영역별 특성, 개인적 욕구 및 흥미 같은 특성, 계절이나 절기적 특성, 영아가 가정이나 기관에서 겪는 경험적 특성 등을 고려하여 수립해야 한다. 영아를 위한 교육계획은 다른 연령을 위한 교육계획과 마찬가지로 연간, 월간 및 주간 그리고 일일 교육계획으로 구성될 수 있다. 그러나 제4장에서 강조하였듯이 생활 주제를 중심으로 연간, 월간, 주간 교육계획을 '미리' 정하면 영아의 흥미, 발달, 다양한 측면의 개인차를 무시하고 교사 주도로 일방적인 교육을 실시할 가능성이 높아진다.

Bredekamp와 Coople(1997)도 0~8세까지의 영유아를 위한 교육과정을 계획할 때 다음의 사항을 고려하도록 권고하고 있다.

- 통합된 방식으로 발달의 모든 영역이 지원되는 교육과정을 계획할 것
- 영아의 흥미와 발달 과정에 대한 관찰과 기록을 토대로 교육과정을 계획할 것
- 성인, 또래 아동, 교재 · 교구와의 상호작용과 탐색을 격려하는 학습 환경을 제공할 수 있는 교육과정을 계획할 것
- 구체적이고, 실제적이고, 영아의 삶과 관련성이 높은 활동과 교재 · 교구가 핵심이 되는 교육과정을 계획할 것
- 연령보다는 다양한 흥미와 능력에 있어서의 발달적 차이를 고려하는 교육과정을 계획할 것
- 다양한 활동과 교재 · 교구를 제공하고, 영아의 이해 수준, 지식, 기술이 증가함에 따라 활동과 교재 · 교구의 난이도나 복합성을 증가시키는 교육과정을 계획할 것

따라서 영아를 위한 교육계획을 수립할 때는 생활 주제를 중심으로 계획하기보다는 일반적인 교육과정 계획 원칙을 고려하면서도 영아가 성장, 발달하고 학습하는 특성에 맞는 계획을 수립하여야 한다.

1) 교육과정 영역별 교육 목표의 설정

교육과정을 실행하기 위해서는 교육과정 영역별로 1년 동안 달성할 것으로 기대되는 교육 목표를 설정해야 한다. 생활 주제 중심 교육과정의 연간 교육 목표는 1년 동안 다룰 교육 주제를 선택함으로써 수립되지만, 교육과정 영역을 중심으로 하는 교육과정에서는 1년 동안 각 교육과정 영역별로 달성해야 할 목표를 수립하는 작업이 선행되어야 한다(김희진, 2014; 김희진 외, 2010).

본 절에서는 각 교육과정 영역별로 만 1, 2세 영아의 일반적인 발달을 고려하여 각 교육과정 영역별 능력, 기술 및 태도 등이 학기 초, 학기 중반, 학기 말에 어느 정도 발달할 수 있을지를 제시하였다. 그러나 각 영아의 유전 및 환경적 경험의 다양성으로 인해 나타나는 개인차를 수용하여 지도하는 것이 중요하므로 교사들은 다음에 제시된 영역별 교육 목표를 일종의 지침으로 이해하여야 한다.

(1) 일상생활 영역

일상생활 영역은 영아가 기관에 적응하는 것과 일상생활을 하는데 필요한 기본생활 습관을 비롯한 다양한 자조 능력과 태도를 함양시키는 것을 목표로 한다. 일상생활 영역의 세부 영역과 시기별 교육 목표는 | 예 5-3 | 과 같다. 만 1세와 만 2세 영아는 월령이나 개인적 성향(예 독립적, 의존적), 과거 경험(예 가정에서 성인이 일상생활을 전적으로 도와준 정도)에 따라 일상생활을 스스로 하는 능력의 편차가 크므로 모든 영아를 같은 단계 또는 수준으로 보고 목표를 수립하기보다는 영아의 개별적 능력에 따라 목표를 수립한다.

예 5-3 일상생활 영역의 세부 영역과 시기별 교육 목표와 일반적 교수 전략

● 기관에 적응하기

목표	• 주 양육자와 헤어지기 • 교사와 또래와 익숙해지기 • 주로 생활하는 학급과 학급 밖 환경(예 복도, 도서관, 유희실, 식당, 교사실 등)에 익숙해지기
초반	• 연령과 개인에 따라 소요되는 기간은 다르나 주 양육자와의 분리를 서서히 받아들이고, 교사 · 또래 · 학급에 적응하기 예 1세: 약 4~5주 소요/ 2세: 약 3~4주 소요 • 함께 등원하는 주 양육자가 자주 교체되지 않게 하여 안정적 분리를 촉진함 • 연령이 어릴수록 각 영아와 주로 상호작용하는 교사를 배정하여 교사와의 애착을 촉진함 • 영아가 학급 내 시설을 사용할 때마다 교사가 언급하여 익숙하게 함 예 1세: 기저귀장, 화장실 예 2세: 개인장, 신발장, 화장실
중반	• 4~5월경에 2차 적응기를 겪는 영아도 안정적으로 빨리 재적응하게 하기 • 등원 때 기분이나 신체 상황 때문에 일시적인 어려움을 겪는 영아는 개별적으로 지원하여 안정감 갖게 하기 • 학급의 다른 교사와도 안정적 애착 형성하기 • 학급의 일부 또래와 익숙해지기 • 영아가 자주 가는 학급 외 시설(예 유희실)에 점차 익숙해지기
후반	• 등원 때 일시적으로 어려움을 겪는 영아는 개별적으로 적응하게 지원하기 • 학급의 다양한 또래와 익숙해지기 • 영아가 자주 사용하지 않는 학급 내외 시설에 점차 익숙해지고 활용하기 예 1세: 기저귀장에서 기저귀 찾아오기, 손 씻자고 하면 화장실로 가기, 신발장에 신발 대충이라도 넣기 등 예 2세: 교사가 지켜보는 가운데 학급 밖의 정수기에서 물 마시기, 신발장과 실내화장 구별하여 넣기 등

● 급 · 간식 먹기 및 뒷정리하기

목표	• 스스로 먹는 능력 기르기(식사 준비, 식사, 식사 후 처리) • 건강하게 먹는 습관 기르기 • 식사에 대한 기초적 사회적 의미 이해하기

초반	• 매일 일정한 시간에 급식과 간식을 먹는다는 것 이해하기 예 1세: 놀던 것 멈추고 손 씻기 • 급식은 교사, 또래와 다 함께 먹는다는 것 이해하기 예 먹기 싫을 때도 와서 일단 앉거나 조금이라도 먹어보기 • 급식과 간식 전후로 할 일이 있다는 것 이해하기 예 손 씻기, 먹은 것 중 쉬운 것 치우기, 물 양치 또는 양치하기
중반	• 급식과 간식 시간이 되면 자신이 해야 할 일 하기 예 교사가 간단히 상기시켜도 할 일 하기(예 손 씻으러 가자, 먹을 준비하자) • 점차 교사의 도움 없이 준비하고, 먹고, 치우기 예 1세: 턱받이 찾아오기, 숟가락이나 포크로 먹어보기 예 2세: 다 먹은 후 정리대에 가지고 가서 치우기 • 사회적 예절의 기초 배우기 예 손 대신 도구 사용해서 먹기, 돌아다니지 않고 앉아서 먹기, 다 먹고 인사하기, 더 먹고 싶은 것 있으면 요청하기
후반	• 급식과 간식 시간이 되면 해야 할 일 중 더 많은 부분 스스로 하기 예 1세: 스스로 턱받이 찾아서 하기, 숟가락과 포크로 밥과 반찬 먹기 간식 때 사용한 그릇을 지정된 장소에 정리하고 의자 넣기 예 2세: 대부분 혼자 먹고, 식판의 남은 음식은 교사의 도움 받아 깨끗이 먹기 잔반, 식판, 식기류를 지정된 장소에 갖다 치우기

씻기와 이 닦기

목표	• 씻고 이 닦는 일과에 대한 이해 높이기 • 스스로 씻고 양치질하는 능력 기르기
초반	• 매일 일정한 시간에 손 씻기나 양치질을 한다는 것 이해하기 예 등원 직후, 먹기 전, 화장실 사용 후, 실외놀이 후, 손이 더러워지는 활동 후에 손을 씻고, 급식 후 양치질을 함 • 교사가 요청하면 따라가서 손 씻기와 양치질에 참여하기 예 1세: 교사가 말로 설명하면서 모든 과정을 맡아서 양치질 해줌 스스로 할 수 있는 부분 스스로 하기 예 2세: 자신의 컵과 칫솔 찾기, 손 씻고 종이타월 빼서 사용한 후 버리기 영아가 양치질을 먼저 한 후 교사가 다시 닦아 주기
중반	• 씻기나 양치질하는 과정에서 스스로 할 수 있는 일 하기 예 1세: 올리거나 내리기 쉬운 옷을 스스로 올리거나 내리기 교사가 물비누 짜주면 스스로 비비기 자신의 양치컵 찾아보기 예 2세: 스스로 옷 올리거나 내리기/ 물비누 스스로 짜기/ 혼자 헹구기 양치질한 후 영아가 자신의 칫솔과 컵 씻으면 교사가 다시 헹궈주기

후반	• 씻기나 양치질하는 과정에서 해야 할 일 중 더 많은 부분 스스로 하기 예 1세: 종이타월 사용 후 구겨서 휴지통에 버리기 간식 때 사용한 그릇을 지정된 장소에 정리하고 의자 넣기 예 2세: 종이타월 혼자 뽑아 쓰고 사용 후 구겨 버리기 교사와 함께 치약 짜보기 영아 스스로 양치질하게 하고 교사가 다시 닦아주는 것 점차 줄이기

신발 · 옷 입고 벗기

목표	• 실내화와 실외화, 양말, 웃옷, 아래옷, 겉옷을 입고 벗는 능력 점차 향상하기 • 때와 장소에 맞는 신발과 옷 고르는 능력 향상하기
초반	• 쉬운 것부터 영아가 하기 예 신과 옷 모두 신거나 입기보다는 벗기가 쉬우므로 영아가 할 수 있는 것부터 참여하게 하기 • 스스로 하지 못해도 교사가 적극 참여하도록 요청하면 참여하는 태도 기르기 예 1세: 교사가 다 해주어도 영아가 팔 들거나 다리에 힘을 주는 방식으로 교사 돕기 예 2세: 실내화 벗기, 양말 벗기, 헐렁한 옷 벗기를 스스로 하기
중반	• 때와 장소에 맞는 신과 옷 입는 능력 기르기 예 실내의 다른 장소로 이동할 때 실내화 찾아 신기 실외로 나갈 때 자신의 모자 찾아오기 • 신이나 옷을 입고 벗는 과정에서 해야 할 일 중 여러 부분 스스로 하기 예 1세: 교사가 요청하면 장에서 자신의 실내화와 실외화 찾아오기 교사가 뒤꿈치를 잡아주거나 어깨를 빌려주면 의지하여 신발 벗기 교사가 양말을 발등까지 내려주면 벗어보기 예 2세: 교사가 양말을 발등까지 올려주면 스스로 신어보기
후반	• 신이나 옷을 입고 벗는 과정에서 해야 할 일 중 더 많은 부분 스스로 하기 예 1세: 스스로 양말 벗어보기 헐렁한 아래옷 내려보기 예 2세: 자신의 신이나 옷 찾아오기 앉거나 벽을 잡고 서서 스스로 신 신어보기 교사가 가는 장소(예 "밖에 나갈 거야!")를 말해주면 맞는 신 찾아 신기 스스로 양말 신어보기 단추 없는 옷 혼자 입기

배변 훈련 및 용변 처리하기

목표	• 자존감을 유지하면서 배변 훈련 마치기 • 스스로 대 · 소변 처리하는 능력 기르기

초 · 중 · 후반	• 기저귀 갈기와 배변 훈련은 학기 초 · 중 · 후반의 시기보다는 개인 영아의 월령을 고려하여 실시함 예 기저귀를 교체하는 시간이 있음을 알게 하기 기저귀 가는 과정에서 영아가 협조하고 참여(예 기저귀 찾아오기, 서서 기저귀 갈이 할 수 있을 때는 교사의 안내에 따라 잡고 서기, 바지에서 발 빼기 등을 하기)하게 하기 기저귀를 갈 때 협조(예 따라가기, 엉덩이 들어주기 등)하게 하기 영아의 인지, 신체, 언어적 발달을 고려하여 서서히 기저귀 떼게 하기 요의나 변의를 느낄 때 교사에게 알리기 교사의 도움을 받아 대 · 소변 보기

낮잠 및 휴식하기

목표	• 매일 일정한 시간에 낮잠을 잔다는 것 이해하기 • 피곤하거나 쉬고 싶을 때 자신에게 알맞은 장소에 가서 쉬는 능력 기르기 • 스스로 낮잠 및 휴식을 준비하고 정리하는 능력 기르기
초반	• 기관 적응 기간의 후반에 누워서 쉬거나 짧게 낮잠 자기 • 교사가 낮잠 준비하면 자는 시간임을 인식하기 • 필요한 경우 애착물을 이용하여 안정감을 갖고 낮잠 자기 • 교사의 도움 받아 낮잠 자기 예 1세: 교사가 낮잠 준비부터 정리의 전 과정 맡아서 하기 • 피곤하거나 쉬고 싶을 때 교사에게 언어적 · 비언어적 의사소통을 하기 예 교사에게 짜증내기/ 울기/ 안기기
중반	• 낮잠을 준비하고 정리하는 과정에서 해야 할 일 중 여러 부분 스스로 하기 예 1세: 자신의 매트 찾아 눕기 예 2세: 자신의 베개나 이불을 장에서 찾아와 교사가 깔아 놓은 매트에 눕기
후반	• 낮잠을 준비하고 정리하는 과정에서 해야 할 일 중 더 많은 부분 스스로 하기 예 1세: 자신의 베개를 장에 가져다 넣기 예 2세: 매트 접어보기/ 자신의 이불을 대충 개어 보기/ 베개와 이불을 장에 넣기

인사하기

목표	• 등원이나 하원 시 교사와 또래와 일상적으로 인사하기 • 방문객이나 또래의 부모(주 양육자)에게 인사하기
초반	• 교사가 먼저 적극적으로 인사하기 예 1세: 부모와 교사가 인사하는 것 보기 예 2세: 기분 좋을 때 교사가 촉진하면 인사하기(예 교사가 먼저 인사하면 따라 인사하기, 주 양육자가 인사시키면 인사하기)

중반	• 교사나 주 양육자의 권유가 있으면 인사하기 예 1세: 몸짓으로 인사하기 또는 주 양육자와 함께 인사하기(예 말없이 고개만 숙여 인사하기, 주 양육자 옆에 붙어 함께 인사하기) 예 2세: 교사의 언어적 촉진으로 인사하기(예 인사하도록 권유하면 인사하기) 언어와 몸짓으로 인사하기(예 불분명하지만 말과 고개로 인사하기)
후반	• 영아의 기분이 좋을 때 자발적으로 먼저 인사하기 예 1세: 기분 좋을 때 교사나 주 양육자와 함께 인사하기 예 2세: 대부분의 경우 자발적으로 인사하기, 알려주면 바른 자세로 인사하기

일상생활 영역의 세부 영역에서 영아가 생활하는 모습은 다음과 같다. 연령에 따른 발전 양상이나 학기 초반 · 중반 · 후반에 따른 발전 양상은 실제편 제7장(pp. 289~328)에 상세히 제시되어 있다.

◑ 일상생활 영역의 세부 영역별 활동 모습

기관에 적응하기: 보호자와 놀면서 기관에 친숙해지는 시기의 영아

급 · 간식 먹기 및 뒷정리하기: 손과 숟가락을 이용하여 간식 먹는 영아

손 씻기: 혼자 손 씻는 영아

이 닦기: 교사가 지켜보는 가운데 이를 닦는 영아

옷 입고 벗기: 양말을 혼자 신으려고 노력하는 영아

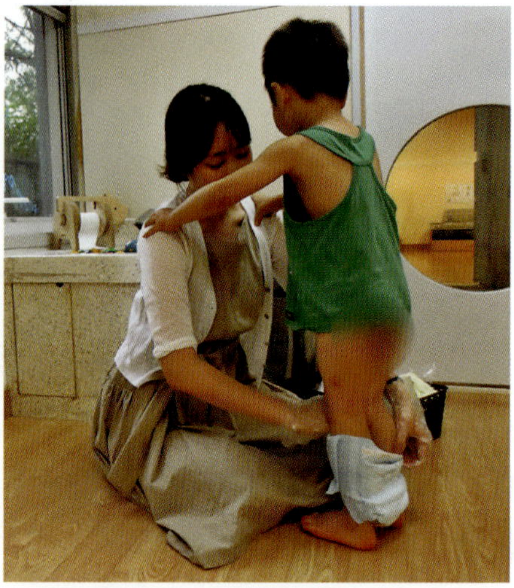

배변 훈련 및 용변 처리하기: 서서 기저귀를 가는 영아

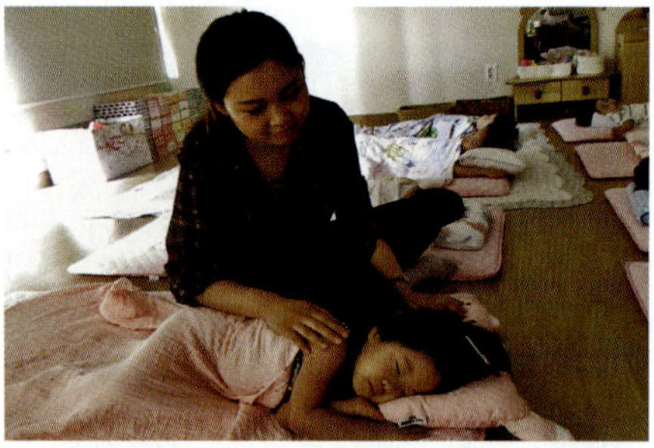

낮잠 및 휴식: 교사가 등을 두드려주자 낮잠을 자는 영아

정리 · 정돈: 영아의 손을 잡고 함께 치우는 교사

전이 및 줄서기: 엘리베이터를 기다리는 동안 책을 보는 영아

인사하기: 교사가 쳐다만 봐도 어색해서 엄마를 보는 영아

(2) 신체 및 운동 영역

영아기는 대 · 소근육 및 운동 기능 간의 협응이 급속도로 일어나는 시기이다. 따라서 영아의 대 · 소근육 및 협응 능력을 자연스럽게 발달시킬 수 있는 기회와 활동을 제공해야 한다. 영아는 항상 활발하게 움직이기 때문에 교사가 특별한 활동을 준비하지 않아도 대 · 소근육을 발달시킬 기회를 가지게 된다. 영아가 일상생활(예 산책, 급 · 간식 먹기)을 영위하면서 자연스럽게 갖게 되는 기회를 교사가 적극적으로 활용하여 대 · 소근육이 발달하도록 지원한다. 동시에 교사가 의도를 가지고 계획한 활동을 통해서도 일상생활에서 빈번히 갖지 못하는 기회(예 높이 뛰어 올라 치기와 같은 대근육 간의 협응 기회)가 보완되도록 한다. 영아기 동안 발달시켜야 할 신체 및 운동 영역에 해당되는 능력과 기술은 다음의 | 예 5-4 | 와 같다.

예 5-4 신체 및 운동 영역의 세부 영역과 시기별 교육 목표와 일반적 교수 전략

● 세부 영역

- 신체의 명칭 및 기능에 대한 이해
- 대근육(걷기/ 뛰기/ 구르기 등)
- 소근육(자르기/ 잡기/ 끼우기 등)
- 운동 기능 간의 협응(대근육 기능 간의 협응/ 소근육 기능 간의 협응/ 대 · 소근육 기능 간의 협응)
- 신체 활동에의 적극적 참여

학기 초반	• 일상생활에서 간단한 신체 명칭 언급(예 눈, 코, 입, 손, 발 등) • 영아에게 이미 익숙한 활동(예 공굴리기, 걷기, 그리기) • 한 번에 한 가지 근육이나 운동 기능을 사용하는 활동(예 던지기, 찢기) • 운동 기능 간의 협응이 적게 요구되는 활동 • 힘 · 속도 · 방향 등의 조절이 정교하게 요구되지 않는 활동(예 같은 속도로 걷기, 한 자리에 앉아 같은 방향으로 공굴리기, 꽂기보다는 빼기) • 도구(예 리본)나 기구(예 평균대)의 사용이 없거나 적은 활동(예 줄 따라 걷기, 음악 틀어 놓고 발끝으로 걷기) • 안전에 대한 우려가 적은 도구나 기구 사용하기(예 공, 신문지) • 혼자 또는 교사와 할 수 있는 활동(예 혼자 타는 흔들말, 교사가 잡고 있는 낙하산 아래로 들어오기) • 실내 활동실이나 실내 유희실에서 하는 대근육 활동, 실외놀이 시 자연스럽게 하는 대근육 활동 • 1, 2세 영아의 수준에 맞는 다양한 활동을 통해 신체 활동의 즐거움 경험하기

학기 중반	• 일상생활에서 간단한 신체 명칭과 기능 언급(예 "발로 밟아보자.", "손으로 꼭 집어보자.", "코로 냄새 맡아보자.") • 영아에게 좌절감을 주지 않는 새로운 활동(예 기기, 교사 손잡고 뒤로 걷기) • 운동 기능 간의 단순한 협응이 요구되는 활동(예 잡아당기기, 굴러온 공 받아 굴려 보내기, 종이 찢어 구기기, 구멍이 큰 파스타를 줄에 끼우기) • 안전하고 친숙한 도구(예 리본, 굵은 붓)나 기구를 사용하는 활동(예 영아용 안전 그네, 볼풀, 낮고 미끄러지지 않는 간이 수영장, 2~3인용 실내 흔들말) • 교사의 도움을 받아 기구를 사용하는 활동(예 교사 손잡고 낮은 평균대 걷기, 영아용 시소 타기, 기어서 터널 통과하기) • 소수의 또래나 교사와 함께 하는 활동(예 2명이 하는 훌라후프 기차놀이, 영아용 농구대) • 기온과 날씨를 고려하여 하는 실외 대근육 활동 • 1, 2세 영아의 수준에 맞는 다양한 활동을 통해 신체 활동의 즐거움 경험하기
학기 후반	• 일상생활에서 조금 더 다양한 신체 명칭과 기능 언급(예 "이마를 대보자.", "손가락끼리 만나게 해 보자.") • 영아가 도전할 만한 새로운 활동(예 1세는 5~10cm 높이에서 뛰어 내리거나 더 높은 높이에서 교사의 손잡고 뛰어 내리기, 2세는 30~40cm 되는 곳에서 뛰어 내리기, 아주 낮은 줄 아래로 기어가기) • 대근육 간, 소근육 간, 혹은 대·소근육 간의 협응이 요구되는 활동(예 종이를 잡고 직선으로 오리기, 점토에 굵은 국수 꽂고 빼기, 겉옷의 큰 고리단추 끼우기) • 힘, 속도, 방향의 조절이 요구되는 활동(예 걷다 뛰기, 친구에게 공 받아 다른 친구에게 전하기, 가까이 혹은 멀리서 던져 넣기, 공과 팥주머니 던져 넣기, 다양한 크기의 물조리개로 그리기) • 2개 이상이 과업이 요구되는 활동(예 뛰어올라 치기, 5cm 장애물 뛰어 넘기, 걷다가 기어서 줄 지나가기) • 조절이 필요한 도구나 기구를 사용하는 활동(예 저울, 거품기) • 여러 명의 또래와 함께 하는 활동(예 낙하산 함께 들어올리기)
연중	• 1, 2세 영아의 수준에 맞는 다양한 활동을 통해 신체 활동의 즐거움 경험하기

신체 및 운동 영역의 세부 영역에서 영아가 활동하는 모습은 다음과 같다. 신체 및 운동 영역의 목표를 달성할 수 있도록 지원할 수 있는 활동은 실제편 제8장(pp. 329~362)에 제시되어 있다.

◑ 신체 및 운동 영역의 세부 영역별 활동 모습

신체의 명칭 및 기능에 대한 이해

눈이 어디 있냐고 묻자 눈을 가리키는 영아

거울을 보며 자신의 코를 가리키는 영아

발의 기능에 대한 동화책을 주의 깊게 보는 영아

대근육(걷기/ 뛰기/ 구르기 등)

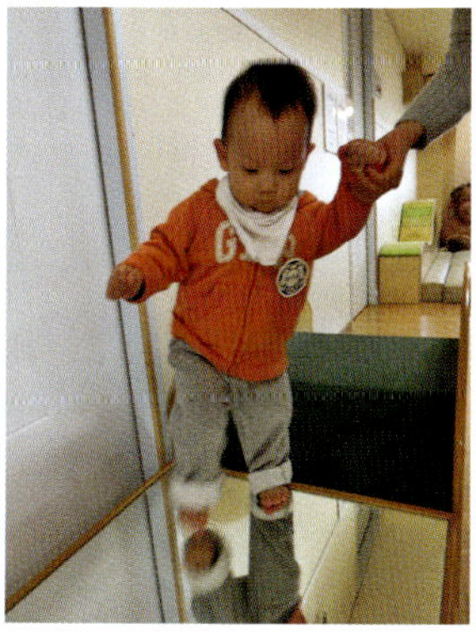

걷기: 교사의 도움을 받아 거울 위를 걸으며 자신의 걷는 모습을 보는 영아

걷기: 자신의 능력에 따라 혼자 걷거나 교사의 손을 잡고 걷는 영아

걷기: 교사가 준비한 울퉁불퉁한 길을 걷는 영아

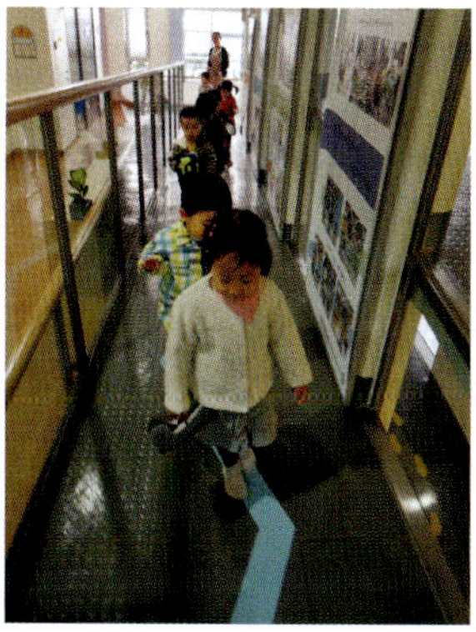

걷기: 손에 짐(신)을 들고 선을 따라 걷는 영아

걷기: 산책길에서 경사로를 걸어내려 오는 영아

걷기: 교사가 준비한 종이 벽돌 길 위를 걷는 영아

걷기: 교사가 준비한 곡선 길을 균형 잡으며 걷는 영아

걷기: 반구 모양의 신체 활동 자료를 뒤집어 놓고 균형 잡으며 걷는 영아

위로 뛰기: 트램폴린에서 위로 뛰고 있는 영아

위로 들어올리기: 낙하산을 함께 위로 들어올리는 영아

차기: 공을 차려고 노력하는 영아

계단 오르내리기: 교사가 종이 벽돌 블록으로 만든 계단을 교사 손을 잡고 오르내리는 영아

계단 오르내리기: 산책길에서 만난 계단을 오르내리는 영아

계단 오르내리기: 계단의 손잡이를 잡고 내려오는 영아

계단 오르내리기: 교사가 화장실 앞에 놓아준 높은 계단을 오르내리는 영아

균형 잡고 미끄러져 내리기: 교사의 손을 잡고 낮은 미끄럼틀을 내려오는 영아

균형 잡고 미끄러져 내리기: 높은 미끄럼틀을 혼자 내려오는 영아

뛰어 내리기/ 뛰기: 쌓기 블록을 쌓아놓고 뛰어내리려는 영아

뛰어 내리기/ 뛰기: 매트를 겹쳐 깔아 놓고 높이 뛰어올라 착지하는 영아

소근육(자르기/ 잡기/ 끼우기 등)

가위를 부적절하게 잡고 점토를 자르려는 영아

손가락보다는 손바닥 전체를 사용해서 구슬을 꿰고 있는 영아

필기도구를 부적절하게 잡고 그림을 그리고 있는 영아

점차 가위질에 능숙해져 바르게 종이를 자르는 영아

교사의 도움을 받아 빨래집게로 사물을 집는 영아

여전히 불완전하긴 하나 학기 초보다 세련된 방식으로 필기도구를 잡고 그리는 영아

운동 기능 간의 협응: 대근육 협응, 소근육 협응, 운동 기능 간 협응

큰 공을 천천히 굴려주고 영아가 손에 든 작은 노란 공으로 맞춰 보도록 격려하는 교사

도구로 잡아서 파기, 파서 담기, 잡아서 쏟기, 함께 잡고 두드리기 등의 다양한 대·소근육 협응이 필요한 모래놀이를 하는 영아

위로 뛰기, 뻗어서 치기 등의 대근육 협응이 필요한 치기 놀이를 하는 영아

신체 활동에 적극적인 참여

즐겁게 또래와 신체 활동에 참여하는 영아

(3) 감각 및 탐색 영역

영아기의 가장 큰 특징 중의 하나는 오감각을 적극적으로 활용하여 주변의 물리적 환경을 탐색한다는 것이다. 교사가 계획하여 제공한 활동도 영아는 자신만의 방법으로 탐색한 후 교사가 제시하는 방법으로 활동을 시작한다. 따라서 교사는 영아에게 교사가 생각한 방법으로 활동하라고 요청하거나 시범을 보이거나 권유하기보다는 영아가 오감각을 활용하여 자유롭게 탐색하고 활동할 자유를 주어야 한다.

감각 및 탐색 영역의 교육 목표를 시기별로 세우는 것은 불가능하다. 예를 들면, 어떤 사물이나 도구를 사용하는지에 따라 오감각을 활용하는 방식과 도구를 활용하는 수준, 물리적 · 화학적 변화의 종류, 사물 간의 관계에 대한 이해의 내용이 달라지기 때문이다. 그러므로 본 서에서는 가능한 범위에서 시기별 목표를 제시하고, 감각 및 탐색의 각 세부 영역에 대한 영아의 발달 및 학습이 촉진되도록 하는 교수 전략에 중점을 두고 제시하고자 한다. 1년의 교육과정을 운영하면서 영아가 감각 및 탐색 영역에서 달성해야 할 목표와 교사의 교수 전략은 다음의 | 예 5-5 | 와 같다.

예 5-5 감각 및 탐색 영역의 세부 영역과 시기별 교육 목표와 일반적 교수 전략

세부 영역

- 오감각을 활용해 다양한 방식으로 탐색하고 특성 이해하기(예 보기, 듣기, 만지기, 맛보기, 냄새 맡기)
- 다양한 도구를 활용해 탐색하기
- 물리적 · 화학적 변화 탐색하기
- 사물 간의 관계에 대해 이해하기(예 비교하기, 관계 짓기)
- 적극적으로 탐색하는 태도 갖기

학기 초반	• 한 가지 재료의 다양한 특성 중 가장 대표적인 특성에 대해 탐색하기(예 밀가루 반죽의 경우, 반죽의 색, 냄새, 맛보다는 촉각적 특성에 대해 주로 이야기를 나눔) • 도구를 사용하지 않고 탐색할 수 있는 활동을 주로 하기(예 속이 보이는 자루 속에 든 다양한 재료 탐색) • 영아에게 익숙한 자료 사용하기(예 크레파스, 색연필) • 영아가 거부감을 적게 느끼는 재료 사용하기(예 밀가루 반죽, 쌀) • 대근육을 사용해서 탐색할 수 있는 재료 사용하기(예 점토) • 쉽게 정리 · 정돈할 수 있는 활동하기(예 영아의 손 씻기가 필요 없는 활동, 활동의 결과를 보관하고 처리하기 용이한 활동)
학기 중반	• 한 가지 재료의 1~2가지 특성에 대해 탐색하도록 격려하기(예 머위대 벗기기의 경우, 세로로 길게 벗겨지는 특성과 잘 휘는 특성) • 약간의 도움으로 조작할 수 있는 도구를 사용하여 탐색하게 하기(예 분무기, 주사기, 스펀지 도장, 점토용 찍기 도구) • 영아에게 익숙하나 새롭게 탐색하는 재료 소개하기(예 파스타, 녹말풀) • 소근육을 사용해서 탐색할 수 있는 활동하기(예 가위로 국수 자르기, 젤리 찍기) • 손에 묻는 재료이지만 쉽게 씻어 낼 수 있거나 착색되지 않는 재료로 탐색하게 하기(예 녹말풀) • 손뿐만 아니라 발 같은 다른 신체 부위를 활용하여 탐색하게 하기(예 점토 발로 밟기) • 물리적 변화를 중심으로 탐색하기(예 요리 활동 시 화학적 변화보다는 물리적 변화가 주가 되는 활동 선택) • 물리적 환경 간의 관계를 단순한 방법으로 탐색하기(예 원인과 결과보다는 전과 후의 변화를 중심으로 탐색)
학기 후반	• 한 가지 재료의 다양한 특성에 대해 탐색하기(예 늙은 호박의 색, 호박을 두드릴 때 나는 소리, 겉껍질의 촉감, 찌고 난 후의 맛과 냄새, 씨의 모양) • 교사의 도움 없이 조작할 수 있는 도구로 탐색하기(예 절구와 절구통, 점토용 칼, 숟가락과 그릇) • 영아에게 익숙하지 않은 재료도 소개(예 물미역, 묵, 조개, 셰이빙 크림) • 대 · 소근육을 함께 사용하여 탐색(예 빻아서 작은 그릇에 담기) • 손과 발의 더러워짐이나 자료의 생소함에 관계없이 다양한 재료를 탐색 가능 • 위험하지 않은 범위 내에서 화학적 변화도 탐색(예 호박을 찌기 전과 후 비교하기, 조개나 김 구워 보기, 묵 쑤어 보기) • 물리적 환경 간의 관계에 대해 비교하거나 관계 짓기를 통해 탐색하기(예 물에 설탕을 많이 넣었을 때와 적게 넣었을 때 비교해 보기)

구분	내용
공통사항	• 영아가 먹거나 만져도 무해한 재료 사용하기(예 쌀, 밀가루, 파스타, 국수, 각종 야채 등) • 같은 재료를 다양한 방법으로 탐색하도록 격려하기(예 포도: 주스로 먹기, 껍질 까기, 먹기, 만져보기, 밟아보기, 물들이기 등) • 사물의 특성에 주목하도록 격려하기(예 시트지는 끈적이고 붙는 특성을 가짐/ 밀가루는 가볍고 날려지고 부드러움/ 밀가루 반죽은 끈적이고 원하는 형태를 만들 수 있음) • 그 계절에 빈번히 접할 수 있는 자료를 활용하기(예 봄–풀, 꽃, 봄나물 등; 여름–빛과 물, 오이, 수박, 옥수수 같은 여름 채소와 과일 등; 가을–가을 잎, 열매, 곡식 등; 겨울–구운 밤, 얼음, 고구마, 눈 등) • 학기 초에는 손에 묻지 않고 익숙한 재료를 사용하고, 점차 손에 묻거나 익숙하지 않은 재료 사용하기(예 학기 초–색점토 사용, 비닐 또는 반투명 스타킹에 다양한 촉감을 느끼게 하는 재료 넣어서 만져보기; 학기 중반 이후–흙 점토, 다양한 촉감의 재료를 직접 만져서 탐색)

감각 및 탐색 영역의 세부 영역에서 영아가 활동하는 모습은 다음과 같다. 감각 및 탐색 영역의 목표를 달성할 수 있도록 지원할 수 있는 활동은 실제편 제9장(pp. 363~392)에 제시되어 있다.

◑ 감각 및 탐색 영역의 세부 영역별 활동 모습

다양한 방식으로 탐색하고 특성 이해하기

옥수수 껍질과 수염이 벗겨지는 특성을 촉감으로 느끼고 있는 영아

흙 점토를 손과 발로 탐색하는 영아

삶은 호박을 다양한 도구와 손을 사용하여 탐색하거나 들어서 탐색하는 영아

다양한 도구를 활용해 탐색하기

밀대를 이용하여 반죽을 납작하게 한 후, 국수 뽑는 기계에 넣어 국수를 뽑고 있는 영아

물감 붓, 페인트 붓, 병 소독 솔, 국자 등 다양한 도구를 이용해 그림을 그릴 때 어떻게 다르게 표현되는지를 탐색하는 영아

투시물 환등기에 다양한 모양의 투명, 불투명, 반투명 물체를 올려놓고 탐색하는 영아

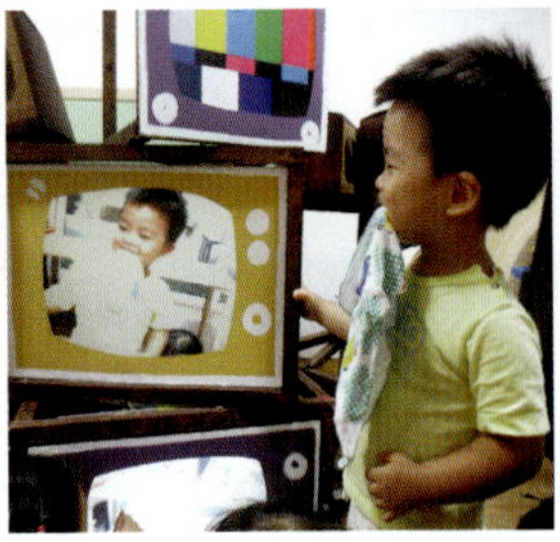

자신의 감정 표현을 찍은 사진을 보면서 회상하는 영아

분무기와 주사기를 사용하여 그림을 그렸을 때의 차이점을 탐색하는 영아

김을 불에 구웠을 때의 모양, 색, 냄새의 변화를 탐색하고 있는 영아

미역, 버섯, 다시마 등의 건어물을 물에 불렸을 때의 변화를 탐색하는 영아

아스팔트나 모래와 같은 다양한 표면에 물 그림을 그린 후의 변화를 탐색하고 있는 영아

비누거품을 많이 냈을 때 뭉쳐지고 쉽게 흘러내리지 않는 현상을 탐색하는 영아

주변 환경의 사물 간의 관계에 대해 이해하기(비교하기, 관계 짓기)

공룡의 수와 먹이 그릇의 수가 정확히 일치하지 않으나 관계를 지으려고 시도하는 영아

종이와 투명 아크릴판에 주사기로 그림을 그렸을 때 나타나는 차이점을 비교하는 영아

각자 가진 신문지의 길이를 비교하려고 시도하는 영아

가을에 산책 가서 수집해온 다양한 것을 자신만의 기준으로 분류하고 있는 영아

책에 나온 무당벌레와 무당벌레 모형을 비교하는 영아

다양한 도구를 활용하여 물놀이를 하면서 물과 사물의 특성을 경험하고 있는 영아

적극적으로 탐색하는 태도 갖기

처음 물감을 접했을 때 손에 물감이 묻자 싫어서 교사에게 불편함을 표현하는 영아

점차 손과 발에 물감을 묻히며 적극적으로 탐색하는 영아

또래와 함께 적극적으로 탐색하며 기쁨을 표현하는 영아

(4) 문제 해결 영역

영아를 위한 교육과정에서 가장 중요한 것은 영아가 세상이 어떻게 움직이는 것인지를 스스로 배울 수 있게 지원하는 것이다. 영아가 성인 및 또래와 함께 일상생활과 놀이를 하면서 직면하는 문제를 성인의 적절한 지원을 받아 스스로 해결해 나갈 수 있도록 해야 한다. 1년의 교육과정을 운영하면서 영아가 문제 해결 영역에서 달성해야 할 목표와 교사의 교수 전략은 다음의 | 예 5-6 | 과 같다.

예 5-6 문제 해결 영역의 세부 영역과 시기별 교육 목표와 일반적 교수 전략

세부 영역

- 학습에 필요한 기본 성향 기르기(예 주도성, 주의집중, 끈기 등)
- 물리적 환경에서 접하는 문제 해결하기(호기심 갖기, 탐색 · 관찰하기, 질문하기, 비교하기, 원인과 결과 알아보기, 해결방안 찾기)

학기 초반	• 인위적으로 조성된 것보다는 기본적인 일상생활에서 접하는 물리적 환경에 호기심 갖기(예 세면대와 변기에서 내려가는 물의 세기) • 교사가 준비한 활동보다는 놀이하면서 경험하는 문제 해결하기(예 주차장에 미니카 넣기, 친구와 부딪치지 않게 운전하기, 접시 위에 모형 음식 넘치지 않게 담기) • 식물보다는 살아 움직이는 것 중심으로 탐색하기(예 금붕어에게 주는 먹이의 양) • 또래보다는 교사와 함께 문제 해결하기 • 호기심을 말로 표현하도록 교사가 지원하기 • 교사가 주변의 현상에 대해 호기심 유발하기 • 장시간의 변화(예 씨앗의 발아)보다는 그 자리에서 결과를 확인할 수 있는 활동하기(예 수도꼭지의 더운 물을 틀면 수도꼭지가 따뜻해지는 것 경험하기)
학기 중반	• 일상생활의 다양한 측면에서 접하는 물리적 환경에 관심 갖기(예 신발에서 떨어진 모래의 출처 알아보기, 간식 후 행주로 테이블 닦기, 벗어놓은 자신의 실내화 찾기) • 실내 · 외의 식물과 동물에 관심 갖고 탐색하기(예 여러 가지 꽃의 모양 관찰 및 탐색하기, 금붕어 크기 비교하기) • 다양한 물리적 지식을 습득할 수 있는 활동하기(예 양동이 저울, 다양한 용기와 모래, 다양한 촉감의 종이 구겨보기) • 안전하고 다루기 쉬운 도구나 기구를 사용해 문제 해결하기(예 분무기, 셀로판지, 투시물 환등기) • 교사의 지원 받아 또래와 함께 문제 해결하기(예 함께 블록을 바구니에 담아 옮기기, 실내 시소 함께 타기)

학기 후반	• 일상생활의 다양한 측면에서 접하는 물리적 환경에서 발생하는 문제에 관심 갖고 해결 방법 탐색하기(예 신발에 모래를 묻혀 오지 않으려면 어떻게 해야 할지 생각하기, 손 씻을 때 친구에게 물을 튀기지 않으려면 어떻게 해야 할지 생각해 보기) • 실내·외 식물과 동물을 규칙적으로 관찰해 보기(예 금붕어 먹이 줄 때 금붕어 간의 공통점과 차이점 찾아보기, 식물이 자라거나 시들면서 변하는 모습 관찰하고 달라진 점 찾아보기) • 교사가 준비한 다양한 물리적 지식을 습득할 수 있는 활동을 통해 문제 해결 방법 찾기(예 양동이 저울에 블록을 넣어 저울 균형 잡기, 투시물 환등기에 다양한 색의 사물을 올려놓고 색의 조합 만들어 보기) • 직접 단시간에 관찰한 현상에 대한 원인과 결과에 대해 생각해 보기(예 이젤에 물감 그림 그릴 때 물감이 흐르는 이유 알아보기, 두부와 연두부를 썰 때 다르게 썰어지는 이유 생각해 보기) • 영아가 안전하게 다룰 수 있는 다양한 도구나 기구를 사용하여 문제 해결하기(예 플라스틱 칼, 빨대, 저울, 널빤지) • 교사나 또래와 함께 문제 해결하기(예 크기가 다른 모형차를 또래와 함께 굴려보고 비교해 보기)
공통사항	• 인위적으로 만들어진 문제보다 일상생활에서 영아가 접하는 문제를 중심으로 해결하는 활동 • 문제 해결 과정에서 안전한 도구와 기구를 사용한 활동 • 계절적 특성이나 영아의 경험이 반영될 수 있는 활동 • 문제 해결 과정에서 성취감을 느낄 수 있는 활동 • 다양한 방법으로 문제를 해결할 수 있는 활동(예 다양한 방법으로 공굴리기, 다양한 방법으로 물 그림 그리기)

문제 해결 영역의 세부 영역에서 영아가 활동하는 모습은 다음과 같다. 문제 해결 영역의 목표를 달성할 수 있도록 지원할 수 있는 활동은 실제편 제10장(pp. 393~428)에 제시되어 있다.

◑ 문제 해결 영역의 세부 영역별 활동 모습

물리적 환경에서 접하는 문제 해결하기

다양한 크기와 재질의 공을 굴리면서 자신의 행동에 대한 결과를 관찰하는 도중 공이 계속 멀리 굴러가자 컵으로 공이 구르지 못하게 하여 문제를 해결하는 영아

식탁 매트와 파스타로 김밥을 만들면서 파스타가 빠지지 않게 김밥을 싸야 하는 문제를 해결하는 영아

석류에서 과육을, 과육에서 씨를 분리하는 문제를 인내심을 가지고 해결하는 영아

자신들의 활동을 찍은 슬라이드 필름이 빛에 비추어진 모습을 보고 작은 필름에서 자신을 찾거나 필름의 위와 아래를 구별해야 하는 문제를 해결하는 영아

다양한 일을 하는 차의 그림을 적절한 그림자에 맞춰 놓아야 하는 문제를 해결하는 영아

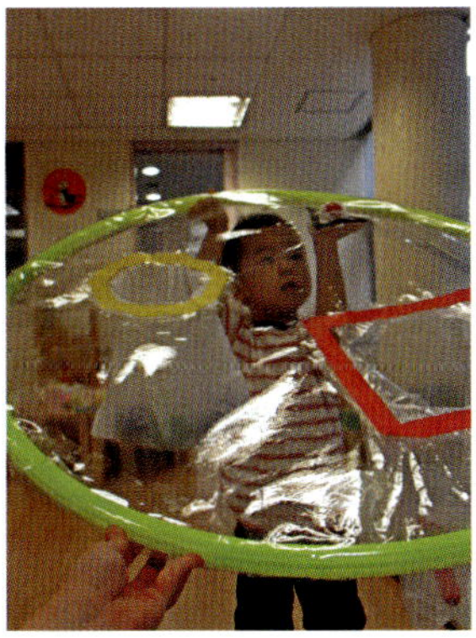

구멍에 있는 공을 꺼내면서 떨어뜨리지 않아야 하는 문제를 해결하는 영아

다양한 기울기의 나뭇가지에 손을 사용하지 않고 과자 나뭇잎을 걸어야 하는 문제를 해결하는 영아

물감으로 찍은 자동차 바퀴와 맞는 실제 자동차를 찾는 문제를 해결하는 영아

종이 벽돌로 만든 길 위로 공을 굴리면서 중간에 떨어지지 않게 굴리는 문제를 해결하는 영아

고무줄 장애물을 효율적인 방법으로 통과하는 문제를 해결하는 영아

OHP에 그림을 올리는 것보다 자신의 손이 불빛에 의해 변하는 것에 더 관심을 갖는 영아

OHP를 조절함에 따라 크기가 달라지는 악어를 보고 어떻게 조절해야 하는지에 대한 문제를 해결하는 영아

(5) 의사소통 영역

영아가 말하기, 듣기, 읽기, 쓰기의 언어적 의사소통 수단과 울음, 웃음, 얼굴 표정, 몸동작 등의 비언어적 의사소통 수단을 사용하는 목적은 타인뿐만 아니라 자신과도 효과적으로 의사소통하기 위해서다. 따라서 교사는 영아가 다양한 언어적 · 비언어적 의사소통 수단을 효과적으로 사용할 수 있는 맥락을 조성해 주어야 한다. 1년의 교육과정을 운영하면서 영아가 의사소통 영역에서 달성해야 할 목표와 교사의 교수 전략은 다음의 | 예 5-7 | 과 같다.

예 5-7 의사소통 영역의 세부 영역과 시기별 교육 목표와 일반적 교수 전략

세부 영역

- 다양한 방법으로 의사소통하기
- 타인의 말 듣기
- 새로운 어휘 익히기
- 간단한 문장으로 표현하기
- 자신의 생각을 다양한 방법으로 표현하기
- 영아에게 적절한 양질의 문학 접하게 하기
- 자신의 긍정적 또는 부정적 정서 이해하기, 적절히 표현하기, 조절하기
- 타인의 감정과 생각 이해하기

학기 초반	• 기관에서의 일상생활에 필요한 기본적인 어휘 소개하기(예 화장실, 간식, 쟁반, 치우기, 친구, 선생님, 열심히) • 영아가 사용한 어휘와 간단한 문장을 중심으로 확장해주기 • 자신의 생각과 경험을 음악, 조형, 신체, 상상놀이 등을 통해 표현하도록 격려하기 • 영아의 발달 수준에 맞고 기관에서의 적응과 관련된 양질의 문학 접하게 하기(예 인사하기에 관한 동화, 까꿍놀이 동화) • 긍정적 또는 부정적 정서의 원인을 이해하도록 돕기(예 영아가 기분 좋을 때 교사가 말로 원인을 표현해 주거나 영아에게 묻기, 정서에 관한 책보기) • 교사의 도움 받아 정서를 말로 표현하기(예 울기보다는 말하기, 화났을 때 때리지 말고 말로 하기) • 긍정적 또는 부정적 정서를 긍정적으로 표현하도록 돕기(예 친구를 때리려고 했을 때 교사가 막고 말로 해보도록 하기, 다양한 매체를 통해 정서를 표현할 기회 제공 하기) • 타인의 감정과 생각에 관심가지도록 유도하기(예 친구가 슬퍼하거나 기뻐할 때 돌아보게 하기)
학기 중반	• 기관에서의 생활에 필요한 다양한 어휘 소개하기(예 줄서기, 기다리기, 모여 앉기, 차례대로 하기) • 가정에서의 경험과 관련된 다양한 어휘 소개하기(예 여행, 동생, 축하) • 짧은 문장으로 말하도록 격려하기 • 또래와 자신의 생각과 감정을 나누기 • 자신의 생각과 경험을 음악, 조형, 신체, 상상놀이 등을 통해 창의적으로 표현하고 설명하도록 격려하기 • 교사의 도움을 받아 기본적 정서 이외의 정서를 말로 표현하기(예 놀람) • 긍정적 또는 부정적 정서를 스스로 조절하도록 격려하기(예 슬플 때 안아주면 짧은 시간 내에 스스로 그치기) • 기관과 가정에서 영아의 일상생활에 관련된 양질의 문학 접하게 하기 • 기본 감정(기쁨, 슬픔)을 중심으로 감정에 따라서 표정이 달라지는 것 이해하기(예 행동이나 표정을 보고 감정 상태 추측해보기)

학기 후반	• 기관, 가정의 생활 및 기본적인 사회·자연 현상과 관련된 어휘 소개하기(예 해가 높이 떴다, 날씨가 흐리다, 사람이 많다) • 문법적으로 바르게 말할 수 있는 환경 조성하기(예 시제, 조사의 은/ 는/ 이/ 가) • 소집단의 또래 앞에서 자신의 생각과 경험을 말하기 • 양질의 문학에 나오는 다양한 어휘를 소개하기 • 영아에게 직접 관련된 경험 이외의 다양한 간접 경험을 제공할 수 있는 양질의 문학 소개하기 • 친숙한 동화를 읽고 교사의 도움으로 1~2명의 또래와 극화하기 • 교사 도움 없이 기본적 정서를 말로 표현하기 • 긍정적 정서의 경우, 최소한의 교사 도움으로 조절하기 • 또래나 교사의 감정에 스스로 관심 가지기

의사소통 영역의 세부 영역에서 영아가 활동하는 모습은 다음과 같다. 의사소통 영역의 목표를 달성할 수 있도록 지원할 수 있는 활동은 실제편 제11장(pp. 429~448)에 제시되어 있다.

◑ 의사소통 영역의 세부 영역별 활동 모습

자신의 생각을 다양한 방법으로 표현하기

만들어 쓴 글자를 통해 생각을 표현하는 영아

역할놀이를 통해 자신이 이해한 경제 개념을 표현하는 영아

조형 활동을 통해 생각을 표현하는 영아

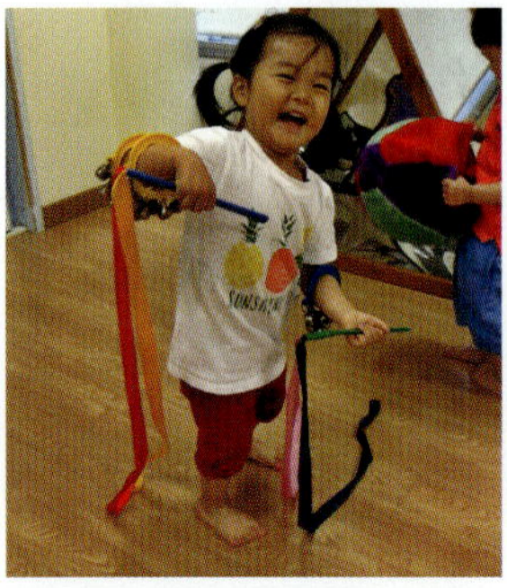

신체 움직임을 통해 생각을 표현하는 영아

악기 연주를 통해 생각을 표현하는 영아

구성물을 통해 생각을 표현하는 영아

타인의 말 듣기/ 새로운 어휘 익히기

또래가 해주는 이야기를 경청하는 영아

교사가 손인형을 사용하여 영아의 수준에 맞는 어휘와 문장으로 말을 걸자 응답하는 영아

큰 책에 있는 다양한 사물을 영아의 수준에 맞는 어휘로 설명해주는 교사

영아에게 적절한 양질의 문학 접하게 하기

혼자서 책을 보고 있는 영아

또래와 함께 상호작용하면서 책을 보는 영이

교사의 무릎에 앉아 함께 책을 보는 영이

교사의 무릎에 앉지 않고 동화를 들을 수 있게 된 영아

인형과 천을 이용해 교사와 동화의 내용을 재연하는 영아

교사가 대집단으로 들려주는 동화를 듣고 있는 영아

색종이 조각을 뿌린 후 즐거운 감정을 적극적으로 표현하는 영아

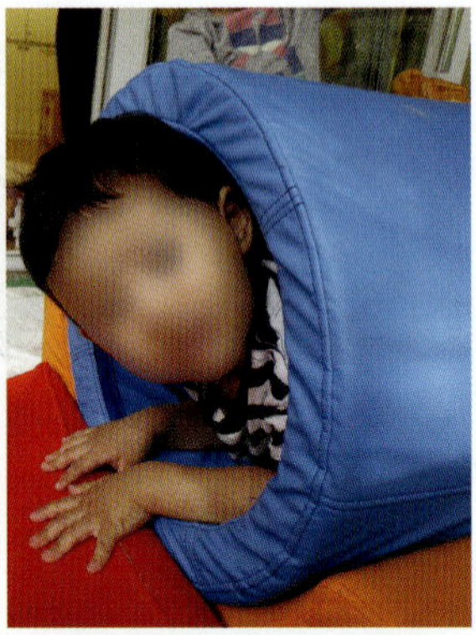

터널에서 잘 나올 수 없는 어려움을 표현하는 영아

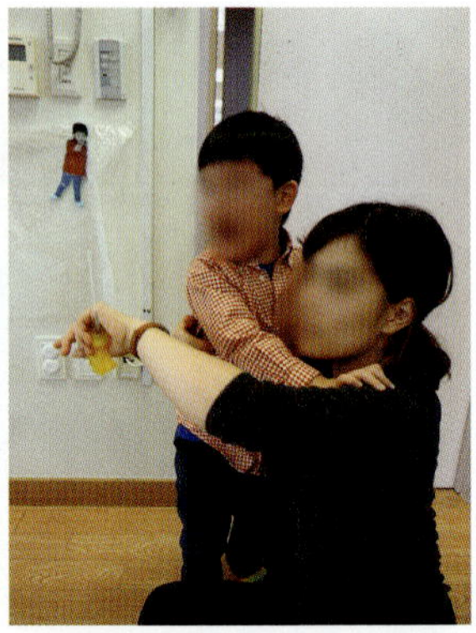

엄마와 헤어져 속상한 마음을 표현하는 영아

손인형 동물에 대한 무서움을 울음과 손짓으로 표현하는 영아

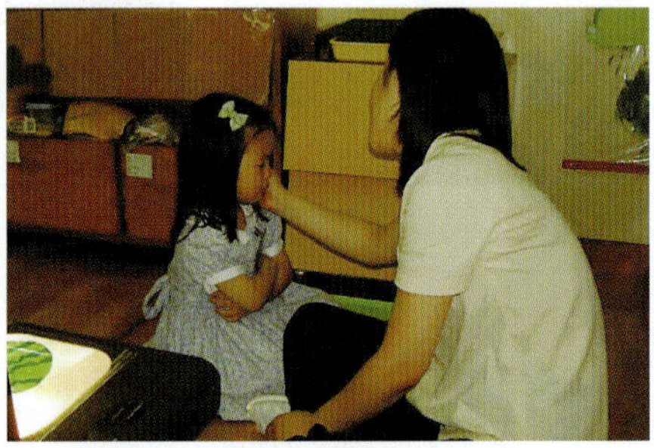

또래와 다툰 영아의 속상한 마음을 인정하고 달래주는 교사

(6) 관계 형성 영역

영아는 세상에 태어나면서부터 타인과 관계를 맺기 시작한다. 초기에 영아가 맺는 관계는 가정의 테두리 안에 국한되지만 점차 교육기관에서 또래 영아와 교사와도 관계를 맺게 된다. 교사는 영아가 타인뿐만 아니라 자신과도 안정적이고 긍정적인 관계를 맺도록 지원해야 한다. 1년의 교육과정을 운영하면서 영아가 관계 형성 영역에서 경험해야 할 능력과 기술은 다음의 | 예 5-8 | 과 같다.

예 5-8 관계 형성 영역의 세부 영역과 시기별 교육 목표와 일반적 교수 전략

세부 영역

- 자신을 가치 있게 생각하기
- 성인과의 애착 형성하기
- 또래와의 긍정적 관계 형성하기(예 친근감 느끼기, 친구 사귀기, 함께 놀기)
- 친사회적으로 행동하고 또래와의 갈등을 긍정적으로 해결하기
- 단체 생활에 필요한 기술 익히기(예 줄서기, 규칙 지키기, 기다리기, 함께 활동하기)

학기 초반	• 다양한 분야의 활동에서 성취감 경험하기 • 기관에의 성공적인 적응을 통해 자아 개념 증진하기 • 자신이 한 일에 대한 격려를 받음으로써 자아 개념 증진하기 • 교사와의 애착 형성을 통해 부모와 성공적으로 분리하기 • 교사와의 애착 형성을 통해 물리적, 인적 환경 탐색을 위한 기초 형성하기 • 주변의 또래에 대해 위축감이나 두려움을 느끼지 않게 함으로써 적응 지원하기 • 영아가 직접 경험한 주제의 역할놀이나 상상놀이(예 소꿉놀이)를 통해 또래와의 관계 형성하기 • 가능하면 또래 간 갈등이 유발되지 않도록 환경 조성하기(예 충분한 놀잇감, 교사의 관찰) • 교사의 적극적 중재로 또래 간 분쟁 해결하기 • 교사의 도움으로 원하는 것 말로 표현하기(예 갖고 싶은 물건 있을 때) • 단체 생활에 필요한 기본적 기술 익히기(예 교사가 부르면 돌아보기, 교사와 함께 이동하기)
학기 중반	• 도전감과 성취감을 동시에 느낄 수 있는 활동을 통해 자아 개념 증진하기 • 또래의 존재에 대해 인식하기(예 얼굴 알기) • 또래의 놀이에 관심 가지기(예 옆에서 놀기, 교사와 함께 구경하기) • 교사의 중재로 함께 놀아보기(예 2명의 영아와 교사가 함께 역할놀이 영역에서 놀기) • 교사의 도움과 모델링을 통해 간단한 친사회적 행동과 언어 익히기(예 질문에 고갯짓 대신 말로 답하기, 필요한 것 있으면 말로 부탁하기) • 갈등 유발 시 교사의 중재로 원하는 것 표현하고 상대 입장 들어보기 • 교사와 함께 갈등을 친사회적 방법으로 해결하기(예 원하는 놀잇감이 있을 때 부탁하거나 다른 놀잇감과 바꾸기) • 친숙한 주제의 역할놀이나 상상놀이(예 소풍, 시장놀이, 만화영화의 주제)를 통해 또래와의 관계를 자연스럽게 형성하기 • 또래와의 병행놀이가 가능한 활동을 통해 또래 관계 형성하기 • 단체 생활에 필요한 여러 가지 기술 익히기(예 놀잇감 갖다 놓기, 적은 수의 영아가 있을 때 기다리기, 상대가 말을 끝낸 후 말하기)

학기 후반	• 교사나 또래와 긍정적 대인 관계를 맺음으로써 자아 개념 증진하기 • 다양한 영역에서 도전감을 느낄 수 있는 활동을 통해 자아 개념 증진하기(예 점차 높은 곳에서 안전하게 뛰어내리기, 교사의 도움 없이 물 마시고 오기) • 또래의 존재 및 행동에 관심 보이기(예 또래의 이름 알기, 결석한 영아 있으면 묻기, 우는 또래에게 관심 보이기) • 교사의 도움으로 또래와 병행놀이나 연합놀이 하기 • 교사의 도움 없이 또래 간 문제가 발생하지 않는 방법으로 상호 작용하기(예 뺏기 전에 부탁하기, 상대가 거절해도 뺏지 않기) • 교사가 지켜보는 가운데 영아끼리 갈등을 해결해 보도록 기회 제공하기 • 단체 생활에 필요한 기술을 익히고 최소한의 교사 도움으로 실천하기(예 줄서서 이동하기, 짧은 시간의 소집단 활동 시 모여 앉기, 소집단 활동 시 교사가 지명하면 말하기) • 타인을 고려한 행동하도록 격려하기(예 세면대에서 물 세게 틀지 않기, 크게 소리 지르지 않기, 친구에게 억지로 조르지 않기)

관계 형성 영역의 세부 영역에서 영아가 활동하는 모습은 다음과 같다. 관계 형성 영역의 목표를 달성할 수 있도록 지원할 수 있는 활동은 실제편 제12장(pp. 449~470)에 제시되어 있다.

◑ 관계 형성 영역의 세부 영역별 활동 모습

자신을 가치 있게 생각하기

또래, 교사와 즐겁게 생활함으로써 자신을 가치롭게 생각하게 되는 영아

영아의 수준에 맞는 다양한 활동에 몰입함으로써 성취감과 자신감을 경험하는 영아

자신이 만든 작품을 자랑스럽게 설명하는 영아

자신이 주는 음식을 즐겁게 먹어주는 교사를 보며 자신이 가치 있음을 느끼는 영아

속상한 일이 있을 때 교사 옆으로 와서 위로 받는 영아

도전적인 신체놀이를 성공적으로 하면서 자신의 능력에 대해 긍정적인 개념을 형성해가는 영아

성인과의 애착 형성하기

속상할 때 교사에게 안기길 원하는 영아

교사에게 안겨 곧 안정을 찾은 영아

교사의 말에 집중하는 영아

교사와 즐겁게 상상 물놀이하는 영아

또래와의 긍정적 관계 형성하기

2세 학급으로 놀러 온 1세 영아를 반갑다고 안아주는 2세 영아

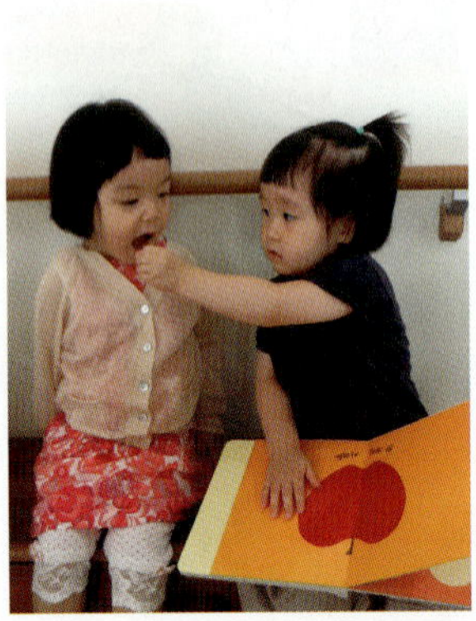

또래와 책을 읽으며 책에 나오는 사과를 먹여주는 방식으로 상호작용을 이어가는 영아

또래와 협동하여 바구니에 물건을 담아 도르래로 끌어올리는 영아

또래의 사진을 보며 서로에 대해 이야기하는 영아

학급 모든 영아의 사진을 모아 만든 책을 보면서 또래의 특성에 대해 이야기 나누는 영아

친사회적으로 행동하고 또래와의 갈등을 긍정적으로 해결하기

넘어진 또래의 신을 신겨주는 영아

기분이 좋지 않은 또래에게 인형을 들고 다가가 말을 거는 영아

낮잠 후 일어나기 싫어하는 또래를 달래며 깨우는 영아

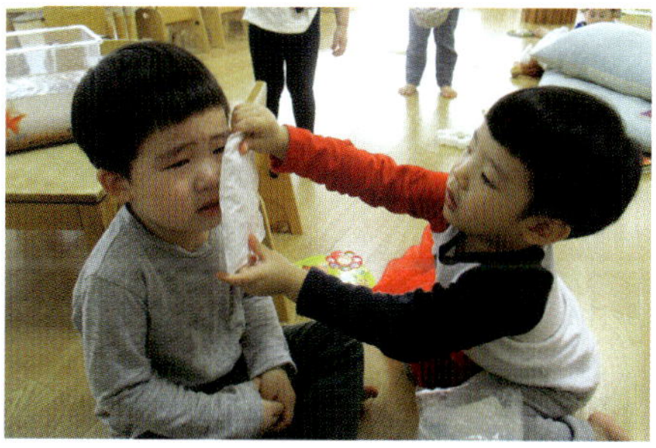

넘어져서 우는 또래에게 아이스팩을 대주는 영아

자동차를 타고 있음에도 또래가 탈까 걱정이 되어서 2대를 밀고 다니는 영아

서로 갖겠다고 울며 놀잇감을 놓지 않는 영아

갈등이 있는 두 영아를 일단 분리하는 교사

서로 먼저 내려가겠다고 갈등하는 두 영아를 중재하는 교사

점차 또래와 놀잇감을 나눌 수 있게 된 영아

또래가 타고 있는 흔들말을 재미있게 타도록 흔들어 주는 2명의 영아

단체 생활에 필요한 기술 익히기

모여 앉았을 때 교사의 무릎에 앉으려 하고 동화를 듣다가도 앞으로 나오는 등 앉아 있기 어려워하는 영아

점차 교사가 동화를 들려줄 동안 앉아서 들을 수 있게 된 영아

소집단으로 모여 교사의 간단한 지시에 따를 수 있게 된 영아

줄 서는 것에 대한 개념 없이 교사를 따라 이동하는 영아

교사의 지시에 따라 줄을 서서 이동할 수 있게 된 영아

2) 교육과정 영역을 중심으로 한 교육계획 수립의 원칙

교육계획안에는 연간, 월간, 주간, 일일 교육계획안이 있는데 일반적으로는 연간 교육계획안을 수립한 후 그것을 기초로 다음 단계인 월간, 주간, 일일 교육계획안의 순서로 작성한다. 제4장에서 강조한 바와 같이 생활 주제를 중심으로 표준보육과정에 제시된 활동을 실시할 때는 생활 주제와 관련된 활동이 미리 정해져 있기 때문에 연간, 월간, 주간, 일일 교육계획안을 미리 작성할 수 있다. 그러나 이렇게 교육계획안을 작성하면 표준보육과정에서 설정한 기본생활, 신체운동, 의사소통, 사회관계, 예술경험, 자연탐구 영역의 내용은 생활 주제에 가려지게 된다.

반면 교육과정 영역을 중심으로 교육계획을 수립할 때는 각 영역별로 교육 목표(p. 134의 '1) 교육과정 영역별 교육 목표의 설정' 참고)를 설정한 후 목표를 달성하는데 도움이 되는 활동을 설정하고, 1년간 어떤 계열과 순서에 의해 활동을 전개할지에 대한 안을 마련한다(김희진, 2014; 김희진 외, 2010; Epstein, 2014; Schwartz & Copeland, 2013). 예를 들면, 신체 및 운동 영역에서 '걷기와 걸으면서 균형 잡기' 와 관련된 대근육의 발달과 협응을 지원하기 위해서는 일반적인 걷기, 걸으면서 속도와 방향을 조절하기, 폭이 좁은 평면 걷기, 폭이 넓은 평면 걷기, 일정한 높이가 있는 평면 걷기 등과 같이 능력을 향상시킬 수 있는 활동이 필요하다. 따라서 '걷기와 걸으면서 균형 잡기' 에 해당되는 여러 능력을 발달시킬 수 있는 활동에 대한 안을 마련하고 1년 동안 어떤 순서로 실시할 것인가를 결정하여 연간 교육계획(안)을 수립한다.

교육과정 영역을 중심으로 교육계획에 대한 안을 수립한다는 것은 그 활동을 미리 결정한다는 것을 의미하는 것은 아니다. 예를 들면 교사가 영아에게 '걷기와 걸으면서 균형 잡기' 를 할 능력을 발달시킬 기회를 주는 것은 교사가 미리 정한 활동(예 평균대 위 걷게 하기)을 통해서가 아니라 영아의 흥미와 발달을 고려하여 다양한 맥락과 수준에서 이뤄지는 여러 가지 활동을 통해서도 가능하기 때문이다.

걷기와 걸으면서 균형 잡기가 가능한 활동의 몇 가지 예

- 일상생활에서 다양한 속도로 걷기
- 일상생활에서 다양한 재질의 평면(예 흙, 돌, 매트, 잔디)을 다양한 속도로 걷기
- 산책 중 경계석 위 걷기
- 바닥에 다양한 폭의 선을 그려 놓고 그 위 걷기
- 종이 벽돌 블록을 연결하여 그 위 걷기
- 평균대 위 걷기
- 작은 트램폴린을 연결하여 그 위 걷기
- 굴곡이 있는 블록을 연결하여 그 위 걷기
- 길고 좁은 판자를 사선으로 연결하여 그 위의 경사면 따라 걷기 등

따라서 교사는 교육과정 영역별 목표를 달성하기 위해 여러 가지 요소, 예를 들면, 같은 연령의 영아를 지도한 경험, 그 기관의 동일 연령 학급에서 여러 해 동안 실시한 교육과정에 대한 평가, 특정 시기에 해야 가장 효율적인 교육 내용이나 자료(예 적응, 특정 영역의 목표를 달성하기 위해 계절과 관련된 자료 · 교재 · 교구를 활용할 수 있는 시기)를 고려하여 대략적인 교육계획안에 대한 안을 구상할 수 있을 뿐이다. 생활 주제 중심 교육과정과 교육과정 영역 중심 교육과정의 교육계획 수립 과정을 비교하면 다음과 같다.

생활 주제 중심

표준보육과정의 영역

≠ ⟶ 연계성 낮음

생활 주제의 선정 후 시기 결정(연간 교육계획안)

⇓

생활 주제에 따른 자유선택활동과 대 · 소집단 활동 선정(월간 교육계획안)

⇓

선정된 활동의 시기 결정(주간 교육계획안)

⇓

선정된 활동에 대한 상세계획안(일일 교육계획안)

교육과정 영역 중심

교육과정의 영역

= ⟶ 연계성 높음

교육과정 영역별 목표를 달성할 수 있는 활동 선정

⇓

교육과정 영역별 활동 시기 결정(연간, 월간, 및 주간 교육계획안)

⇓

영아의 흥미, 발달 수준, 과거 활동에 대한 평가를 기반으로 한 상세계획안 (일일 교육계획안)

| 그림 5-1 | **교육계획의 수립: 생활 주제 중심 교육과정과 교육과정 영역 중심 교육과정**

교육과정 영역을 중심으로 한 교육계획 수립의 원리와 활동 선정의 원리를 살펴보면 다음과 같다. 이 중 어떤 원리는 교육계획 수립 원리를, 어떤 원리는 활동 선정의 원리들, 또 어떤 원리는 교육계획 수립 원리와 활동 선정 원리 모두를 반영한다. 각 원리에 마지막 부분에 그 원리가 어떤 것을 더 많이 반영하는지 각각 (계획), (활동), 또는 (활동)+(계획)으로 명시하였다. 교사가 반드시 기억해야 할 것은 교육계획의 수립이

가능성에 대한 계획이라는 것이다. 교사가 영아의 발달, 성향, 활동 및 자료의 특성을 고려하여 계열성 있게 배치는 하지만 제시한 활동을 받아들이는 영아의 반응이나 제시한 활동과 전혀 관계없는 것에 대한 영아의 발현적 흥미를 우선 존중해야 한다. 즉, 교사가 계획한 활동을 하려고 하기보다는 영아의 반응과 발현하는 흥미에 따라 상호작용하면서 활동의 방향을 결정해야 한다.

① 모든 영아 간의 개인차가 심하다는 것을 고려하고 다양한 수준의 영아가 모두 참여할 수 있는 개방적인 활동을 선정한다. (활동)

그 연령의 평균 영아에게 적절한 활동을 선정하는 것이 일반적이나 영아 간 개인차가 심한 시기이기 때문에 다양한 수준의 영아가 참여할 수 있는 개방적인 활동을 선정한다. 특히, 교사가 주도하는 활동은 개방적으로 운영되기 어려우므로 영아 중심으로 전개될 수 있는 활동을 선정한다.

◑ 영아 간의 개인차를 수용하는 개방성

고리 던지기 활동을 준비해 줄 때 자신의 능력에 맞는 거리에서 던질 수 있도록 선을 여러 개 그어 주면 영아가 자신의 수준에 맞게 참여할 수 있다.

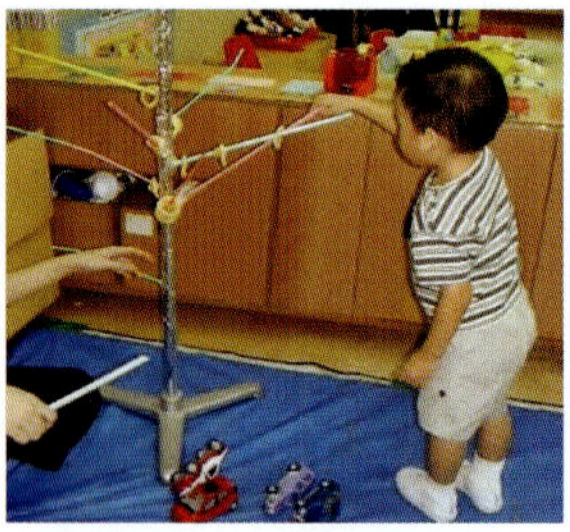

수수깡을 이용하여 과자 걸기를 계획했더라도 영아가 자신의 소근육 발달 정도에 맞게 다양한 방법으로 거는 것(예 손으로 집어서 걸거나 다른 수수깡을 이용해서 과자를 거는 것)을 교사는 수용한다.

② 영아에게 탐색의 기회를 제공하는 활동을 선정한다. (활동)

영아기는 주변의 물리적, 인적 환경과의 자발적인 상호작용을 통해 세상을 이해하는 시기이다. 특히 주변 환경과 상호작용을 할 때 오감을 활용하고 스스로의 방법으로 세상을 이해하는 시기이기 때문에 탐색의 기회를 많이 제공할 수 있는 활동을 선정하여야 한다. 교사가 주도하는 활동은 영아에게 탐색의 기회를 제공하기 어려우므로 영아 중심으로 전개될 수 있는 활동을 선정한다.

◑ 영아의 탐색 방법에 대한 존중

투시물 환등기를 제공하고 교사가 벽을 볼 것을 제안해도 영아는 자신만의 방법으로 탐색하려 하기 때문에 교사의 제안을 받아들이지 않는다. 빛이 어디서 나오는지 알고 싶어 하는 영아의 관심을 존중하여 교사는 기다려 준다.

경사로에서 공을 굴리도록 고안된 활동을 제공하였을 때도 공을 굴리기보다는 공을 손으로 잡고 내려가거나 밀어 올리는 방법으로 경사로를 탐색하는 것을 허용한다.

③ 가능하면 모든 교육과정 영역의 목표를 달성할 수 있도록 활동을 선정한다. (활동)

한 활동이 한 영역의 목표 또는 한 영역의 여러 목표 중 한 가지 목표만 달성하는 것이 아니라 여러 영역의 여러 가지 목표를 동시에 달성할 수 있음을 인식하고 영아의 성장과 발달을 총체적으로 지원할 수 있는 활동을 선정한다. 예를 들어, 다양한 색의 반투명 젤리를 탐색하는 활동은 교육과정 영역별로 다음의 목표를 달성할 수 있다.

예 5-9 다양한 색의 반투명 젤리를 탐색하는 활동과 관련된 교육과정 영역별 목표

교육과정 영역	각 영역에서 달성할 수 있는 목표
일상생활	• 활동 후 사용한 도구를 정리하고 손을 씻는다.
신체 및 운동	• 들기, 잡기, 자르기, 부수기, 담기, 쏟기를 하면서 대·소근육의 협응 능력을 기른다.
감각 및 탐색	• 젤리의 촉감, 색, 향을 탐색한다.
문제 해결	• 부서지지 않게 드는 방법을 고안하거나 눈에 비춰 보면 사물의 색이 달라지는 것 등을 알게 된다.
의사소통	• 젤리를 만져 본 느낌, 사용하는 도구나 도구 사용방법에 대한 생각을 나눈다.
관계 형성	• 교사 및 또래와 즐겁게 활동한다. • 도구를 나누어 사용하는 경험을 한다.

이때 유의할 것은 한 활동이 달성할 수 있는 교육과정 영역의 목표 수준을 유사하게 설정하는 것이다. 예를 들어, 3월에 실시하는 활동은 6개의 교육과정 영역 목표가 유사한 수준으로 낮아야 하며, 학기 말에 실시하는 활동은 6개 교육과정 영역의 목표가 유사한 수준으로 높아야 한다.

다음의 | 예 5-10 | 은 유사한 활동이 학기 초와 학기 말에 전개될 때 교육과정 영역별로 활동과 목표의 수준이 달라지는 것을 보여주는 예이다. 교육과정 영역별 목표 수준이 높아짐에 따라 활동의 수준도 자연스럽게 높아진다.

예 5-10 학기 초와 학기 말에 실시하는 밀가루 점토 활동의 교육과정 영역별 활동 수준

교육과정 영역	각 영역별 활동 수준	
	학기 초(밀가루 점토)	학기 말(밀가루 점토 및 흙 점토)
일상생활	• 활동 후 교사의 언어적, 신체적 도움을 받아 사용한 도구를 정리한다. • 사용한 도구를 한 곳에만 모은다. • 교사의 도움을 받아 손을 씻는다.	• 교사의 지시 없이도 자발적으로 도구를 정리한다. • 도구를 종류별(찍기 도구와 가위, 밀대 등의 기타 도구)로 2개의 상자에 나누어 담는다. • 옷소매를 올리고 혼자 손을 씻는다.
신체 및 운동	• 손으로 뜯기, 자르기, 밀기, 찍기가 흉내 내기 수준에서 정교하지 않게 이루어진다.	• 자르기, 밀기, 찍기, 두드리기 등의 능력이 매우 정교해진다.
감각 및 탐색	• 주로 손으로 탐색한다. • 탐색을 격려하기 위해 교사의 시범과 언어적 격려가 필요하다.	• 손뿐만 아니라 발로도 탐색한다. • 영아가 자발적으로 탐색한다. • 영아가 적극적으로 탐색한다.
문제 해결	• 교사가 반죽해 놓은 점토를 사용한다. • 교사가 준비해 준 간단한 도구만 사용한다.	• 교사와 함께 반죽하고 식용색소로 물들이면서 다양한 문제 해결의 기회를 갖는다. • 교사도 다양한 도구를 준비해 주지만 영아도 필요한 도구를 학급에서 찾아서 사용한다.
의사소통	• 자신이 하는 활동이나 느낌을 묘사할 때 사용하는 어휘나 묘사하는 내용이 단순하다. • 교사가 다양한 어휘를 사용하여 격려한다.	• 훨씬 다양한 어휘를 사용하고 묘사하는 내용도 구체적이다.
관계 형성	• 옆에 또래가 있어도 혼자 활동하거나 교사와 활동하는 경우가 많다.	• 점차 또래가 하는 활동에 관심을 보이고 같이 활동하는 경향이 높아진다.

④ 영아의 발달에 적합한 활동을 선정한다. 활동

비고스키 이론에 의하면 영아 자신의 수준보다 약간 어려운 활동을 할 때 학습이 촉진된다. 영아 자신의 수준보다 너무 쉽거나 어려우면 흥미를 잃거나 좌절한다. 따라서 영아의 현재 수준보다 약간 어려워 동기가 유발되고, 교사나 또래의 적절한 지원을 통해 성취할 수 있는 활동을 선정하여야 한다.

예를 들면, 훌라후프에 한 개의 구멍과 여러 개의 구멍을 뚫어 주고 공 넣기 활동을 하였을 때, 한 개의 구멍에 공을 넣은 활동은 영아의 수준에 너무 어려워 진행되지 않았고, 여러 개의 구멍에 공을 넣는 활동은 영아의 수준에 적절했기 때문에 활발히 진행되었다.

◑ 영아의 발달에 적합하게 활동 방식 수정

훌라후프를 비닐로 씌운 뒤 구멍을 하나 뚫어 주고 훌라후프를 기울여 공을 넣도록 했다. 아무리 노력해도 공이 구멍 안으로 들어가지 않자 손으로 넣으려고 했으나 구멍이 가운데 있어 넣기 힘들었다. 영아는 더 이상 관심을 보이지 않았다.

다음날 다양한 크기의 구멍을 여러 개 뚫고 다양한 크기의 공을 제공해 주자 영아가 관심을 보였다. 영아는 자신의 능력에 맞게 구멍의 크기에 맞는 공을 넣기도 했고, 모든 구멍에 다 들어가는 작은 공을 골라 100% 성공시키기도 했고, 손으로 공을 넣기도 하였다.

⑤ 학기 초에는 교사의 도움이 적게 필요한 활동을 선정한다. (활동)

학기 초에는 교사의 도움이 되도록 적게 필요한 활동을 선정한다. 학기 초는 영아의 기관 적응을 도와주어야 하는 시기다. 부모와 헤어지고 하루 종일 우는 영아도 많고 화장실에 가서 손을 씻거나, 음식을 먹거나, 낮잠을 자는 일상생활에도 교사의 도움이 많이 필요하다. 따라서 교사가 활동의 준비, 활동의 진행, 활동 후 처리를 많이 도와주어야 하는 활동(예 물감을 활용한 활동, 동화 읽고 극화하는 활동, 큰 상자 도배하여 집 만들기 활동)은 영아가 기관에 적응한 후에 실시한다.

⑥ 연속적으로 발달하는 능력의 발달 순서 또는 능력의 수준을 고려한다. (활동)+(계획)

앞서 언급한 '걷기와 걸으면서 균형 잡기' 에 해당되는 능력은 같은 시기에 발달되는 것도 있지만 한 가지 능력이 어느 정도 발달된 후에 발달되는 것도 있다. 예를 들면, 2세

영아에게 걷기와 방향 바꾸어 걷기 능력은 같은 시기에 발달하지만, 가는 줄 따라 걷기나 높이 있는 평면에서의 걷기는 일반적인 걷기 능력이 능숙해진 후에 가능하다. 따라서 각 능력을 발달시켜 줄 수 있는 활동을 선정한 후에는 능력의 발달 순서 또는 수준에 따라 연간 교육계획안에 배치한다. | 예 5-11 | 에는 걷기와 걸으면서 균형 잡기에 해당되는 다양한 능력을 발달시켜 줄 수 있는 활동과 활동의 전개 시기가 예로 제시되어 있다.

예 5-11 걷기와 걸으면서 균형 잡기와 관련된 능력의 발달을 지원하는 활동 선정 및 교육계획에의 반영 시기

신체 및 운동 영역 중 걷기와 균형 잡기와 관련된 능력	활동	활동 전개 시기
일반적인 걷기	• 매일의 생활에서 자연스럽게 실시	연중
걸으면서 속도와 방향 바꾸기	• 매일의 생활에서 자연스럽게 실시	연중
	• 활동실 이동이나 실외놀이 종료 시 방향과 속도 바꾸어 걷기	연중
	• 걷다가 신호에 맞추어 멈추기 및 방향 바꾸기	연중/ 3~5월
선 따라 걷기와 균형 잡기	• 보도 블록의 블록 따라 걷기 (예 넓은 선 따라 걷기)	넓은 선 따라 걷기 먼저 실시
	• 교사가 그은 선이나 테이프 따라 걷기 (예 좁은 선 따라 걷기)	4~6월
	• 넓고 낮은 곳(예 할로우 블록) 걷기 (교사 손잡고 걷기 → 혼자 걷기로 발전)	넓고 낮은 곳 걷기 먼저 시작
	• 넓고 높은 곳(예 네스팅 브릿지 위) 걷기 (교사 손잡고 걷기 → 혼자 걷기로 발전)	6~12월
	• 좁고 높은 곳(예 평균대) 걷기 (교사 손잡고 걷기 → 혼자 걷기로 발전)	6~12월

| 예 5-12 | 에는 관계 형성 영역 중 또래와의 긍정적 관계 형성을 도와줄 수 있도록 선정된 활동과 교육계획에의 반영 시기가 예로 제시되어 있다.

예 5-12 또래와의 긍정적 관계 형성을 지원하는 활동 선정 및 교육계획에의 반영 시기

관계 형성 중 또래와의 긍정적 관계 형성하기	활동	활동 전개 시기
• 친구의 존재 인식하기 • 친구에게 친근감 느끼기 • 친구와의 놀이 즐기기 • 친구와 긍정적 관계 형성하기	• 친구 사진 보기(예 개인장이나 활동실에 있는 사진 보기)	3~5월
	• 친구가 사용하는 물건 보기(예 개인장)	3~5월
	• 친구 이름 부르는 것 듣고 불러보기	연중
	• 친구 얼굴 찾아보기	5~7월
	• 친구 얼굴 가면놀이	6~7월
	• 목소리 녹음해서 나와 친구 목소리 찾기	7~9월
	• 교사의 중재 받아 친구와 함께 놀기	주로 1학기
	• 교사의 중재 없이 친구와 함께 놀기	주로 2학기

⑦ 같은 종류의 활동을 영아의 성장, 발달, 흥미에 맞게 조정하여 반복 경험을 할 수 있도록 활동을 선정하고 교육계획을 수립한다. (활동)+(계획)

영아는 일상생활과 놀이에서의 반복적인 경험을 통해 세상을 이해하게 된다. 영아가 성장함에 따라 영아의 능력, 상대의 능력, 그리고 그 때의 시간, 공간, 상황에 따라 같은 활동도 다르게 경험한다. 상급 학교에서는 복습의 의미로서 같은 활동을 반복하지만, 영아를 대상으로 하는 교육에서는 '새로운 것을 학습' 하는 의미에서 같은 활동을 반복한다. 1년 동안 여러 번에 걸쳐 투시물 환등기를 가지고 탐색하는 과정에서 영아가 같은 활동을 다르게 경험한 예를 살펴보면 다음과 같다.

예 5-13 같은 활동에 대한 반복적 경험을 통해 발전해간 영아의 활동

첫 번째	• 빛이 나오는 구멍 막기 • 환등기 위에 물건 올려놓기 • 빛이 비치는 벽에 가서 서기
두 번째	• 환등기에 올려진 물건이 벽에 비춰진 모습 보기 • 환등기 위에 물건 놓고 내리기 반복하기 • 스스로 학급 내의 물건 찾아 올려보기
세 번째 (다양한 색의 물건 추가)	• 색의 변화 주목하기 • 색이 섞임에 주목하기 • 색이 투시되지 않는 용기와 투시되는 용기 살피기
네 번째	• 가면 쓰고 그림자놀이하기 • 환등기에 OHP 필름 놓고 그림 그리기 • OHP에 그린 그림과 벽에 비춰진 그림 크기 비교하기 • OHP에 그린 그림을 막대 인형으로 만들어 그림자 인형극 하기

계속됨

따라서 영아에게 생소하거나 무의미한 활동을 만들어내서 교육계획안을 그럴듯하게 보이게 하기보다는 같은 활동을 영아의 능력, 흥미, 경험, 또는 계절적 상황에 맞게 재조직함으로써 양질의 교육과정을 계획할 수 있다. 이를 위해서 교사는 영아가 활동하는 과정뿐만 아니라 개인 및 집단 영아의 변화를 잘 관찰하고 이를 교육계획에 반영하려고 노력해야 한다.

⑧ 영아가 가정이나 일상생활에서 경험한 친숙한 활동을 중심으로 선정하고 교육계획을 수립한다. (활동)+(계획)

특히, 학기 초에는 영아에게 익숙한 환경과 활동을 제공해야 영아가 쉽게 기관에 적응하기 때문에 친숙한 활동을 중심으로 교육계획을 수립한다. 영아가 기관에 적응하고 발달이 이루어짐에 따라 점차 익숙하지 않은 새로운 활동을 교육계획에 포함할 수

있다. 예를 들면, 학기 초에는 역할놀이 영역에 가정에서의 경험이 반영될 수 있는 소꿉놀이를 계획하고, 점차 가게, 병원, 놀이공원, 교통기관 등을 중심으로 한 역할놀이를 계획할 수 있다. 또한 도서 영역에도 영아 자신, 가정의 모습, 친숙한 동물, 놀이 등에 관한 책을 먼저 제공하고 점차 다양한 주제의 책을 제공한다.

⑨ 계절의 변화나 주변의 환경 변화가 반영되는 활동을 선정하고 계획한다. (활동)+(계획)

특정한 개념, 태도, 능력 및 기술을 발달시키기 위해 교재 · 교구 및 재료를 활용하는 활동일 경우 그 계절에 빈번히 접할 수 있는 것을 활용한 활동을 선정하여 배열한다. 특히, 감각 및 탐색 영역이나 물리적 문제 해결과 관련된 활동을 계획할 때는 계절이나 환경의 변화를 활용한 활동을 선정하는 것이 바람직하다. 왜냐하면 계절과 환경의 변화를 활용함으로써 영아가 주변의 다양한 세상을 탐색할 기회를 가질 뿐만 아니라 영아가 현재 일상에서 경험하는 것과도 관련 지을 수 있기 때문이다. 각 계절에 나오는 다양한 과일이나 채소의 색, 모양, 맛, 냄새 등을 반복적으로 탐색하고 비교하는 활동을 통해 영아는 자연스럽게 과일이나 채소의 다양한 특성을 이해하게 된다.

예를 들면, 교육과정 영역 중 감각 및 탐색 영역의 중요한 교육 목표 중 하나는 '다양한 방식으로 탐색하고 사물의 특성을 이해하기'이다. 이 목표를 달성하기 위하여 연간 교육계획을 작성할 때 다양한 방식으로 사물을 탐색하고 그 사물의 특성을 이해하는데 도움이 되는 활동을 선택하여 배열하여야 한다. | 예 5-14 | 에는 각 계절에 빈번히 접할 수 있는 사물을 활용하여 교육 목표를 달성하는데 도움이 되는 활동과 활동의 전개 시기가 예로 제시되어 있다.

예 5-14 다양한 방식으로 탐색하고 특성 이해하기 능력의 발달을 지원하는 활동 선정 및 교육계획에의 반영 시기

다양한 방식으로 탐색하고 특성 이해하기	활동	활동 전개 시기
• 보기 • 듣기 • 만지기 • 냄새 맡기 • 맛보기	• 꽃잎 떨어지는 것 관찰하기, 줍기, 불기, 붙이기 • 머위대 벗기기	봄
	• 포도 먹기, 까기, 분류하기, 밟아 물들이기 • 옥수수 껍질 벗기기 • 물놀이하기	여름
	• 호박 삶아서 탐색하기 • 은행, 밤, 땅콩 까기 • 나뭇잎 줍기, 말리기, 태우기	가을
	• 고구마 굽기 • 눈 만지기, 뭉치기	겨울

참고

일반적으로 사물을 탐색할 때는 오감각을 다 활용하여 탐색하는 것이 정상적이고 교사도 영아가 다양한 방식으로 탐색하도록 격려하여야 한다. 예를 들면, 조개를 구워 먹는 활동에서는 열에 의해 조개가 벌어지는 모양 보기, 구워질 때의 냄새 맡기, 구워진 조개의 맛보기의 방식을 통해 영아가 사물의 특성을 탐색하게 한다.

⑩ 특정한 개념, 태도, 능력 및 기술을 발달시키기 위해 교재·교구 및 재료를 활용하는 활동일 경우 영아가 거부감을 적게 느끼고, 안전하고, 정리·정돈이 용이한 것을 활용한 활동부터 선정하고 배열한다. (활동)+(계획)

영아는 다양한 교재·교구나 재료를 접한 경험이 적기 때문에 손이나 발에 묻는 것, 느낌이 생소한 것(예 끈적이는 녹말풀, 미끈거리는 물미역), 색이 이상한 것(예 도토리묵, 쑥떡)을 접하면 적극적으로 탐색하기보다는 지켜보거나 거부하는 경향이 더 강하다. 특히 학기 초에 기관, 교사, 또래 영아에게 완전히 적응하지 못하고 신뢰감이 없을 때는 이런 경향이 더욱 강하게 나타난다.

◑ 새로운 자료에 대한 거부감이 점차 해소되는 영아

학기 초 시트지의 촉감이 생소해 거부하는 1세 영아

2달 후 시트지에 거부감을 느끼지 않고 활동하는 1세 영아

| 예 5-15 | 에는 같은 목표를 이룰 수 있는 교재 · 교구 및 재료가 다양하게 있을 때, 영아가 거부감을 적게 느끼고, 안전하고, 정리 · 정돈이 용이한 것에서 점차 그렇지 않은 것을 활용하는 방향으로 연간 교육계획안이 작성된 예가 제시되어 있다.

예 5-15 거부감이 적고, 안전하고, 정리 · 정돈이 용이한 자료부터 활용한 활동 선정 및 교육계획에 반영 시기

교육과정 영역의 목표	활동	활동 전개 시기
신체 및 운동 영역 중 소근육 발달	• 가늘고 긴 투명 통에 다양한 크기의 구슬 넣기 • 빨대에 다양한 크기의 과자 끼워 전달하기 • 머위대와 샐러리를 결 따라 벗기기 • 견과류 껍질 벗기기	• 구슬이나 과자를 활용하는 활동에서 점차 머위대/샐러리나 견과류를 사용하는 활동으로
감각 및 탐색 영역 중 촉감의 활용	• 손에 묻지 않게 비닐에 넣은 밀가루 풀 탐색하기 • 반투명 스타킹에 넣은 다양한 사물(예 콩, 솜, 비닐) 탐색하기 • 밀가루 반죽놀이하기 • 셰이빙 크림 그림 그리기 • 끈적이는 젤리 탐색하기	• 느낌이 친숙하고, 손에 묻지 않고, 정리가 쉬운 재료를 사용하는 활동부터 시작

특히, 도구를 사용하는데 교사의 도움이 필요하거나 안전에 유의하여야 하는 도구를 사용하는 활동은 영아가 기관에 어느 정도 적응한 후나 영아가 신체, 인지적으로 어느 정도 준비되고 난 후에 계획한다. 예를 들면, 유사한 특성을 가진 두부, 묵, 젤리 등을 탐색하는 활동을 할 때, 학기 중반에는 손바닥으로 촉감 느껴 보기, 손가락으로 찔러 구멍 내보기, 손으로 으깨기, 숟가락이나 포크로 찌르기, 숟가락으로 떠서 그릇에 담기 등을 계획한다. 학기 후반으로 갈수록 플라스틱 칼로 잘라보기, 부서지지 않게 들고 빛에 비추어 보기, 모양 틀로 찍어보기, 체에다 숟가락으로 으깨 내려보기 등을 추가할 수 있다.

⑪ 특정한 개념, 태도, 능력 및 기술을 발달시키기 위해 교재 · 교구 및 재료를 활용하는 활동일 경우 영아가 익숙한 것을 활용한 활동부터 배열한다. (계 획)

영아는 다양한 교재 · 교구나 재료를 접한 경험이 적기 때문에 새로운 것을 접하면 적극적으로 탐색하기보다는 지켜보거나 거부하는 경향이 더 강한데, 특히 학기 초에는 이런 경향이 더욱 강하게 나타난다. 따라서 같은 목적을 이룰 수 있는 교재 · 교구 및 재료가 다양하게 있을 때는 영아에게 익숙한 것을 활용한다. | 예 5-16 | 에는 같은 목표를 달성하는데 사용되는 교재 · 교구 및 재료가 다양하게 있을 때, 익숙한 자료에서 시작하여 점차 익숙하지 않은 자료를 활용하는 방향으로 연간 교육계획안이 작성된 예가 제시되어 있다.

예 5-16 익숙한 자료 → 익숙하지 않은 자료를 활용한 활동 선정 및 교육계획에 반영 시기

교육과정 영역의 목표	활동	활동 전개 시기
신체 및 운동 영역 중 대 · 소근육의 협응	• 컬러 점토놀이(예 두드리기, 자르기, 밀기, 찍기 등) • 밀가루 점토놀이(예 두드리기, 자르기, 밀기, 찍기 등) • 흙 점토놀이(예 두드리기, 자르기, 밀기, 찍기 등)	• 컬러 점토놀이부터 시작해서 점차 흙 점토놀이로
감각 및 탐색 영역 중 다양한 도구를 활용한 탐색	• 영아가 직접 사용해 본 경험이 있는 자료(예 손, 가위, 밀대, 색종이, 크레파스, 종이)를 사용한 활동(예 색쌀놀이, 밀가루 점토놀이, 실로폰 악기 놀이) • 직접 사용하지는 않았지만 가정이나 주위에서 사용하기 때문에 익숙한 도구(예 뒤집개, 병솔, 분무기, 주사기 등)를 사용한 활동(예 분무기로 그림 그리기, 다양한 도구로 그리기) • 영아에게 익숙하지 않은 도구를 사용한 활동(예 메트로놈을 이용한 소리 탐색, 투시물 환등기를 이용한 사물 탐색, 디지털 카메라를 이용한 감정 탐색 활동)	• 직접 사용해 본 도구를 사용하는 활동에서 점차 낯선 도구를 사용하는 활동으로
문제 해결 영역 중 비교하기	• 다양한 무게의 자동차나 인형으로 비교하기(예 놀이하면서 자연스럽게 무게 비교하기) • 한 줄 고무줄 양동이로 무게 비교하기 • 두 줄 양동이 저울로 무게 비교하기 • 도르래에 달린 양동이 저울로 무게 비교하기	• 놀이에서 자연스럽게 비교의 기회를 갖는 활동에서 점차 복잡한 도구를 사용해서 비교하는 활동으로

참고

- 영아에게 새롭고 다양한 경험을 제공해야 한다는 생각 때문에 한 번 사용한 자료나 영아가 너무 익숙해져서 다룰 수 있게 된 자료는 더 제공하지 않는 경향이 있다. 그러나 영아는 같은 자료를 반복적으로 탐색할 때 세상에 대한 이해가 넓어지고 완전해진다. 예를 들면, 컬러 점토, 밀가루 점토, 흙 점토를 반복해서 사용함으로써 각 점토의 특성뿐만 아니라 점토놀이에 사용되는 도구와 점토가 상호작용하여 나타나는 특성(예 밀가루 점토는 찍기가 선명하게 나타나지 않지만 흙 점토는 선명하게 나타남)도 더 잘 이해할 수 있다.
- 영아의 신체, 인지, 언어, 사회 · 정서 능력이 점차 발달하면서 같은 자료를 사용하더라도 탐색하고 이해하고 사용하는 방법이 달라진다. 예를 들면, 학기 초에는 컬러 점토를 빚어 원하는 것을 만들기가 어려웠으나 학기 말에는 소근육과 인지 능력의 발달로 원하는 것을 비교적 정교하게 만들 수 있게 된다. 따라서 일반적으로는 익숙한 자료에서 익숙하지 않은 자료를 활용한 활동의 순으로 배열하나 다양한 자료를 활용할 능력이 생기면 같은 자료를 반복해서 경험할 수 있도록 교육계획안을 작성해야 한다.

3) 교육과정 영역을 중심으로 한 교육계획안의 작성

앞서 교육과정 영역을 중심으로 영아의 발현하는 흥미와 발달 수준, 그리고 전날 활동에 대한 평가를 최우선으로 고려하여 교육할 때는 일반적인 작성 순서인 연간, 월간, 주간, 일일 교육계획안 순서로 작성하는 것이 불가능함을 강조하였다. 교사는 6개의 교육과정 영역별로 1년간 달성할 수 있는 목표를 설정하고 '할 수도 있는 활동 목록'을 가지고 있지만 어떤 주제 또는 어떤 활동을 통해 그 목표를 달성할지는 여러 요인에 대한 교사의 교육적 판단을 거쳐 결정되기 때문에 미리 결정하기 어렵다.

교육과정 영역별 목표를 달성할 수 있는 활동은 무궁무진하고 미리 결정되기보다는 위에 언급한 요소에 따라 달라질 수 있기 때문에 교육계획안을 작성하는 바람직하고 현실적인 방향은 일일 교육계획안부터 충실히 작성하는 것이다. 어제의 수업에 대한 평가를 바탕으로 오늘의 일일 교육계획안을 작성하고, 오늘의 수업에 대한 평가를 바탕으로 내일의 일일 교육계획안을 작성하는 것이다. 매일의 교육계획안이 축적되어 주간 교육계획안이, 주간 교육계획안이 축적되어 월간 교육계획안이, 월간 교육계획안이 축적되어 연간 교육계획안이 되는 것이다. 따라서 주간 교육계획안부터 연간 교육계획안은 실질적으로 교육계획안이라기 보다 교육에 대한 평가서 또는 반성적 저널의 성격이 더 강하다(김희진, 2014; 김희진 외, 2010; Epstein, 2014; McAfee & Leong, 2011; Schwartz & Copeland, 2013).

다음의 예는 1세와 2세 학급의 일일 교육계획안(평가서)과 월간 교육계획안(평가서)이다. 주간과 연간 교육계획안(평가서)은 생략하고자 하는데, 그 이유는 일일 교육계획안의 모음이 주간 교육계획안(평가서)이고, 월간 교육계획안의 모음이 연간 교육계획안(평가서)이기 때문이다.

(1) 일일 교육계획안

일일 교육계획안은 지난 수일간 실시한 활동에 대한 평가나 관찰한 영아의 관심, 시기나 맥락, 또는 발달적으로 실시하기에 적절하다고 교사가 판단한 활동을 종합하여 작성한다. 일일 교육계획안을 작성할 때는 새로 소개되는 활동의 수, 각 활동마다 교사의 도움이 필요한 정도, 한 활동에 필요한 준비물의 정도, 각 활동이 실시된 기간, 개인 및 소집단 활동의 균형 등을 고려한다. 이를 살펴보면 다음과 같다.

- 주말을 지내고 온 월요일에는 새 활동보다는 친숙한 활동이 주가 되도록 한다.
- 하루에 새 활동을 모두 시작하도록 계획하기보다는 한 주의 여러 날에 걸쳐 고루 시작되도록 한다.
- 하루에 실시되는 활동 중, 교사의 손이 많이 가는 활동과 적게 가는 활동이 균형 잡히게 한다.
- 동적 활동과 정적 활동이 균형 잡히게 한다.
- 영아 개인이 할 수 있는 활동과 소집단의 영아가 자발적으로 모여 할 수 있는 활동이 균형 잡히게 한다.
- 현재 진행 중인 활동에 대한 영아의 반응을 고려하여 활동의 시작과 종결을 결정한다.
- 교사가 준비해야 하는 도구나 재료가 많은 활동과 적은 활동이 균형 잡히게 한다.

위의 원칙이 모두 적용되는 일일 교육계획안을 수립하는 것은 불가능하나 이런 원칙이 적용되도록 노력하는 것이 중요하다. 일일 교육계획안을 작성할 때는 다음의 내용이 포함되게 한다.

① 하루일과 시간표

- 등원부터 하원까지의 하루일과 계획을 시간대별로 작성한다.

② 교육과정 영역별 활동

- 6개의 교육과정 영역별 목표를 이루기 위해 실시할 활동명을 서술한다. 일상생활 영역의 경우 매일 6개의 일상생활 분야를 지속적으로 지도하는 것이 중요하기 때문에 상세히 기록한다.

③ 활동 및 내용

- 해당 일에 새로 시작하거나 어제의 평가를 거쳐 활동 방향이 많이 수정된 것을 중심으로 상세히 기록한다.

구분	내용
선정 이유	• 활동을 선정한 계기(예 어제 활동에 대한 평가 결과, 수 일째 지속된 영아의 흥미, 계절적 요인, 도구나 재료를 사용할 수 있는 영아의 발달 수준 등)를 기록한다. • 활동 선정 이유를 기록하면 교사가 다양한 요인을 고려하여 활동을 선정하는 능력이 향상된다.
목표	• 활동을 통해 이루고자 하는 주요 목표를 간단히 기록한다. • 하나의 활동을 통해 6개 교육과정 영역의 목표를 달성할 수 있지만 교사가 활동을 선정할 때 핵심 목표로 설정한 것만 기록하면 활동을 진행할 때 그 목표에 집중하는데 도움이 된다.
준비	• 활동을 진행하는데 꼭 필요한 것만 간단히 기록한다.
내용	• 활동 내용은 목표를 달성하는데 도움이 되는 방향으로 교사가 예상하는 활동의 전개 방향을 기록하되 간단히만 기록한다. • 활동 내용을 지나치게 상세히 기록하면 영아에게 반응하지 않고 교사가 준비한 활동 방향대로 이끌어 가는 실수를 범할 수 있다.
유의점	• 과거 같은 활동을 실시한 경험, 유사한 활동을 실시한 경험, 현재 지도하는 영아의 개별적 특성 등을 고려해서 교사가 유의해야 할 것을 기록한다.

- 교육과정 영역별 활동 중 일부는 수일 전에 시작하여 영아의 참여가 감소하는 중이거나 어제와 유사한 방식으로 진행해도 무리가 없는 활동일 수 있다. 그런 경우에는 따로 기록하지 않고 어제의 교육계획안을 참고한다.

④ 활동 평가

- 활동을 실시한 후 활동 목표, 준비물, 활동 내용 측면에서 개인 영아나 활동 전체에 대해 평가한다. 교사는 평가를 기반으로 다음 날의 활동 목표나 방향을 변경하거나 교사의 역할을 재설정하거나 추가 또는 변경해야 할 물리적 환경(예 교재·교구, 준비물, 활동 세팅)을 결정하여 교육계획안에 반영한다.

다음 사례는 1세 학급의 일일 교육계획안이다. 모두 새로 시작한 활동은 아니나 독자에게 풍부한 사례를 제공하고자 모든 활동에 대한 계획을 상세히 기록하였다.

예 5-17 1세반 일일 교육계획안: 6월 2주, ○일 화요일

하루일과 시간표

시간	일과 내용
07:30~08:30	• 통합보육
08:30~09:30	• 등원, 실내 자유놀이 및 간식(기저귀, 화장실, 물 양치)
09:30~10:30	• 대근육 활동(강당)
10:30~11:10	• 실내 자유놀이
11:10~11:25	• 정리 · 정돈* 및 점심 준비
11:25~12:10	• 점심 식사(이 닦기)
12:10~12:30	• 낮잠 준비(기저귀, 화장실)
12:30~15:00	• 낮잠 및 휴식
15:00~15:30	• 간식(물 양치, 기저귀, 화장실, 산책 준비-선크림)
15:30~16:30	• 산책
16:30~16:45	• 전이(손 씻기, 화장실, 물 마시기, 신발과 옷 정리)
16:45~17:30	• 실내 자유놀이 및 개별 귀가

* 대근육 활동 후 다시 놀이를 하므로 대근육 활동 전 실내 자유놀이 때는 정리 · 정돈을 하지 않음

교육과정 영역별 활동

영역	활동 내용
일상생활 영역	• 급 · 간식: 턱받이 스스로하기 • 이 닦기: 자신의 컵, 칫솔 찾기 • 옷 입고 벗기: 자신의 신발 찾아서 들고 오기 • 배변 훈련: 기저귀 갈 때 스스로 바지 내리기 • 정리 · 정돈: 교사의 도움을 받아 1~2개의 놀잇감 정리하기
신체 및 운동 영역	• 제자리에서 두 발 모아 뛰기/ 뛰어 내리기
감각 및 탐색 영역	• 시트지 탐색하기
문제 해결 영역	• 블록 높이 쌓고 무너뜨리기
의사소통 영역	• 손인형 놀이하며 "안녕", "안녕하세요" 말해보기
관계 형성 영역	• 자신의 얼굴 찾기(라벨지 사용)

활동 및 내용

제자리에서 두 발 모아 뛰기/ 뛰어 내리기	
구분	활동 내용
선정 이유	• 대부분의 영아가 안정적으로 걷게 되면서 뛰기 시작함 • 뛰다가 넘어지기도 하지만 열성적으로 뛰기를 즐김 • 평평한 바닥뿐만 아니라 높은 곳에서도 뛰어 내리려고 함 • 뛰어 내릴 때의 두려움을 극복하면서 정서적 만족감을 크게 느낌
목표	• 뛰기와 뛰어 내리기를 통해 대근육 및 대근육 협응력을 발달시킨다. • 뛰기와 뛰어 내리기를 다양한 높이나 표면에서 할 때 신체를 조절할 능력을 발달시킨다.
준비	• 신체 매트
내용	① 매트에 관심을 보이는 영아가 자유롭게 놀도록 격려한다. - ○○가 푹신한 매트 위를 걷고 있네. - △△는 두 발로 펄쩍 뛰네. ② 매트 위와 바닥에서 뛰거나 뛰어 내리려 할 때 안전에 유의하면서 격려한다. - ○○이가 빠르게 뛰고 있구나. - ○○아! 매트 위에서도 뛰어볼까? - 매트에서 뛰니까 발이 쑥쑥 들어가는 느낌이 드는구나. ③ 매트를 겹쳐서 다양한 높이에서 뛸 수 있는 기회를 준다. - □□는 매트를 이렇게 높이 만들었는데도 잘 뛰어 내리네. - △△는 선생님 손을 잡고 뛰어 내려 볼래?
유의점	• 뛰어 내리기를 할 때는 반드시 교사가 영아 옆에서 안전을 보장해 준다. • 두 발 모아 뛰기나 뛰어 내리기를 잘 하는 영아를 격려하고 또래의 모델이 되도록 한다.

시트지 탐색하기	
구분	활동 내용
선정 이유	• 평소 스티커 혹은 라벨지 등을 접하며 접착력이 있는 재료에 흥미를 보임 • 크기가 큰 시트지를 제공하면 신체 혹은 다양한 놀잇감을 활용한 놀이가 활발해질 것이라 예상함 • 붙이는 사물의 특성에 따라 '붙는 정도'가 다르기 때문에 사물의 특성에 대한 이해가 높아지리라 예상함
목표	• 새롭게 접하는 자료(시트지)에 관심을 가진다. • 감각(촉각, 시각, 청각)을 이용하여 시트지의 특성을 탐색한다. • 시트지와 붙이는 사물 간의 관계에 대해 탐색한다.
준비	• 바닥과 벽면에 부착한 시트지 • 투명한 시트지의 경계를 표시해주는 색 테이프

구분	활동 내용
내용	① 시트지에 관심을 가진다. - □□가 시트지를 보고 있네. 손으로 만졌더니 손바닥이 '쩍' 하고 붙네. ② 시트지를 신체로 탐색한다. - □□가 시트지 길에 서봤더니 발이 잘 안 떨어지는구나. - ○○는 엉덩이로 앉았구나. 엉덩이가 붙어서 일어날 수가 없네. ③ 시트지에 여러 가지 자료 및 놀잇감을 붙인다. - ◇◇는 시트지에 강아지를 초대해줬구나. 강아지도 붙었네! - 강아지는 잘 붙는데, 숟가락은 잘 안 붙네! 왜 그럴까?
유의점	• 바닥에 시트지를 제시할 경우, 시트지의 투명한 특성을 고려해 영아가 시트지와 바닥의 경계를 알 수 있도록 색 테이프로 경계를 표시해준다.

블록 높이 쌓고 무너뜨리기

구분	활동 내용
선정 이유	• 블록 쌓기의 발달 단계 상 블록을 길게 나열하기와 높이 쌓기가 활발하게 이루어지고 있는 것을 관찰함 • 다양한 블록을 높게 쌓고 무너뜨리는 반복적인 놀이를 통해 균형을 맞춰 쌓는 정밀한 기술을 연습할 기회를 제공할 수 있음
목표	• 균형을 맞춰 블록을 쌓는 시도를 한다. • 신체를 조절하여 블록을 쌓고 무너뜨린다.
준비	• 무게가 너무 무겁거나 단단하지 않은 쌓을 수 있는 블록 또는 재료
내용	① 블록에 관심을 갖는다. ② 블록을 높이 쌓는다. - 블록을 쌓아볼까? - ○○가 블록을 어깨만큼 높이 쌓았네. ③ 쌓은 블록을 무너뜨린다. - 높게 쌓은 블록을 ○○가 쓰러뜨렸네.
유의점	• 높이 쌓고 무너뜨려도 안전을 보장할 수 있는 소재의 블록을 제공한다.

손인형 놀이하며 "안녕", "안녕하세요" 말해보기

구분	활동 내용
선정 이유	• 일과에 익숙해지면서 교사와 주고받는 인사말에 관심이 높아짐 • 손인형을 통해 또래와 간단한 상호작용을 할 기회를 제공할 수 있음
목표	• "안녕", "안녕하세요"를 말해본다. • 인형의 움직임과 이야기에 관심을 갖는다.
준비	• 손인형
내용	① 교사가 움직이는 손인형과의 대화를 촉진한다. - ○○야, 안녕! 난 멍멍이야. 만나서 반가워. - ○○는 넌 무엇을 하고 있니? - ○○는 자동차를 가지고 놀고 있구나.

구분	활동 내용
내용	② 인형에게 "안녕", "안녕하세요" 등의 인사말을 할 기회를 제공한다. - ○○야, 안녕? 나는 코끼리야. - 코끼리가 ○○를 만나서 반가운가봐. - ○○도 코끼리한테 "안녕!" 인사해보자. - 다음에 또 만나. 안녕!
유의점	• 영아의 개별적 발달을 고려하여 언어적으로 인사말을 주고받기 어려운 영아는 비언어적인 상호작용을 해보도록 격려한다. • 또래끼리 손인형을 사용하여 상호작용해 볼 수 있도록 교사가 옆에서 지원한다.

자신의 얼굴 찾기(라벨지 사용)

구분	활동 내용
선정 이유	• 지난 주 시트지 탐색 시 시트지의 특성 중 접착력에 흥미를 보임 • 자신의 개인 사진과 가족 사진을 즐겨보고, 거울을 보면서 자신의 모습을 관찰하는 것에 흥미를 보임 • 학급에서 함께 지내는 또래를 인식하나 또래의 사진에는 관심을 크게 보이지 않음 • 각 영아의 얼굴 사진을 라벨지에 인쇄한 후 제공하여 자신과 또래를 찾아보는 활동을 계획함
목표	• 자신과 또래의 모습을 인식한다. • 붙는 특성(접착력)을 탐색한다.
준비	• 영아의 얼굴 사진을 인쇄한 라벨지(한 장의 라벨지에 학급 영아 사진을 모두 넣어 또래의 얼굴에 관심을 갖도록 준비)
내용	① 자신의 얼굴 사진이 있는 라벨지를 찾아보게 한다. - 여기 △△ 얼굴이 있네. - △△가 사진이 갖고 싶구나. ② 라벨지에 인쇄한 얼굴 사진을 떼어보도록 한다. - △△ 사진을 떼어 볼까? 선생님이 도와줄게. ③ 떼어낸 자신 또는 또래의 얼굴 사진을 붙이고 싶은 곳에 자유롭게 붙이게 한다. - △△ 얼굴 사진을 벽에 붙였네. - ○○는 전화기에 붙였구나.
유의점	• 또래의 사진에 관심이 없는 영아는 자신의 사진만 찾아보게 한다.

| 예 5-17 | 이 1세반 일일 교육계획안에 수록된 활동을 실시한 후 교사가 평가한 내용은 다음과 같다.

예 5-18 1세반 일일 교육 실시 후 활동에 대한 평가: 6월 2주, ○일 화요일

제자리에서 두 발 모아 뛰기/ 뛰어 내리기에 대한 평가

구분	평가 내용
전반적 양상	• 강당에서 놀이하는 동안 자연스럽게 신체 매트에서 뛰어내리기, 제자리에서 두 발 모아 뛰기 등 다양한 신체 활동을 시도할 기회가 있었음 • 신체 매트(50cm)에서 뛰어내리기에 흥미를 보이는 영아에게 교사가 모델링을 보여주며 제자리에서 뛸 수 있도록 지원했음 • 뛰기/ 뛰어 내리기하는 것을 관찰하여 대근육 협응력 평가가 가능했음
추후 계획	• 한 발씩 뛰거나 뛰어 내리는 영아를 위해 바닥에 리본 두고 뛰어 넘기, 훌라후프 뛰어 넘기를 자연스럽게 할 기회를 주고 점차 1단 유니바 뛰어 넘기 등의 더 복잡하고 난이도 높은 활동을 할 수 있도록 지원할 예정임

시트지 탐색하기에 대한 평가

구분	평가 내용
전반적 양상	• 시트지 탐색이 매우 활발하게 이루어졌음 • 자신의 신체를 이용하여 탐색하는 영아와 놀잇감을 이용하여 탐색하는 영아가 있었음 • 신체로 탐색하는 영아는 자신의 몸을 붙이고 교사에게 떼어달라고 제안하기도 함. 시트지에 발이 붙었을 때, 잘 떨어지지 않아 두려워하는 영아도 있었음. 시트지에 신체의 일부나 놀잇감이 붙거나 떼어낼 때의 촉감과 끈적끈적한 시트지의 특성을 경험할 수 있었음 • 놀잇감으로 탐색하는 영아는 시트지에 잘 붙는 헝겊 음식 모형을 붙이며 시트지의 특성을 알아봄
추후 계획	• 내일은 신체 외에 다양한 놀잇감을 붙여보며 놀잇감의 표면이나 무게 같은 특성에 따른 차이를 비교해 볼 계획임. 특히 두려움을 느끼는 모습을 보인 영아에게 놀잇감 붙이기를 제안할 예정임 • 바닥에 붙은 시트지에 관심을 보이는 영아가 많았기 때문에 바닥에 더 큰 시트지를 부착할 예정임  

블록 높이 쌓고 무너뜨리기에 대한 평가

구분	평가 내용
전반적 양상	• 블록을 높이 쌓는데 높은 흥미를 보이며 다수의 영아가 참여함 • 영아마다 쌓는 높이에 차이가 있었으며, 자신의 키보다 높이 쌓는 영아도 있었음 • 무너뜨리는 행위에 흥미를 느끼는 영아는 즐거움을 많이 표현했으나, 친구가 쌓은 블록을 무너뜨리는 경우가 있었음 • 대부분의 영아가 교실에 있는 스펀지 블록과 벽돌 블록을 높이 쌓을 수 있었음
추후 계획	• 조금 더 정교한 기술과 균형 감각을 발달시키도록 크기와 모양이 다양한 재료를 제시할 예정임 • 무너뜨리는 것에 흥미를 느끼는 영아는 교사가 옆에서 함께 쌓고 무너뜨리는 것을 지원하여 다른 또래와 갈등 상황이 생기지 않도록 도울 예정임   

손인형 놀이하며 "안녕", "안녕하세요" 말해보기에 대한 평가

구분	평가 내용
전반적 양상	• "안녕"이라는 인사말을 또렷하게 발음할 수 있는 영아가 많지 않음 • 따라서 교사는 영아의 표정, 몸짓, 말소리에 초점을 두어 손인형에게 어떻게 인사하는지를 관찰함 • 영아는 움직이는 손인형에 관심을 보이며, 손을 흔들며 인사하고 음식 모형을 이용해 먹이를 주는 등 가작화놀이를 함
추후 계획	• 몇 명의 영아는 또래와 상호작용을 시도함. 따라서 간단한 인사말 외에도 손인형을 이용해 다양한 언어적, 비언어적 상호작용을 하도록 지원할 예정임   

자신의 얼굴 찾기(라벨지 사용)에 대한 평가

구분	평가 내용
전반적 양상	• 자신의 얼굴을 찾아서 스티커를 떼어내 자신의 신체를 포함한 다양한 곳에 붙이며 적극적으로 참여함 • 스티커를 스스로 떼어내는 정도로 소근육 발달을 평가할 수 있었음(가능–○○, △△, □□ ; 불가능–☆☆, ◇◇) • 몇 명의 영아는 또래의 사진을 찾아 또래에게 붙여주며 또래에 대한 관심을 표함
추후 계획	• 오늘 자신의 얼굴을 찾아본 영아는 또래의 사진도 찾아보도록 격려하여 또래에게 관심을 갖도록 지원할 예정임 • 다양한 곳에 붙인 얼굴 찾기놀이로 확장할 수 있을 것임 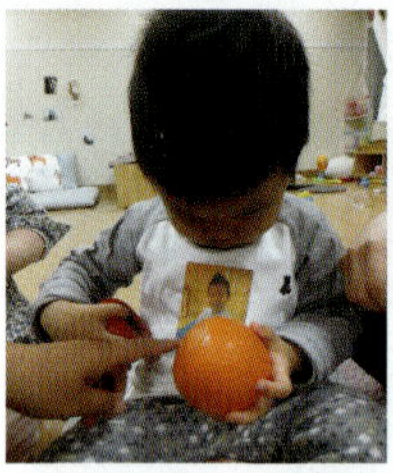 자신의 사진 찾기  또래 사진 찾아 주기  교사와 함께 사진 찾기

다음 사례는 2세 학급의 일일 교육계획안이다. 모두 새로 시작한 활동은 아니니 독자에게 풍부한 사례를 제공하고자 모든 활동에 대한 계획을 상세히 기록하였다.

예 5-19 2세반 일일 교육계획안: 6월 2주, ○일 화요일

하루일과 시간표

시간	일과 내용
07:30~08:30	• 통합보육
08:30~09:30	• 등원, 실내 자유놀이 및 간식(물 양치)
09:30~09:40	• 전이(화장실, 산책 준비-선크림)
09:40~10:35	• 산책
10:35~10:45	• 전이(손 씻기, 화장실, 물 마시기, 신발과 옷 정리)
10:45~11:20	• 실내 자유놀이
11:20~11:30	• 정리 · 정돈* 및 점심 준비
11:30~12:20	• 점심 식사(이 닦기)
12:20~12:40	• 낮잠 준비(화장실)
12:40~15:00	• 낮잠 및 휴식
15:00~15:30	• 오후 간식(물 양치, 화장실)
15:30~16:10	• 대근육 활동(유희실)
16:10~16:15	• 전이
16:15~17:30	• 실내 자유놀이 및 개별 귀가

*산책 후 다시 놀이를 하므로 산책 전 실내 자유놀이 때는 정리 · 정돈을 하지 않음

교육과정 영역별 활동

영역	활동 내용
일상생활 영역	• 급 · 간식: 급식판, 국그릇, 수저 따로 모으기 • 손 씻기: 스스로 물비누 눌러 짜기 • 이 닦기: 교사가 닦아주기 전에 거울 보며 스스로 이 닦아보기 • 옷 입고 벗기: 양말을 발등까지 신겨주면 스스로 당겨 신기 • 배변 훈련: 변기에 소변보기를 시도하기 • 정리 · 정돈: 놀잇감 놓는 장소에 적절하게 정리하기
신체 및 운동 영역	• 목표물 향해 공 던지기
감각 및 탐색 영역	• 색 분무기로 그림 그리기
문제 해결 영역	• 투명 파이프에 놀잇감 통과시키기
의사소통 영역	• 그림책 『물감 비가 내린다면』(글 · 김세실, 끼리끼리) 보기
관계 형성 영역	• 교사의 도움을 받아 "빌려 줄래?" 말하기

활동 및 내용

목표물 향해 공 던지기	
구분	활동 내용
선정 이유	• 교사와 공 주고받기에 관심이 높음 • 교사가 있는 방향을 향해 공을 던지며 힘과 방향 조절이 가능한 영아가 많음 • 좀 더 정교하게 자신의 의도대로 신체를 조절할 수 있도록 목표물(골대)을 제시하기로 함
목표	• 자신의 의도에 따라 힘을 조절하여 목표를 향해 공 던지기를 시도한다.
준비	• 영아의 키에 맞는 골대 또는 공을 던져 넣을 수 있는 목표물, 공
내용	① 공과 목표물에 관심을 가진다. - ○○가 공을 들고 있구나. 앞으로 던졌네! ② 목표물을 향해 공 던지기를 시도한다. - ○○가 골대 안에 던져보는구나. - 공이 쏙 들어갔네! - 공이 골대를 맞고 나왔구나.
유의점	• 영아의 능력에 따라 교사가 공 던지는 위치와 목표물 사이의 거리를 멀게 또는 가깝게 한다.

색 분무기로 그림 그리기	
구분	활동 내용
선정 이유	• 분무기는 학기 초부터 영아가 자주 사용한 도구임(예 꽃에 물주기) • 분무기를 자주 사용하여 손으로 잡고 조절하는 능력이 향상됨 • 지난 수주 간 다양한 도구(예 붓, 솔, 솜방망이, 막대)를 이용한 물감 그림을 그려옴 • 영아 스스로 다양한 도구를 찾는 과정에서, 분무기를 가져다 뿌리면서 그림을 그리려는 시도를 함. 분무기로 뿌렸을 때 종이가 젖기는 하지만 흔적이 뚜렷하게 남지 않았기 때문에 분무기에 물감을 넣어주기로 함
목표	• 물감이 든 분무기를 전지에 뿌리고 나타나는 흔적(그림)을 탐색한다. • 손과 팔의 힘을 조절하여 색 분무기를 조작한다.
준비	• 전지(세워서 제공), 색깔 물(초록색, 분홍색, 노란색), 분무기
내용	① 원하는 색 분무기를 선택하여 원하는 방식으로 조작한다. ② 세워서 붙여진 전지에 색 분무기를 뿌려 나타나는 색과 흔적을 탐색한다. - 빨간색 물이 담긴 분무기를 뿌렸더니 전지에 빨간색 물이 묻었네. - 물이 위에서 아래로 흘러내리네.
유의점	• 영아가 행동의 결과를 읽어주는데 초점을 두고, 영아가 관심을 보일 때만 색 섞임을 언급한다.

투명 파이프에 놀잇감 통과시키기

구분	활동 내용
선정 이유	• 투명 파이프는 영아가 이전에 경험해보지 못한 새로운 놀잇감이면서 다양한 놀이로 발전할 가능성이 있을 것으로 판단함 • 파이프의 특성 중 원형의 구멍을 활용해 놀잇감을 통과시키는 활동을 계획함 • 파이프 구멍의 크기와 놀잇감의 크기의 비교, 놀잇감의 특성에 따라 통과시키는 방법의 차이 등을 발견할 수 있을 것으로 예상함
목표	• 파이프의 특성(예 원형, 구멍, 길쭉함, 투명함 등)을 활용하여 놀이한다. • 놀잇감을 통과시키기 위해 다양한 시도를 한다.
준비	• 투명 파이프, 영아가 파이프에 넣을 수 있는 다양한 놀잇감
내용	① 투명 파이프에 관심을 가지고 특성(예 원형, 구멍, 길쭉함, 투명함 등)을 활용하여 놀이한다. - 길쭉한 파이프를 들고 있구나. - 안이 보이는구나. - △△가 파이프에 입을 대고 말을 하니까 소리가 울리네. ② 영아 스스로 투명 파이프로 다양한 시도(예 무작위로 놀잇감 넣기, 적절한 크기의 놀잇감 넣기, 파이프 움직이기 등)를 하도록 격려한다. - 파이프 구멍에 자석 블록을 넣었구나. - 파이프 구멍에 또 무엇을 넣어볼까? - ○○는 숟가락을 넣고 살짝 들었더니 아래로 쏙 빠져나오네.
유의점	• 교사가 먼저 제안하기보다 영아의 다양한 시도를 관찰하고 필요하다고 판단되는 도움을 제공한다.

그림책 『물감 비가 내린다면』 보기

구분	활동 내용
선정 이유	• 색 분무기를 통한 놀이가 활발했기 때문에 관련 동화책을 선정함 • 자신의 행동(놀이)과 동화책 등장인물의 행동을 연관시킬 기회를 제공할 수 있음 • 다양한 상상을 해볼 수 있는 기회를 제공할 수 있음
목표	• 교사가 읽어주는 그림책 내용에 관심을 가지고 듣는다. • 교사의 도움을 받아 물감 비가 내리는 모습을 상상한다. • 자신의 행동과 동화책의 내용을 관련짓는다.
준비	• 그림책 『물감 비가 내린다면』(글 · 김세실, 끼리끼리)
내용	① 그림책 『물감 비가 내린다면』을 영아에게 읽어준다. ② 물감 비가 내리는 모습을 상상한다. - 그림책처럼 하늘에서 노란 물감 비가 내리면 어떨까? - ○○이 말대로 세상이 다 노랗게 보이겠다. ③ 동화의 내용과 영아가 색 분무기로 그림 그리기 활동한 것을 연관지어 본다. - ○○는 무슨 색으로 분무기를 뿌렸지? 여기 있는 노란색 세상과 비슷하네.
유의점	• 영아가 다양하게 상상하고 자신의 상상을 충분히 표현할 수 있도록 원하는 영아만을 대상으로 소그룹으로 진행한다.

교사의 도움 받아 "빌려 줄래?" 말하기	
구분	활동 내용
선정 이유	• 영아의 놀이가 점차 활발해지면서 놀잇감이 많이 필요함 • 놀잇감이 필요할 때 그냥 가져가서 갈등이 생기거나, 필요하다는 말을 하지 못해 교사에게 와서 짜증을 부리는 영아가 있어 계획함 • 발달적으로도 영아는 놀잇감이 개인의 것이 아니라 기관에서 모두 함께 사용하는 것이라는 점을 이해함
목표	• 교사의 도움을 받아 상황에 적절한 말을 한다. • 교사의 도움을 받아 친사회적 행동을 시도한다.
준비	없음
내용	① 원하는 놀잇감이 있음을 표현한다. - OO는 다리미가 필요하구나. ② 교사의 도움을 받아 또래에게 놀잇감을 빌린다. - 다리미를 그냥 가져가면 ☆☆이가 속상하겠구나. - OO가 ☆☆이한테 '빌려 줄래?' 라고 먼저 물어보자.
유의점	• 모든 영아가 하는 활동이 아니라 놀잇감을 빌리거나 빌려주는 상황에 관련된 영아만을 대상으로 실시한다. • 영아 스스로 시도할 기회를 먼저 준 후 도움이 필요하다고 판단되면 지원한다.

| 예 5-19 | 의 2세반 일일 교육계획안에 수록된 활동을 실시한 후 교사가 평가한 내용은 다음과 같다.

예 5-20 2세반 일일 교육 실시 후 활동에 대한 평가: 6월 2주, O일 화요일

● 목표물 향해 공 던지기에 대한 평가

구분	평가 내용
전반적 양상	• 모든 영아가 목표물 방향으로 공을 던질 수 있으나 자신의 의도에 따라 힘을 조절하여 던지는 것은 어려워함. 목표물에 가까이 가서 던지는 등의 방법을 택하는 영아가 많음 • 교사가 조금 떨어진 거리에서 던지는 모습을 보여주자 교사의 옆에 나란히 서서 던져보는 시도를 하였고, 몇몇 영아는 골대에 공을 넣기도 했음
추후 계획	• 영아의 던지기 발달 수준을 고려하여 던지는 위치에 변화를 줄 예정임   

색 분무기로 그림 그리기에 대한 평가

구분	평가 내용
전반적 양상	• 색 분무기를 뿌려 나타나는 흔적과 색, 그리고 위에서 아래로 흘러내리는 물의 특성에 관심 보임
양상 1. 전지와 유리벽에 색 분무기 뿌리기	• 유리벽, 기둥과 종이에 분무기와 물을 뿌려 색이 나타나고 흘러내리는 모습에 관심을 보이고 관찰함 • 분무기로 물체를 충분히 적시는 것에 흥미를 보이고 연속적으로 분사함 • 충분히 물이 적셔지는 것, 흘러내리는 것에 관심을 보임   
양상 2. 바닥 매트 위에 색깔 물과 물 쏟기	• 분무기로 뿌리는 것과 더불어 담겨 있는 물을 매트 바닥에 쏟는 것에 흥미를 보임 • 색 분무기를 종이에 분사하는 것을 충분히 경험했다고 교사가 판단하여 바닥에 쏟아볼 수 있도록 함 • 순차적으로 색깔 물을 쏟아 색이 변화하는 것에 호기심을 갖고 관찰함. 물을 뿌렸을 때는 색이 흐려지는 것을 경험함. 이를 인식하고 "색이 변했어요."라고 말함 • 많은 양의 색깔 물이 섞여지는 것에 관심 가짐(눈에 띄는 변화). 자신이 물이나 색을 쏟았을 때 변화되는 과정에 흥미 보임  
양상 3. 작은 구멍 사이로 흘러내리는 물 관찰하기	• 우연히 작은 구멍이 있는 그릇에 물을 넣으니 통과하여 비처럼 흘러내리는 것을 발견함 • 교사가 그릇을 들고 있고 영아가 위에 물을 넣어 물이 통과하여 내리는 것을 관찰하는데 흥미를 보임 
추후 계획	• 세워진 전지 이외에 바닥에도 다양한 특성의 자료(예 천, 한지)를 제공해서 분무기로 분사한 색깔 물이 자료의 특성에 따라 어떻게 다르게 나타나는지 탐색할 기회를 제공할 예정임 • 분무기에 색깔 물을 담을 때 영아와 함께 깔대기를 이용하여 담아 구멍이 있는 그릇에 색깔 물이 통과할 때 나타나는 특성을 관찰할 기회를 주고, 물의 흘러내림에 관심을 지속적으로 보이면 다양한 농도의 액체(예 꿀물)가 흘러내리는 특성을 관찰할 기회를 줄 예정임

투명 파이프에 놀잇감 통과시키기에 대한 평가

구분	평가 내용
전반적 양상	• 투명 파이프의 특성(예 원형, 구멍, 길쭉함, 투명함 등)을 활용하여 자유롭게 놀이함 • 투명 파이프에 놀잇감을 통과시키며 파이프 들기, 기울이기 등의 다양한 시도를 함 • 투명 파이프에 놀잇감을 통과시키기보다 파이프의 특성을 활용하여 자유롭게 놀이하는 것에 더 흥미를 보임
추후 계획	• 투명 파이프의 특성을 더 탐색해 볼 충분한 시간을 제공할 예정임 • 파이프 여러 개를 연결하여 길게 통과할 수 있는 길 만들기, 색 분무기 활동과 연결하여 색깔 물 통과시키기 등의 활동으로 확장할 예정임    

그림책 『물감 비가 내린다면』 보기에 대한 평가

구분	평가 내용
전반적 양상	• 예상보다 책에 대한 흥미가 적었음. 그림책 보며 물감 비가 내리면 어떨지 상상해 봄. 그림책에 나타난 것과 유사한 대답을 함
추후 계획	• 며칠 더 그림책을 제시해 흥미가 지속되는지 관찰할 예정임 • 꼭 그림책의 내용과 관련짓지 않더라도 색 분무기놀이를 하며 다양한 상상을 해볼 수 있도록 상호작용할 예정임

······● 교사의 도움 받아 "빌려 줄래?" 말하기에 대한 평가

구분	평가 내용
전반적 양상	• 이 시기의 영아는 다른 영아에게 양보하고 자신의 욕구를 억제할 수 있는 사회적 기술을 습득하기 시작함. 자발적이지 않아도 교사가 비슷한 상황에서 자신이 경험한 정서에 대하여 인식하도록 도움을 주면 빌려주는 등의 친사회적 행동을 행할 수 있음. 대부분의 영아는 교사가 도와주면 상황에 맞게 "빌려 줄래?"라고 말할 수 있으며 부탁에 응함 • ○○, △△, □□: 또래가 놀이하는 놀잇감을 쓰고 싶을 때 빌리기보다는 놀잇감을 가져가려고 하며 "내 것!"이라고 표현함. 이에 갈등이 발생하는 경우가 빈번하여 교사가 "빌려 줄래?"라고 물을 것을 권유함 • ◇◇, ☆☆: 빌려주는 것의 진정한 의미를 이해하지 못하는 것으로 판단됨. 또래에게 놀잇감을 주고 바로 다시 자신에게 달라고 함. 학기 초에 비해 또래나 교사의 부탁(놀잇감을 빌려줄 것)에 긍정적으로 응하고 있음
추후 계획	• 빌려준다는 의미를 이해할 수 있도록 지속적으로 빌려줌의 의미를 설명하며 이해를 도울 예정임 • 빌려준 후 일정 시간이 지나고 다시 돌려받는 경험을 반복하게 해서 빌려주고 받는 친사회적 행동이 긍정적으로 인식될 수 있도록 도울 예정임  

일일 교육계획안을 작성하고 실행할 때 가장 명심해야 할 것은 영아의 흥미, 경험, 능력을 반영하면서 교육계획안을 실행에 옮겨야 한다는 것이다. 위에서 예로 제시된 일일 교육계획안도 교사가 미리 계획한 것이 그대로 실천되는 것도 있지만, 영아의 흥미, 경험, 능력을 고려하여 다른 활동으로 바뀌기도 하고, 계획된 활동이 축소되거나 확장되기도 한다. 학습이 일상의 삶과 밀접할수록 영아에게 의미 있는 교육이 되기 때문에 교사의 끊임없는 관찰과 관찰한 것을 교육에 즉시 반영하는 노력이 중요하다. 또한 이 과정에서 교사는 집단으로서의 영아의 경험뿐만 아니라 개별 영아의 경험도 고려해야 한다. 예를 들면, 개별 영아가 공룡에 관심 있을 경우, '점토에 동물 숨기고 찾기' 활동을 할 때 작은 모형 공룡을 추가하여 계획할 수 있다. 다수의 영아가 공통으로 공유하는

경험(예 주말 여행)이 있을 경우, 훌라후프 기차놀이 활동을 할 때, 기차가 경유하는 장소를 영아가 주말에 가본 장소(예 놀이공원, 음식점, 산, 백화점)로 정할 수 있다.

(2) 월간 교육계획안

앞서 언급한 바와 같이 연간 교육계획은 기본적으로 월간 교육계획과 동일한 것이므로 본 절에서는 1세와 2세 학급의 9월 월간 교육계획안을 예로 제시하기로 한다. 다음의 예는 영아의 흥미에 기반한 발현적 교육과정의 맥락 안에서 활동을 실시한 후 사후에 정리한 것이다.

예 5-21 1세 9월 월간 교육계획안의 예

구분	일상생활 영역	신체 및 운동 영역	감각 및 탐색 영역	문제 해결 영역	의사소통 영역	관계 형성 영역
1주	• 급식: 교사가 포크로 찍어준 반찬 스스로 먹기 • 손 씻기: 교사가 짜주는 비누로 거품 충분히 내기 • 옷 입고 벗기: 스스로 신발 찾아 들고 오기	• 벽 짚고 돌아오기 • 동화책 『머리부터 발끝까지』(글 · 에릭 칼, Harper Collins)의 동물 동작 따라하기	• OHP 기기 탐색하기 • 큰 북에 사물 올려놓고 두드려보기	• 블록 길게 연결하기 • 라이트테이블 탐색하기	• 『머리부터 발끝까지』(글 · 에릭 칼) 책을 보며 동물의 동작을 말로 묘사하기 • 또래에게 "잘 자!" 인사하기	• 블록으로 동물 집 만들기 • 한복 입고 놀이하기
2주	• 급식: 턱받이를 자신의 턱받이 바구니에 넣기 • 이 닦기: 칫솔을 입에 넣고 이 닦기를 시도해 보기 • 낮잠: 교사와 함께 침구 정리하기 • 배변: 자신의 기저귀 찾아오기	• 밧줄 잡고 이동하기 • 도토리 노래에 맞추어 율동하기	• 시트지에 자연물 붙이기 • 입체물에 색 테이프 붙이기	• 4조각 퍼즐 맞추기 • 숨바꼭질놀이하기	• 가을 관련 그림책 보기 • 산책 사진 보며 이야기하기	• 함께 자연물 찾고 담아보기 • 자연물과 벽돌 블록으로 산책길 만들기
3주	• 급식: 새로운 반찬 조금 맛보기 • 옷 입고 벗기: 바지 스스로 올리기 • 정리 · 정돈: 교사가 주는 놀잇감 정리하기 • 배변: 기저귀 갈 때 교사의 이야기를 듣고 몸 움직이기	• 내가 만든 마라카스 연주하며 신체 움직이기 • 공 굴려 목표물 쓰러뜨리기	• 빛놀이터 둘러보기 • 자연물로 밀가루 반죽 꾸미기	• 돋보기로 나무 열매(솔방울, 도토리) 관찰하기 • 교사가 숨긴 물건 찾기	• "빌려줄래?", "이것 줄까?"라고 말해보기 • 산책하며 계절에 대한 이야기하기	• 나만의 마라카스 만들어 선물하기 • 내가 만든 모자 사용하여 또래와 놀기
4주	• 급식: 교사가 부르면 앉아서 먹기 • 손 씻기: 스스로 소매 걷어보기 • 이 닦기: 양치컵 제자리에 정리하기	• 두 발을 교대로 계단 오르내리기 • 붕붕카 밀어보기	• 옹기토 탐색하기 • 마카로니놀이하기	• 경사로에서 자동차 굴리기 • 무슨 소리일까?	• 『모두 다 아기야』(글 · 김난지, 웅진주니어) 책보기 • 할머니, 할아버지께 전화하기	• 다문화 인형으로 놀이하기

예 5-22 2세 9월 월간 교육계획안의 예

구분	일상생활 영역	신체 및 운동 영역	감각 및 탐색 영역	문제 해결 영역	의사소통 영역	관계 형성 영역
1주	• 급식: 옷에 묻은 밥풀 스스로 떼기 • 이 닦기: 옷 젖지 않게 몸을 숙여 물 뱉기 • 낮잠: 스스로 매트 접어보기	• 높은 곳에 매달린 인형을 뛰어서 치기/사물로 치기 • 그대로 멈춰라	• 석류나무 관찰 하기 • 롤링페인터 탐색하기	• 자연물 분류하기 • 자연물 붙이기(테이프 사용하여)	• 산책에서 본 것 이야기 나누기 • 교사에게 말로 인사하기	• 또래의 움직임 따라하기 • 새로운 또래에게 관심 가지기
2주	• 손 씻기: 충분한 거품 내어 씻기 • 옷 입고 벗기: 윗옷 머리에 끼워주면 스스로 당겨 입기 • 정리 · 정돈: 정리 시간이 되면 스스로 놀잇감 정리해보기	• 45도 이상의 경사로 만든 매트 넘기 • 바인더 끈 길게 찢기	• 리본 탐색하기 • 바인더 끈 탐색하기	• 여러 가지 벽돌 섞어 균형 잡히게 높이 쌓기 • 자연물 블록으로 모양 구성하기	• 누구의 목소리일까? • 광고지 보기	• 음식점 놀이하기 • 또래와 스카프로 놀잇감 옮기기
3주	• 급식: 밥 먹을 때 적당한 목소리로 이야기하기 • 배변: 교사의 도움 받아 소변 본 후 물 내리기 • 낮잠: 이불 넓게 펴고 눕기	• 옹기토 밟기 • 빌리보 위에 올라서기	• 옹기토 탐색하기 • 밀가루 반죽으로 콩 송편 빚기	• 서열 퍼즐 맞추기 • 공룡 자석 퍼즐 맞추기	• 엄마, 아빠가 들려주는 동화 • 가을 관련 그림책 보기	• 형님 반에서 송편 빚기 관찰하기 • 형님 반과 전화놀이 하기
4주	• 이 닦기: 양치 후 컵 씻기 • 손 씻기: 종이타월 뭉쳐서 버리기 • 옷 입고 벗기: 지퍼 끝 채워주면 스스로 올리기	• 솔방울을 바구니에 던져 넣기 • 평행으로 연결된 고무줄 통과하기	• 자연물 안개 그림 • 솔방울에 물감 칠하기	• 경사로 만들기 • 자연물 굴리기	• 추석 때 있었던 일 말하기 • 목소리 녹음하고 듣기	• 자연물로 가게놀이 하기 • 우레탄 블록으로 집 만들기

기관의 특성에 따라 연간 및 교육계획안을 반드시 미리 작성해야 하는 경우가 있는데, 표준보육과정이나 기관의 고유한 교육과정을 운영하는 경우가 그러하다. 이 경우에도 교사가 명심할 것은 교육계획안은 계획안에 불과하다는 것이다. 영아를 위한 양질의 교육과정은 영아 간의 다양한 개인차, 흥미와 관심을 수용하고 영아의 발달을 고려할 때 실현되는 것이기 때문에 교육계획안은 교사가 활용하는 지침으로 이해하는 것이 중요하다.

06 영아를 위한 교육 환경의 구성 및 운영

1. 환경 구성의 원리

물리적으로 풍요로운 환경에서 놀이를 통한 상호작용을 통해 성장하고 학습하는 영아에게 양질의 환경을 제공하는 것은 매우 중요하다. 영아를 위한 교육 환경은 가정과 같이 따뜻하고 친숙하고, 안전하면서도 영아에게 적절한 자극을 줄 수 있는 다양한 교재 · 교구가 갖추어져 있어야 한다(Deviney, Duncan, Harris, Rody, & Rosenberry, 2010; Durtis & Carter, 2003, 2015).

영아와 직접 관련 있는 환경은 일상생활을 위한 영역과 놀이 영역으로 구분할 수 있다. 일상생활을 위한 영역은 영아의 일상생활에 필수적인 대 · 소변 보기, 간식 및 급식, 휴식 및 낮잠, 씻기, 기저귀 갈기, 옷 · 신발 · 실내화 넣기 등이 이루어지는 영역 또는 장소를 의미하고, 놀이 영역은 실내 · 외놀이가 이루어지는 영역을 의미한다. 본 절에서는 영아를 위한 교육 환경 구성의 원리를 살펴보고, 일상생활을 위한 영역과 실내 · 외놀이 영역의 구성 및 운영에 대해 상세히 살펴보고자 한다.

1세 학급 환경

2세 학급 환경

1) 가정과 같은 편안한 분위기가 나도록 하는 환경 구성

어린이집에서 생활하는 영아는 하루의 대부분을 기관에서 보내기 때문에 가정에서 지내는 듯한 분위기가 나도록 환경을 구성하여 안정감과 편안함을 느낄 수 있도록 해야 한다. 흔히 캐노피를 설치해서 가정과 같은 분위기를 조성하려고 하나 가정에서 캐노피를 사용하는 경우가 드물기 때문에 가정에서 흔히 볼 수 있는 소재, 사물, 자료를 사용해서 가정과 같은 분위기를 연출하는 것이 더 바람직하다.

천으로 된 깔개

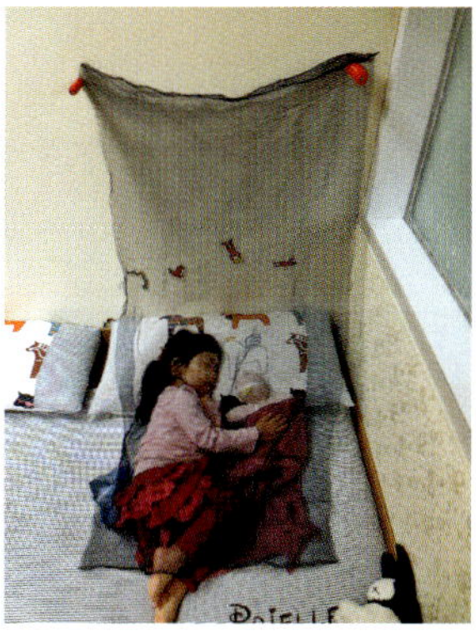

얇은 천을 활용한 개인용 휴식 공간

가정에서 영아가 가지고 놀아 본 인형

플라스틱보다는 나무나 천으로 된 정리 바구니

나무와 꽃, 어항이 있는 공간

2) 연령에 적합한 환경 구성

영아를 위한 교육 환경의 중요한 요소 중 하나는 연령에 따른 발달적 적합성이다. 연령과 발달에 적합한 환경은 영아가 사용하는 가구, 화장실, 세면대 등의 크기가 영아의 신체 크기에 적합할 뿐만 아니라 학급이 구성된 방식도 연령에 적합함을 의미한다.

활동실에서 대근육 활동을 할 수 있게 조성된 환경

활동실에서 감각 및 탐색 활동을 할 수 있게 조성된 환경(커피 찌꺼기를 이용한 감각 및 탐색 활동)

3) 융통적인 환경 구성

융통적인 환경은 영아의 다양한 개인차를 수용하는 측면과 구성된 환경을 활용하는 측면에서의 융통성을 의미한다. 영아의 월령이 어릴수록 같은 학급에서 생활하는 영아 간의 개인차가 심하다. 양질의 환경은 영아의 다양한 발달적 요구를 수용할 수 있도록 융통적이어야 한다. 예를 들면, 긴 의자는 영아를 안은 두 명의 교사가 앉을 공간을 제공하기도 하고, 벽에서 조금 떼어 놓으면 기는 영아에게 흥미로운 통로로 활용되기도 하고, 걸음마를 시작하는 영아에게 지지대의 역할을 하고, 숨바꼭질 같은 공간 게임에 흥미를 가진 영아를 위해서는 담요를 덮어 만든 터널이 될 수 있다. 이렇게 환경을 설계하고 재설계하는 과정을 통해 영아의 변화에 보조를 맞추는 융통성 있는 환경을 만들 수 있다.

영아가 생활하는 활동실은 유사한 목적이나 특성을 가진 놀잇감을 모아놓은 몇 가지 영역으로 구성된다. 성인들은 영역별 특성을 인식하지만, 영아는 영역별 특성을 인식하지 못할 뿐만 아니라 특정놀이는 그 영역에서만 해야 한다는 인식(예 음률 영역에서만 악기 연주하기)도 없다. 따라서 영아에게 특정 영역에서만 특정한 놀잇감을 가지고 노는 것을 강조하기보다는 다양한 영역을 오가면서 놀 수 있는 융통성을 허용해야 한다. 예를 들면, 휴식 영역이나 실내용 종합놀이터의 아래 공간에서 책을 읽을 수도 있으며, 감각 및 탐색 활동을 위해 다양한 재질의 재료를 스타킹과 양말 속에 넣어 만든 것을 가지고 쌓기놀이 영역에서 다리나 길을 만드는데 사용할 수도 있고, 접을 수 있는 큰 책을 이용하여 언어 영역에서 책을 읽으면서 상상놀이를 할 수도 있다. 융통적인 환경은 영아가 환경을 창의적으로 활용할 능력과 창의적으로 놀이할 수 있는 가능성을 높여준다.

언어 영역에서 이루어지는 상상놀이

역할놀이 영역에서 이루어지는 책읽기

대근육, 역할, 감각 및 탐색, 조작놀이가 복합적으로 일어나는 환경

쌓기 놀잇감과 개방적인 놀잇감인 천으로 하는 역할놀이

다양한 놀이가 가능하도록 삼각 거울, 천, 시트지, 공, 책을 함께 제시한 공간

다양한 놀이가 가능하도록 계단, 윗면이 거울인 상자, 조작 놀잇감, 자동차를 함께 제시한 공간

4) 교육적으로 가치가 있는 환경 구성

영아를 위해서 시중에서 판매되고 있는 다양한 놀잇감이나 교사가 제작한 교재 · 교구를 제공할 때, 교육적으로 가치가 있는 것인지 신중히 고려해야 한다. 영아가 좋아하고 흥미를 보이는 놀잇감이라도 교육적이지 못한 것(예 영아의 조작이 필요 없이 건전지로 작동하는 것을 보기만 하는 놀잇감)은 제공하지 않는다.

5) 자연 친화적인 환경 구성

영아의 월령이 어릴수록 실내에서 지내는 시간이 길다. 실외놀이 시설이 없는 어린이집이나 교육기관에 재원중인 영아는 자연을 접할 기회가 더욱 적다. 이런 경우 학급 내에 영아의 정신적, 심리적, 신체적 건강을 위해 금붕어나 화초를 키우는 것이 바람직하다. 이때, 영아가 특정 화초나 꽃에 알러지 반응을 보이는지 미리 점검한다.

실외에서 꽃을 관찰하는 영아

실내에서 분무기를 이용하여 꽃에 물을 주는 영아

자연물을 활용한 활동이 격려되는 환경

실내에 비치한 다양한 크기의 화분

6) 적절한 수준의 동기 유발이 되도록 적절한 양과 수준의 놀잇감이 있는 환경 구성

너무 많은 선택의 기회는 영아를 흥분시키고 집중을 방해하여 스스로나 타인에게 문제를 야기한다. 반면, 너무 적은 수와 종류의 놀잇감도 영아 간의 갈등을 유발한다. 최적의 양은 영아의 월령과 반응, 하루일과의 길이, 집단의 크기 등을 고려하여 결정하여야 하나, 월령이 어릴수록 적은 수의 다양한 놀잇감보다는 같은 유형의 놀잇감을 여러 개 준비한다.

또한 너무 낮은 수준의 놀잇감은 영아의 놀이가 발전하지 못하게 하고, 너무 높은 수준의 놀잇감은 영아를 좌절하게 한다. 다양한 용도로 사용할 수 있는 놀잇감(예 블록, 자연물)을 제공하면 놀잇감의 수준에 대한 우려는 줄일 수 있으나, 교사가 특정 놀잇감(예 퍼즐)을 특정용도(예 퍼즐 맞추기)로만 사용하게 한다면 놀잇감의 수준이 적절한지 점검해야 한다. 적절한 양과 수준에 대한 판단은 영아의 행동을 관찰하는 것을 통해 할 수 있다. 영아가 놀잇감에 집중하지 않고 돌아다닐 때, 너무 많은 놀잇감 때문에 어지르기만 하고 놀이를 못할 때, 또래 영아와 놀잇감 때문에 지나치게 갈등할 때, 놀이가 발전하지 않고 오랫동안 반복될 때는 놀잇감의 양과 수준에 대해 점검할 필요가 있다.

7) 안전한 환경 구성

영아기는 오감각을 활용하여 활발하게 환경을 탐색하는 특성이 강하면서도 위험한 것과 위험하지 않는 것을 구별하거나 예측하는 능력이 충분히 발달하지 않았기 때문에 안전한 환경을 조성하는 것이 중요하다. 안전한 환경을 조성하기 위해서는 놀잇감이나 교재 · 교구뿐만 아니라 활동실의 마감재, 가구, 전기 시설, 바닥재나 활동실의 가구 배치 등 모든 측면이 안전한지 살펴보아야 한다.

동시에 안전한 환경에 대한 교사로서의 철학을 정립할 필요가 있다. 완벽하게 안전한 환경이란 있을 수 없고, 영아가 안전과 관련된 능력을 가지려면 어느 정도는 '안전하지 않은' 환경에서 지내면서 경험할 필요가 있다. 어린이집 평가인증 지표(보건복지부 · 한국보육진흥원, 2016)에서는 안전을 별도의 영역으로 설정하고 8개 지표에 대해 평가하고 있다. 특히 실내 · 외 놀잇감의 안전에 대해 삼킬 수 있는 놀잇감 및 활동 자료가 없어야 하고, 직경 3.5cm 이하의 물건이나 놀잇감, 크기가 작은 자연물(예 콩, 팥, 도토리)은 비치하지 않도록 규정하고 있다.

그러나 2세 영아는 일반적으로 교사가 강조하는 안전에 관한 유의사항을 실행할 능력이 있고, 더 어린 연령이라도 기관에 오래 다니면서 교사가 꾸준히 알려준다면 다양한 자료를 안전하게 사용할 능력이 있다. 따라서 중요한 것은 위험할 수 있는 사물을 무조건 주지 않는 것이 아니라 교사가 충분한 주의를 기울이면서 영아의 능력에 따라 사용할 수 있도록 기회를 주는 것이다. 이런 과정을 통해 영아는 스스로의 안전을 책임지는 능력을 서서히 갖게 된다.

2세 학급에 제공된 다양한 자료

세공된 자연물로 안전하게 놀이하는 영아

8) 청결한 환경 구성

영아기는 오감각을 활용하여 환경을 탐색하는 특성이 강하면서도 면역력이 약한 시기이기 때문에 청결한 환경을 제공하여야 한다.

- 화장실이나 세면대를 활동실 내부나 활동실과 직접 연결되는 곳에 설치한다.
- 비용이 많이 들기는 하지만 비누를 직접 만지지 않고 눌러 쓸 수 있는 물비누와 종이타월을 준비한다.
- 기저귀를 담는 휴지통은 뚜껑이 항상 닫혀 있어야 하며, 발로 조작하여 열고 닫는 것이어야 한다.
- 영아가 가지고 노는 놀잇감은 자주 소독한다. 이를 위해 대형 자외선 소독기를 설치하는 것이 바람직하다.
- 활동실의 바닥, 선반, 가구, 깔개를 진공청소기 혹은 다른 청소도구를 사용하여 정기적으로 청소한다.
- 활동실의 온도와 습도를 적절히 조절한다. 적어도 1~2시간에 한 번은 환기를 시키고, 공기청정기나 가습기를 설치한다.
- 영아 개인 소유의 이불, 베개 등도 가정이나 기관에서 정기적으로 세탁한다.

활동실과 연결된 화장실

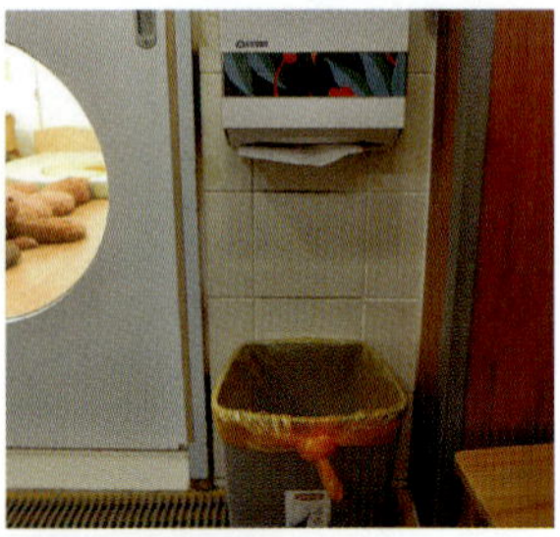

물비누와 종이타월의 사용

발로 눌러 여는
기저귀 처리용 휴지통

놀잇감 소독기

2. 일상생활을 위한 환경 구성 및 운영

제3차 어린이집 표준보육과정 교사용 지침서(보건복지부, 2013e)에는 0, 1세를 위한 일상생활 영역으로 수유 및 기저귀 갈이 영역을 기본(2세는 수유와 기저귀 갈이가 해당 없다고 보고 생략)으로 제시하고 개인사물함과 휴식 영역을 추가로 제시하고 있다. 본 절에서는 0, 1, 2세의 영아를 위한 개인장과 화장실 및 기저귀 갈이대, 휴식 및 낮잠을 위한 공간(김희진 · 김현주 외, 2016)으로 나눠서 살펴보고자 한다.

1) 개인장

- 영아를 위한 개인장은 활동실 내에 비치하는 것이 바람직하다. 특히 기저귀, 갈아입을 옷, 낮잠용 침구 등을 보관하는 개인장은 실내에 두는데, 그 이유는 영아가 성장하면서 자신의 물건을 꺼내거나 정리하게 할 수 있고 청결을 유지하는데 도움이 되기 때문이다. 그러나 실외에서 주로 사용하는 용품(실내화, 실외화, 겉옷)을 보관하는 개인장은 활동실 밖 가까운 곳에 두면 청결을 유지하는데 도움이 된다.
- 영아별로 개인장을 준비한다. 개인장을 혼자 사용할 수 없는 어린 월령의 영아(예 0세)의 경우, 바닥보다는 성인의 손이 쉽게 닿는 높은 위치에 개인장을 설치하는 것이 좋다.
- 영아의 월령이 어릴수록 활동실 안이나 활동실이 가까운 곳에 개인장을 배치한다.
- 개인장에 영아의 사진이나 좋아하는 그림을 붙여주어 자신의 장을 식별하도록 한다.

기저귀, 여분의 옷, 이불과 베개 등의 개인용품을 두는 개인장(활동실 내)

옷을 거는 옷걸이(활동실 밖)

실내화와 실외화를 따로 두는 개인별 신발장(활동실 밖)

사진과 개인별 상징을 이용한 개인장 이름표

2) 화장실 및 기저귀 갈이대

(1) 화장실

- 씻기와 용변보기가 가능하도록 변기, 세면대, 샤워장을 마련한다. 영아 학급의 경우 간단히 씻길 수 있는 샤워 시설이 필요하다.
- 화장실은 활동실에서 직접 연결되도록 한다.
- 화장실 바닥은 미끄럽지 않은 재질로 마감한다.
- 영아의 신체 크기에 적절한 영아용 변기를 마련한다. 만약, 영아용 변기가 없다면 성인용 변기에 얹을 수 있는 영아용 변기 커버와 영아가 밟고 올라갈 수 있는 발판을 준비한다.
- 영아를 위한 화장실은 안에서 문이 잠기지 않고 위에서 볼 수 있도록 위가 뚫린 것이 바람직하다.
- 영아의 신체 크기에 적절한 세면대를 마련한다. 세면대는 개인용뿐만 아니라 여러 영아가 같이 씻을 수 있는 다양한 형태로 준비할 수 있다. 센서가 장착되어 자동으로 물이 나오고 멈추는 수도를 설치하면 위생적 측면과 시간 효율성 측면에서 효과가 있다.
- 간식이나 식사 후 양치질을 할 수 있도록 개인용 컵과 칫솔을 위생적으로 보관할 수 있는 시설을 마련한다. 칫솔과 컵은 매일 자외선 살균기에 넣어 살균한다.

간단히 씻길 수 있는 샤워 시설

영아의 신체 크기에 적절한 좌변기와 남아용 소변기

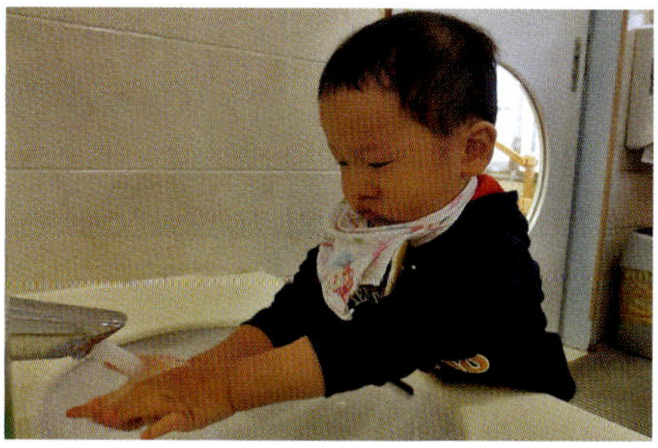

센서가 장착된 수도

칫솔을 보관하는 자외선 살균기

(2) 기저귀 갈이를 위한 공간

- 영아의 월령에 따라 다양한 기저귀 갈이대를 사용할 수 있다.
- 기저귀 갈이대는 바닥에 설치하거나 입식 기저귀 갈이대를 설치할 수 있는데, 입식 기저귀 갈이대는 청결 유지, 영아의 대근육 활동 기회 제공(예 기거나 걸어서 올라가기), 그리고 교사의 허리 보호 측면에서 효과적이다.
- 기저귀 갈이를 위한 공간은 활동실 내에 설치하는 것이 바람직하다. 화장실에 설치할 경우, 유리창이나 열린 문을 통해 활동실 내의 상황을 관찰할 수 있는 곳에 배치하여야 한다.
- 교사가 손을 닦을 수 있는 장소와 가까운 곳에 설치한다.
- 기저귀 갈이 영역은 쉽게 닦거나 소독할 수 있는 재질로 마감하고 정기적으로 소독한다.
- 기저귀 갈이대 위에 수납장을 설치하여, 기저귀, 물휴지, 위생장갑, 종이 깔개 등을 보관한다.

• 기저귀를 가는 동안 영아가 볼 수 있는 그림이나 가지고 놀 수 있는 놀잇감을 설치한다.
• 기저귀 갈이 영역이 높을 경우는 반드시 보호대를 설치한다.
• 영아가 쉽게 열 수 없도록 뚜껑이 있고 발로 눌러 여는 기저귀 처리용 휴지통을 준비한다.

입식 기저귀 갈이대

좌식 기저귀 갈이대

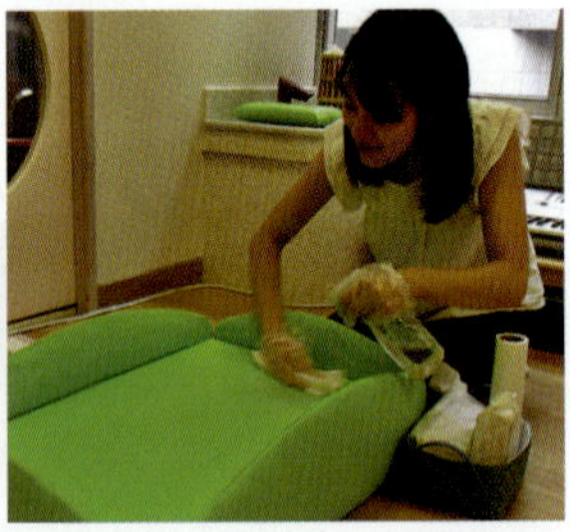
소독할 수 있는 재질로 된 기저귀 갈이대를 사용 후 소독하기

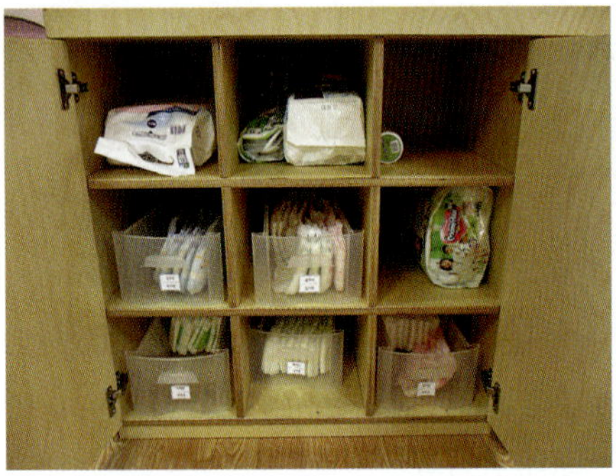
개인별 기저귀 보관 수납장

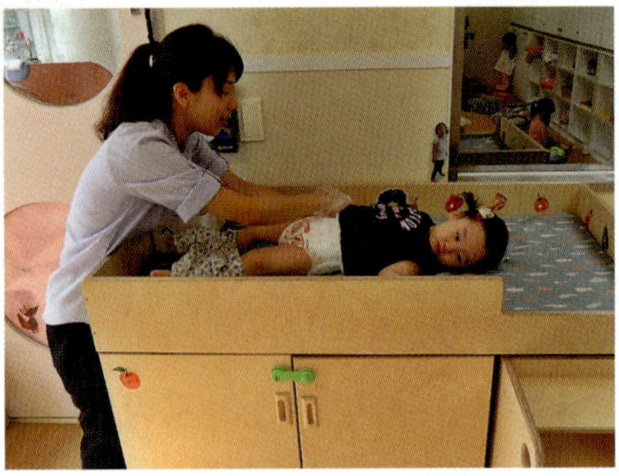
기저귀를 가는 동안 그림을 보는 영아

3) 휴식 및 낮잠을 위한 공간

영아가 휴식하고 낮잠 자는 별도의 공간을 마련하기보다는 필요할 때 공간을 확보하는 경우가 더 많다. 따라서 휴식 및 낮잠을 위한 공간은 청결이 유지되고 안정감이 들도록 하는 것이 중요한데 유의할 점은 다음과 같다.

(1) 휴식을 위한 공간

- 휴식만을 목적으로 하는 별도의 공간을 마련하는 것은 효율적이지 않다. 휴식을 위한 공간을 별도로 마련하더라도 영아가 휴식만을 위한 공간으로 인식하는 것이 아니기 때문이다.
- 영아가 안정감을 느낄 수 있는 곳(예 언어 영역)이면 어느 곳이나 휴식 영역의 역할을 할 수 있다. 활동실 내에 천막이나 상자, 또는 숨을 수 있는 구석진 곳 등을 준비해서 영아가 놀이하다 자연스럽게 휴식할 수 있게 한다.
- 교사는 영아를 관찰하여 쉴 필요가 있다고 판단될 때는 책읽기 등의 조용한 활동을 하도록 유도한다.

활동실 구석에 천으로 만들어 준 휴식 공간

또래 사진을 보며 혼자 있을 수 있는 인형 깔개

또래와 책을 보며 휴식하는 영아

편안한 공간을 스스로 찾아서 휴식하는 영아

(2) 낮잠을 위한 공간

- 낮잠을 잘 수 있는 별도의 공간이 있어 영아의 개인적 낮잠 시간에 따라 자게 하는 것이 가장 바람직하다. 0, 1세 영아는 낮잠 시간의 개인차가 크고, 자지 않는 영아가 내는 소음으로 인해 낮잠 자는 영아가 숙면을 할 수 없기 때문이다.
- 우리나라의 현실에서는 활동실에서 같은 시간에 다 같이 낮잠을 자는데, 놀이에 사용한 공간이므로 낮잠 전에 청소를 하여 청결한 환경에서 낮잠을 자게 한다.
- 낮잠을 잘 때는 영아가 안정감을 느끼면서 교사와 영아가 서로 볼 수 있을 만큼 어두워야 한다.
- 낮잠에 필요한 물품(예 베개, 이불, 덮개)은 영아별로 따로 준비하고 애착물이 필요한 영아는 가정에서 가지고 오게 하여 편안하게 낮잠을 잘 수 있도록 한다.
- 낮잠을 잘 때 사용하는 깔개는 낮은 침대식 깔개 또는 두께감이 있는 깔개를 사용한다.

안정감을 주면서도 너무 밝거나 어둡지 않은 정도의 밝기

개별 침구 보관장

애착물을 가지고 자는 1세 영아

4) 간식 및 점심 식사를 위한 공간(식당)

- 영아는 간식과 점심을 모두 활동실 내의 책상에서 먹는 것이 보통이다. 바닥에 앉는 낮은 책상을 사용하는 것이 일반적이나, 의자가 있는 책상을 사용하면 영아가 먹다가 일어서서 돌아다니는 가능성을 줄이고 먹는 시간이라는 인식을 갖게 할 가능성을 높이므로 더 바람직하다.
- 간식은 개별적으로 먹는 것이 바람직하므로 영아가 빈번하게 지나가거나 활발하게 놀이하는 곳과 떨어진 곳의 책상을 활용한다.
- 간식과 점심을 먹기 전에는 책상을 깨끗이 닦고, 배식하는 교사는 마스크, 위생장

갑, 앞치마 등을 착용하여 청결을 유지한다.

- 영아가 자신이 먹은 것은 점차 스스로 정리하도록 격려한다.
- 간식 후에는 물 양치를 하고 점심 후에는 양치질을 하게 한다. 개별 영아별로 먹는 데 소요되는 시간이 다르므로 시간차를 이용하여 양치를 하게 돕는다.

0세 영아를 위한 식탁
| 출처 | Kaplan(2003). Early learning.

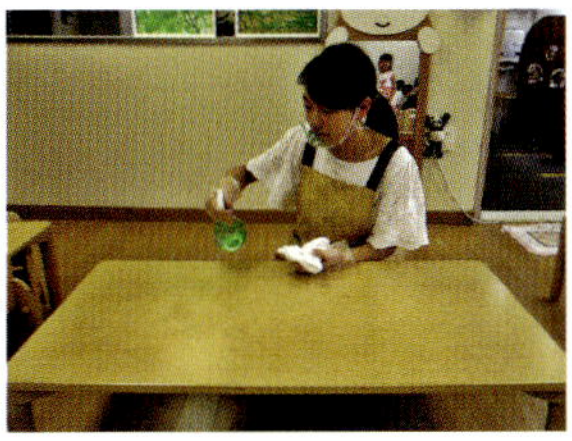

식탁 소독

청결한 배식

의자에 앉아 점심 먹는 2세 영아

스스로 정리하는 2세 영아

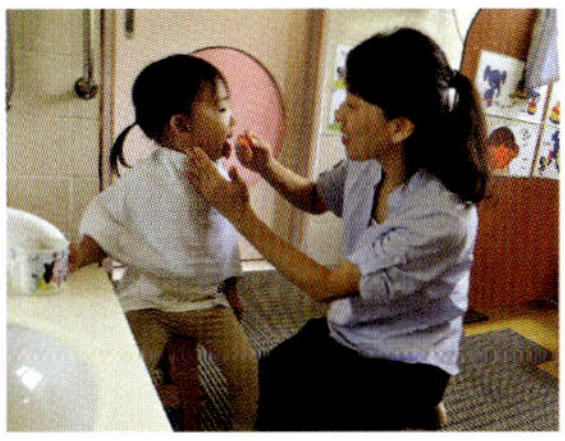

교사와 양치질을 하는 1세 영아

3. 실내놀이를 위한 환경 구성 및 운영

보건복지부(2013e)는 놀이 영역을 | 표 6-1 | 과 같이 0세 학급은 3개의 영역으로, 1세 학급은 4개의 영역으로, 2세 학급은 6개의 영역으로 구성하도록 하고 있다.

표 6-1 어린이집 연령별 놀이 영역

연령	놀이 영역					
0세반	신체	언어	감각 · 탐색	–	–	–
1세반	신체	언어	감각 · 탐색	역할 · 쌓기	–	–
2세반	신체	언어	감각 · 탐색	역할 · 쌓기	미술	음률

그러나 영아는 자연스럽게 놀이하면서 연령에 관계없이 다양한 놀이에 참여할 뿐만 아니라 교사가 제시한 놀잇감을 고유의 놀이방법이 아닌 다른 방법으로도 사용한다. 0세 영아가 우레탄 블록을 옮기면 초기 수준의 쌓기놀이를 하는 것이고 두 개를 부딪쳐 소리를 내면 음률놀이를 하는 것이다. 또한 영아 학급에서는 대 · 소집단 활동을 거의 하지 않고 하루일과의 대부분을 자유선택활동(자유놀이)을 하면서 지내고, 교사가 계획한 활동도 자유선택활동의 일환으로 실시되기 때문에 실내놀이 환경의 구성은 매우 중요하다(김희진 외, 2006; 김희진 · 박은혜 외, 2016; Anderson, Spainhower, & Sharp, 2015; Curtis, Brown, Baird, & Coughlin, 2015; Schwarz & Luckenbill, 2015; Trawick-Smith, Wolff, Koschel, & Vallarelli, 2015). 따라서 본 절에서는 영아가 다양한 특성의 놀이를 할 수 있는 환경을 조성해 준다는 측면에서 다양한 놀이 영역의 구성을 강조하고자 한다.

앞서 환경 구성 원리에서도 강조하였듯이, 특정 영역에서 특정 활동을 하는 것을 고집하기보다는 활동의 특성에 따라 융통성 있게 실내놀이 환경을 구성하고 활용하려는 노력이 필요하다. 따라서 각 영역은 물리적 공간을 차지하는 영역으로 이해하기보다는 특정 놀이를 할 수 있는 놀잇감 또는 교재 · 교구가 있는 장소로 이해하여야 한다.

1) 대근육 활동 영역

(1) 대근육 활동 영역의 필요성

인간은 엄마 뱃속에서부터 움직인다. 즉 움직임은 살아있음을 의미한다. 어린 영아는 성인에 비해 움직임에 대한 욕구가 강해 끊임없이 움직이면서 에너지를 발산한다. 영아는 대근육 활동을 통해서 긴장과 다양한 욕구를 해소할 뿐만 아니라, 신체 각 부분과 순환기, 배설, 호흡기 등의 여러 기관의 기능도 조화롭게 발달된다. 대근육 활동을 통해 바른 자세를 형성할 수 있으며 균형감, 협응력, 민첩성, 유연성과 같은 일반 운동 능력과 걷기, 뛰기, 점프하기, 구부리기, 밀고 당기기, 비틀기 등의 특수 운동 능력도 발달된다. 또한 방향감각과 공간 개념을 익히고 어려운 과정을 극복하면서 스스로 자신의 움직임이 점점 유연해지고 조절 능력이 증가됨을 느껴서 자신감과 성취감을 얻고 긍정적인 자아 개념을 형성한다. 특히 영아기는 신체 및 운동 기능의 발달과 협응이 괄목할 만한 성장을 보이는 시기이므로 항상 실내 · 외에서 대근육 활동을 할 수 있는 환경을 마련하여 일상생활에서 자연스럽게 신체 및 운동 기능의 발달과 협응이 이루어지도록 한다.

(2) 대근육 활동 영역의 운영

표준보육과정에서는 신체 영역(보건복지부, 2013a)으로 표현하나 신체 영역의 목적이 영아에게 실내 · 외에서 대근육 활동을 할 기회를 제공하는 것이므로 본 절에서는 그 목적이 부각되도록 대근육 활동 영역으로 서술하고자 한다. 대근육 활동 영역에서의 활동은 학기 초에는 단순히 걷거나 뛰어보는 기초적인 움직임을 중심으로 이루어지지만, 점차 다양한 도구를 사용하고 난이도를 조절하면서 신체적 움직임의 수준이 높아진다.

영아에게 적절한 대근육 활동 영역은 자유롭게 움직일 수 있는 충분한 공간과 적절한 도구가 준비된 공간이다. 실외놀이 영역이나 유희실 같이 실내의 넓은 영역에서 활동하기도 하지만 신체적 움직임의 욕구가 많은 영아의 특성을 고려하여 활동실 내에서도 적절하게 대근육 활동을 할 수 있도록 한다. 그러나 실내에서 활동할 경우에는 다른 활동에 방해가 되지 않는 범위 내에서 하도록 한다. 시설이 차지하는 공간과 영아가 움직이는 정도를 고려하여 영아가 오르고, 내리고, 타고, 밀고, 뛰고, 길 수 있는 시설과 설비(예 애벌레 타기, 미끄럼틀 타기, 시소 등)를 갖춘다.

영아의 대근육 활동은 맨손체조와 같이 몸을 이용한 기본 동작부터 여러 가지 기구를 사용한 활동까지 다양하게 이루어진다. 그러므로 영아의 연령에 따라 제공되는 대근육 활동을 위한 환경은 다르지만, 잡고 걸을 수 있도록 벽을 따라 설치된 봉, 밀면서 걸을 수 있는 놀잇감, 실내용 미니 종합놀이터, 실내용 그네, 공 수영장, 1~2인용 흔들말, 밀거나 올라타고 다닐 수 있는 큰 교통기관, 두 발로 밀고 타는 자전거, 계단, 낮은 경사로, 건너뛰거나 기어 통과하는 장애물 등을 제공한다. 그리고 활동실 이외에도 유희실이나 강당에 대근육 활동을 할 수 있는 시설과 설비가 갖추어져 있어야 한다.

(3) 대근육 활동을 위한 시설과 설비

① 일상적으로 제공되는 시설, 설비 및 기구

영아의 대근육 활동을 촉진하기 위한 시설, 설비, 기구는 설치 장소에 따라 실내와 실외, 이동가능성에 따라 고정 시설과 비고정 시설로 나눌 수 있다. 교사는 영아의 신체능력 발달 정도에 따라 다양한 시설, 설비, 기구를 결합하여 안전하면서도 도전적인 대근육 활동이 이뤄지도록 한다.

대근육 활동을 위한 공간이라고 해서 대근육 활동만 하는 것은 아니다. 자발적인 음률 활동을 할 수 있도록 악기(예 피아노, 타악기 등)와 자료(예 다양한 재질과 색의 천, 동물 인형 모자)를 비치하면 대근육을 많이 움직이는 음률 활동이 자연스럽게 일어난다. 또한 조용히 앉아서 놀이하거나 쉬길 원하는 영아를 위해 앉아서 할 수 있는 놀잇감, 책, 휴식공간을 마련한다.

영아용 유희실(고정, 반고정, 이동식 시설 및 기구가 비치된 유희실)

공 수영장

높이뛰기나 손 뻗기를 유도하기 위해 천정에 붙이거나 매달아 놓은 놀잇감

조용한 놀이를 하길 원하는 영아를 위한 공간(조작 놀잇감, 포근한 공간)

조용한 놀이를 하기 원하는 영아를 위해 비치한 도서

활동실, 영아용 유희실, 강당 또는 실외에 비치한 다양한 놀이 기구

그물과 공을 이용한 던지기 놀이

입체 교구장과 고무줄을 활용하여 만든 대근육 놀이 기구

영아의 수준에 맞게 조합한 매트나 종이 벽돌 블록

활동실에 설치한 평균대

활동실에 설치한 신문지 수영장과 매트

활동실에 설치한 경사로와 에어매트 길

활동실 문 앞에 설치한 계단

활동실 안의 화장실 앞에 설치한 계단

활동실에 설치한 미끄럼틀

영아용 실외놀이 기구

모래놀이

산책

실외에 비치한 시설, 설비, 기구 및 놀이

② 다양한 대근육 활동

영아에게 적절한 대근육 활동은 맨몸을 이용하여 움직이는 것부터 시작된다. 몸을 다양한 방식으로 움직이게 하여 신체 조절력을 증진시킨 후 영아에게 익숙한 주변의 사물이나 놀잇감을 이용한 다양한 활동에 참여하게 한다. 아래에 소개된 활동은 대집단 활동이 아니고, 자유선택활동 시간에 교사가 환경을 준비해주고 원하는 영아만 자유롭게 참여하게 하는 활동이다.

"위로 아래로, 위로 아래로…."

"나비처럼 이리저리 움직여요."

팔 다리 움직이기

교사는 자유선택활동 시간이나 전이 시간을 활용하여 다양한 동작을 하게 할 수 있다.

걷기

교사가 바닥에 깔아 놓은 종이, 종이 벽돌 블록, 낮은 평균대 위를 걸어보게 할 수 있다. 영아의 발달에 따라 점차 높은 곳(예 낮은 평균대)에서 균형을 잡으며 걸어 보게 하거나 또는 다양한 감촉이나 소리가 나는 자료(예 엠보싱이 있는 종이) 위를 걸어보게 할 수 있다.

잡아당기기

긴 막대를 잡아당겨 교사 끌어주기, 경사로에 있는 밧줄을 잡아당기며 올라가기를 하고 있다.

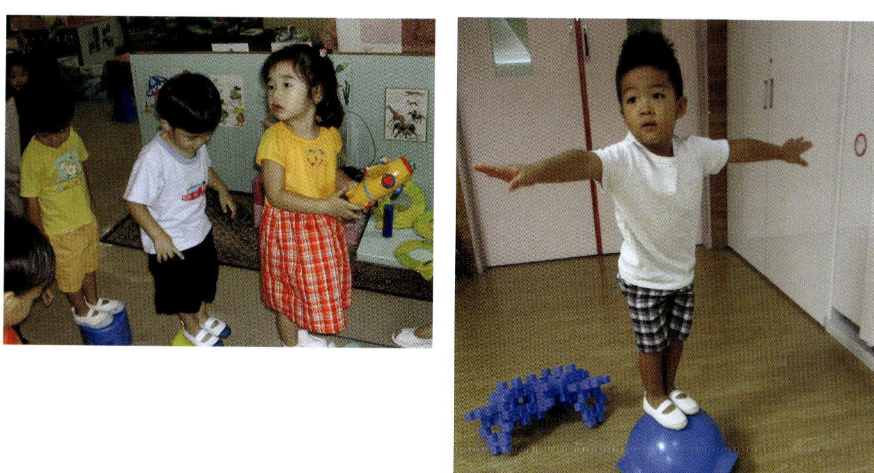

균형 잡기

여러 도형의 플라스틱 블록으로 만든 다리를 균형 잡으며 건너고 있다.

기기

"이리로 쏙 나왔다."

통과하기

"빨리 뛰자!"

달리기

"하나 둘 셋! 점프."

점프하기

◘ 영아가 또래와 자연스럽게 기기를 하고 있다.

◘ 영아는 실내 넓은 장소(유희실)에서 고무줄을 이용하여 만든 놀잇감을 통과하기, 중간을 높게 만든 매트 위 뛰어가기, 천장에 달려있는 모빌을 높이 뛰어서 쳐보기 등의 다양한 대근육 활동을 하고 있다.

"돌아라!"

허리 돌리기

"영차영차!"

올라가기

"조심조심!"

건너기

◘ 영아가 허리와 팔의 힘을 이용하여 훌라후프를 돌리기, 팔과 다리의 힘을 이용하여 올라가기, 지면과 떨어진 다리에서 균형 잡고 건너기 등의 활동을 하고 있다.

옆으로 구르기

협동하여 함께 뛰어보기(기차놀이)

③ 대근육 활동에 참여하는 영아의 수준 변화와 교사의 지원 수준 변화

영아의 신체 움직임은 시간이 지남에 따라 급속히 발달한다. 학기 초에는 신체적 조절이 어렵고 놀이 기구에 대한 이해와 경험이 부족하여 두려움을 느끼기 때문에 교사의

도움을 받아 활동하는 경우가 많다. 그러나 점점 놀이 기구 사용에 익숙해지면서 자신감과 성취감이 생겨 용기를 가지고 더 어려운 수준에 도전하는 모습을 보여준다. 또한 유연성 및 균형감 등의 운동 능력이 향상되면서 대근육뿐만 아니라 소근육, 공간 및 거리 등 다른 요소와의 관계도 고려하면서 신체를 자유롭게 조절하게 된다.

"아…, 잡아줘 잡아줘."

"천천히, 천천히 혼자서 해볼게요."

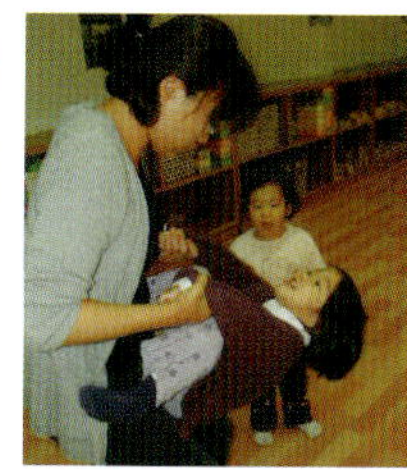

"선생님, 잡아주세요."

적극적으로 도와주기

- 교사는 영아의 두려움을 줄여주고 시도해 볼 수 있는 용기를 주기 위해 처음에는 손을 잡아주는 등 직접적인 신체적 도움을 주지만 점차 언어적 격려를 통해 영아를 도와준다.
- 교사가 영아의 몸을 돌려주는 것이 아니라 영아 스스로 돌릴 있도록 중심을 잡아 준다.

직접 같이 하면서 영아의 두려움 없애주기

- 영아는 자신이 혼자하기 두렵거나 망설여지는 놀이를 할 때 교사도 함께 하기를 바란다. 교사와 함께 놀이함으로써 영아는 마음의 안정을 찾고 참여한다.

옆에서 도와주면서 방법 알려주기

- 영아가 다양한 기구에 익숙해지면 교사는 개입의 정도를 점차 줄여 필요할 때만 적절한 도움을 준다.

관찰하면서 격려하기

- 처음에는 교사 없이 하기 힘들어 하던 놀이 기구도 여러 번의 경험을 통해 자신감과 성취감이 생기면 교사의 도움을 청하기보다는 점차 혼자서 하려고 한다. 이때 교사는 잘 지켜보면서 언어적으로 칭찬과 격려를 아끼지 않는다.

2) 언어 영역

(1) 언어 영역의 필요성

"사람은 책을 만들고 책은 사람을 만든다."라는 말이 있듯이 좋은 책은 사람의 바람직한 성장을 도와주는데 큰 역할을 한다. 모든 영아는 책을 좋아하므로 책을 좋아하는 성인으로 성장하느냐는 어릴 때 책을 통한 즐거움을 얼마나 경험했는가에 달려 있다. 자연스럽게 책을 접하면서 영아는 문자에도 관심을 갖게 되고 다양한 어휘와 문장력도 향상시킬 수 있다. 또한 책읽기를 통해 문학에 관심을 가지면서 상상력을 증진시키고 다양한 간접 경험을 통해 세상을 이해하고 자기를 잘 표현할 수 있는 능력을 발달시킬 수 있다. 학기 초에는 책읽기를 통해 교사와 영아의 낯설고 어색한 관계가 다양한 접촉과 협조로 긴밀해질 수 있다(Roskos & Christie, 2000).

(2) 언어 영역의 운영

학기 초 또는 월령이 어릴수록 책의 이야기에 관심을 보이기보다는 책의 그림이나 특수한 재질의 느낌에 더 많은 관심을 보이면서 훑어보는 형식으로 책읽기를 한다. 그래서 자신이 좋아하는 사물이나 소리가 나오고 그림이 변하는 등의 효과에 재미를 느껴 책읽기에 참여하는 경우가 많다.

영아는 글을 읽을 수 없고 교사가 감정을 넣어 읽어주는 것에 감정 이입이 더 잘 되기 때문에 교사에게 읽어달라고 요청한다. 그러나 점차 영아가 좋아하는 책이 생기거나 반복적으로 들어서 내용을 이해한 책이 생기면 교사를 초청해 읽어주거나 자신만의 방법으로 각색해서 읽어주기도 한다.

책읽기는 교사가 계획해서 하는 활동으로 실시하기보다는 일상에서 자연스럽게 실시한다. 책은 영아의 발달 수준과 흥미, 계절에 적절한 것으로 선정하고 책읽기가 다양한 확장 활동으로 연계되도록 한다. 영아의 인지 및 언어 발달 단계를 고려하여 적절한 수준의 책(예 등장인물이 너무 많거나 길이가 긴 것, 줄거리가 복잡한 책은 적절하지 않다.)을 준비하고 교사가 영아를 안고 읽기, 옆에 앉혀 놓고 읽기, 3~4명의 영아를 앞에 두고 읽기 등을 통해 다양한 유형의 상호작용이 일어나게 한다. 3~4명의 영아가 교사가 읽는 책을 함께 듣는 경험은 나중에 소집단 활동을 할 수 있는 기초가 된다.

(3) 언어 영역의 구성

언어 영역은 주로 실내에 마련되지만 날씨가 좋고 책을 읽을 수 있는 환경이 마련되면 실외도 상관없으며 실내의 벽 공간을 활용하여 언어 영역을 구성하기도 한다. 책은 활동실의 한 곳(즉 언어 영역)에만 비치하는 것이 아니라 다양한 곳(예 역할 영역, 음률 영역)에 비치하여 영아가 언제 어디서나 책을 읽을 수 있게 한다. 영아가 혼자서 책을 꺼내고 넣을 수 있는 낮은 책장이나 바구니를 비치하고 소파, 안락의자, 쿠션, 인형 등을 사용하여 안락한 느낌이 들게 한다.

안락한 쿠션, 인형, 다양한 크기와 재료의 책

감각 및 탐색 영역에 비치된 책

언어 영역에 비치된 손인형

역할놀이 영역에 비치된 책

(4) 책 종류의 다양성

다양한 수제와 재실로 만들어진 책

영아기는 오감각을 활용하여 탐색하는 시기이므로 다양한 재질의 도서(예 종이 책, 헝겊 책, 비닐 책)를 준비하고 영아가 직접 조작하면서 책읽기에 참여할 수 있는 책을 준비한다. 하기 초에는 영아가 일상생활에서 경험하는 것이나 친숙한 것을 소재로 한 책을 준비하고 점차 다양한 소재의 책을 제공한다.

① 재질에 따라

스펀지 책

헝겊 책

나무 책

우레탄 책

종이 책

② 크기에 따라

큰 책

작은 책

큰 책은 손에 들고 읽기 힘드므로 바닥에 내려놓고 보았다.

③ 형태에 따라

평면

반입체

입체

"어? 누르면 소리가 나네!"

소리 나는 책

(5) 집단 크기의 다양성

① 혼자 책보기

"이거는 여기에 붙이고…."

② 함께 책보기

"내 책부터 읽어주세요!"

교사와 함께 읽기

"이거 뭐지? 멍멍이야 멍멍이!"

또래와 읽기

(6) 교사 지원 방법의 변화

"책 집에서 책 읽자."

영아의 주도에 따라 함께 참여하기

- 영아는 책 여러 권을 겹쳐서 '책집'을 만든 후 집 안에서 책을 읽자고 초대하였다.

"선생님! 읽어주세요."

교사가 읽어주기

- 영아가 교사에게 책을 읽어 달라고 요청할 때 영아가 감정 이입을 하여 들을 수 있도록 감정을 넣어 읽어 준다.

"내가 읽어줄게."

영아가 읽어주기

- 영아는 자신이 교사가 되어 또래에게 책을 읽어준다면서, 교사가 여러 명의 영아에게 읽어주던 자세를 취하였다.

3) 감각 및 탐색 영역

본 절의 감각 및 탐색 영역은 두 가지 측면에서 표준보육과정의 교사용 지침서(보건복지부, 2013e)에서 다루는 감각 · 탐색 영역과 다르다. 첫째, 표준보육과정의 감각 · 탐색 영역에 서술한 내용의 일부를 본 절에서는 조작 영역을 따로 두어 서술하고자 한다. 보건복지부(2013e)의 감각 · 탐색 영역을 위한 놀잇감 및 교재 · 교구는 유아를 위한 수 · 조작 영역 중 조작놀이를 위한 놀잇감과 유사한 속성을 가진다. 유아를 위해서는 다양한 난이도와 재질의 평면 또는 입체 퍼즐을 비치하고, 영아를 위해서는 모빌, 딸랑이, 오뚝이, 건드리면 소리가 나는 놀잇감, 누르면 작동하는 놀잇감, 다양한 질감의 인형, 모양 블록, 모양 끼우기 통, 고무나 플라스틱 재질의 고리 끼우기 등을 비치하도록 하고 있다.

보건복지부(2013e)의 감각 · 탐색 영역의 놀잇감이 영아가 오감각을 활용하여 놀이할 수 있는 놀잇감인 것은 분명하나 신체, 언어, 역할, 쌓기, 음률, 미술 활동 등을 위한 놀잇감이나 교재 · 교구도 오감각을 활용하여 놀이할 수 있다. 영아 학급에서 교사는 영아가 오감각을 활용해서 적극적으로 탐색하고 세상을 이해하도록 다양한 활동을 준비한다. 본 절에서는 감각 및 탐색 활동을 위한 영역을 교사가 영아의 흥미와 발달을 고려하여 준비한 활동을 하는 영역으로 정의하고 보건복지부(2013e)에서 제시한 감각 · 탐색 영역에 소개된 놀잇감 및 교재 · 교구는 조작 영역을 따로 두어 설명하고자 한다.

둘째, 표준보육과정에서는 감각 · 탐색 영역과 미술 영역을 분리해서 서술하고 있지만 본 절에서는 미술 영역을 따로 두지 않고 감각 및 탐색 영역과 통합해서 서술하고자 한다. 영아는 그리기 같은 전형적인 미술 활동도 하지만 대부분 감각 · 탐색 활동을 하는 과정에 미술적 특성을 가진 활동을 하거나, 감각 및 탐색 활동 결과물이 미술 활동의 결과물과 유사한 특성을 갖기도 한다. 즉 영아기에는 감각 및 탐색 활동과 미술 활동을 구별하기 어렵고 미술 활동을 따로 하는 것이 바람직하지도 않기 때문에 교사가 통합적인 시각을 갖는 것이 중요하다.

(1) 감각 및 탐색 활동을 위한 영역의 필요성

영아기는 오감각을 활용하여 세상을 이해하는 시기이다. 감각 및 탐색 활동이 미술 활동과 유사한 결과물을 남기는 경우가 있어 두 가지 활동을 혼돈하기도 하지만 영아기는 감각 및 탐색 활동이 주가 되어야 하고 미술 활동을 하더라도 감각 및 탐색 활동의 특성을 반영한 활동을 주로 해야 한다.

현재 표준보육과정(보건복지부, 2013e)을 보면 0, 1세는 감각 · 탐색 활동만 있고 2세는 감각 · 탐색과 미술 활동이 분리되어 있다. 2세 영아라 할지라도 미술 활동을 하면서 표현만을 강조하게 된다면 다양한 감각을 활용하여 사물을 탐색하고 관찰하는 중요한 과정을 무시한 채 결과만을 강조하는 부작용을 낳을 수 있다. 예를 들어 유아는 '고깔 만들기' 를 하면서 고깔의 사회적 의미를 학습하고 고깔의 의미에 맞게 만들고 미술적으로 아름답게 꾸미는 활동을 한다. 하지만 영아는 고깔의 사회적 의미를 알 수도 없고 또한 아는 것이 큰 의미가 있지도 않으며, 더 중요한 것은 고깔을 혼자 만들 수도 없다는 것이다. 현장에서는 영아에게 미술 활동을 제공할 때 교사가 고깔 모양을 미리 만들어 주고 영아는 꾸미기만 하는 경우도 있는데 이것은 영아기의 특성을 무시한 의미 없는 미술 활동이 된다. 그러므로 영아를 위한 미술 활동은 전통적인 의미의 '미술 영역' 보다는 '감각 및 탐색 영역' 으로 운영되어야 한다(김희진 외, 2006).

(2) 감각 및 탐색 활동을 위한 영역의 성격

감각 및 탐색 활동의 성격 측면에서 운영을 살펴보고자 한다(김희진 외, 2006; Schwarz & Luckenbill, 2015). 영아를 위한 감각 및 탐색 활동은 오감각을 이용한 감각 및 탐색이 주가 되는 활동과 미술적 특성이 강한 감각 및 탐색이 주가 되는 활동으로 나눌 수 있다. 오감각을 이용한 감각 및 탐색이 주가 되는 활동은 다시 미술적 결과물이 없을 수 있는 활동과 전통적인 미술 활동과 유사한 결과물이 남는 활동으로 나눌 수 있다.

① 오감각을 이용한 탐색이 주가 되는 활동

오감각을 이용한 탐색이 주가 되는 활동이며, 탐색하는 과정에서 의도하지는 않았지만 자연스럽게 표현이 이루어져 미술 활동 같은 결과물이 남을 수도 있다. 영아는 오감각을 활용해 직접 경험하는 것이 매우 중요하기 때문에 탐색의 과정이 매우 길고 활발히 이루어져 그것이 표상이나 표현의 형태로 남게 되는 경우가 있다. 이런 경우 교사는 영아가 미술적인 방식뿐만 아니라 언어, 신체 등의 다양한 방식으로 표현하도록 격려한다. 많은 경우 활발한 탐색이 이루어지고, 미술적인 의미도 나타나지만 결과물이 남지 않을 수도 있다. 이 경우 교사는 표현 결과물을 남기기 위한 방향으로 활동을 무리하게 전개하거나, 영아에게 결과물을 내도록 강요해서는 안 된다.

▪ 결과물이 없는 경우(예 시트지 탐색하기)

발로 시트지 탐색

▫ 시트지를 낮은 책상 위에도 내주고 바닥에도 붙여주자 영아가 걸어 다니며 탐색해 보고 있다. 영아는 양말만 신고, 혹은 맨발로 걸어 본 후 느낀 점을 이야기하기도 한다.

손으로 시트지 탐색

▫ 낮은 책상 위나 바닥에 있는 시트지를 손으로 직접 만져서 느끼고, 다양한 재질과 모양의 물건을 붙여 보며 시트지의 특성을 탐색해 보고 있다.

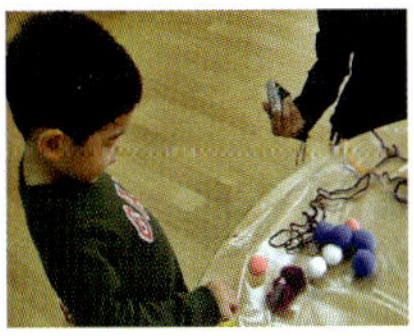

내가 원하는 모양대로 붙이기

▫ 영아는 시트지의 특성을 탐색한 후 자기가 원하는 모양, 재질, 색깔을 이용하여 구성하기도 하고 마음이 바뀌면 수정하기도 한다.

내가 만든 모양에 이야기 만들기

▫ 자기가 만든 모양에 이름을 붙이고 다른 놀잇감도 함께 가져와 상상놀이를 한다.

내가 만든 것 남기기(사진 찍는 영아와 그 영아가 찍은 자신의 결과물)

▫ 일반적으로 영아가 시트지에 다양한 사물을 붙였다 떼었다를 반복하고, 시트지 접착력이 떨어지면 폐기하기 때문에 결과물이 남지 않는다. 영아가 결과물을 남기길 원한다면 사진을 찍어 남길 수 있으나 미술적 특성을 가진 결과물은 아니다.

▣ 결과물이 없는 경우(예 붓과 물 그림)

붓 탐색

- 붓을 이리저리 흔들기도 하고 긋기도 하면서 붓을 탐색을 하고 있다.

물이 그려지는 곳 탐색

- 붓에 물을 묻혀서 그림이 나타나는 곳과 나타나지 않는 곳을 찾고 있다.

물 그림 그리기

- 붓과 물의 성질을 탐색하면서 땅에 물 그림을 그리나 증발하면 없어지기 때문에 결과물이 없다.

붓 그림 그리기

- 물과 다양한 색의 물감을 제공하는데, 투명 이젤에는 물감이 칠해지지 않으므로 밀가루 풀을 타서 제공해 준다.
- 붓을 계속 움직여 그림을 그리기 때문에 결과물이 남지 않는다.

친구와 붓 그림 그리기

- 친구와 색을 섞기도 하고 그림이 그려지는 영역을 구분하여 그리기를 반복하는 과정에서 계속 그림이 바뀌기 때문에 결과물이 남지 않는다.

스펀지로 그림 지우기

- 스펀지로 지우면서 나타나는 터치 효과로 그림이 변형되므로 결과물이 남지 않는다.

상대편 그림과 비교하기

- 투명 이젤 건너편의 친구 그림에도 관심을 보인다. 나의 의도와 다르게 건너편에서 다른 색을 칠하면 나의 그림도 영향을 받는 것을 경험한다.
- 지우거나 다른 영아가 활동하면 자연스럽게 결과물이 남지 않는다.

미술적인 결과물이 있는 경우(예 꽃잎 탐색 후 시트지에 꽃잎 붙이기)

탐색: 꽃잎 탐색

봄에 바닥에 떨어진 꽃잎을 주워서 탐색한다.

탐색: 꽃잎 불기

가벼운 꽃잎들이 바람에 이리저리 날리는 것을 보고 입으로 '후'하고 분다. 날아가는 꽃잎 앞에 시트지를 대자 꽃잎이 날아가는 모습대로 가서 붙는다.

탐색: 떨어지는 꽃잎 잡기

꽃잎이 바람에 떨어지면 맨손으로 잡거나 시트지를 이용해 떨어지는 꽃잎을 잡아본다.

표현(미술적 결과): 시트지에 꽃잎 붙이기

주워온 꽃잎을 잡지에 끼워 이틀 정도 말린 후, 시트지에 말린 꽃잎을 붙여서 평면 꾸미기 작품을 만든다.

감상(미술적 결과): 작품을 게시하고 타인의 작품도 감상하기

영아가 만든 작품을 다른 사람과 함께 볼 수 있도록 벽에 전시하고 다른 영아의 작품도 감상한다.

② 미술 활동과 유사한 감각 및 탐색 활동

오감각을 이용한 탐색과정에서 미술적인 표현이 포함된 활동으로 그리기, 만들기, 꾸미기 등을 영아가 할 수 있다. 교사는 영아가 생각, 감정, 경험을 표현하는 것을 격려하기 위해 미술 영역에 기본적인 그리기, 오리기, 만들기 도구를 항상 제시할 수 있다. 학기 초에는 영아의 대·소근육 발달 수준이나 도구의 안정적 사용 능력 등을 고려하여 종이, 크레용, 색연필 등의 제한적인 자료와 도구만 제시하지만, 학기 말로 갈수록 손에 묻는 재료나 다양한 재질의 종이 등의 다양한 자료와 도구(예 크레용, 색연필, 종이, 긴 종이, 화이트보드, 전지, 라이트 박스, OHP, 원심력 그림 그리기, 폐품, 셀로판테이프 등)를 추가한다.

투명 난간에 그림 그리기

종이에 그림 그리기

신문지에 솔로 풀칠하여 붙이기

(3) 감각 및 탐색 활동이 이루어지는 장소의 다양성

감각 및 탐색 활동이 이루어지는 영역을 살펴보면 다음과 같다. 유아를 위한 미술 활동이 이루어지는 영역을 미술 영역이라고 부르며 활동실의 적절한 장소(예 물과 가까운 장소)를 정해 운영한다. 그러나 영아를 위한 감각 및 탐색 활동은 활동의 성격에 따라 미술 영역에서 이루어지기도 하고, 활동실 내·외의 다양한 장소에서 이루어지기도 한다. 감각 및 탐색 활동이 손에 묻지 않거나 개인적인 활동이라면 조용하고 건조한 영역에서 이루어질 수도 있고, 손에 묻어서 물이 필요하고 활발한 활동이라면 실내·외 전이 영역에서 이루어질 수도 있으며, 물이 필요하고 조용한 활동이라면 실내의 물이 가까운 영역에서 이루어질 수도 있다.

실내 · 외 조용하고 건조한 장소

실내 · 외 조용하고 물이 가까운 장소(화장실 근처)

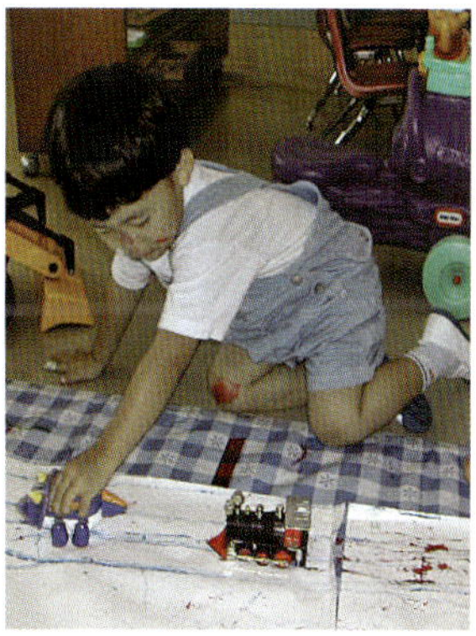

실내 · 외 활발하고 물이 가까운 장소(화장실 근처)

실내 · 외 활발하고 건조한 장소

실내 · 외 전이 장소(학급으로 들어가는 입구 근처)

(4) 미술적인 구분에 의한 활동의 다양성

감각 및 탐색 활동은 감각을 활용한 탐색이 핵심이지만 앞서 언급한 바와 같이 미술적인 결과물이 있을 수도 있고, 없을 수도 있다. 미술적인 결과물이 있는 것은 일반적인 미술의 범주로 나눠볼 수 있다.

미술은 일반적으로는 2차원적인 평면 미술과 3차원적인 입체 미술로 나눌 수 있다. 회화, 판화, 평면 꾸미기(콜라주) 등이 평면 미술의 대표적인 범주에 해당된다. 입체 미술은 기법에 따라 재료를 깎아서 만드는 조각과 재료를 붙여 가면서 만드는 소조가 있으며 형식에 따라 전체가 입체인 환조와 반 입체적인 부조, 모빌 등이 있다. 이 외에도 만드는 소재에 따라 구분할 수도 있다(이정환 · 김희진, 2013a). 미술적인 특성이 있는 감각 및 탐색 활동은 다양한 미술 범주를 모두 포함한다.

① 평면 미술

회화: 크레용으로 그리기

판화: 쿠킹호일로 눌러 찍어내기

평면 꾸미기: 다양한 종이로 꾸미기

② 입체 미술

환조: 매직콘 이어 붙이기

부조: 모루 붙여 꾸미기

(5) 감각 및 탐색 활동의 주요 전개 방식

순수한 감각 및 탐색 활동과 미술적인 요소가 내포된 감각 및 탐색 활동이 전개되는 방식을 평면과 입체로 나눠서 살펴보면 다음과 같다.

① 평면 활동

학기 초에는 영아가 입에 넣거나 빨거나 조절을 잘 못해서 자신의 얼굴이나 옷, 혹은 친구 얼굴에 묻혀도 무해한 도구를 제공한다. 예를 들어 크레파스보다는 크레용을, 사인펜보다는 색연필을 제공하는 것이 좋다. 또한 종이는 개인용 작은 종이보다는 큰 것이 좋다. 학기 중반과 학기 말이 될수록 그리는 도구와 종이를 다양하게 제공한다.

그리기나 찍기 같은 평면 활동을 바닥에 대고 그리는 것과 화판 그림처럼 90° 각도로 세워서 그리는 것은 영아가 다른 시각에서 자신의 활동 결과물을 조망할 수 있기 때문에 매우 다른 학습의 결과를 낳는다. 그러므로 바닥에 놓고 하는 활동과 벽 또는 이젤에 세워서 하는 활동을 모두 제공하는 것이 좋다. 영아에게 그리기나 찍기 같은 평면 활동을 제공할 때 같은 활동이라도 바닥에서 할 수 있게 한 번 내주고 다시 벽에 세워서 할 수 있게 내주면 더 효과적이다.

- 그리기 활동

벽에 그리기, 종이에 그리기, OHP 용지에 그리기, 자석 그림 그리기, 셰이빙 크림으로 그리기, 분무기 그림 그리기, 주사기 그림 그리기, 붓 그림 그리기, 긴 종이에 그림 그리기, 원심력 그림 그리기 등을 예로 들 수 있다.

벽 그림

- 벽에 큰 모조 전지나 비닐을 붙여 주거나 투명 플라스틱 판에 자유롭게 그리게 한다.

종이에 그리기(바닥)

- 작은 모양 종이부터 큰 전지와 긴 종이에 이르기까지 다양한 크기와 재질의 종이를 제공한다.

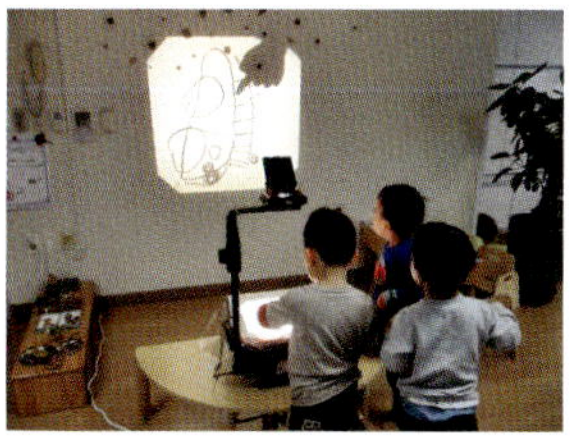

OHP 용지에 그리기

- OHP 투명용지에 매직펜으로 그림을 그린다. 책상 위에서 그리거나 OHP 위에서 그린다.

자석 그림 그리기

- 자석을 붙인 막대로 상자 안 모래 속에 있는 자석 인형을 움직이면 모래 그림이 그려진다.

셰이빙 크림 그림(바닥)

- 셰이빙 크림으로 뭉개듯 그림을 그린다.

세이빙 크림 그림(이젤)

◘ 이젤을 세워두고 팔 근육 전체를 이용하여 그림을 그린다.

분무기 그림

◘ 분무기에 물감을 넣어 헝겊에 대고 분무하거나, 아크릴판에 대고 분무하여 그린다.

주사기 그림

◘ 주사기에 담긴 물감으로 그림을 그린다. 종이, 헝겊, 아크릴판에 그릴 수 있다.

붓 그림(물)

붓 그림(물벽)

◘ 물을 이용하여 실내 · 외에서 물 그림을 그린다.

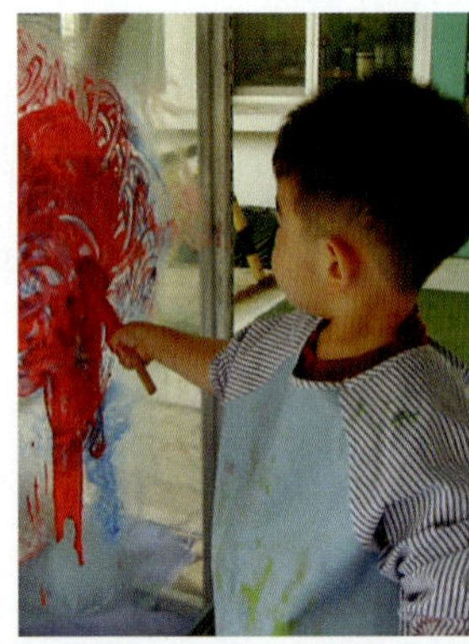

붓 그림(밀가루 풀)

◘ 밀가루 풀에 물감을 타서 이젤에 그림을 그린다.

긴 종이 그림

◘ 긴 롤에 감겨 있는 종이에 연속된 그림을 그린다.

원심력 그림

◘ 양손을 협응하여 돌아가는 판에서 그림을 그린다.

▪ 찍기 활동

장갑 찍기, 자동차 바퀴 찍기, 인형 발자국 찍기, 도장 찍기, 종이 구겨 찍기, 풍선 찍기 등을 예로 들 수 있다.

장갑 찍기(바닥)

장갑 모양 도장을 이용하여 바닥에 모양을 찍는다.

장갑 찍기(이젤)

장갑 모양 도장을 이용하여 세워진 이젤에 모양을 찍는다.

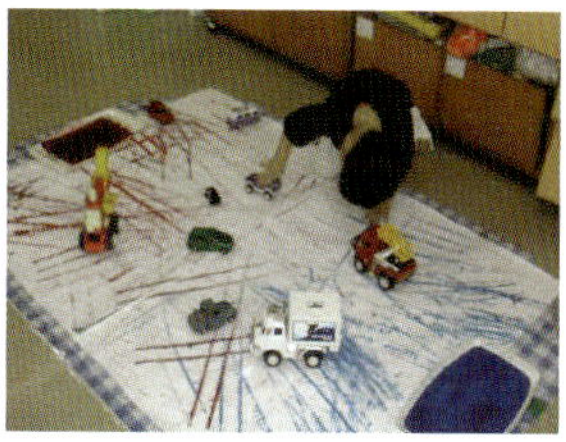

자동차 바퀴 찍기

자동차 바퀴에 물감을 묻혀 넓은 전지에 찍는다.

인형 발자국 찍기

공룡이나 동물의 발에 물감을 묻혀서 종이에 찍거나, 밀가루 점토에 찍는다.

종이 구겨 찍기

종이를 구겨서 나타나는 다양한 모양을 찍는다.

풍선 찍기

다양한 풍선의 모양을 찍는다.

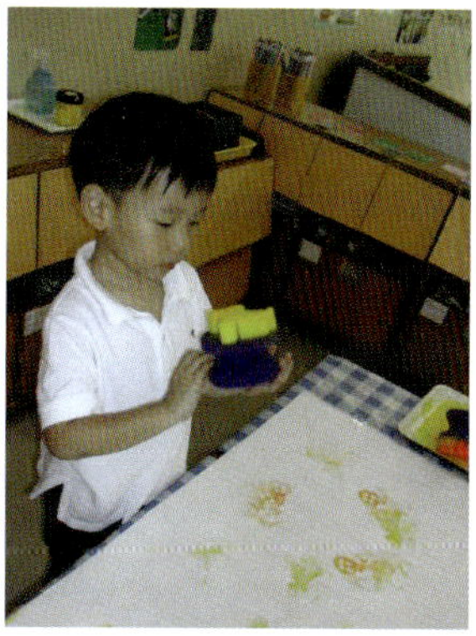

스펀지 도장 찍기

모양 스펀지로 도장을 찍는다.

실물 찍기

◘ 석류와 연근, 옥수수를 이용하여 도장을 찍는다.

▣ 꾸미기 활동

들풀이나 꽃잎으로 꾸미기

◘ 봄에 떨어진 꽃잎이나 들풀로 시트지를 꾸민다.

낙엽으로 꾸미기

◘ 가을 낙엽을 주워서 꾸민다.

전시하기

◘ 낙엽 꾸민 것을 매달아 나무처럼 감상한다.

염색 활동

포도껍질을 밟거나 주물러서 염색하기, 색 밀가루 만들기, 꽃잎 찧어 물들이기 등을 예로 들 수 있다.

포도 밟아 염색하기

포도껍질과 천을 함께 밟아 염색한다.

물에 물감 풀기

물에 물감을 풀어 색깔 변화를 본다.

밀가루 염색하기

밀가루에 색깔물을 넣어 염색한다.

꽃잎 찧어 물들이기

꽃잎 위에 천을 놓고 찧어 염색한다.

석류 씨로 물들이기

석류 씨를 종이 위에 놓고 비벼서 염색한다.

판화 활동

호일 엠보싱 등을 예로 들 수 있다.

올록볼록한 면 탐색하기

올록볼록한 판을 만지고 탐색한다.

호일로 문질러 엠보싱 만들기

호일에 올록볼록한 무늬가 나타나도록 한다.

② 입체 활동

▣ 점토를 이용한 활동

밀가루 점토, 컬러 점토, 흙 점토, 지점토 등을 예로 들 수 있다.

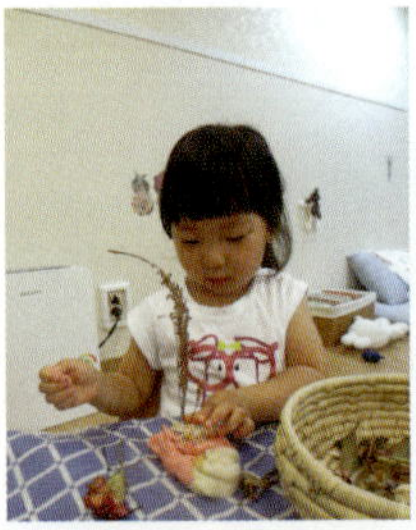

밀가루 점토

컬러 점토

흙 점토

▣ 만들기와 꾸미기 활동

매직콘으로 만들기, 오아시스 꾸미기, 선물 만들기, 철사로 만들기 등을 예로 들 수 있다.

매직콘으로 만들기

오아시스로 동물이 살 집 만들기

자석 블록과 휴지 속심으로 크리스마스 트리 만들기

털실을 이용한 감각 및 탐색 활동과 털실 조각 작품

(6) 감각 및 탐색 활동을 위한 교사의 지원

교사가 영아를 위한 감각 및 탐색 활동을 지원하기 위해 유념하여야 할 것들을 간단히 소개하면 다음과 같다.

- 탐색할 시간을 충분히 제공한다. 영아는 스스로 만족할 때까지 탐색을 충분히 해야 교사가 하는 제안도 수용한다. 교사는 특정한 자료를 내줄 때, 지도방법이나 절차를 어느 정도 계획하기 때문에 영아에게 자신의 방식대로 할 것을 권유하는 경우가 많다. 예를 들면, 교사가 물감을 이용한 교통기관 찍기를 준비하면서 어떤 교통기관인지와 바퀴의 모양은 어떻게 서로 다른지 묻고 싶고, 찍을 때도 앞뒤로 밀기, 세게 눌러 바퀴가 잘 찍히게 하기 등을 제안할 것을 계획할 수 있다. 그러나 교사는 영아가 물감과 제시된 다양한 교통기관을 자신만의 방법으로 만족할 때까지 탐색하도록 기다려 주어야 한다.
- 탐색이 주된 활동이지 표현이 주된 활동이 아니며, 그림 등의 표현은 부수적인 것으로 발생할 수도 있고 아닐 수도 있다는 것을 명심한다.
- 사물의 특성에 주목하도록 애쓴다.
- 반복해서 내준다.
- 의도를 가지고 표상하는 단계로 발전하도록 격려한다(예 무엇을 만들겠다는 의도 없이 만들었어도 무엇인지 묻거나 무엇을 만들기 시작할 때 무엇을 만들 것인지 묻는다.).
- 필요한 기술을 영아에게 가르쳐줄 수 있다.

교사가 가위 잡는 법을 알려주고 있다.

교사가 밀대로 미는 것 보고 영아가 따라하고 있다.

마늘 찧기 도구에 점토를 넣는다.

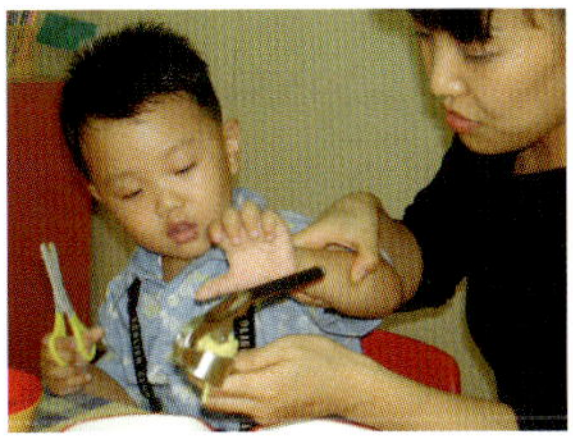
교사가 꾹 누르는 것을 시범 보인다.

영아가 스스로 해본다.

4) 역할놀이 영역

(1) 역할놀이의 정의 및 역할놀이 영역의 필요성

역할놀이(role play)라는 용어는 다양한 용어와 혼용된다. 극놀이(dramatic play), 사회극놀이(social dramatic play), 상상놀이(imaginative play), 상징놀이(symbolic play) 같은 용어가 역할놀이의 의미로 사용되기도 한다. 각 용어는 강조하는 측면이 다르나 영아가 경험하거나 생각한 것을 '~인 체하는 놀이(pretend play)'를 하며 표상한다는 측면에서는 공통적이다. 학자에 따라서는 '~인 체하는 놀이'가 본질적인 요소이므로 'pretend play'를 대표 용어로 사용할 것을 주장하기도 한다(Gordon, 2009; Wood, 2009; Wood & Attfield, 2005).

영아는 역할놀이 영역에서 놀면서 현실에 존재하는 역할뿐만 아니라 가상의 역할을 표상한다. 자신이 현실에서 하는 역할인 어린이 역할뿐만 아니라 엄마, 아빠, 아기 돌보기, 생일 축하 등 일상생활에서 많이 접해 본 다양한 역할을 표상하는 것으로 영아의 역할놀이는 시작된다. 점차 다양한 직 · 간접적인 경험을 통해 접한 동 · 식물, 사물, 가상 또는 창조한 생명체 및 사물의 역할을 맡으면서 자신이 한 경험에 대해 자신이 이해한 것을 표상해 낸다.

영아는 역할놀이를 하면서 맡은 역할을 깊게 이해하게 될 뿐만 아니라 상대의 인지적, 정서적 관점도 점차 수용하게 된다. 역할놀이를 하면서 교사나 또래와 서로 협조하는 과정을 통해 타인과 원만하게 어울리는 방법도 배워나갈 수 있다. 또한 여러 역할이나 상황에 따라 다양한 상상을 하기 때문에 확산적인 사고와 문제 해결 능력이 발달하고, 맡은 역할에 어울리는 말투나 행동 및 어휘 등을 사용함으로써 어휘력과 의사소통 능력도 증진된다.

(2) 역할놀이 영역의 운영

영아의 역할놀이는 학기 초에는 단순히 가정생활을 흉내 내는 수준에서 출발하지만 점차 역할이 구조화되고 실제적 역할과 비슷한 역할놀이를 하게 된다. 영아의 역할놀이 양상은 다양하게 확산되므로 필요에 따라 역할놀이 영역을 넓힐 수 있는 공간적 여유가 있는 곳에 구성하는 것이 바람직하다. 역할놀이 영역에 설치된 기본 설비와 자료들은 영아의 관심과 놀이 상황, 계절 등에 따라 적절하게 바꾸어 준다.

영아의 역할놀이는 역할놀이 영역에 제한되지 않고 실내 · 외를 비롯한 다양한 장소에서 이루어지며 다양한 주제로 일어난다. 그리고 영아의 직 · 간접적인 경험의 증가와 교사의 다양한 소품 제시는 다양한 주제로 역할놀이가 이루어지게 하는 원동력이 된다.

영아의 역할놀이 형태는 시간이 지남에 따라 사회적 수준의 변화를 보인다. 0세에는 인지발달과 경험의 제한으로 '~인 체하는 놀이'는 거의 일어나지 않는다. 1세에는 주로 혼자 놀거나 교사가 적극적으로 상호작용해주면 아주 짧은 시간동안 단편적인 '~인 체하는 놀이(예 먹는 것과 관련된 스토리 없이 먹는 흉내만 단편적으로 내는 것)'를 한다. 2세가 되면 또래와 짧은 시간 동안 병행놀이 수준에서 놀이를 시작하고, 2학기에 들어서면 높은 연령에 비해 수준도 낮고 지속 시간도 짧지만 연합놀이가 나타나기도 한다. 물론 학기 초에도 영아에 따라 높은 수준의 놀이 형태가 나타나기도 하지만 전반적으로 학기 초에 비해 학기 중 · 후반기에 들어서면서 영아 자신의 주도성이 강해지고 적극적인 놀이 형태가 나타난다.

혼자놀이: 아기에게 우유를 먹이는 1세 영아

병행놀이: 소꿉놀이를 하는 2명의 1세 영아

협력놀이: 수레 밀기놀이를 하는 2세 영아

영아의 역할놀이에 대한 교사의 지원도 변화한다. 학기 초에는 교사의 적극적인 지원과 상호작용으로 역할놀이가 이뤄지거나 자신의 경험을 단순히 재현하는 수준에 그치기 쉬우나 점차 자신들이 주도적 역할을 하면서 놀이를 진행하게 된다. 교사는 영아의 역할놀이 상황을 정확하게 파악하기 위해 주의 깊게 관찰하고 함께 참여하면서 놀이에 필요한 적절한 소품을 제공하고 적절한 반응과 격려 등을 통해 영아의 활동을 확장시켜 준다.

(3) 영아의 역할놀이에서 나타나는 특징

영아의 역할놀이에서 나타나는 특징을 자세하게 살펴보면 다음과 같다.

① 소품의 구체성

영아는 기본적으로 가정생활과 연관된 주제로 역할놀이를 시작하므로 학기 초나 일반적인 상황에서는 가족놀이에 필요한 놀잇감을 제공한다. 그러나 영아는 소품에 의해 역할놀이가 제한되거나 확장되는 경향(예 소방서와 관련된 소품을 제공하면 소방서놀이를 하고, 병원과 관련된 소품을 제공하면 병원놀이를 함)이 있으므로 다양한 소품을 제시하는 것이 좋다.

영아기는 표상 능력이 발달하는 시기이므로 실물과의 유사성 수준이 다양한 소품을 제공하여 영아의 상상력과 창의력 발달을 지원해야 한다. 영아에게 역할놀이 소품을 제시할 때는 실제 사물, 실제 사물과 유사성이 높은 사물, 실제 사물과 유사성이 낮은 사물을 골고루 제시해 주어 다양한 수준의 표상 기회를 많이 주어야 상상적 요소와 창의적 요소가 발현된다. 영아는 초기에는 실제 사물과의 유사성이 높은 구체적인 놀잇감을 선호하지만 점차 유사성이 낮은 것뿐만 아니라 유사성이 거의 없거나 전혀 없는 것으로도 역할놀이를 한다. 특히, 실물과 똑같은 소품만 있을 경우, 영아가 하는 놀이의 내용도 소품에 한정(예 피자가 있으면 피자를 먹은 시늉을 함)되므로 다양한 용도로 쓰일 수 있는 소품(예 원으로 된 사물이나 막대기)을 제공해 주면 영아가 원하는 음식(예 피자, 생선, 과일)을 무엇이나 만들 수 있기 때문에 영아가 원하는 것을 표상할 수 있다.

실물과의 유사성이 높은 소품

"여보세요. 여보세요."

장난감 전화기로 전화놀이

"선생님, 전화 받아요. 내가 걸고 있어요!"

블록으로 전화놀이

◘ 영아의 상상력을 저해할 수 있으므로 교사는 신중히 사용한다.

◘ 영아는 실제 사물과 유사한 소품을 선호하는 경향이 있지만 유사성이 전혀 없는 소품으로도 자신이 원하는 것을 표상할 수 있다.

"만들 것이 너무 많아!"

파스타, 공 모양의 미술 자료, 작은 블록으로 김밥을 말거나 음식을 차려서 먹을 준비를 하고 있다.

"내가 맛있는 계란 프라이 해줄게…."

영아는 아무것도 없는 그릇에 계란을 섞는 시늉을 하더니 뜨거운 가스레인지 불을 켠다면서 모형 프라이팬의 스위치를 눌렀다. 그리고 그릇에 있는 계란을 프라이팬에 쏟는 시늉을 하였다. 잠시 뒤에 다 익었다면서 불을 껐다.

② 역할놀이에서의 자신의 역할

영아의 인지가 점차 발달함에 따라 역할놀이 등장인물의 역할과 자신의 역할이 점차 분리되어 자기 중심화 경향에서 벗어나게 된다.

영아가 역할놀이에 등장하는 인물이 되어 자신이 자는 역할을 하고 있다.

영아가 스스로 자는 것이 아니라 아기를 재우는 역할을 하고 있다.

마치 연출자가 된 것처럼 서커스 상상놀이에 등장하는 동물을 조정하는 역할을 하고 있다.

③ 장소의 다양성

교사는 역할놀이가 역할놀이 영역뿐만 아니라 영아가 원하는 어떤 장소에서도 이루어질 수 있도록 격려해야 한다. 역할놀이 영역에서만 역할놀이를 하도록 제한하면 영아가 표상하고자 하는 것을 자유롭게 표상하려는 시도를 제한하는 결과를 초래하게 된다.

"빨래한 후 밥해야 해…."

역할놀이 영역에서의 역할놀이

"우리 소풍 왔다!
여긴 놀이 공원이야."

쌓기놀이 영역에서의 역할놀이

"다 같이 먹어요."

옥상 실외놀이터에서의 역할놀이

"나는 춤추는 사람이에요."

음률 영역에서의 역할놀이

"이거는 반찬이에요."

미술 영역(점토놀이)에서의 역할놀이

"내가 먹을 음식!"

조작놀이 영역에서의 역할놀이

"너 뭐해? 나 밥해."

모래놀이 영역에서의 역할놀이

"칙칙폭폭 칙칙폭폭!"

마당에서의 역할놀이

"빵빵. 난 엄마야."
"엄마가 운전하는 거야!"

종합놀이터에서의 역할놀이

"이렇게 돌리면, 와, 국수가 나온다!"

"이렇게 하면 거품이 생긴다."

다른 영역과 통합하거나 확장하여 하는 역할놀이

- 영아는 다양한 도구를 이용하여 실제 밀가루를 반죽하고 비비고 자르고 국수기계에 넣어 진짜 국수를 만들었다.
- 영아는 달걀과 식용유, 식초 등 실제 식품을 이용하여 마요네즈를 만들었다. 이때 거품기를 이용하여 직접 재료들을 섞으면서 재료가 물리적, 화학적으로 변화하는 모습을 관찰하였다.
- 교사는 영아의 역할놀이 확장을 위하여 주제와 관련된 소품과 환경으로 하는 기존의 역할놀이 영역을 변경하여 영아가 심도 있게 놀이를 하도록 도와주었다. 위 사진은 음식 만들기에 관심을 보이자 역할놀이 영역에 음식 만드는 재료와 도구를 제공하여 확장 활동을 하는 모습이다.

④ 주제의 다양성

영아의 역할놀이는 제공된 소품의 영향을 많이 받는다. 따라서 생활 주제와 관련된 소품과 참고 자료(예 소방관이 불 끄는 장면, 공사하는 장면, 병원에서 진찰받는 장면, 식당에서 식사하는 장면, 우주인이 유영하는 장면과 관련된 사진과 거울)보다는 영아의 흥미가 반영된 소품과 참고 자료를 제공한다. 예를 들면 영아의 관심이 생기면 관련된 소품(예 낚시에 사용되는 도구, 각종 크기와 종류의 모자, 동물가면이나 옷, 계절의 특성을 나타내는 소품, 영아의 경험을 반영하는 소품)을 제공함으로써 새로운 주제의 역할놀이에 대한 동기를 지원할 수 있다. 초기에는 영아가 직접 경험한 것을 주제로 놀이하지만 영아의 직·간접적인 경험이 증가하고 교사도 다양한 소품을 제공하면 영아의 역할놀이 주제가 다양해진다.

"빨리 먹어."

물고기 밥 주기

◘ 영아는 활동실에 있는 금붕어에게 먹이 준 경험을 표상하였다. 쌀놀이를 하다 실제 금붕어 먹이와 유사하게 생긴 쌀을 물고기 밥이라고 생각하고 물고기 인형에게 밥을 주고 있다.

"자, 맘마 먹어."

공룡 밥 주기

◘ 영아는 공룡을 돌보는 엄마라고 생각하고 밥을 주는 역할놀이를 하고 있다.

"깨끗한 옷 입고 가야지."

빨래하기

◘ 빨래 도구를 이용하여 빨래를 빨고 빨랫줄에 널면서 역할놀이를 하고 있다.

"난 아빠예요. 학교에 가요."

학교에 가르치러 가기

◘ 아버지 직업이 교사인 영아는 책을 옆에 끼고 넥타이를 매고 자신이 아빠가 되었다며 이제 출근해야 한다고 이야기하고 있다.

"폭풍우가 몰아친다!"

폭풍우 피하기

◘ OHP 동화를 보여준 후 동화의 한 장면을 벽에 비추어 주자, 영아는 동화 내용 속에 들어가 상상놀이를 하였다. 예를 들어 폭풍우가 치는데 비를 헤치고 가는 장면에서 어떤 영아는 우산을 쓰고 어떤 영아는 빵을 먹으며 힘을 차리는 등 자신이 상상한 장면을 표상하고 있다.

"물면 안 돼."

공룡 훈련하기

◘ 공룡을 가지고 놀다 가장 사나운 티라노사우루스 모형의 입을 싸서 물지 못하게 훈련하고 있다.

"내가 예쁘게 해줄게."

미장원놀이

"차를 깨끗하게 씻어야 해."

세차장놀이

"아플 때는 테이프 반창고로…."

동물병원놀이

⑤ 역할놀이의 사회적 수준 변화

영아가 역할놀이를 할 때 보이는 놀이의 사회적 수순은 점자 높아진다. 학기 조에는 교사와 일 대 일로 노는 경우가 많으나 점차 혼자놀이, 병행놀이로 발전한다. 그리고 높은 연령에 비해 수준도 낮고 오래 지속되지는 않지만 점차 협력놀이 형태가 나타난다.

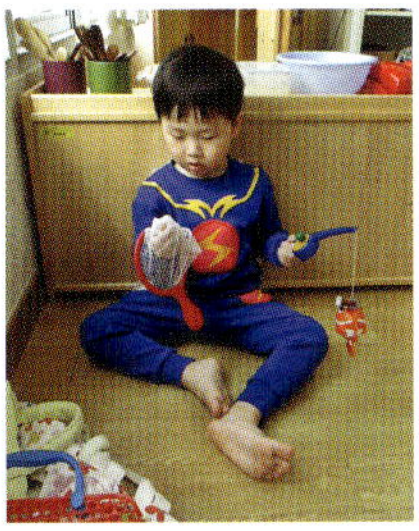

"잡은 고기는 그물에…."

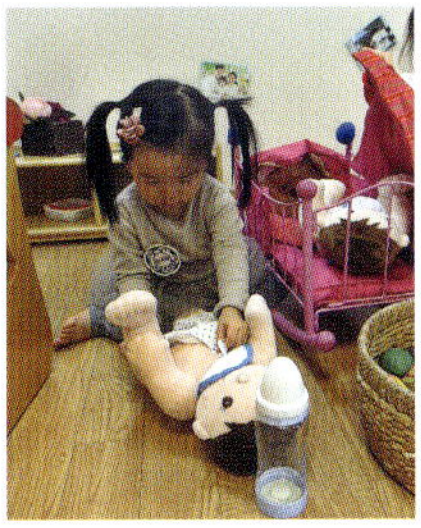

"아기를 돌봐야 해!"

혼자놀이

"소풍 가서…."

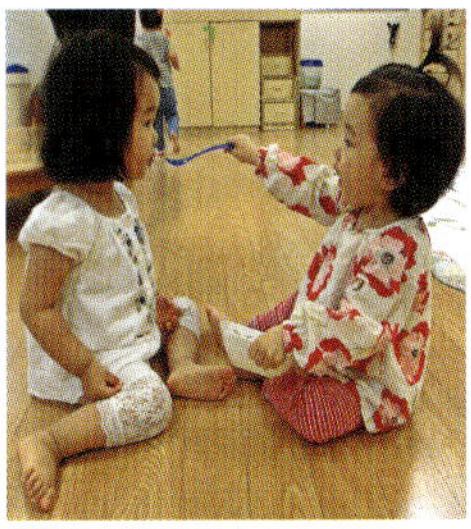

"이거 먹어."

병행놀이

- 한 영아가 자석으로 혼자 고기를 잡은 후 그물을 찾아서 담으러 하고 있다.
- 같은 공간에서 아기를 돌보며 놀고 있지만 상호작용 없이 각자의 놀이에 심취해 있다.
- 함께 소풍을 왔지만 서로 다른 놀이를 하면서 놀고 있다.
- 각자 놀이하다 아주 짧은 시간이지만 관심이 공유되면 함께 놀이하기도 한다.

"모두 함께 출발~."

연합놀이

- 한 명의 운전사와 여러 명의 손님으로 역할을 조정해서 맡지 못하지만, 모두 함께 차를 만들어서 타고 가는 놀이에 참여하고 있다.

⑥ 교사 지원 수준의 변화

초기에는 교사가 직접 주도를 하는 형식으로 이루어지나 점차 교사의 참여 범위가 줄어들면서 영아에게 활동 진행의 주도권이 이전된다.

"너도 한 번 마셔 봐, 맛있어."

- 컵과 그릇만 만지고 있던 영아에게 교사는 음료수를 따라 주는 척 하였다. 그러자 영아는 교사가 따라준 음료수를 마시는 시늉을 하고 나서 또 달라고 컵을 내밀었다.

"그런데 이것은 무엇으로 먹나요? 어떻게 먹어요?"

- 영아가 만든 음식을 교사에게 먹으라고 하였는데 음식을 먹을 수 있는 도구가 없었다. 교사는 질문을 통하여 도구를 사용할 수 있도록 도와주었다.

"선생님 머리 예쁘게 해줄게요. 가만히 있어요."

- 영아가 주도하여 놀이를 진행하면서 교사에게 자신들의 역할놀이에 참여할 것을 제안하기도 하였다.

5) 쌓기놀이 영역

(1) 쌓기놀이 영역의 필요성

쌓기놀이는 영어로는 'block play' 라고 하는데 이 뜻은 '덩어리나 토막놀이' 라는 뜻이다. 즉, 쌓기놀이의 정의는 블록이라 불리는 놀잇감을 가지고 하는 구성놀이를 말한다. 현재는 쌓아서 구성하는 블록뿐만 아니라 끼워서 구성하는 블록이 추가되어 영아가 블록을 활용해 표상하려는 것을 구체적으로 표상할 수 있게 한다. 쌓기놀이는 전체와 부분의 관계를 알게 하고 공간 구성력이나 분류 능력의 발달을 촉진하는 것 외에도 신체, 언어, 사회, 정서 발달에 기여한다(박은혜 · 김희진 · 홍누리 · 조하나, 2016; Bender, 1978; Hirsch, 1974; Johnson, 1933).

(2) 쌓기놀이 영역의 운영

쌓기 놀잇감의 핵심은 쌓기와 끼우기 블록인데, 블록으로 다양한 주제의 놀이를 할 수 있도록 소품이 함께 제공된다. 영아의 월령이 낮을수록 입에 넣어 빨거나 삼킬 가능성이 높고 소근육도 충분히 발달하지 않았으므로 학기 초에는 주로 크기가 크고 가벼우면서 안전한 쌓기 놀잇감을 제공한다. 학기가 진행되면 점차 다양한 재질의 블록을 탐색하고 관찰하여 구성할 수 있도록 다양한 질감과 형태의 블록을 제공한다. 특히 학기말이 되면 개인적인 구성물을 만들 수 있는 블록뿐만 아니라 여럿이 함께 구성할 수 있는 블록을 제공하는 것이 더 좋다. 역할놀이와 마찬가지로 쌓기놀이 영역뿐 아니라 다른 영역(예 역할놀이 영역에서 집수리 공사하기, 쌓기놀이 영역에 가게 지어 놓고 역할놀이 소품 옮겨와서 놀이하기 등)에서 쌓기놀이가 이루어질 수 있도록 허용하는 것이 영아가 함께 구성하여 놀이하는데 도움이 된다.

쌓기놀이 영역을 구성하는 과정에서 다른 영아의 놀이 공간을 침범하거나 망가뜨리는 경우가 발생하므로 충분히 넓은 공간을 확보한다. 그리고 바닥에는 깔개를 설치하는 것이 소음과 안전사고의 위험을 줄일 수 있는 방법이다. 재질과 형태에 따른 블록을 살펴보면 다음과 같다.

① 재질에 따라

나무

종이

비닐

천

다양한 재질의 블록(위 왼쪽부터 시계 방향으로 천, 큰 플라스틱, 우레탄 블록, 작은 플라스틱 블록)

② 구성하는 방식에 따라

쌓아서 구성하기

끼워서 구성하기

이 시기 영아는 안전과 관련된 예측력이 떨어지므로 무조건 높이 쌓거나 던지는 경우가 있어 무겁거나 단단한 쌓기 놀잇감은 위험할 수도 있다. 또한 나누어 쓰기가 어렵기 때문에 매력적인 쌓기 놀잇감이 하나만 제시될 경우 분쟁의 소지가 될 수 있다. 따라서 종류는 단순하게, 수량은 넉넉히 준비하는 것이 좋다. 학기 후반에는 좀 더 다양한 소재로 난이도가 있으면서 여러 명이 함께 힘을 합쳐야 놀이가 가능한 쌓기 놀잇감을 제공한다. 또한 구성놀이가 원활히 이루어지게 하려면 쌓기 놀잇감에 어울리는 다양한 소품을 제공하는 것이 좋다. 소품에는 다양한 크기의 사람, 동 · 식물, 건물, 교통기관, 표지판 등이 포함된다.

③ 시판 중인 다양한 블록의 예

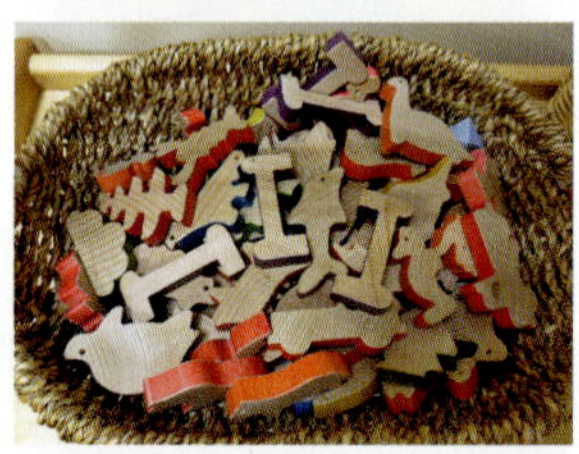

(3) 소품의 다양성

학기 초에는 영아가 쌓기놀이 소품 중 자동차만 선호하는 경우가 있는데, 교사가 구성놀이를 할 수 있는 쌓기 놀잇감과 다양한 소품을 함께 제공하면 영아 간의 상호작용이 활발해져 놀이가 더 조직적이고 구성적으로 발전한다.

① 교통기관류

냉동차

포크레인

차 나르는 차

버스

선박류

비행기류

기타 교통기관류

기차류

교통 표지판류

② 사람

다양한 사람

다양한 직업의 사람

③ 동물

동물류

바다 생물류

공룡류

(4) 1, 2세 영아의 구성놀이 결과물

1세와 2세 학급 영아가 구성한 결과물 몇 가지를 예로 제시하면 다음과 같다.

높은 탑

담이 있는 두 집

빨리 가는 차

소방서

혼자 타는 차

동물의 집

기찻길

계곡에 놓인 동물을 위한 다리

동물 서커스

높은 집

엄청나게 큰 거미

(5) 시간 경과에 따른 쌓기놀이 구성의 변화

① 학기 초(또는 월령이 낮은 영아)

- 사회적 수준

혼자서 블록이나 좋아하는 소품(예 자동차, 기차, 동물 모형)을 가지고 노는 경우가 많으므로 블록이나 소품은 종류별로 충분하게 준비하는 것이 좋다.

▣ 인지적 수준

이 시기의 영아는 블록을 이리저리 옮기거나 블록의 특성을 탐색하거나 위로 또는 바닥에서 길게 쌓는 단계인 경우가 많다. 교사는 영아의 쌓기놀이가 구성놀이로 발전할 수 있는 방향으로 상호작용을 해나간다. 예를 들면, 영아가 자동차를 앞뒤로 밀면서 놀 때 영아에게 자동차가 다닐 수 있는 길이나, 차를 세울 수 있는 주차장 또는 자동차로 갈 수 있는 특정 건물을 만들도록 제안할 수 있다.

"영차영차! 옮겨야지."

◘ 영아가 블록을 머리 위에 이고 옮기고 있다.

"이건 길고 구부러지네!"

◘ 영아가 블록의 특성을 살펴보고 있다.

"길게 늘어놔야지."

◘ 1세 영아는 쌓거나 끼우는 블록으로 길게 늘어놓는 놀이를 시작한다. 복잡한 형태의 블록보다는 쉽게 쌓아지거나 늘어놓을 수 있는 블록을 선호한다.

◘ 2세 영아는 점차 늘어놓은 것에 대해 의미를 부여(예 블록을 늘어놓고는 다리라고 명명하고 건너가거나 긴 뱀이라고 명명함)하여 놀이를 확장하기도 한다.

"높이 쌓아야겠네."

- 1세 영아는 늘어놓기와 동시에 높이 쌓기를 시도한다.
- 영아는 높이 쌓은 후 한 번에 무너뜨리기를 선호하여 반복한다. 교사는 영아가 안전한 블록(예 종이, 스펀지, 우레탄 블록)으로 쌓고 무너뜨리기를 하도록 지원한다.

"길고 높게 쌓아서…."

- 옆으로 길게 늘어놓기와 위로 쌓기를 결합하여 구조물처럼 보이는 것을 구성한다.

② 학기 중간(또는 월령이 조금 더 높은 영아)

사회적 수준

점차 교사나 또래와 같이 놀이한다. 1세는 아직 또래와는 활발한 상호작용을 하지는 못하지만 또래와 같은 또는 유사한 놀이를 하면서 서로의 놀이를 살펴보는 수준에서 놀이한다. 2세는 또래와 적극적으로 놀이하게 되고 꽤 오랜 시간동안 함께 놀기도 한다. 1세는 교사와 안정적 신뢰관계가 형성되어 교사에게 놀잇감을 보여주는 방식으로 함께 놀이하기를 청하기도 하고, 교사가 제안하는 놀이에 기꺼이 참여하기도 한다. 2세는 교사의 제안에 더욱 협조적으로 상호작용하거나 영아가 먼저 교사에게 함께 놀 것을 청하기도 한다.

인지적 수준

이 시기의 영아는 블록을 연결하여 다리를 만들거나 폐쇄 공간을 만드는 단계인 경우가 많다. 폐쇄 공간을 만들면 외부와 구분된 영역이 만들어지므로 살 수 있는 집이나 보관할 수 있는 장소가 된다. 영아는 자신이 만든 공간(집) 속에서 살면서 친구, 교사, 또는 동물을 초대하기도 한다. 구성원은 실제 살아있는 사람이 될 수도 있고 인형, 동물 등이 될 수도 있다.

"3층 집이야."

- 1세 후반, 2세 초반부터 영아는 두 개의 블록을 세우고 그 위에 블록을 놓아 다리의 형태를 만든다. 폐쇄 공간을 만드는 전단계로 위만 막힌 다리 모양 구조물이 발전하여 옆이 막힌 폐쇄 공간 구조물이 된다.

"여긴 내 차야."

- 폐쇄 공간을 만드는데 무엇을 만들겠다는 생각 없이 만든 후 나중에 차로 명명하고 직접 들어가서 노는 경우가 많아진다. 왼쪽 사진은 나중에 차로 명명하기는 했지만 차의 특성이 없는 구조물이다.
- 교사는 영아가 단순한 울타리 만들기를 할 때 무엇을 만드는지 물어서 목적을 가지고 만들 수 있게 격려한다. 2세에는 폐쇄 공간을 나눠 여러 개의 공간을 만들 수 있음(예 "네 차에는 앉는 자리가 몇 개야? 어디가 앞자리고 어디가 뒷자리야?")을 생각하도록 지원한다.

③ 학기 말(또는 월령이 높은 영아)

▣ 사회적 수준

학기 중반까지 교사와의 놀이가 훨씬 많은 비중을 차지했다면 학기 말에는 또래와의 상호작용 빈도가 증가한다. 영아의 사회적 기술이 향상됨에 따라 작은 분쟁이나 문제는 스스로 해결해 보려고 시도하며 특히 어떤 행동(예 남의 물건 뺏기, 남의 영역 함부로 침범하기 등)은 문제를 야기한다는 것을 경험적으로 알게 되어 문제 발생 빈도가 감소한다. 또한 상호작용 빈도가 증가하여 새로운 아이디어를 공유하고 놀이를 즐기는 방식이 세련되어져 간다.

"같이 하자."

- 영아는 또래와 의견을 조정하는 능력이 많이 발전하므로, 함께 오랜 시간 놀이하는 것이 가능해진다.

"기차가 지나간다."

- 학기 말에는 기찻길을 만들 수 있는 블록으로 병행놀이 수준에서 여러 명이 함께 놀이하는 것이 가능해진다. 이 블록은 넓은 공간이 필요할 뿐만 아니라 다른 자동차나 오토바이 등은 지나갈 수 없고 오직 자석기차만 지나갈 수 있는 레일인데도 함께 놀이하는 것이 가능했다. 이러한 놀이가 가능한 이유는 나눠 쓰기나 남을 배려하는 능력이 많이 발전했고, 합리적인 이유에 대한 사고가 확장되어 레일 위를 지날 수 있는 것과 없는 것을 알아낼 수 있었기 때문이다.

인지적 수준

학기 말이 되면 2세 영아는 블록으로 패턴과 대칭이 나타나는 구성물을 만들거나 자신이 만든 구성물에 이름을 붙여 역할놀이에 사용하는 초기 구상 표현이 가능해진다. 또한 자신이 직접 들어가서 놀이할 구성물도 만들지만 인형이나 동물이 들어갈 구성물을 만들고 자신은 전체를 조망하면서 조정할 수 있는 놀이를 하기도 한다. 이는 역할놀이의 발달 경향처럼 자신이 놀잇감의 일부가 되었다가 점점 놀잇감과 분리되면서 놀이 전체를 관장하는 단계로 발전하는 것과 유사하다.

"우리 집이야."

- 영아가 함께 만든 구조물 형태에서 패턴과 대칭이 뚜렷하게 관찰된다.
- 영아는 구조물을 만들기 전부터 집을 짓겠다고 선언하고 만들었다.
- 자신들이 들어가 살 수 있는 집이 아니라 인형이 들어가 살 수 있는 집을 만들고 자신들은 전체를 관장하는 연출자 같은 역할을 한다.

6) 음률 영역

(1) 음률 영역의 필요성

음률 영역은 영아가 노래를 부르고 여러 가지 악기를 자유롭게 탐색하고 몸을 움직여 보는 활동이 이루어지는 곳이다. 이 영역에서는 노래 부르기나 다양한 악기를 다루는 것뿐만 아니라 다양한 동작 해보기 및 다양한 종류의 음악을 듣고 감상해 보는 기회도 가질 수 있다. 음률 영역에서 자유롭게 음악과 관련된 활동을 하면서 영아는 자신의 감정 표현을 자연스럽게 할 수 있고 생활에서의 긴장감도 해소할 수 있다.

(2) 음률 영역의 운영

음률 활동이 음률 영역에서만 이루어지는 것은 아니지만 다양한 악기가 준비된 음률 영역에서 영아는 자연스럽게 활동에 참여할 수 있는 기회를 갖게 된다. 교사는 다양한 종류의 음악(예 클래식, 민요, 동요 등)과 소리(예 자연의 소리, 동물의 소리, 교통기관의 소리 등)를 준비한다.

영아기에는 소리 나는 사물은 무엇이나 악기가 될 수 있다. 교사는 '정식' 악기 이외에도 영아가 다양한 사물(예 나무 블록, 재활용 플라스틱 통, 역할놀이 영역의 냄비)을 가지고 소리를 탐색하고 소리를 내는 자연스러운 행동을 인정하고 격려한다.

영아의 음률놀이는 학기 초에는 전시되어 있는 악기를 두드려보거나 흔들어 보는 등 건드려보는 단순한 수준에서 이루어지지만 점차 멜로디 악기(예 피아노)에 맞춰 노래를 부르거나 소리를 변별하고 박자의 끝을 맞추면서 악기를 연주하는 등 활동 수준에 변화가 나타난다. 악기의 소리에 대한 탐색 과정 중에서 다양한 소리에도 관심을 갖지만 소리가 나는지 안 나는지에도 관심을 가지면서 탐색하게 된다. 그러므로 소리가 나는 악기와 소리가 나지 않는 악기처럼 보이는 사물 등 다양한 종류를 제시하는 것이 바람직하다. 전형적인 패턴에 따라 이루어지는 음률 활동은 영아의 탐색 성향과 창의력 발달을 저해할 수도 있다. 교사는 영아에게 악기를 주고 교사의 피아노에 맞춰 연주하게 하기 보다는 영아 스스로 탐색하고 연주하게 하는 것이 바람직하다.

학기 초에는 영아가 악기 소리의 크기를 조절하기 어려우므로, 소리가 지나치게 커서 다른 영아의 활동을 방해할 수 있는 악기는 제공하지 않는다. 또한 영아는 힘을 조절하는 능력이 미약하므로 학기 초에는 다른 영아를 다치게 할 가능성이 있는 악기(예 나무로 된 마라카스, 북채가 큰 북)는 제공하지 않는다.

컴퓨터나 녹음기 등 주변기기를 이용하여 소리에 대한 관심과 흥미를 확장시킬 수 있다. 컴퓨터에서 나타나는 여러 가지 소리의 파장을 눈으로 봄으로써 소리를 시각적으로 이해하고, 익숙한 환경에서 나는 다양한 소리를 녹음해서 들어봄으로써 주변 사물에 대한 이해를 높일 수 있다.

영아가 음악을 듣고 몸으로 표현하고자 할 때는 넓은 공간을 마련하여 마음껏 움직여 볼 수 있도록 한다. 교사는 영아가 율동을 모방할 때보다 자발적이고 자연스러운 움직임을 보였을 때 격려한다. 영아가 자신의 느낌을 표현할 수 있도록 스카프나 끈과 같이 자유자재로 움직일 수 있는 소품도 함께 마련해 주어서 다양한 창의적 신체 표현을 격려한다.

(3) 악기 및 소리의 탐색

영아는 다양한 악기 또는 사물을 탐색하면서 소리가 나는지 안 나는지에 먼저 관심을 보인다. 영아는 점차 다양한 악기와 사물의 소리를 인식하고, 각 악기의 형태, 기능, 소리, 사용 방법을 알게 된다.

① 소리 탐색

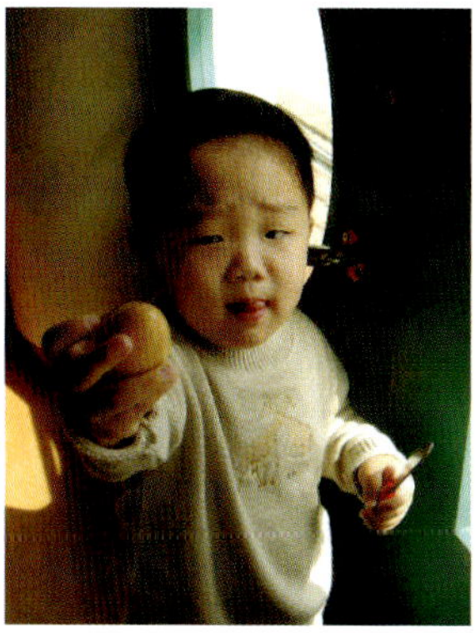

"계란에서 소리가 나."

- 음률 영역에 있는 계란 모양의 마라카스(에그셰이커)를 보고 한 영아가 계란에서 소리가 난다면서 의아해 했다.
- 교사는 영아에게 왜 소리가 나는지, 어떤 소리가 나는지 물어보면서 영아가 악기를 탐색할 수 있도록 도와주었다.

"이렇게 부딪히면 소리가 나요."

"이건 부딪히면 소리가 나요."

소리에 관심을 갖게 된 영아는 활동실에 있는 다양한 놀잇감을 가지고 소리를 만들어 보았다. 어떤 영아는 조작놀이 놀잇감을 가지고 소리를 내어 보았고 어떤 영아는 소꿉 영역에 있는 그릇을 이용하여 소리를 내어 보았다.

② 사용 방법에 대한 탐색

"흔들어도 부딪혀도 소리나."

두 개의 탬버린을 가지고 흔들기도 하고 서로 부딪히기도 하면서 소리를 탐색하고 있다.

"이거 돌아가네."

역할놀이를 하던 중 우연하게 악기(카바사)를 탐색 하게 된 영아는 그 악기는 돌려야 소리가 나는 것을 발견하였다.

"하나 둘 하나 둘!"

커다란 장구를 처음에는 손으로 쳐보던 영아는 손바닥이 아프고 소리가 잘 나지 않자 옆에 있던 북채를 들고 소리를 내기 시작하였다. 손바닥에 비해 북채를 이용한 소리가 훨씬 크고 잘 울리는 것을 알게 된 영아는 계속해서 북채를 사용하였다.

③ 빠르기에 대한 탐색

교사는 소리의 빠르기를 눈으로 쉽게 구별할 수 있도록 메트로놈을 이용하여 영아와 활동을 하였다. 메트로놈을 이용하자 소리의 빠르기를 눈으로 확인할 수 있어서 빠르기에 대한 영아의 이해를 높이는데 도움이 되었다.

"이게 뭐야? 막 움직이네."

- 영아에게 박자를 나타내는 메트로놈을 제시하자 추가 움직이는 것에 흥미를 보였다.

"이번엔 빠르게…!"

- 메트로놈을 충분히 탐색한 영아는 천천히, 빠르게 움직이는 추의 속도에 따라 박수를 쳐보거나 피아노를 두들기는 등 메트로놈의 사용법을 조금씩 이해하였다.

"선생님, 다르게 해봐요!"

- 영아는 교사와 함께 메트로놈 박자에 맞춰 악기 연주를 하였다.
- 영아는 자신이 원하는 빠르기로 메트로놈을 맞춰달라고 요구하기도 하였다.

(4) 사회적 상호 작용 수단으로서의 악기 연주

단지 소리를 내어 보는 수준에서 시작된 악기에 대한 탐색은 점차 사회적 상호작용의 수단으로 확장된다. 처음에는 개인적인 목적을 위해 자신만을 위한 연주(예 소리를 내어 보고 그냥 끝남)에 그치다가 타인의 소리를 인식하면서 타인과 조화를 이루어 연주(예 교사와 함께 연주할 때 교사의 피아노 소리의 끝을 인식하고 동시에 멈춤)를 하기도 하고 다른 사람에게 들려주는 연주를 하는 수준으로 이어진다.

"……."

- 영아는 활동실에 비치된 악기를 살펴보면서 자신이 만족하는 방법으로 활동한다. 교사가 옆으로 가서 함께 소리를 내어보자고 해도 교사를 의식하기보다는 자신의 만족에 더 가치를 두어 교사의 제안을 무시하기도 했다.

"내가 피아노 쳐줄게."

◻ 영아가 선호하는 악기 중 하나가 피아노다. 초기에는 교사가 피아노를 치는 것을 지켜보거나 반주에 맞춰 노래나 악기를 연주하는 수준이었지만 점차 스스로 피아노를 치려고 하였다.

"아가야, 내가 노래 불러 줄게."

◻ 영아는 자신의 악기 연주와 상상놀이를 연계하기도 하였다. 한 영아가 아기가 우는데 아기에게 노래를 들려주면 아기가 울지 않는다고 말하며 악기를 연주하였다.

"이거는 이렇게 하는 거예요."

◻ 악기 영역에는 타악기를 비롯하여 아코디언과 같은 멜로디 악기나 기타, 바이올린, 하프 같은 현악기 등 다양한 종류의 악기를 제시한다.

"아니야, 이거 해야지."

◻ 영아는 비록 맞지 않는 음이지만 서로 가르쳐 주고 함께 피아노를 치면서 다양한 상호작용의 기회를 경험한다.

"같이 해요."

☐ 많은 영아가 함께 모여 악기 연주를 한다. 점차 연주로 끝내는 것이 아니라 또래에게 들려주는 형태로 발전되기도 하였다.

"선생님과 맞추어서…."

☐ 영아의 연주에 맞춰 교사가 탬버린을 쳐줌으로써 박자에 대한 경험을 하게 하고 있다.

(5) 컴퓨터로 소리 녹음해서 들어보기

영아의 소리에 대한 관심과 탐색 수준이 높아지면 교사는 컴퓨터를 이용하여 소리를 탐색하는 활동을 전개할 수 있다. 영아는 자신의 실제 목소리와 녹음된 목소리가 다르게 들린다는 것을 점차 인식하게 된다. 또한 목소리의 파장이 그림으로 그려지는 것을 보게 하면 소리가 서로 다르다는 것을 눈으로 확인할 수 있다.

"산토끼 토끼야, 어디를 가느냐!"

☐ 컴퓨터를 이용하여 소리를 녹음하는 활동을 통해 영아는 자신과 주변의 소리에 관심을 많이 갖게 된다.

"어디서 소리가 나지?"

☐ 자신이 낸 소리가 녹음되어 다시 들리자 신기해하면서 컴퓨터에 귀를 바싹 붙였다. 어떤 영아는 자신의 목소리가 컴퓨터에서 들리자 자기랑 똑같은 사람이 컴퓨터 속에 있다고 말하였다.

"그림이 춤추네!"

☐ 소리가 나면서 그 파장에 의해 생기는 그림이 끊임없이 변화하자 영아는 관심 있게 살펴보았다. 교사는 컴퓨터가 목소리의 그림을 그린다면서 함께 지켜 보았다.

(6) 몸으로 표현하기

몸으로 표현하는 활동은 따로 시간을 내어 하는 것이 아니라 자유선택활동 중에 자연스럽게 하거나 순조로운 전이를 위해 하기도 한다.

"나 좀 보세요."

- 영아는 자신이 움직이고 싶은 대로 움직이며 자신의 생각을 표현하였다.
- 영아가 자신의 생각, 느낌, 감정을 신체를 통해 표현하는 과정에서 경험이 없어서 주저하는 경우, 음악과 표현할 때 사용할 도구를 준비하면 도움이 된다.

"강강술래 강강술래⋯."

- 영아와 교사가 함께 노래에 맞춰 몸을 움직인다.

"뱀처럼 뱀처럼⋯."

- 넓은 실외 공간에서 영아는 함께 노래 부르며 자유롭게 움직인다. 자신이 원하는 동물처럼 움직이다가 어느 순간 멈춰보는 '그대로 멈춰라' 활동을 하고 있다.

"바람에 날려서⋯."

- 산책을 갈 때 가지고 간 얇은 천이 바람에 날려 펄럭이자 천의 움직임에 맞춰 몸을 움직이고 있다.

"이렇게 저렇게!"

- 유희실에서 음악에 맞춰 자유롭게 악기 연주하며 율동하고 있다.

"훨~, 훨~!"

- 찢은 습자지를 날리며 가벼움을 표현하고 있다.

7) 조작 영역

(1) 조작 영역의 필요성

조작놀이는 영어로는 'manipulative play'라고 하는데 '손으로 다루는 놀이'라는 뜻을 내포하고 있다. 즉 조작놀이는 손의 소근육을 이용하여 직접 다루면서 조절하는 놀이로 정의할 수 있다(Trawick-Smith et al., 2015). 조작놀이를 위한 조작 영역에는 소근육, 눈과 손의 협응력을 발달시키고 문제 해결 능력을 촉진시킬 수 있는 놀잇감 및 교재 · 교구를 주로 비치한다.

(2) 조작 영역의 운영

앞서 감각 및 탐색 영역에서 설명하였듯이 표준보육과정(보건복지부, 2013c)에는 영아의 조작놀이를 위한 영역을 감각 · 탐색 영역으로 정의하고 연령별로 다음과 같은 놀잇감 및 교재 · 교구를 비치할 것을 제안하고 있다.

표 6-2 0 ~ 1세와 2세를 위한 감각 · 탐색 영역의 놀잇감

연령	놀잇감의 예
0-1세(p. 220)	• 모빌, 딸랑이, 손에 쥘 수 있는 놀잇감, 오뚝이 • 건드리면 다양한 소리가 나는 놀잇감, 상자 블록, 누르면 작동하는 놀잇감 • 다양한 질감의 인형, 여러 가지 재질의 크기와 공 • 모양 블록, 모양 끼우기 통, 고무나 플라스틱 재질의 고리 끼우기 등
2세(pp. 230-231)	• 여러 가지 조작 놀잇감(소형 블록, 구슬 꿰기 놀잇감, 레고 등) • 퍼즐 및 분류 놀잇감 • 실내에서 키울 수 있는 동 · 식물, 돋보기

위의 표를 살펴보면 표준보육과정의 감각 · 탐색 영역 놀잇감은 유아를 위한 수 · 조작 영역의 조작 놀잇감과 본질적으로 같은 것임을 알 수 있다. 즉, 영아용 놀잇감은 유아용 놀잇감에 주로 사용되는 플라스틱이나 나무 외에도 감각적 탐색이 가능하도록 다양한 소재나 재료(예 천, 비닐, 우레탄 등)로 만들어졌을 뿐 유아를 위한 수 · 조작 영역과 같은 목적을 가진다. 따라서 교사가 준비한 감각 및 탐색 활동 이외에도 조작을 할 수

있는 놀잇감을 상시 접할 수 있도록 감각 및 탐색 영역과 조작 영역을 분리해서 운영한다.

조작 놀잇감은 학기 초 또는 낮은 연령의 학급에서는 조각의 수가 적고 손잡이가 있고 그림 한 개를 맞추는 형태의 퍼즐(사진 ①)이나 경사로에 공굴리기 같이 영아가 작동을 시작하기만 하면 저절로 움직이는 놀잇감(사진 ②)을 제공한다. 학기가 진행될수록 조각 수가 많아지고 퍼즐의 꼭지가 없거나 그림 안에 조각이 구분되는 형태(사진 ③)의 놀잇감을 제공함으로써 난이도를 높여 준다. 또한 영아가 시작만 하고 그 이후에는 지켜보는 것(예 건전지로 작동되는 놀잇감) 이외에 다른 것을 할 수 없는 놀잇감은 점차 제외한다.

사진 ①

사진 ②

사진 ③

(3) 활동 준비

① 종류

■ 재질에 따라

꼭지 달린 나무 퍼즐

꼭지 없는 나무 퍼즐

헝겊 퍼즐

종이 퍼즐

플라스틱 끼우기 교구

나무 입체 퍼즐

우레탄 퍼즐

플라스틱 퍼즐

다양한 촉감 퍼즐

부직포 퍼즐

■ 형태에 따라

입체 퍼즐

반입체 퍼즐

■ 특징에 따라

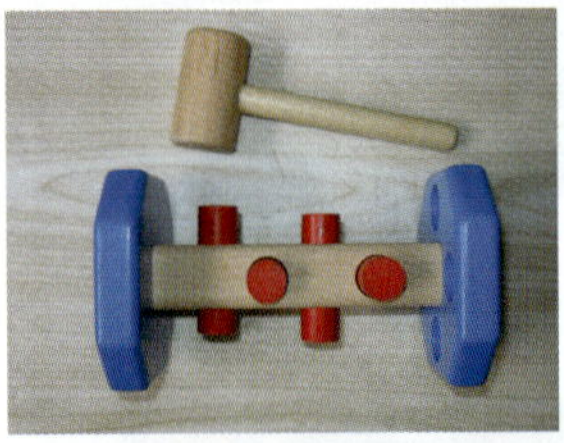

망치로 때리는 퍼즐

방향 조절 퍼즐

자석 퍼즐

책 퍼즐

롤러코스터

② 배치

조작놀이 영역에 앞뒤가 트인 교구장을 내주어 어느 방향에서나 쉽게 꺼내고 정리할 수 있게 한다. 특별히 정리를 위한 밑받침(예 밑그림, 사진)은 만들지 않고, 영아가 정리할 때 교구장에 올려 두기만 해도 되게 한다(제7장. 일상생활 영역의 9. 정리 · 정돈, pp. 312~314 참조).

4. 실외놀이를 위한 환경 및 운영

영아의 월령이나 발달 단계에 관계없이 모든 영아는 영아에게 적합한 실외 환경에서 실외놀이를 할 기회를 매일 가져야 한다. 영아를 위한 실외놀이 환경에는 동적인 요소(예 종합놀이터)와 정적인 요소(예 휴식 공간), 인공적 요소(예 놀이 기구)와 자연적 요소(예 동물과 식물)가 고루 포함되어 있어야 한다(Frost, 1992).

- 아스팔트보다는 얕은 구릉과 잔디, 흙과 모래 등 다양한 표면을 가진 실외 공간을 구성하여 영아가 자연을 느끼고 적절한 공간에서 활동할 수 있도록 한다.
- 다양한 연령의 영 · 유아가 함께 생활하는 기관이라면, 영아 전용 실외놀이터를 갖추고 울타리 등을 활용하여 공간을 구분한다. 울타리를 치면 교사와 영아 모두 안정감을 느끼고 안전에 대한 부담도 적어진다.
- 영아를 위한 실외놀이터를 준비할 수 없을 경우에는 유아가 사용하지 않는 시간대를 활용한다.
- 비가 오거나 햇볕이 강한 시간에도 실외놀이를 할 수 있도록 차양을 쳐주거나 실내에서 실외로 연결되는 공간에 지붕을 마련하여 실외에서도 자유롭게 놀 수 있도록 해준다.
- 영아용 종합놀이 기구를 설치하여 대근육 활동을 지원한다.
- 대근육 활동과 상상놀이를 동시에 지원할 수 있는 시설, 예를 들면 상상의 자동차나 배를 준비한다(그림 ① 참고).
- 모래놀이와 물놀이를 할 수 있는 공간을 마련하고 햇빛과 비를 피할 수 있는 차양을 설치한다. 모래는 세척하여 사용하고 사용 후 뚜껑을 덮을 수 있게 덮개를 준비한다(그림 ② 참고).

그림 ①

그림 ②

- 포장된 길이 있으면 영아가 두 발로 미는 차(예 붕붕차)나 올라타는 차를 탈 때 도움이 된다.
- 나무, 꽃, 채소를 관찰하거나 재배할 수 있도록 한다(사진 ① 참고).

사진 ①

- 영아용 그네는 안전벨트가 있는 것으로 설치한다.
- 놀이 후 정리할 수 있는 장이나 공간을 준비한다.
- 영아가 앉아서 쉴 수 있는 의자나 잔디가 없을 경우, 깔개를 준비한다.
- 자유선택활동뿐만 아니라 교사가 준비한 활동을 제공하여 영아가 다양한 경험을 할 수 있도록 배려한다. 예를 들면, 실외놀이 영역에도 미술 활동을 하거나 책을 읽을 수 있는 영역을 준비해 준다(그림 ③ 참고).

그림 ③

제 2 부

영아 프로그램의 실제

일러두기

▣ 2부는 영아 프로그램의 실제로 다음의 6개 영역으로 구성됨

▣ 모든 장은 유사한 형식으로 구성하되 각 장의 고유한 특성도 반영함

일상생활 영역(7장)

모든 영역에 해당	목표	• 일상생활 12개 각 영역을 통해 달성해야 할 목표 서술
	중요성 및 지도	• 영아교육에 있어서 일상생활 12개 각 영역의 중요성 서술 • 교사를 위한 제언 또는 전략 서술
특정 영역에만 해당	과정	• 특정 영역의 지도 과정이 있을 경우 과정별 지도 서술
	영아 발달과의 관계	• 특정 영역의 지도가 영아 발달과 관련 있을 경우 서술
	교사를 위한 제언	• 특정 영역에 유용한 교사를 위한 제언의 분량이 많을 경우 따로 서술

신체 및 운동 영역(8장)

1) 일상생활이나 놀이 가운데 자연스럽게 이루어지는 대근육 및 협응 활동
2) 일상생활이나 놀이 가운데 자연스럽게 이루어지는 소근육 및 협응 활동
3) 매트를 이용해 1년 동안 반복적으로 하는 활동
4) 교사가 계획한 활동: 1세를 위한 활동과 2세를 위한 활동 각 2개
   - 1세: 영아의 운동 능력 발달을 고려한 산책
     목표물을 향해 다양하게 움직이기
   - 2세: 동물 따라 하기
     흙 점토놀이

감각 및 탐색 영역(9장)

1) 일상과 놀이에서의 오감각을 이용한 탐색

2) 교사가 계획한 활동: 1세를 위한 활동과 2세를 위한 활동 각 2개

- 1세: 쌀놀이
  두부놀이
- 2세: 쌀놀이
  호박으로 놀이하기

문제 해결 영역(10장)

1) 교사가 계획한 활동: 1세를 위한 활동과 2세를 위한 활동 각 2개

- 1세: 수박 깨기
  물과 거품놀이
- 2세: 겅시로 놀이
  줄놀이

의사소통 영역(11장)

1) 일상생활에서 자연스럽게 이루어지는 의사소통

2) 교사가 계획한 활동: 1세를 위한 활동과 2세를 위한 활동 각 2개

- 1세: 엄마, 아빠에게 전화하기
  함께 지낸 시간 돌아보며 이야기하기
- 2세: 낮잠 기도 듣기
  상어로 놀기

관계 형성 영역(12장)

1) 일상생활에서 자연스럽게 이루어지는 긍정적인 관계 형성

2) 교사가 계획한 활동: 1세를 위한 활동과 2세를 위한 활동 각 2개

- 1세: 나와 친구 얼굴 스티커 찾아 붙이기
  또래와의 낮잠놀이
- 2세: 아기 때 사진 보고 현재와 비교하기
  자신과 타인의 기분 이해하기

▣ 교사가 계획한 활동은 다음의 형식으로 서술됨

교사가 계획한 활동

활동개요

- 핵심 교육 영역, 활동 적정 시기, 적정 인원, 활동 영역에 대해 간단히 서술

활동목표

- 소개하는 활동을 통해 달성할 수 있는 목표를 관련 있는 교육과정 영역을 중심으로 서술
- 교육과정 영역의 일반적 순서가 아니라 그 활동과 관련이 높은 교육과정 영역의 순서대로 서술

활동 선정 이유

- 소개하는 활동을 실시한 배경에 대해 서술
- 실시 배경은 영아의 발달, 과거 경험과의 연계, 또는 교사가 판단하는 교육적 가치를 중심으로 서술

활동준비

- 준비물이 하나 이상의 활동 전개 과정에 공통적으로 적용될 경우 활동 전개 과정의 번호 모두 서술
  예 (1)(2)(3) 돗자리, 구급약
- 각 활동 전개 과정마다 준비물이 다를 경우 활동 전개 과정별로 번호를 부여한 후 서술
  예 (1) 돗자리, 구급약
  (2) 돗자리, 구급약, 잠자리 채
  (3) 구급약, 바구니, 집게, 간식, 물

활동전개

- 각 활동이 전개된 과정을 요약해서 서술
- 각 전개 과정별로 (1), (2), (3) 등의 번호를 부여한 후 상세히 서술

각 활동 전개 과정의 연결

- 활동이 하나의 전개 과정에서 다음의 과정으로 전환될 때 교사가 한 교육적 판단이나 의사결정 소개
- 실제 진행된 활동에 대한 교육적 판단이고, 교사의 사고를 강조하기 위해 항상 과거형으로 서술

07 일상생활 영역*

1 기관에 적응하기

2 인사하기

3 급 · 간식 먹기 및 뒷정리하기

4 손 씻기

5 이 닦기

6 옷 입고 벗기

7 배변 훈련 및 용변 보기

8 낮잠 및 휴식

9 정리 · 정돈

10 전이

11 기타: 줄서기

12 문제행동 지도

* 일상생활 영역은 통일된 서식 없이 일상생활의 각 영역별 특성에 맞게 지도할 수 있는 실제를 자유롭게 서술함

일상생활 영역(김희진 · 김현주 외, 2016; 근로복지공단, 2010)은 기관에 적응하기, 인사하기, 급 · 간식 먹기 및 뒷정리하기, 손 씻기, 이 닦기, 옷 입고 벗기, 배변 훈련 및 용변보기, 낮잠 및 휴식, 정리 · 정돈, 전이, 문제행동 지도로 나누어 살펴보고자 한다.

1. 기관에 적응하기

1) 목표

- 주 양육자와 안정적으로 분리한다.
- 교사와 안정적이고 신뢰로운 관계를 맺는다.
- 또래와 친숙한 관계를 맺는다.
- 주로 생활하는 환경과 일과에 익숙해진다.

2) 기관에 적응하기의 중요성

영아가 단체생활을 하는 기관에 처음 오면 가정에서 생활하는 것과 모든 면이 다르기 때문에 충격과 혼란을 느낀다. 특히 개인의 리듬에 맞춰 주 양육자와 개별적으로 상호작용하고 먹고, 자고, 노는 생활을 하다가, 주 양육자와 헤어져서 다른 또래와 함께 단체 생활을 해야 하고, 집단의 일정에 맞춰 생활을 해야 하기 때문에 더욱 어려움을 겪는다.

입원 초기에 영아가 순조롭게 기관에 적응해야 이후 기관에서의 생활이 안정되기 때문에 교사는 세부적인 계획을 세우고 영아 개인의 특성을 고려하여 서서히 적응하도록 도와야 한다. 영아가 기관에서 지내는 시간을 점차 늘려가는 적응 기간이 온종일 일해야 하는 맞벌이 부모에게는 어렵지만 부모에게 적응의 중요성을 이해시키고 최대한 협조를 구한다.

영아가 적응 기간에 가장 힘들어하는 것은 주 양육자와 헤어지는 것이다. 교사는 우는 영아에게 기관에 빨리 적응할 것을 요구하기보다는 항상 따뜻하게 맞이하고 친절한 시선으로 지켜보면서 영아의 마음을 안정시키려고 노력하는 것이 좋다. 주 양육자와 헤어지는데 시간이 걸리는 영아가 있더라도 억지로 분리하려 하지 말고 스스로 주 양육자와 안정된 헤어짐을 할 수 있을 때까지 기다려주는 여유가 필요하다. 교사나 주 양육자의 성급함으로 영아를 억지로 떼려고 하거나 영아에게 짜증을 내면 부작용이 생겨 오히려 분리가 더 어려워질 수 있다.

교사는 영아가 주 양육자와 잘 분리될 수 있는지 관찰하고 주 양육자와 협조하여 영아의 개인적 특성에 맞게 분리가 되도록 한다. 영아에 따라 개인차가 있어 어떤 영아(특히 2세)는 자신이 주 양육자와 떨어질 수 있음을 성장으로 인식하여 자부심을 갖고 주 양육자에게 먼저 가라고 하기도 한다. 반면에 주 양육자와 떨어지지 않으려는 영아 중에는 그냥 어리광을 부리는 영아도 있다. 이 경우, 교사는 영아가 주 양육자와 떨어지는 것이 가능하다는 판단이 서면 주 양육자와 협의하여 과감히 분리한다. 주 양육자와의 분리는 학급에서 영아와 같이 놀기, 학급에서 영아가 교사와 노는 것 지켜보기, 학급 밖으로 나가는 시간 점차 늘리기의 순서로 진행한다.

3) 일반적인 적응 단계

1세와 2세 영아가 적응하기까지 걸리는 시간은 다르나 적응을 위해 거치는 단계는 같다. 적응 단계 초반에는 분반하여 적은 수의 영아가 있는 학급에서 적응의 단계를 거치도록 한다.

단계	연령	소요 시간	소요 일수	분반 여부	주요 목표
짧게 방문하기	1세	1시간	2일	분반	• 낯선 학급에서 친숙한 주 양육자와 놀기 • 낯선 교사와 또래 만나보기
	2세	1시간	2일	분반	
놀이하기	1세	1시간 30분	3일	분반	• 주 양육자와 거리 넓히기 • 교사와 친밀감 느끼기 • 간단한 간식 먹기
	2세	1시간 30분	2일	분반	
부모와 잘 헤어지기 ①	1세	1시간 40분	4일	부분 합반	• 주 양육자와 잠깐 떨어져보기(5분 간 화장실 다녀오기) • 교사와의 거리 좁히기
	2세	1시간 40분	4일	부분 합반	
부모와 잘 헤어지기 ②	1세	2시간	5일	합반	• 주 양육자와 잠깐 헤어지기(학급 문 앞에서 헤어져 30분간 떨어지기) • 주 양육자 없이 교실 들어가기(등원 시 학급 문 앞에서 헤어지기) • 교사와 친숙해지기
	2세	2시간	3일	합반	
점심 먹기	1세	2시간 45분	5일	합반	• 기관에서 식사해보기 • 단체 식사해보기
	2세	2시간 45분	4일	합반	
낮잠 자기	1세	5시간 30분	5일	합반	• 일정한 시간에 낮잠 자보기 • 부모 없이 낮잠 자보기
	2세	5시간 30분	5일	합반	
종일 생활하기	1세	종일	이후 계속	합반	• 1년 동안 즐겁게 생활하며 성장하기
	2세	종일	이후 계속	합반	
총 소요 일수	1세	24일(약 5주)			• 개별 영아의 특성에 따라 적응 기간이 더 필요할 경우 부모와 협의한다. • 자녀의 적응이 늦어지면 부모가 스트레스를 받아 영아를 재촉하는 경우가 있으므로 적응의 중요성에 대해 이해하도록 교사가 설명한다.
	2세	20일(약 4주)			

적응의 각 단계를 자세히 살펴보면 다음과 같다.

(1) 짧게 방문하기

짧게 방문하기의 목표는 낯선 공간인 학급에서 친숙한 주 양육자를 안전기저 삼아 놀이하면서 교사와 또래를 처음 만나는 경험을 하는 것이다. 주 양육자에게는 다음의 사항에 대해 협조할 것을 부탁한다.

- 주 양육자는 영아에게 교사와 놀라고 재촉하기보다는 영아와 즐겁게 놀아준다.
- 영아가 주 양육자와 교사가 친하다는 느낌을 갖도록 서로 우호적인 분위기를 조성한다. 영아가 주 양육자와 교사가 친하다는 느낌을 가지면 기관이 안심하고 놀 수 있는 장소라고 믿는다.
- 영아가 주 양육자와 약간 떨어져서 놀다가 주 양육자를 쳐다보면 눈을 맞춰주고 따뜻하게 웃어주어 영아가 안심하고 놀 수 있는 장소라는 것을 느끼게 해준다.
- 영아가 노는 동안 영아에게 집중하고 다른 일(예 휴대 전화 문자 보내기 등)을 하지 않는다.

학급에 들어가지 않으려는 영아에게 들어가자고 청하는 부모

영아와 주 양육자가 함께 놀이하고 지켜보는 교사

(2) 놀이하기

놀이하기의 목표는 영아가 교사와 놀이하면서 교사에게는 친밀감을 느끼고 주 양육자와는 점차 거리를 두게 하는 것이다. 주 양육자에게는 다음의 사항에 대해 협조할 것을 부탁한다.

- 영아가 처음에 교사와 놀이하기 힘들어하면 주 양육자와 신체 접촉(예 손잡기, 어깨 잡기, 무릎에 앉기)을 유지한 채 교사와 놀이하게 한다.
- 영아가 주 양육자와 신체 접촉 없이 놀기 시작하면 주 양육자는 학급 벽 쪽에 가서 지켜보다 영아가 돌아보면 눈을 맞춰주고, 신체 접촉을 하길 원하면 응해준다.
- 영아가 잘 논다고 해서 영아 모르게 학급 밖으로 나가지 않는다.
- 기관에서 즐겁게 지낸 이야기를 가정에서도 나눈다.

주 양육자와의 신체 접촉을 유지하지만 교사의 놀이를 관심 있게 보는 영아

교사와 놀이하는 영아를 벽 쪽에 앉아서 보고 있는 주 양육자

주 양육자와 함께 간단한 간식을 먹고 있는 영아

(3) 부모와 잘 헤어지기 ①

부모와 잘 헤어지기 ①의 목표는 주 양육자가 화장실 다녀올 정도의 짧은 시간(약 5분) 동안 영아가 주 양육자와 헤어지게 하는 것이다. 영아도 주 양육자가 화장실을 가야 한다는 것을 이해하기 때문에 화장실에 다녀온다고 말하고 분리를 시도하면 효과적이다. 처음에는 5분으로 시작해서 조금씩 시간을 늘려 30분 정도 헤어질 수 있도록 한다. 주 양육자에게는 다음의 사항에 대해 협조할 것을 부탁한다.

- 영아가 놀이에 집중하고 안정되었다고 판단하면 교사가 보내는 신호에 따라 활동실을 나간다.
- 활동실을 나갈 때는 반드시 영아에게 (화장실 다녀서) 금방 돌아올 것임을 알리고 나간다.
- 영아가 울지 않는다고 오래 있다 돌아오면 영아가 불안해져서 적응 기간이 길어질 수 있으니 반드시 약속된 시간 내에 돌아온다.
- 다시 활동실로 돌아오면 영아가 안심할 수 있도록 안아주거나, 웃어주거나, 눈을 맞춰준다.

짧은 분리 동안 우는 영아를 안아서 안심시켜 주는 교사

짧은 분리에서 돌아온 후 우는 영아를 안아서 안심시켜 주는 주 양육자

(4) 부모와 잘 헤어지기 ②

부모와 잘 헤어지기 ②의 목표는 영아가 주 양육자 없이 학급에 들어가서 교사, 또래와 지내게 하는 것이다. 주 양육자에게는 다음의 사항에 대해 협조할 것을 부탁한다.

- 학급 문 앞에서 헤어질 때는 영아가 헤어짐을 알 수 있도록 분명히 인사를 한다(예 손 흔들기, 선생님과 잘 놀라고 말하기, 잘 놀고 있으면 빨리 데리러 온다고 말하기).
- 영아의 상황에 따라 교사가 요청하면 돌아올 수 있도록 기관의 다른 장소(예 부모를 위한 서가)에 머무른다.
- 영아가 선호하는 애착물이 있으면 등원 시 가져오게 한다.

주 양육자와 헤어져 우는 영아를 달래주는 교사

애착물인 가족 사진과 인형을 손에 들고 놀고 있는 영아

하원 때 만나서 잘 지낸 것을 격려하는 의미로 영아를 꼭 안아주는 주 양육자

(5) 점심 먹기

점심 먹기의 목표는 기관에서 단체로 식사하는 시간에 맞춰 영아가 식사를 하게 하는 것이다. 가정에서 먹고 싶을 때 성인이 떠먹여 주는 식사를 하던 영아가 일정 시간에 단체로 식사하면서 스스로 먹어야 하는 것은 매우 힘든 경험이다. 교사는 영아가 기관에서 먹는 것이 즐거운 경험이 되도록 다음의 사항에 주의한다.

- 주 양육자에게 영아의 식습관(예 좋아하거나 싫어하는 음식, 알레르기를 유발하는 음식, 먹는 양, 걸리는 시간 등 식사와 관련된 개인적 습성)에 대한 정보를 받아서 숙지한다.
- 먹어보는 것에 의의를 두고, 더 먹거나 고루 먹도록 영아에게 스트레스를 주지 않는다.
- 주 양육자에게 학기 초에는 영아가 기관에서 먹는 양이 적으므로 가정에 돌아가서 충분히 먹이도록 부탁한다.

먹기 싫어하는 영아를 앉아 보도록 권유하는 교사

스스로 먹지 않는 영아를 먹여주는 교사

손으로 먹기는 하지만 혼자 식사를 하는 영아

(6) 낮잠 자기

낮잠 자기의 목표는 기관에서 단체로 낮잠 자는 시간에 맞춰 영아가 낮잠을 자게 하는 것이다. 가정에서 자고 싶을 때 성인에게 안기거나 업혀서 자던 영아가 일정 시간에 단체로 자고 일어나야 하는 것은 매우 힘든 경험이다. 교사는 영아가 기관에서 낮잠 자는 것이 편안한 경험이 되도록 다음의 사항에 주의한다.

- 영아가 편안함을 느끼도록 친숙한 이불, 베개, 또는 애착물을 집에서 가져오도록 한다.
- 적응 기간에는 영아가 낮잠을 충분히 자지 못하는 경우가 많으므로 낮잠 잔 시간을 주 양육자에게 알려 가정에서 충분히 쉴 수 있도록 한다.
- 영아가 편히 잘 수 있도록 다양한 방법(예 적절히 어둡게 하기, 조용한 음악 틀어주기, 이야기 들려주기, 안아주기, 두드려 주기 등)을 사용한다.

자기 어려워하는 영아를 안아서 재워주는 교사

애착물인 이불을 가지고 있는 영아를 안아주고 있는 교사

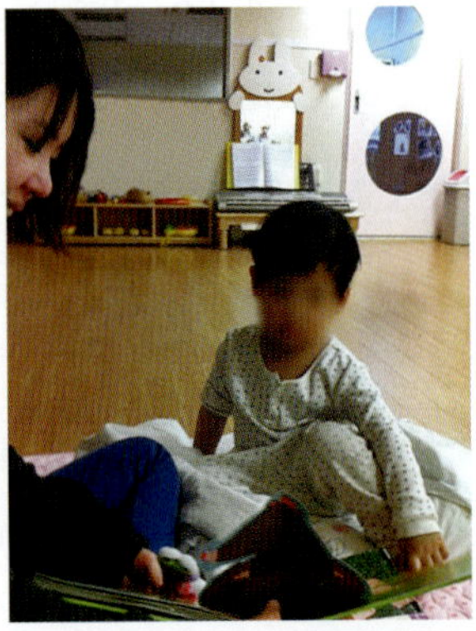
일찍 깬 영아에게 책을 읽어 주는 교사

(7) 종일 생활하기

1세 영아는 약 5주, 2세 영아는 약 4주의 적응 기간을 보내면 하루 종일 기관에서 무리 없이 생활하게 된다. 그러나 개인의 기질이나 결석한 날(단체 생활을 처음 하면 자주 아프기 때문에 결석하는 날이 많아질 수 있음)의 수에 따라 적응에 시간이 더 필요할 수도 있다. 교사는 개인 영아의 특성에 따라 적응을 위한 추가적인 도움을 제공한다.

4) 교사를 위한 제언

① 영아의 기관 적응에 도움이 되는 몇 가지 전략

영아가 편히 쉴 수 있는 따뜻한 공간

학급 입구에 영아의 관심을 끌 수 있는 활동 배치

- 혼자만의 공간에서 심리적 안정을 취하고 긴장감을 해소하면 놀이에 참여할 마음의 준비가 된다. 학기 초에는 영아가 숨어 있거나 혼자 있을 수 있는 공간을 준비한다.

- 주 양육자와 분리될 준비가 어느 정도 된 영아는 새로운 놀이를 보면 동기유발이 되기 때문에 기관 적응이 촉진된다.

영아가 주 양육자가 보고 싶을 때 볼 수 있는 가족 사진

- 학급의 여러 곳에 가족 사진을 붙여 놓으면 주 양육자가 보고 싶을 때 찾아보면서 위안을 느낀다. 학기 초에는 개인장에도 영아의 독사진보다는 가족 사진을 붙여 놓으면 도움이 된다.

영아가 감정이입할 수 있는 금붕어 먹이주기 같은 활동

영아가 몰입할 수 있는 꽃에 물주기 같은 활동

- 영아가 울 때 관심을 잠시 전환시키는데 도움이 된다. 울다가도 물고기한테 밥을 주거나 꽃에 물을 주자고 청하면 기꺼이 참여한다.

영아가 가정에서도 놀아본 친숙한 놀잇감으로 새롭게 노는 활동

- 놀잇감과 놀이 방법이 다 생소하면 새로운 환경에 적응해야 하는 영아에게 스트레스가 될 수 있다. 가정에서 사용해본 공을 이용해서 새로운 방법으로 놀 수 있는 활동을 제시하면 적극적으로 참여한다.

② 영아가 주 양육자와 분리할 수 있는 상태인지 알아 볼 수 있는 신호

적응 기간에 주 양육자가 잠시 학급 밖으로 나갈 때나 적응 기간이 끝나고 등원에서 헤어질 때 영아가 울지 않고 헤어졌어도 안정적으로 분리된 것이 아닐 때가 많다. 영아는 놀다가도 주 양육자가 보고 싶다며 갑자기 울기도 하고, 주 양육자에게 가겠다고 학급 밖으로 나가려 하기도 한다. 잠시 달래졌다가도 하루일과 중 여러 번 이런 행동을 반복한다. 주 양육자를 찾고, 울고, 떼쓰는 행동은 적응이 되어감에 따라 점차 줄어드는데, 이 기간에 영아가 하는 전형적인 행동에 대한 바람직한 교사의 반응 전략을 살펴보면 다음과 같다.

안아주기

- 심하게 울 때는 놀잇감을 보여줘도 거부하므로 어느 정도 울음이 잦아들 때까지 참을성 있고 따뜻하게 안아주는 것이 좋다. 약간 진정이 되면 영아가 흥미로워할만한 놀잇감을 보여주거나 또래가 하는 활동을 보게 한다.

교사와 함께 엄마를 찾으러 나선 영아 2명

◌ 교사와 영아의 비율이 낮아 심하게 우는 1~2명의 영아를 학급 밖으로 데리고 나갈 수 있다면 주 양육자를 찾자고 하면서 데리고 나간다. 학급에 심하게 우는 영아가 있으면 안정이 되어가던 영아도 영향을 받기 때문에 이것은 모두를 위해서 좋은 전략이 될 수 있다. 교사는 "○○ 어머니 어디 계세요?, ○○ 엄마 저기 계신지 가보자!" 등의 말을 하면서 활동실 밖을 산책할 수 있다. 복도에 영아가 볼 수 있는 책이나 가지고 놀 수 있는 간단한 놀잇감이 있으면 '엄마 찾기 여행'에 도움이 된다.

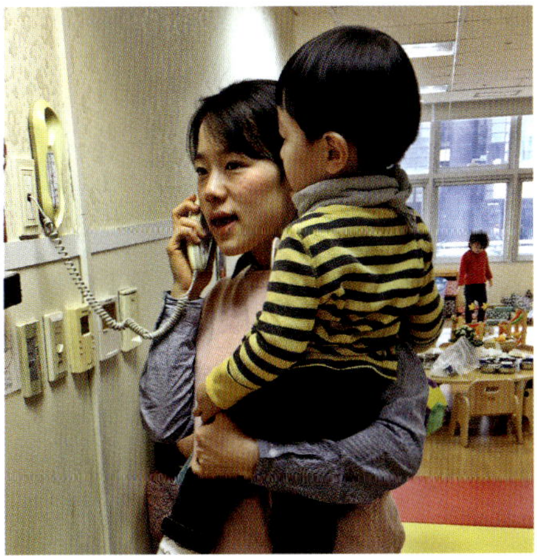

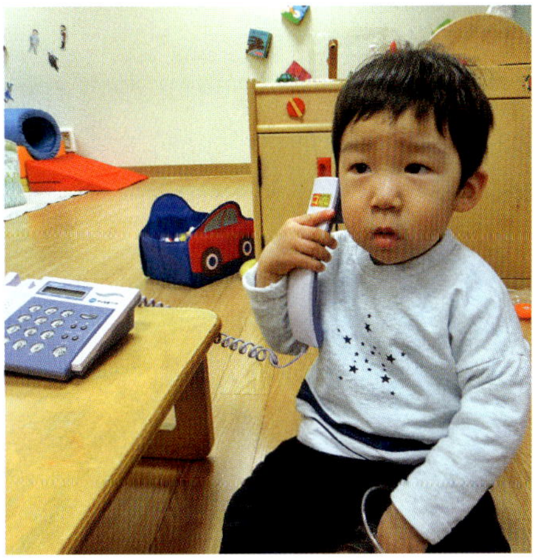

엄마에게 전화해 주는 교사와 엄마에게 전화하는 영아(실제 전화기가 아니라도 위안이 됨)

◌ 아주 어렸을 때부터 주 양육자와 핸드폰으로 통화해 본 영아가 많기 때문에 주 양육자에게 전화하자고 하면 안정이 되는 영아가 많다. 교사는 놀잇감 전화기나 실물 전화기를 이용해서 "○○ 어머니시지요? ○○가 보고 싶어 하니 빨리 오세요!" 같은 말을 할 수 있다. 영아가 심하게 울고 주 양육자가 학급 근처에 머무르는 적응 기간이면 실제 전화해서 오시도록 한다. 점차 영아가 전화해달라고 먼저 요청하게 되는데 그럴 때도 기꺼이 전화하는 시늉을 해준다.

여전히 4가지의 애착물(가방, 인형, 자동차, 사진)을 가지고 있으나 편안한 얼굴로 놀이하고 있는 영아

한 명은 교사의 새끼손가락을 잡고 있고, 한 명은 교사의 어깨에 손을 대고 있으나 활동에 참여하고 있는 영아

- 영아가 울지는 않아도 불안하면 집에서 가지고 온 애착물을 가지고 있고 싶어하거나 교사와 신체 접촉을 하길 원한다. 영아가 자연스럽게 애착물을 놓거나 교사의 손을 놓을 때까지 기다려 주는 것이 바람직하다.
- 재미있는 활동을 하거나 불안하지 않을 때는 잠시 애착물이나 교사의 손을 놓기도 한다.

교사에게 안겨 흥미로운 놀잇감을 보고 있는 영아

불안해서 손을 입에 넣고는 있지만 교사가 재미있게 활동하는 모습을 관심 있게 보는 영아

- 점차 흥미로운 놀잇감, 교사나 또래가 즐겁게 노는 모습에 관심을 보인다.

2. 인사하기

1) 목표

- 주 양육자와 등원 시 즐겁게 헤어지고, 하원 시 즐겁게 만난다.
- 교사, 또래와 등원 시 즐겁게 만나고, 하원 시 즐겁게 헤어진다.
- 자발적으로 인사한다.

2) 인사하기의 중요성 및 지도

매일의 등원과 하원 시 주 양육자, 교사, 또래와 인사하는 것은 만난(또는 헤어지는) 사람과 인사한다는 의미도 있지만 가정에서 기관으로, 기관에서 가정으로 전이한다는 의미도 있다. 학기 초 적응기나 영아의 몸 상태나 기분이 좋지 않아 주 양육자와 헤어지기 싫을 때는 인사하기가 순조롭게 이루어지지 않기 때문이다. 학기 초에는 교사가 먼저 적극적으로 인사하지만 학기 말에는 영아가 자발적으로 바른 자세로 인사하도록 도와, 사회적 관습으로서의 인사하기의 중요성을 학습하도록 지원한다. 또한 교사는 매일의 인사하기를 통해 영아가 기관에 왔다는 것을 인식하도록 돕고, 영아의 신체적, 심리적 상태를 파악한다.

낯설음 때문에 엄마 뒤에 숨어서 인사하지 않으려는 영아

점차 부모가 시키거나 교사가 먼저 인사하지 않아도 웃음(어색한 웃음이지만)으로 인사하는 영아

학기 말 또는 기분이 좋은 날 주 양육자와 잘 헤어져서 들어와 선생님과 손을 마주 치고 있는 영아

3. 급 · 간식 먹기 및 뒷정리하기

1) 목표

- 하루일과 중 일정한 시간에 점심 또는 간식을 먹는다는 것을 안다.
- 스스로 먹는 능력(식사 준비, 식사, 식사 후 처리)을 기른다.
- 건강하게 먹는 습관을 기른다.
- 식사에 대한 기초적인 사회적 의미를 이해한다.

2) 급식과 간식의 중요성 및 지도

영아가 기관에 어느 정도 적응하게 되면 간식을 먼저 먹기 시작하고 이어서 점심을 먹게 된다. 급식과 간식 먹기는 음식을 통해 영양을 공급하는 목적 외에 음식을 먹으면서 기본생활습관을 익히고, 친구와 사귀며, 자신이 먹을 수 있는 양을 조절하는 기회를 가질 수 있는 중요한 경험이다.

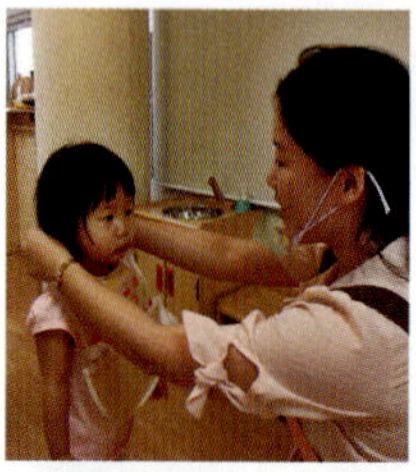

1세 영아의 턱받이를 해주는 교사

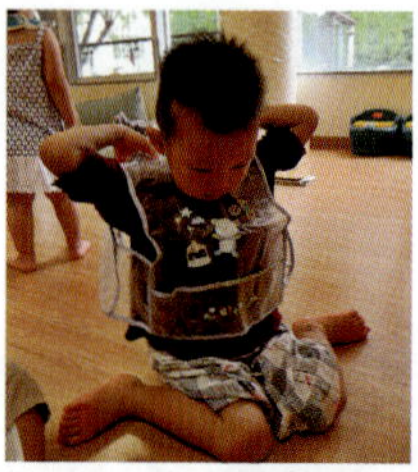

스스로 턱받이를 찾아 할 수 있게 된 1세 영아

교사의 도움을 받아서 먹고 있는 1세 영아

점차 스스로 먹으려 하고 있는 1세 영아

또래 영아가 먹는 것에 관심을 보이는 1세 영아

또래 영아가 먹는 것을 도와주고 있는 1세 영아

턱받이 없이 스스로 먹고 있는 2세 영아

2세 영아가 거의 혼자 먹은 후 깨끗하게 먹도록 마지막에만 도와주고 있는 교사

손으로 먹기

숟가락으로 먹기

포크로 먹기

손이나 숟가락, 포크로 먹기는 하나 익숙하지 않아 아직은 많이 흘리는 1세 영아

적절한 도구를 선택하여 스스로 먹고 있는 2세 영아

2세 영아에게 포크를 제대로 사용하도록 지도하는 교사

턱받이를 정리하는 영아

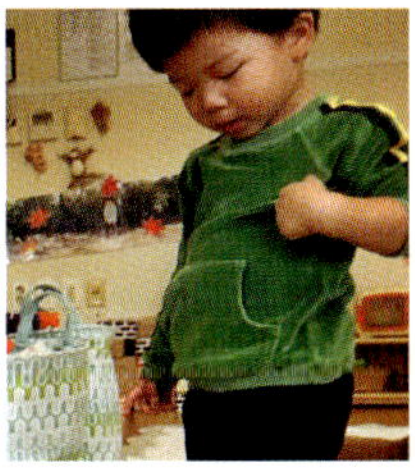

밥풀을 떼는 영아

식사 정리는 교사가 해주지만 1세 영아도 스스로 할 수 있는 일(예 턱받이 정리, 밥풀 떼기)을 하게 한다.

간식 후 정리

점심 후 정리

1학기 중반부터 교사가 잔반을 국 그릇에 모아주면 2세 영아는 정해진 장소에 가져다 정리할 수 있다.

4. 손 씻기

1) 목표

- 스스로 손을 씻을 수 있다.
- 손을 깨끗하게 씻을 수 있다.
- 언제 손을 씻어야 하는지 안다.

2) 손 씻기의 중요성 및 지도

기관에서 단체 생활을 하는 영아는 질병에 노출되기 쉽다. 전염성 질병을 예방하고 개인 위생을 유지하는 가장 간단하고 확실한 방법은 손 씻기이다. 영아의 월령이 어릴 때나 학기 초는 교사의 도움을 받아 손을 씻지만, 교사는 점차 영아 혼자서 깨끗이 손을 씻을 수 있도록 지도한다. 영아가 깨끗하게 손을 씻는 방법뿐만 아니라 언제 손을 씻어야 하는지도 알게 하여 교사가 시키지 않아도 자발적으로 손을 씻을 수 있는 능력을 갖게 한다.

손 씻으러 영아를 데려가는 교사

소매를 올리고 내려주는 교사

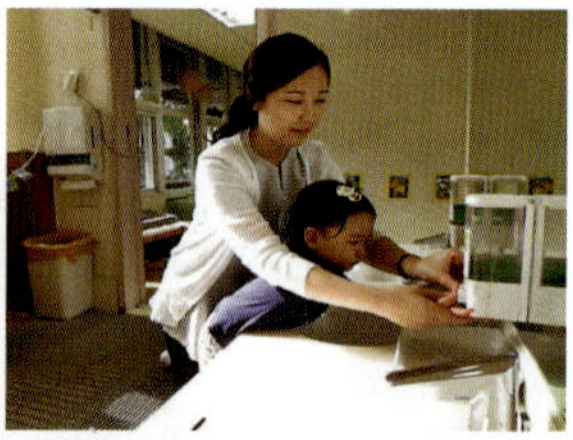

물비누를 짜주는 교사

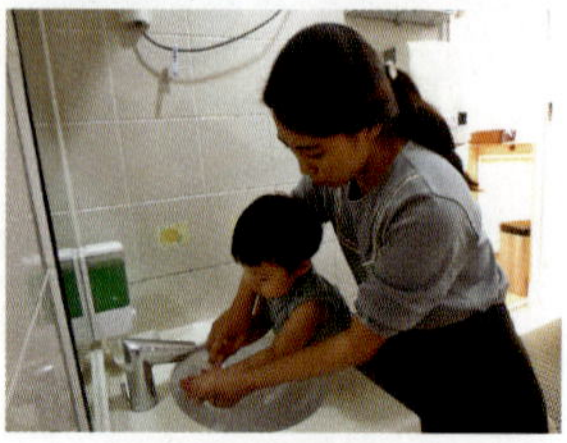

손을 씻어주는 교사

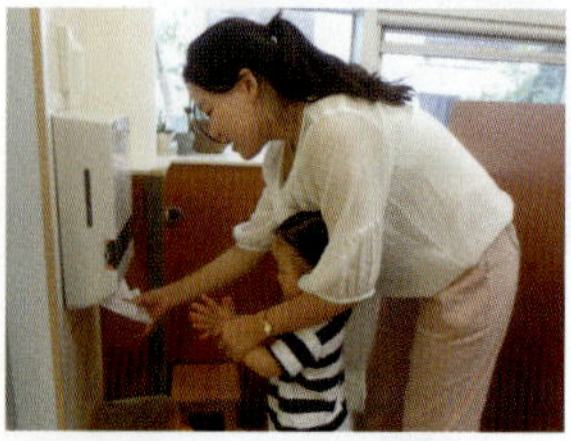

종이타월을 뽑아 영아에게 주는 교사

◻ 1세 영아의 경우 대부분의 손 씻기 과정을 교사가 도와주면서 개인차에 따라 스스로 하게 격려한다. 학기 초는 교사가 많이 도와주나 점차 영아 스스로 하게 한다.

씻을 시간임을 알리고 스스로 손 씻으러 가는 영아를 따라가는 교사

스스로 소매를 걷는 영아를 도와주는 교사

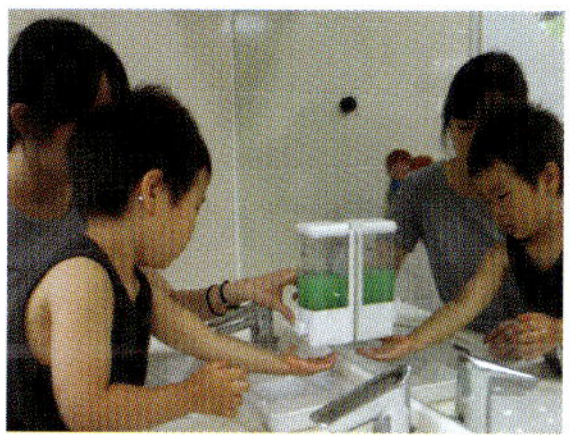

물비누를 짤 때 필요하면 도움 주는 교사

손 씻는 영아 가까이서 도와주는 교사

교사의 도움 없이 스스로 종이타월을 뽑는 영아

- 2세 영아의 경우 대부분의 손 씻기 과정을 스스로 하도록 격려하고 교사는 필요한 경우만 도움을 준다. 학기 초는 교사가 도와주나 점차 영아 스스로 하도록 격려한다.

5. 이 닦기

1) 목표

- 교사의 도움을 받아 이 닦기(물 양치)을 할 수 있다.
- 이 닦기를 할 때와 물 양치 할 때를 구별한다.

2) 이 닦기(물 양치)의 중요성 및 지도

영아의 치아는 부식되기 쉽고, 유치를 잘 관리해야 튼튼한 영구치가 나오기 때문에 영아기의 치아 관리는 매우 중요하다. 영아는 기관에서 3번의 식사(오전 및 오후 간식과 점심)를 하게 된다. 영아는 치약을 삼키지 않는 것이나 물을 뱉는 것을 잘 못하고, 칫솔로 이를 닦는 것에 두려움을 갖기도 한다. 교사는 영아가 두려움을 갖지 않고 이 닦기를 할 수 있도록 세심하게 도와준다.

이 닦으러 영아를 데려가는 교사

자신의 칫솔을 찾는 영아

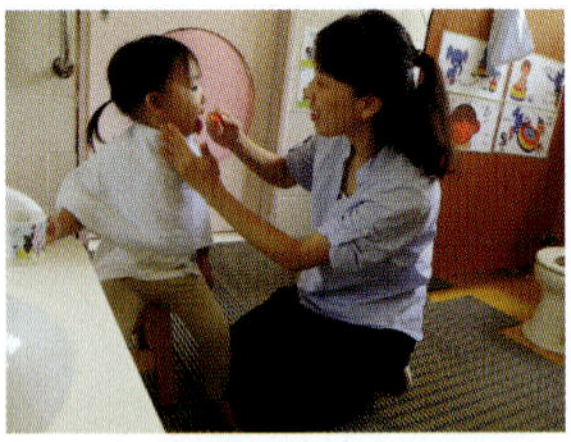

영아의 이를 닦아주는 교사

◘ 1세 영아의 경우 대부분의 물 양치(간식 후)나 이 닦기(점심 후) 과정을 교사가 도와주면서 개인차에 따라 스스로 하게 격려한다. 학기 초는 교사가 많이 도와주나 점차 영아 스스로 하게 한다.

또래가 이 닦는 동안 화장실 밖에서 이 닦으면서 기다리는 영아

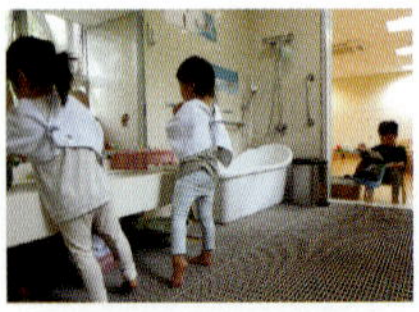

또래가 이 닦는 동안 화장실 밖에서 책을 보며 기다리는 영아

교사와 함께 치약을 짜는 영아

영아가 닦은 이를 다시 닦아주는 교사

◘ 2세 영아의 경우 간식이나 점심을 먹은 후 이를 닦아야 한다는 것을 알고 적극적으로 참여한다. 학기 후반으로 갈수록 영아 스스로 하는 과정을 늘려간다.

6. 옷 입고 벗기

1) 목표

- 교사의 도움을 받아 옷을 입고 벗을 수 있다.
- 자신의 옷을 찾아 때와 장소에 맞게 입을 수 있다.

2) 옷 입고 벗기의 중요성 및 지도

기관에서 지내면서 영아는 등 · 하원 때뿐만 아니라 수시로 옷을 입고 벗는다. 화장실을 갈 때, 낮잠을 잘 때, 야외로 산책 갈 때, 실외놀이터에서 놀 때, 기관의 다른 장소로 이동할 때 옷뿐만 아니라 실내화, 실외화, 모자, 겉옷 등을 입고 벗어야 한다. 특히 다 함께 이동할 때는 모든 영아가 신과 옷 또는 모자를 갈아입어야 하기 때문에 영아 스스로 갈아입을 능력이 있어야 하루일과가 순조롭게 운영된다. 스스로 옷을 입을 수 있어야 때(예 춥거나 더울 때)와 장소(예 실외놀이터에 갈 때)에 맞게 입고 벗으면서 건강과 청결을 유지할 수 있다. 교사는 영아가 자신의 옷을 찾거나 가져오는 것부터 시작하여 스스로 적절한 옷을 입고 벗을 능력을 갖도록 지속적으로 지도해야 한다.

장에서 신을 찾아보도록 영아를 격려하는 교사

교사의 어깨를 잡고 신을 신거나 벗는 영아

발등까지 양말을 벗겨주면 잡아당겨 벗는 영아

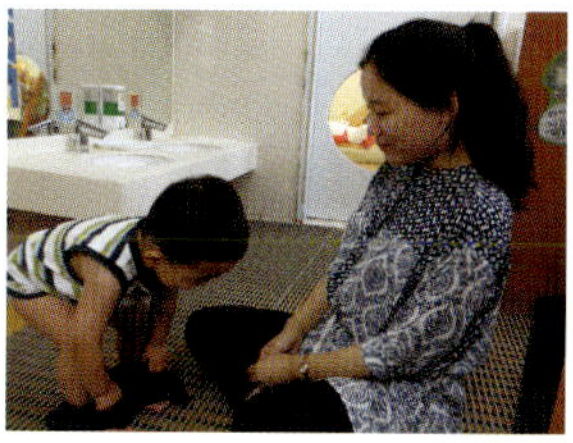
스스로 바지를 내리는 영아

한쪽 팔을 먼저 빼서 옷을 벗는 영아

1세 영아의 경우 대부분의 과정을 교사가 도와주면서 개인차에 따라 스스로 하게 격려한다. 영아 개인의 능력에 따라 자신의 신발, 상, 옷 찾기, 신을 신고 벗거나 옷을 입고 벗는 과정의 일부에 참여할 수 있다.

자신의 신을 찾는 영아

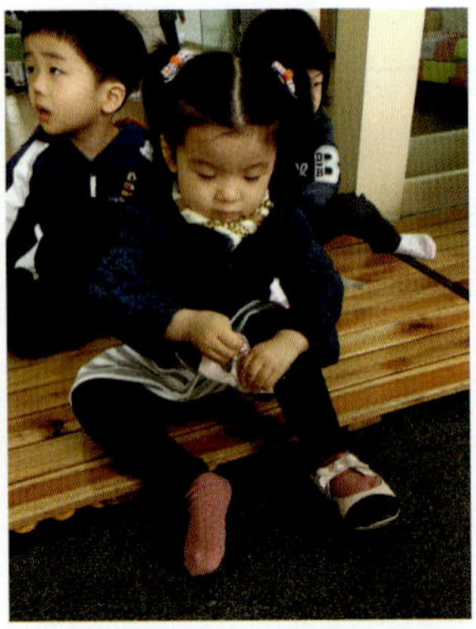

앉아서 신을 신는 영아

교사가 양말을 발등까지 신겨주면 스스로 신는 영아

스스로 헐렁한 바지를 입는 영아

지퍼 끝부분을 교사가 채워 주면 스스로 올리는 영아

- 2세 영아는 점차 자신의 신 찾기, 장 속에 신 넣기, 신 신기, 겉옷이나 헐렁한 옷 벗기를 할 수 있게 된다. 교사는 영아가 점차 옷을 스스로 입고 벗을 수 있도록 개인의 능력을 고려하여 격려한다.

7. 배변 훈련 및 용변 보기

1) 목표

- 두려움 없이 성취감을 느끼면서 기저귀를 뗀다.
- 스스로 소변과 대변을 처리하는 능력을 기른다.

2) 배변 훈련 및 용변 보기의 중요성 및 지도

기저귀를 떼는 것은 영아에게 큰 도전이며 발달적으로 중요한 의미를 갖는다. 영아 발달에 관한 다양한 이론(예 프로이드의 정신분석이론-항문기)에서도 배변 훈련이 갖는 발달적 의미를 강조할 만큼 순조로운 기저귀 떼기는 중요하다. 기저귀를 떼기 위해서 영아는 요의나 변의와 관련된 신체적 신호를 파악하고 조절하는 능력, 기저귀 갈기 또는 화장실 사용과 관련된 언어를 이해하고 표현하는 능력, 그리고 새로운 경험에 대처하는 정서적 능력을 갖춰야 한다. 영아가 신체, 언어, 정서적으로 준비되지 않았을 때 성급히 배변 훈련을 실시하면 영아에게 부정적 영향을 미친다. 따라서 특정 시기에 기저귀를 떼고 대 · 소변을 가리라고 강요하는 것이 아니라 영아의 특성에 맞게 적절한 시기와 방법을 선택하여 부담스럽지 않고 자연스럽게 배변 훈련을 할 수 있도록 교사가 도와주어야 한다.

또한 요의나 변의를 느끼고, 필요한 경우 화장실 갈 때까지 참고, 소변과 대변을 본 후 뒤처리(예 옷 입기, 물 내리기, 손 씻기)를 스스로 할 수 있을 때까지는 오랜 시간이 걸린다. 배변 훈련 및 용변 보기 과업을 영아가 성공적으로 수행해서 독립적인 생활을 할 수 있도록 교사가 지속적으로 지원해야 한다.

자신의 기저귀 찾는 영아

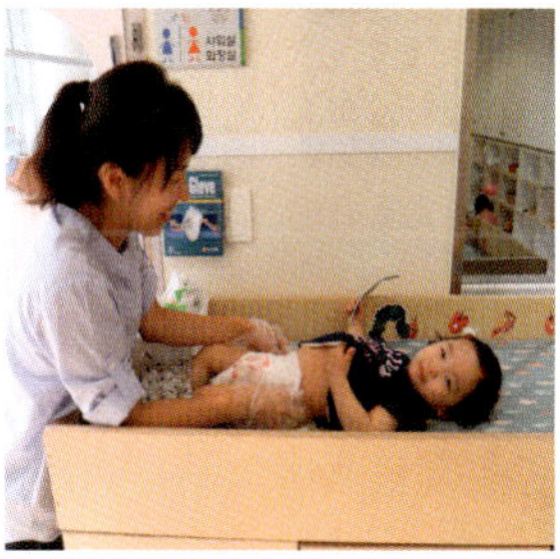
기저귀를 갈면서 영아에게 과정을 이야기해주는 교사

다리에 힘이 생기면 서서 팬티형 기저귀를 가는 영아

배변 훈련할 준비가 되어 가는 영아가 사용하도록 훈련용 변기를 놀잇감으로 내주는 교사

인형과 실제 기저귀를 사용하여 놀이하는 영아

- 1세 영아는 주기적으로 소변이나 대변을 보았는지 확인하고 갈아준다. 영아가 익숙해지면 자신의 기저귀 찾기, 기저귀 갈이대로 자발적으로 가기, 기저귀 가는 동안 협조하기(예 몸을 뒤집지 않고 있거나 엉덩이 들기) 등을 하도록 격려한다.

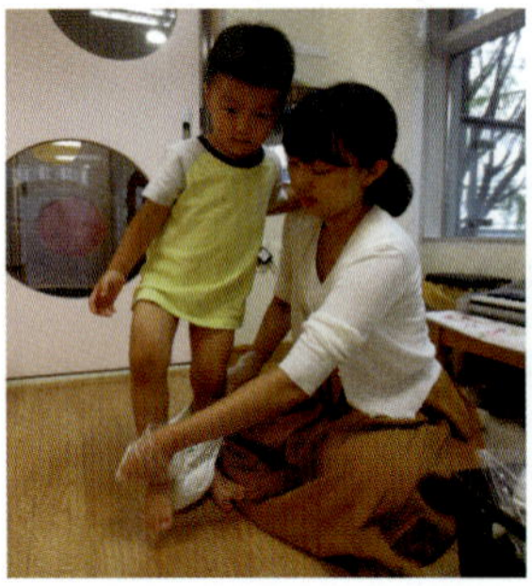

대 · 소변을 보면 교사에게 알리고, 서서 팬티형 기저귀를 가는 영아

훈련용 변기로 놀이하는 영아

배변 훈련과 관련된 책을 보는 영아

변기에 소변보기를 시도하는 영아

팬티 착용을 시도하는 영아

- 월령이 빠른 영아는 1세 학급 후반에, 느린 영아는 2세 학급에서 배변 훈련을 하게 된다. 배변 훈련과 관련된 영아용 변기, 놀잇감, 인형, 책을 접하게 하고 초기에는 일정 간격을 두고 소변을 보게 하거나 영아에게 소변을 보고 싶은지 자주 질문한다. 동시에 영아가 잦은 질문 때문에 스트레스를 받지 않게 조심한다.

8. 낮잠 및 휴식

1) 목표

- 하루의 일정한 시간에 쉬거나 낮잠을 자야 한다는 것을 안다.
- 낮잠 준비, 낮잠 자기, 낮잠 후 정리하기의 다양한 과정을 스스로 할 수 있는 능력을 기른다.

2) 낮잠 및 휴식의 중요성 및 지도

영아기는 움직임이 활발하여 에너지 소모가 많은 시기이기 때문에 연령에 따라 하루 1~2번의 휴식 또는 낮잠이 필요하다. 낮잠이나 휴식을 취하지 않으면 안전사고의 위험이나 또래와 갈등을 일으킬 가능성이 높고, 놀이에 집중할 수도 없기 때문에 반드시 휴식을 취하거나 낮잠을 자야 한다. 영아가 낮잠을 자면 저녁에 늦게까지 잠을 자지 않는다는 이유로 자녀가 기관에서 낮잠 자는 것을 싫어하는 부모가 있다면 휴식 및 낮잠의 필요성에 대해 이해하고 협조하도록 설득할 필요가 있다.

자기 힘들어 하는 영아를 안아서 재워주는 교사

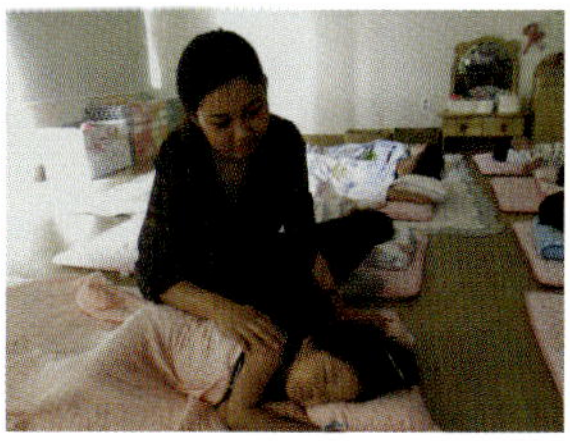
잘 자도록 등을 두드려 주는 교사

가정에서 가져온 애착물을 가지고 자는 영아

영아가 잠들기 전까지 책을 읽어주거나 노래를 틀어 주는 교사

침구를 정리하는데 영아를 적극 참여하게 하는 교사

이불과 베개를 개인장에 정리하는 영아

9. 정리 · 정돈

1) 목표

- 놀이 중간이나 하루의 일정한 시간에 놀던 놀잇감을 치워야 한다는 것을 안다.
- 계속해서 놀고 싶어도 치워야 하고, 치우기 싫어도 참여해야 한다는 것을 안다.
- 놀잇감을 제자리에 치울 수 있는 능력을 기른다.

2) 정리 · 정돈의 중요성

정리 · 정돈은 영아가 많은 것을 배울 수 있는 의미 있는 활동이다. 첫째, 정리 · 정돈하는 습관의 기초를 다질 수 있다. 둘째, 자기가 한 일을 자기가 마무리한다는 점에서 책임감을 기를 수 있다. 셋째, 자신이 논 것뿐만 아니라 또래가 논 것을 함께 치우는 과정에서 협동심과 사회성을 기를 수 있다. 넷째, 개념을 습득하는데 도움이 된다. 정리를 하기 위해서는 원래 있던 자리를 기억해야 하고, 같은 종류의 놀잇감끼리 정리하면서 분류의 개념이 생기고, 자리 표시를 보고 그 장난감을 놓으면서 1:1 대응에 대한 개념을 키울 수 있다.

3) 정리 · 정돈과 영아 발달

영아는 발달 특성상 정리 · 정돈이라는 사회적 관습을 이해하기 어렵다. 자신이 하고 싶은 것을 못하게 할 때 참고 조절하는 능력이 조금씩 발달하고 있는 영아는 즐겁게 하던 놀이를 중단하고 치우라는 성인의 요구를 받아들이기 어렵다. 특히 가정에서는 성인이 주로 치워주었는데 기관에서는 영아 스스로 치워야 하기 때문에 더욱 어렵다. 또한 인지 및 언어 발달이 충분히 이루어지지 않았기 때문에 정리가 무엇인지, 언제 치워야 하는지, 무엇을 치워야 하는지, 어떻게 치워야 하는지, 어디에 치워야 하는지 이해하기 어렵다.

1, 2세 영아 학급 모두에서 학기 초에는 교사가 더 많이 치워주지만 점차 영아가 주도적으로 치울 수 있도록 지도한다. 영아의 연령적 특성과 개별적 특성을 고려하여 교사

가 치우는 것을 보게 하기, 영아 손에 치울 것을 들려주고 치우는 장소 말해주기, 영아의 손을 잡고 같이 치우러 가기, 말로 영아에게 치우도록 격려하기 등 교사는 다양한 전략을 사용하여 지원한다. 학기 초에는 치우려 하지 않거나 다 치워 놓은 놀잇감을 다시 가지고 나와서 놀기도 하지만 매일 정리 · 정돈을 하고 교사가 꾸준히 지도하면 학기 후반에는 많은 발전을 하게 된다.

4) 교사를 위한 제언

① 정리 · 정돈 횟수: 적을수록 좋다.

하루일과를 진행하면서 몇 번을 치울 것인가 또는 언제 치우게 할 것인가에 대한 판단이 서지 않을 때는 '치우는 횟수는 적을수록 좋다'는 지침을 따른다. 정리 · 정돈을 빈번히 시키면 영아는 치우기 귀찮아서 필요한 놀잇감을 가지고 놀지 않기도 하고, 치우지 않고 숨기도 하고, 놀이가 중단되기 때문에 짜증을 낸다.

정리 · 정돈을 하지 않고는 다음 활동이 불가능한 것이 아닌 한, 정리 · 정돈을 하지 않는 것이 좋다. 실외놀이나 기관의 다른 장소(예 유희실)에 다녀와서 계속 놀이한다면 치우지 않고 다녀온다. 간식이나 점심을 먹을 때도 책상만 필요하기 때문에 먹고 계속 놀이한다면 필요한 책상만 치우게 한다. 낮잠을 잘 때도 매트를 깔 공간이 충분하고 놀던 놀잇감 때문에 영아의 낮잠이 방해받지 않는다면 치우게 하지 않아도 된다.

② 정리 · 정돈 방식: 가능하면 쉽게 치울 수 있게 한다.

교사는 정리 · 정돈을 쉽게 하면서 인지적 개념을 학습하게 하는 다양한 전략을 사용한다. 예를 들면, 교재 · 교구장에 치워야 할 놀잇감 또는 교재 · 교구를 표시하는 밑그림(사진을 찍어 붙이기, 교재 · 교구 상자 오려 붙이기, 윗면이나 옆면 사진 찍어 붙이기, 그림자 붙이기, 생활 주제와 관련된 그림 표시 붙이기)을 장이나 쟁반에 붙여 준비해 줄 수 있다. 개별적으로 치우기 어려운 놀잇감(예 블록)은 바구니에 정리할 수 있게 표시를 붙여주기도 한다. 이와 같은 전략은 효과적이기는 하나 1:1 대응이나 모양에 대한 변별력이 발달한 유아에게 더 적절하다. 영아기에는 유사한 놀잇감을 함께 모아서 놓게 하거나 준비한 바구니에 넣을 수 있게 하는 것이 더 효과적이다. 예를 들면 역할놀이 소품을 넣을 자리를 개별적으로 마련하기보다는 역할놀이 영역에 갖다 두거나 유사한 놀잇감(예 인형/ 음식재료/ 옷)끼리 모을 수 있을 정도로 치우게 하는 것이 적절하다. 영아가 정리 · 정돈하기 어려운 환경을 제공하고 정리 · 정돈하게 하면 영아는 좌절하고 시간도 오래 걸리기 때문에 점차 정리 · 정돈에 참여하기 싫어하게 된다. 교사는 영아 수준에 맞고 신속히 치울 수 있는 전략을 사용하여 영아가 성취감을 느낄 수 있게 한다.

인형을 모두 담을 수 있는 바구니

음식 재료를 모두 담을 수 있는 바구니

자석 블록을 모두 담을 수 있는 바구니

놀잇감을 쥐어주고 어디에 치울지 알려주는 교사

영아의 손을 잡고 함께 치우는 교사

영아를 데리고 가서 치우는 것을 봐주는 교사

정리할 장소를 알려주는 교사

10. 전이

1) 목표

- 다른 활동을 하거나 다른 장소로 이동하기 위해 준비할 때 선생님의 안내를 따라야 한다는 것을 안다.

2) 전이의 중요성

전이는 한 가지 활동을 마치고 다른 활동을 시작하기 전의 시간을 의미한다. 다른 활동을 하기 위해 장소를 이동(예 유희실 가기, 실외놀이하러 나가기)하기도 하지만 활동실 내에서 다음 활동(예 손 씻고 간식 먹기)을 하기도 한다. 전이는 가능하면 신속하게 이루어지는 것이 바람직하나, 교사가 적절히 계획한다면 영아는 다음 활동을 하기 위해 어떤 일을 해야 하는지 알고 준비한 후 안전하게 다음 활동을 시작할 수 있다.

3) 교사를 위한 제언

① 다음 활동을 준비하기 위해 시간이 오래 걸리는 영아부터 시작하게 한다.

영아기는 영아 간의 발달 차이가 큰 시기이므로 일어서고, 걷고, 손 씻고, 신이나 옷을 입거나 벗는데 시간이 많이 필요한 영아와 비교적 적게 필요한 영아가 있다. 이 경우 시간이 오래 걸리는 영아부터 먼저 준비하게 한다.

② 교사가 1명 이상이므로 먼저 준비된 영아와 함께 다음 활동을 시작한다.

영아는 발달상 단체로 무엇을 한다는 개념이 적으므로 모든 영아가 준비될 때까지 기다려서 단체로 이동하거나 다음 활동을 하는 것은 교육적 효과가 적다. 꼭 필요한 경우가 아니면 교사 수에 맞게 집단을 나눠서 먼저 준비된 영아부터 이동하거나 다음 활동을 하게 한다. 예를 들면 손을 씻은 영아부터 먹게 하고, 다 먹은 영아부터 치우고 양치질을 하게 하고, 낮잠 잘 때까지 조용한 놀이를 하게 한다. 낮잠을 위한 매트가 준비되면 먼저 준비된 영아부터 누워 있게 한다. 손을 씻고 책상에 모든 영아가 앉을 때까지 기다리게 하고, 모든 영아가 다 먹을 때까지 다시 기다리게 하거나, 모든 영아가 다 양치질을 할 때까지 화장실 문 앞에서 기다리게 하는 것은 비효율적이고 비교육적이며 영아의 발달을 고려하지 않은 전이이다.

③ 전이 동안 영아가 무엇을 해야 하고 다음에 하는 활동이 무엇인지 상세히 알려준다.

성인은 다음 활동을 하기 위해 무엇을 해야 하는지 알지만 영아는 상황에 대한 전체적인 이해가 부족하므로 구체적으로 알려줘야 한다. 예를 들면 "밖에 나갈 준비를 하자."라고 말하기보다는 "밖에 나가서 놀 것이니 화장실 다녀오자.", "화장실 다녀온 어린이는 복도로 나가서 밖에 나갈 때 신는 신을 찾아보자.", "신을 찾은 어린이는 실내화를 넣고 신을 들자.", "신을 든 어린이는 ○○ 선생님 앞에 서자."와 같이 단계별로 구체적으로 알려준다.

준비된 영아를 데리고 먼저 이동하는 한 명의 교사

출입문 앞에서 먼저 준비된 영아와 좋아하는 노래를 부르는 교사

엘리베이터가 올 때까지 기다리는 동안 동화책을 읽어주는 교사

11. 기타: 줄서기

1) 목표

- 순서를 지켜야 할 때 줄을 선다는 것을 안다.
- 교사나 또래와 함께 이동할 때 안전을 위해 줄을 선다는 것을 안다.

2) 줄서기의 중요성

사회에서와 마찬가지로 영유아교육기관에서 줄서기는 중시되는 규칙이다. 기관에서 어린이는 온 순서대로 무엇인가를 먼저 하거나 받을 때 줄을 서고, 교사나 또래와 함께 이동할 때도 줄을 선다. 그러나 영아기는 순서에 대한 개념이 충분히 발달하지 않았고 자신이 원하는 것을 먼저 해야 한다는 자기중심적 사고를 하는 시기이기 때문에 영아가 줄을 서는 것은 쉽지 않다. 영아기의 발달적 특성을 고려하면, 특히 아주 어린 영아기에는 줄을 서게 하지 않는 것이 가장 좋다.

3) 교사를 위한 제언

① 가능하면 줄을 서게 하지 않는다.

교사는 이동할 때 줄을 서야 한다고 생각하여 '한 줄 기차'를 만들게 하는 경우가 많다. 영아는 팔과 다리가 짧고 배가 나온 신체 특성을 가지므로 앞에 선 영아의 어깨를 잡고 한 줄 기차를 서게 한 후 이동하는 것(특히 계단)은 매우 위험한 일이다. 줄을 서야 하는 이유도 말해주지 않은 채 '한 줄 기차'를 만들게 하는 것은 영아가 줄서는 이유를 배우지 못하게 한다. 영아와 함께 이동할 때는 줄을 서지 않으면서 안전을 보장하는 전략을 사용한다.

② 이동할 때 안전을 위해 교사보다 앞으로 나오지 않게 한다.

안전하게 이동하는 것은 매우 중요하다. 줄을 서는 대신 교사보다 앞으로 나오지 않게 하고 교사가 뒤돌아서 영아를 보면서 이동하면 안전하게 이동할 수 있다. 영아가 교사보다 앞으로 가려고 하면 '그대로 멈춰라' 같은 간단한 노래나 게임을 하여 영아가 그 자리에 서게 한 후 교사보다 앞으로 간 영아를 뒤로 들어가게 한다. 또한 이동할 때는 영아의 앞과 뒤에 교사가 서서 영아가 위험한 행동을 하는지 살핀다.

③ 줄서기와 유사한 활동을 통해 서서히 한 줄로 서는 사전 경험을 하게 한다.

줄서기는 2세 2학기 후반부터 가르치고 줄서기와 유사한 활동(예 한 줄로 서기, 한 줄로 걷기, 줄 따라 걷기)을 통해 자연스럽게 한 줄로 서서 걷는 경험을 하게 한다. 순서나 차례가 중요하여 줄을 설 때는 와서 기다리지 않고 오는대로 받거나 할 수 있도록 신속히 진행한다. 순서나 차례를 위해 줄서기를 가르칠 때, 처음에는 교사 앞에 모이게 하는데 초점을 두고 2학기 이후부터 서서히 순서대로 줄을 서게 한다.

교사보다 먼저 가려는 영아가 있거나 영아 간 간격이 너무 벌어졌을 때 '그대로 멈춰라'를 불러 영아를 멈추게 한 후 재정비하는 교사

유희실에서 놀다 교사가 치는 소고 소리에 맞춰 자연스럽게 한 줄로 걸어보는 영아

평균대나 바닥에 붙여 놓은 선을 따라 걸어보는 영아

2세 학기 말이 되자 자연스럽게 교사 앞에 줄을 선 영아

12. 문제행동 지도

1) 목표

- 학급에서 지켜야 할 약속이 있음을 안다.
- 나의 부적절한 행동이 남에게 미치는 영향에 대해 안다.
- 나의 욕구나 부정적 정서 등을 긍정적으로 해결할 수 있는 방법에 대해 안다.
- 대인 간 문제를 해결하기 위해 다양한 사회적 언어(예 "빌려줘.", "고마워.", "미안해.", "내가 하고 줄게.")를 사용할 수 있음을 안다.

2) 문제행동 지도의 중요성

영아기는 친구보다는 엄마나 교사 등 의미 있는 성인과의 관계가 더 중요한 시기이기 때문에 유아가 친구를 중요하게 생각하는 것만큼 영아는 친구를 중요하게 생각하지 않는다. 또한 자기중심성이 강한 시기이기 때문에 자신의 욕구를 포기하면서 학급의 규칙을 지키거나 또래의 입장을 고려해서 행동하지 않는다. 이러한 발달적 특성으로 인해 성인의 입장에서 보면 문제행동이라고 할 만한 행동을 빈번히 한다. 영아기는 사회적 관계의 기초가 형성되는 시기이기 때문에 영아의 발달적 특성과 개인적 특성을 고려하여 적절히 지도해야 한다.

3) 영아의 발달과 문제행동

영아의 문제행동은 발달적 특성과 밀접한 관련이 있기 때문에 영아의 발달과 개인적 특성을 잘 이해하는 것이 중요하다. 5개 발달 영역 중 어느 한 부분의 미숙으로 인해 이런 문제행동이 야기되기보다는 5개 발달 영역의 특성이 상호작용해서 발생하는 것이라고 보는 것이 더 정확하다.

가장 두드러지는 발달적 특성은 영아의 자기중심성이다. 타인 관점에서 사고를 하거나 가역적 사고를 하지 못하기 때문에 자신의 행동이 타인에게 어떤 영향을 미치는지 생각하지도 못하고 생각하려 하지도 않는다. 자기중심성과 관련된 특성인 강한 소유욕 때문에 또래와 나눠 쓰거나 함께 활동하는 것도 어렵다. 또한 감정의 표현이 훨씬 직접적이고 즉각적이며 짧고 강하게 표출되는 특징이 있다. 영아의 발달 특성 때문에 나타나는 문제행동의 유형을 살펴보면 다음과 같다.

신체 발달의 미성숙으로 야기되는 문제

- 영아는 신체 조절이 미성숙하여 문제를 야기할 의도 없이 옆에 있는 친구를 치거나 친구의 물건을 건드려서 쓰러뜨리는 등의 문제를 일으킬 때가 있다. 상대 영아는 자신이 미워서 때리거나 자신의 놀잇감을 망치려는 행동으로 받아들여 문제가 발생한다.

인지 발달의 미성숙으로 타인의 생각을 이해 못해 야기되는 문제

- 영아는 타인의 관점을 이해하기 어렵다. 학기 초에는 이런 이유로 함께 놀이하기가 특히 어렵다. 예를 들면, 기차놀이를 좋아하는 세 명의 영아가 훌라후프 기차에 함께 탔으나 세 명의 영아 모두가 기관사가 되어 앞으로 가기를 원했기 때문에 기차는 앞으로 가지 못하고 영아는 서로에게 짜증을 내는 상황이 발생했다.

언어 발달의 미성숙으로 야기되는 문제

- 영아는 아직 언어 발달이 미숙하여 자기의 의도나 생각을 언어로 표현하는 것이 어렵다. 또한 언어 발달에 있어서는 개인차가 현격하여 비교적 의사소통이 원활한 영아도 있고 의사를 명확히 표현하지 못하는 영아도 있다. 따라서 영아끼리 자기가 의도한 것을 말로 표현하지 못하여 서로 오해가 생기는 경우도 있다. 예를 들어, 한 영아가 기름을 넣어 주려는 의도로 "주까? 주까?" 하며 다른 영아의 상상 자동차를 만지고 기름을 넣어 주는 시늉을 하자, 자동차를 만든 영아는 자기 장난감을 함부로 만지는 것인 줄 알고 매우 싫어하였다.

사회적 발달의 미성숙으로 야기되는 문제

- 또래의 놀잇감 뺏기는 영아가 가장 많이 일으키는 문제행동이다. 놀잇감을 뺏거나 뺏기지 않으려 하는 과정에서 울고, 소리지르고, 때리고, 떼를 쓰게 된다. 영아는 또래가 놀잇감을 사용하고 있어도 또래보다는 놀잇감에 초점을 맞추기 때문에 가져가려고 한다. 때로는 현재는 놀고 있지 않아도 '앞으로 가지고 놀 것'이라고 생각하여 또래가 가져가려고 하면 화를 내기도 한다. 이런 행동은 사회적 관계에서 자신의 행동이 또래에게 미치는 영향에 대해 잘 이해하지 못하기 때문에 나타나는 행동이다.

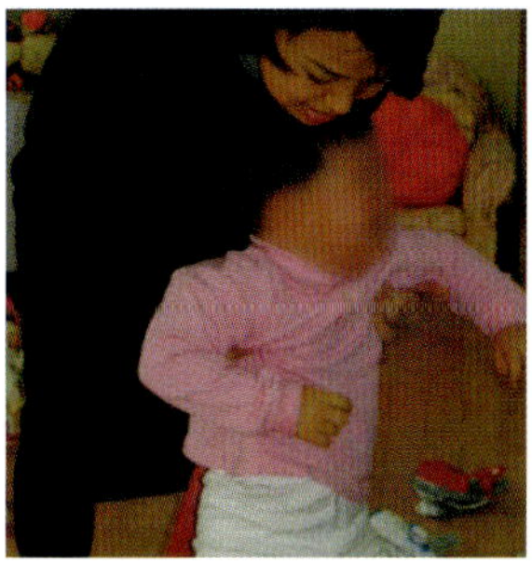

정서 발달의 미성숙으로 야기되는 문제: 떼쓰기

- 영아는 정서적 자기조절 능력이 발달하는 초기 단계에 있기 때문에 원하는 것을 못하게 했을 때 조절하는 것이 힘들다. 영아가 기관에서 집단생활을 하면서 지켜야 하는 정리·정돈하기, 손 씻고 간식 먹기, 한 자리에 앉아서 간식 먹기, 미끄럼틀 거꾸로 내려오지 않기 같은 규칙을 지키지 않아 교사가 제재했을 때 떼를 쓰게 된다.

정서 발달의 미성숙으로 야기되는 문제: 부정적 감정 표출하기

- 영아는 자신이 원하는 것을 하지 못했을 때 말로 이야기하기보다는 울기, 소리 지르기, 던지기, 누워 버리기, 물기 등의 방식으로 자신의 부정적 감정을 표출하기도 한다.

4) 문제 상황에서의 영아의 반응

영아는 자신이 원하는 것이 이루어지지 않을 때 다양한 방식으로 반응한다. 영아의 반응은 발달 특성뿐만 아니라 개인적 기질에 따라 다르게 나타난다. 문제 상황에서 각 영아가 어떻게 반응하는지 알아두면 교사가 문제 상황에서 영아를 돕거나 교육적으로 지원하는데 도움이 된다.

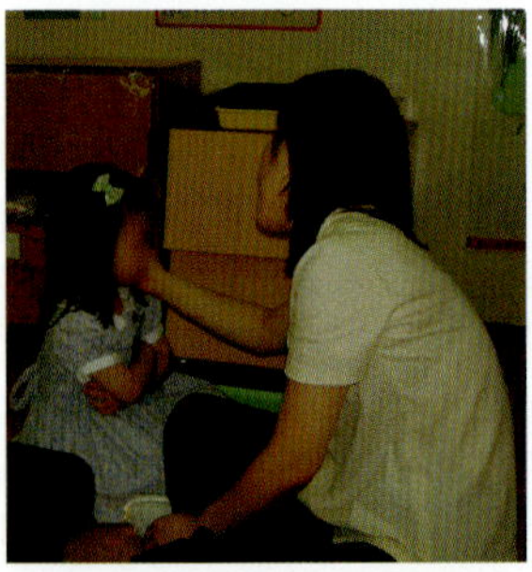

"나 화났어요!"

화났음을 적극적으로 표시하기

- 영아는 화가 나면 자신의 속상함을 다양한 방법으로 표현한다. 영아는 개인차에 따라 다르게 화났음을 표현하므로 교사가 개인적 특성을 잘 파악하는 것이 필요하다.

"잘못했어요!"

무조건 잘못했다고 말하기

- 어떤 영아는 문제행동을 했을 때 교사가 이름을 부르기만 해도 크게 긴장하는 경우가 있다(예 눈 깜빡이기). 이것은 집에서의 훈육 정도, 기질적인 차이 때문으로 보이며 영아 스스로 많이 긴장할 때는 교사도 타이르는 정도를 약하게 조절할 필요가 있다.

"앙!!!!"

울기

- 어떤 영아는 문제가 생기면 울어버린다. 물론 우는 것이 자기의 부정적 감정을 털어내는 효과도 있으므로 울 기회를 주는 것도 좋다. 하지만 무조건 울어버리는 것은 해결 방법이 아니므로 자기가 겪은 일을 설명하거나 교사의 질문에 대답하도록 격려한다.

"절대 말 안 해요!"

말 안하고 버티기

- 화가 났거나 또래와의 문제가 있어 교사가 말을 걸어도 영아가 아무 답 없이 버티기도 한다. 교사는 영아에게 즉시 대답하도록 부담을 주기보다는 잠시 시간을 주거나 말하고 싶을 때 말을 하도록 기다려 준다. 때로는 교사가 다시 이야기하는 것을 잊기도 하는데 영아가 말 안하고 버티면 피할 수 있다는 생각을 갖지 않도록 반드시 기억하고 이야기를 해야 한다. 영아는 시간이 조금 지나면 왜 화가 났었는지를 잊기도 하므로 너무 오랜 시간이 지나기 전에 마무리하도록 한다.

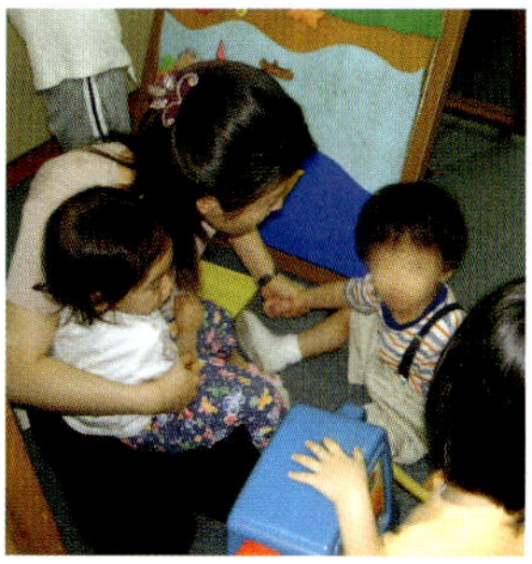

"뭐 말이에요?"

모르는 척 하기

- 교사가 중재를 하려고 하면 다른 곳을 응시하거나 못 들은 척 하는 등의 딴청을 피우는 경우가 있다. 이런 영아의 경우는 대부분 자존심이 강하거나 자신이 잘못했다는 것을 아는 경우이다.

"흥, 나도 화났다 뭐!"

원인 제공자가 오히려 화내기

- 가끔 친구에게 소리를 지르거나 때려서 다른 영아가 울었을 때, 울게 만든 영아가 오히려 삐져 있거나 화를 내는 척 하는 경우가 있다. 자기가 울게 만들었지만 무안해서 자기도 화난 척 하는 경우이다(사진의 오른쪽 아래 끝에 앉은 영아).

5) 교사를 위한 제언

한 명 또는 여러 명의 영아와 관련된 문제를 해결하기 위해서 교사는 다양한 방법을 사용하지만 가장 효율적인 한 가지 방법은 없다. 같은 사안에 대해 전략을 달리하면 효과적일 때도 있고 전략을 일관성 있게 사용해야 효과적일 때도 있다. 한 가지 이상의 전략을 혼합해서 사용해야 할 때도 있다. 어떤 전략을 어떻게 사용해야 할지에 대한 결정을 하기 위해서는 영아의 발달 수준, 개인적 특성, 문제 발생의 빈도, 강도, 또는 간격, 유사한 상황에서의 영아 행동 패턴, 과거 교사가 사용했던 전략의 효율성 등을 고려해야 한다. 그러나 어떤 전략을 사용하는가에 관계없이 교사는 영아를 야단치는 태도가 아니라 성장하도록 지원한다는 태도를 가지고 따뜻한 분위기에서 지도해야 한다.

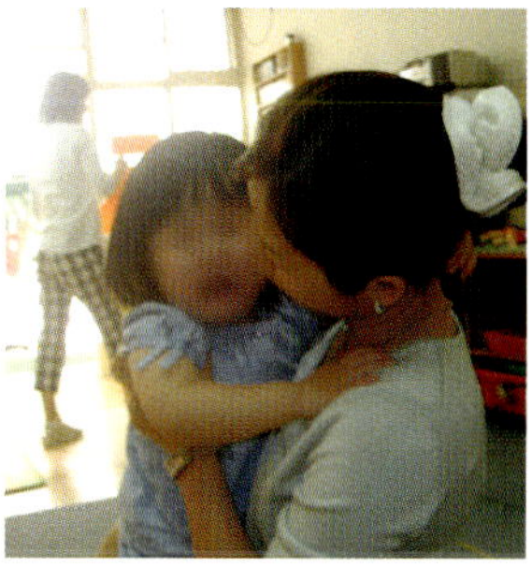

달래주기: 엄마와 헤어져 슬퍼하는 영아를 달래는 교사

- 영아는 엄마와 헤어지거나 서러운 일을 당했을 때 와락 우는 경우가 많다. 교사는 엄마와 같은 포근함으로 따뜻하게 안아주고 정서적으로 안정이 될 수 있도록 영아를 보살펴 준다.

적당히 거리 두기: 큰 일이 아닌데 습관적으로 징징거리는 영아와 적당한 거리를 두는 교사

- 영아가 정말 슬프거나 큰 문제가 있는 것이 아닌데 징징거리거나 우는 경우가 있다. 교사의 관심을 끌거나 자신의 짜증을 조절 못할 때 이런 행동이 나타나는데, 교사가 약간 무관심한 듯 보이도록 하는 것이 좋을 때도 있다. 적당히 거리를 두고 영아가 스스로 감정을 조절하고 그칠 수 있는 시간을 주는 것이다.

문제 해결에 방해되는 상황 없애기: 분쟁이 됐던 놀잇감을 회수한 후 이야기하는 교사

- 놀잇감 회수하기: 놀잇감으로 인한 분쟁의 경우 영아에게서 놀잇감을 받아 보이지 않는 곳에 치우고 이야기를 시작한다. 영아가 들고 있게 하거나 바닥에 놓으면 놀잇감에 집중하기 때문에 교사와 이야기하기 어려워진다.
- 안정될 때까지 기다리기: 소리 지르거나 울거나 도망가거나 몸을 비틀 경우, 영아가 교사의 말을 들을 준비가 될 때까지 기다릴 것을 알리고 다치지 않게 잡고 기다린다.
- 영아의 눈 보며 이야기하기: 영아가 교사의 눈을 피하거나 다른 쪽을 보며 딴청을 피우면 교사를 쳐다보도록 한 후 이야기를 시작한다.
- 조용한 곳에서 이야기하기: 주변에 볼 것이 많아 방해되거나 다른 영아가 와서 구경하기 때문에 당사자인 영아가 창피함을 느낄 경우 조용한 장소로 이동하여 이야기를 한다.

적극적으로 감정 이입하기: 영아의 속상함을 인정해 주는 교사

- 영아 간 분쟁은 자기중심성으로 인한 일방향적인 관점 때문에 벌어지는 경우가 많다. 예를 들어, 다른 영아가 놀이하는 놀잇감을 그냥 가지고 오거나, 30분 전에 가지고 놀았지만 그대로 놓아두고 다른 곳에서 놀다가 다시 돌아와서는 그 놀잇감을 달라고 요구해서 분쟁이 생기기도 한다. 교사는 이 경우 감정이입의 방법을 적극적으로 사용한다. “네가 자동차를 가지고 있는데 다른 친구가 와서 빼앗아가면 어때?”, “네가 가만히 있었는데 다른 영아가 와서 때리면 어떻겠니?” 등 “너라면?”의 질문을 통해 영아가 다른 사람의 관점을 수용할 수 있는 기초를 마련해 준다.

원하는 공과 유사한 다른 공을 주는 교사: 관심을 다른 곳으로 돌리기

- 영아기는 발달 특성상 주의집중하거나 한 가지에 지속적인 관심을 보이지 않는 시기이다. 놀잇감에 대한 분쟁이 일어나서 교사가 두 명의 영아를 데리고 이야기하는 중간에 두 명의 영아 모두 다른 것에 관심을 보이며 가버리는 경우도 있다. 교사는 영아가 문제 상황에 있을 때 진심으로 공감해 주고 지속적으로 마음을 읽어주는 노력을 해야 하지만 영아의 관심이 일시적이라고 생각될 때는 다른 놀잇감을 주거나 다른 곳으로 데려가거나 다른 곳을 보게 하는 전략을 사용할 수 있다(사진은 남아가 가진 공을 갖고 싶던 영아에게 다른 공을 주겠다고 제안하자 활짝 웃는 장면임).

두 명의 영아 간 분쟁에서 원인과 결과에 대해 설명하는 교사: 설명하기

- 영아는 인지와 언어가 발달하는 과정에 있기 때문에 교사가 문제 상황에 대한 원인과 결과(예 친구를 때리면 친구가 다침, 치우지 않으면 놀 수 없음)나 영아가 해야 하는 일(예 울지 않고 말로 원하는 것 말하기)에 대해 설명해도 이해하지 못할 것이라고 생각하기 쉽다. 영아가 모든 것을 다 이해할 수 없는 것은 사실이나 영아의 발달에 맞게 지속적으로 설명하면 점차 상황에 대한 이해와 기관에서 영아가 지켜야 하는 약속에 대한 이해 수준이 높아진다(사진은 두 명의 영아 간 분쟁에 대해 교사와 영아가 이야기하는 장면임).

6) 문제 해결의 예

아래의 사례는 차례대로 타야 한다는 개념이 막 발달하고 있지만 하고 싶은 것(즉, 그네 타기)을 참을 수 있는 능력이 부족한 영아를 교사가 도와주는 과정을 묘사한 것이다. 교사는 규칙에 대한 설명을 하면서도 영아의 속상함을 읽어주고 영아가 노력했을 때 격려하는 것을 통해 영아를 도와주고 있다.

규칙과 또 타기 위해서 해야 하는 일을 설명하는 교사

- 그네 타기를 원하는 영아가 많을 경우 산토끼 노래를 2번 부르며 기다리기로 약속되어 있었지만 소영이는 더 타고 싶다며 안 내리겠다고 했다.
- 교사는 소영이가 먼저 탈 동안 유진이가 옆에서 기다리고 있었음을 설명하고 유진이가 탈 동안 노래를 2번 부르며 기다리면 또 탈 수 있다고 설득했다.

거부하는 영아에게 다시 설명하고 설득하는 교사

- 소영이는 교사의 설득에도 자기 고집을 꺾지 않았다. 자기는 계속 타고 싶고 유진이가 노래 부르며 기다렸어도 양보할 수 없다고 이야기한다.
- 교사는 인내심을 갖고 영아와 함께 그네를 보면서, 이 그네는 소영이만 타는 것이 아니라 모든 친구들이 함께 즐겁게 타는 것이라고 설득한다.

칭찬한 후 함께 기다려 주는 교사

- 소영이는 교사의 지속적인 설득에 일단 규칙대로 하겠다고 하였다.
- 교사는 소영이의 결정을 칭찬하고 안아 준 후, 산토끼 노래를 2번 부르며 유진이가 그네를 타는 동안 함께 기다려 주었다.

기다리는 동안 분해서 다시 우는 영아

- 친구가 그네를 타는 것을 보자 타고 싶어 분해진 소영이는 울음을 터트렸다. 교사는 산토끼 노래를 2번 부르면 탈 수 있다고 차분히 이야기하며 계속 노래를 불러 주었다.

다시 그네를 타는 소영이를 칭찬해주는 교사

- 기다림의 시간이 지나고 소영이의 순서가 되어 다시 타고 있다. 교사는 잘 기다린 것을 칭찬해 주며 즐겁게 탈 수 있도록 그네를 밀어주고 있다.

혼자 기다릴 수 있으나 친구가 타는 것을 아직은 편히 볼 수 없어 다른 곳을 보며 기다리는 영아

- 몇 번의 과정을 거친 후 소영이는 교사가 안아주지 않아도 혼자 기다릴 수 있다고 했다. 그러나 소영이는 유진이가 타는 것을 편한 마음으로 볼 수 없어 다른 곳을 쳐다보며 노래를 부르며 기다렸다.
- 교사는 소영이가 이성적으로는 이해했으나 감정적으로 분해하는 상황을 이해하고 차례를 지키려고 애쓰는 소영이의 행동을 칭찬했다.

08 신체 및 운동 영역

1 일상생활이나 놀이 가운데 자연스럽게 이루어지는 대근육 및 협응 활동

2 일상생활이나 놀이 가운데 자연스럽게 이루어지는 소근육 및 협응 활동

3 매트를 이용해 1년 동안 반복적으로 하는 활동

4 교사가 계획한 활동

신체 및 운동 영역의 발달을 지원하는 활동은 교사가 계획한 활동을 통해서도 이루어지지만 일상생활이나 놀이를 통해서 자연스럽게 이루어지는 경우가 많다. 교사는 영아가 일상생활과 놀이하는 과정에서 신체 및 운동과 관련된 다양한 활동을 할 기회를 제공하고, 영아의 신체 및 운동 능력의 발달 정도를 파악하고 적절한 수준의 활동을 제공하여 영아가 점진적으로 발달할 수 있도록 한다.

본 장에서는 일상생활이나 놀이 가운데 자연스럽게 이루어지는 대·소근육 활동의 예, 교사가 1년 동안 특정한 기구(예 매트)를 영아의 발달하는 능력에 맞게 조정해서 반복적으로 사용하며 지원하는 예, 그리고 교사가 계획한 활동의 예를 살펴보고자 한다.

1. 일상생활이나 놀이 가운데 자연스럽게 이루어지는 대근육 및 협응 활동

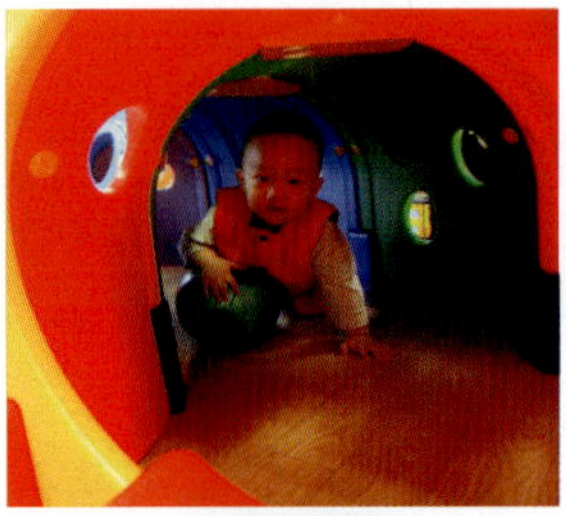

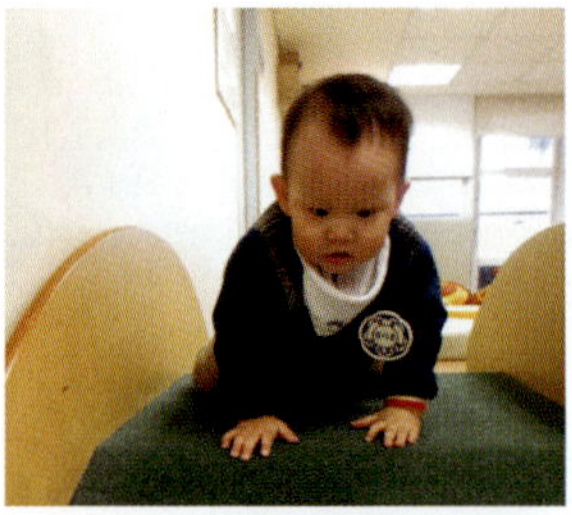

기기: 기기를 하도록 제공한 터널뿐만 아니라 다른 목적을 위해 제공한 놀잇감에서 자발적으로 기기를 하는 영아

구르기: 펼쳐놓은 매트 위에서 자발적으로 구르기를 하는 영아

걷기: 다양한 표면과 경사지에서 자연스럽게 걷거나 교사가 만들어 놓은 길에서 걷기를 하는 영아

계단 오르내리기: 다양한 높이의 자연 계단이나 교사가 비치한 계단을 오르내리는 영아

균형 잡기: 평균대뿐만 아니라 흔들다리, 엎어놓은 모자, 움직이는 천 위에 앉거나 서서 균형을 잡는 영아

건너가기와 뛰어 넘기: 유니바, 실외놀이기구, 교사가 쳐놓은 고무줄을 건너거나 넘어가는 영아

미끄러지기: 미끄럼틀뿐만 아니라 다른 놀잇감을 이용해서 균형을 잡고 미끄럼을 타는 영아

높이 뛰거나 뻗기: 놀이 중에 자연스럽게 높이 뛰거나 뻗기를 하는 영아와 교사가 높이 뛰거나 뻗기가 가능하도록 교사가 비치한 놀잇감에서 높이 뛰거나 뻗기를 하는 영아

던지기와 잡기: 공, 쿠션 등의 다양한 사물을 던지기, 던져서 넣기, 던져진 것 잡기를 하는 영아

뛰어 내리기와 위로 높이뛰기: 스스로에게 도전이 될 만한 높이에서 뛰어 내리거나 높이 뛰는 영아

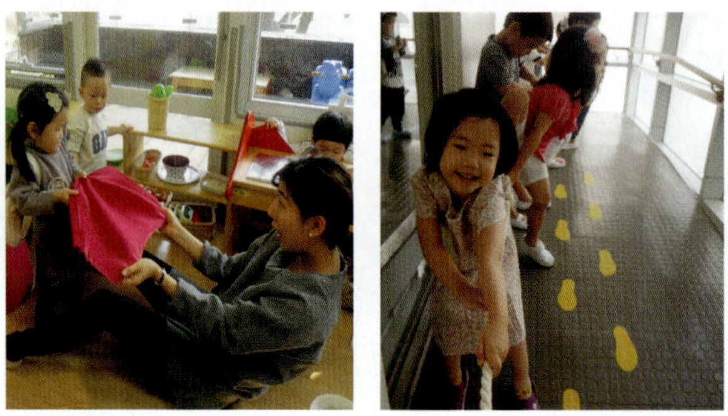

잡아당기기: 다양한 길이와 넓이의 천, 줄 또는 끈을 잡아 당기는 영아

들어 올리고, 내리고, 옮기기: 다양한 사물을 들어 올리거나 내리거나 옮기는 영아

밀기: 다양한 무게의 사물을 미는 영아

달리기와 차기: 다양한 표면의 길에서 달리거나, 달리다가 공을 차는 영아

흔들기: 팔, 다리, 또는 전신을 이용해서 사물을 흔들거나 움직이는 영아

온몸 움직이기: 공 수영장에서 온몸을 움직이는 영아

돌리기: 자신보다 크고 무거운 훌라후프를 들어 돌리려는 영아

밀어서 타기: 탈것 위에 균형을 잡고 앉은 후, 발로 밀어 타는 영아

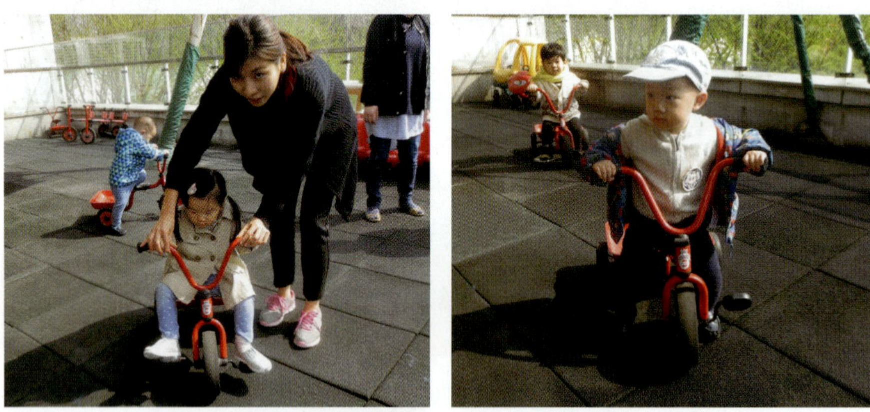

자전거 타기: 세발자전거의 페달에 발을 올리고 돌리는 시도를 하는 영아

2. 일상생활이나 놀이 가운데 자연스럽게 이루어지는 소근육 및 협응 활동

먹기, 씻기, 옷 입고 벗기 등의 일상생활을 통해 소근육 및 눈과 손의 협응력을 발달시키는 영아

분무기로 물을 주기 위해 손과 손가락 힘을 조절하는 영아

꼭지가 있는 퍼즐을 잡기 위해 손가락 힘을 조절하는 영아

칼 잡은 손의 힘을 조절하여 과일을 자르는 영아

손가락 힘을 이용하여 얇은 종이를 길게 찢는 영아

손가락 힘을 이용하여 점토를 떼어내는 영아

다양한 크기와 종류의 그리기/ 쓰기 도구를 이용하며 손 및 손가락의 조절력을 발달시키는 영아

종이, 점토, 기타 다양한 사물을 가위로 자르면서 소근육과 협응력을 발달시키는 영아

산책길에서 발견한 꽃잎을 손가락으로 잡으려는 영아

고운 모래를 다양한 방법으로 잡는 영아

얇은 낙엽을 다양한 방법으로 잡는 영아

빨래집게 벌리기, 다른 사물 집기 등을 통해 손가락 힘과 눈과 손의 협응력을 발달시키는 영아

양손의 힘을 이용하여 스펀지를 짜는 영아

손가락에 힘을 주어 바닥에 붙여진 얼굴 스티커를 떼는 영아

한 손에 그릇을 든 채로 미끄러운 마카로니를 역시 미끄러운 나무 숟가락으로 떠서 옮기는 영아

손가락으로 작은 물건을 집어 좁은 곳에 올리는 영아

손의 힘을 조절해 작은 블록을 높이 쌓는 영아

손가락과 눈의 협응력을 이용해 구슬에 끈을 끼우는 영아

입술의 힘을 조절해 비눗방울을 부는 영아

눈과 손을 협응하여 구멍에 공을 넣는 영아

3. 매트를 이용해 1년 동안 반복적으로 하는 활동

매트는 영아의 다양한 대근육 발달 및 대근육의 협응 능력 발달을 지원하기에 적절하고, 푹신하기 때문에 안전이 보장되고, 영아의 연령에 따라 다양하게 조합하여 사용할 수 있기 때문에 대부분의 영아 학급에 비치되어 있다. 교사는 매트를 1년 중 특정 시기(예 학기 초)에만 사용하는 경향이 있는데, 매트를 어떻게 조합하는가에 따라 영아에게 다양한 난이도의 신체 활동을 하게 할 수 있으므로 지속적으로 사용한다.

매트는 교사가 영아의 능력을 고려해서 조합해 줄 수도 있지만 영아 스스로 조합해서 사용할 수도 있다. 또한 매트는 단독으로 사용할 수도 있지만 다른 기구와 조합해서 사용할 수도 있다. 다음은 교사 또는 영아가 매트를 조합해서 다양한 난이도의 대근육 활동을 하는 예이다.

교사 또는 영아가 조합한 다양한 난이도의 매트에서 다양한 유형의 활동을 하는 영아

4. 교사가 계획한 활동

영아의 운동 능력 발달을 고려한 산책(1세)

활동개요

핵심 교육 영역	활동 적정 시기	적정 인원	활동 영역
신체 및 운동	연중	학급 전체	산책을 갈 수 있는 다양한 야외 공간

활동목표

신체 및 운동	• 점차 긴 거리를 걸어서 이동한다.
감각 및 탐색	• 다양한 대근육 및 대근육 간의 협응력을 발달시킬 수 있는 활동에 자발적으로 참여한다.
일상생활	• 산책 시 접하는 다양한 자연물과 사물의 특성을 탐색한다. • 필요한 옷, 모자, 신발 등을 점차 스스로 입고 벗는다.
관계 형성	• 단체로 산책하면서 지켜야 하는 사항에 대한 교사의 안내를 따른다.

활동 선정 이유

하루 종일 기관에서 생활하는 영아에게 실외 활동은 필수적이다. 실외놀이를 할 때는 놀이기구를 이용해 다양한 신체 활동을 할 수 있다. 산책을 할 때는 실외놀이를 할 때 볼 수 없었던 다양한 자연물, 건물, 사람, 인공물을 관찰할 수 있고 자연의 변화와 특성을 느낄 수 있다. 더불어 산책을 할 때는 놀이기구 없이도 다양한 신체 활동을 할 수 있기 때문에 영아에게 산책은 필수적이다. 산책은 지속적으로 가지만 영아의 발달 능력을 고려하여 산책 가는 거리, 산책 가서 하는 활동, 영아에게 허용하는 도전적인 활동, 영아가 산책 준비에 참여하는 정도의 수준을 점차 높인다.

활동준비

(1)(2) 돗자리, 구급약, 영아가 수집한 것을 담을 바구니, 여분의 기저귀, 물티슈, 쓰레기 담을 비닐봉투, 물, 컵, 앉아서 쉬는 영아를 위한 책, 자연을 탐색하기 위해 필요한 젓가락, 돋보기 등 산책 거리와 산책에서 예상되는 활동을 고려하여 준비

활동전개

근거리 산책/ 덜 도전적인 활동 ➡ 원거리 산책/ 더 도전적인 활동

(1) 근거리 산책/ 덜 도전적인 활동

- 영아를 교사 가까이에서 걷게 하고 맨 앞과 뒤에는 교사가 서서 이동했다.
- 목적지에 도달하는 것보다는 대부분의 영아가 힘들어하지 않고 즐겁게 다녀오는 것을 목표로 하였다.
- 걸으면서 영아가 좋아하는 노래를 부르거나 주변의 자연 환경과 변화를 관찰하였다.
- 목적지에 도착해서는 영아가 자연물을 가지고 자유롭게 놀게 하되 학기 초에는 안전에 특히 유의하였다.

교사 가까이에 서서 이동하는 영아

산책하는 길에서 발견한 자연물을 관찰하는 영아

뛰어도 안전한 평평하고 푹신한 장소에서 자유롭게 뛰는 영아

또래와 숨바꼭질하며 자연스럽게 상호작용하는 영아

영아의 체력, 대근육 발달 및 대근육 협응 능력, 교사의 지시를 이해하고 따르는 능력 등을 고려해 점차 산책의 길이와 시간, 산책에서 하는 활동의 수준을 높여갔다.

(2) 원거리 산책/ 더 도전적인 활동

- 맨 앞과 뒤에 선 교사 간의 거리를 넓혀서 영아가 교사 사이에서 자유롭게 이동하게 하였다.
- 영아의 체력이 뒷받침되면 편도 15분 내외의 거리까지 산책하는 것을 목표로 하였다.
- 산책지에서 할 다양한 활동을 준비하였다.
- 영아가 활발한 신체 활동을 할 수 있는 장소로 산책을 가고 도전적인 시도를 할 수 있게 허용하였다.

교사의 시선 안에 있지만 떨어져서 자유롭게 이동하는 영아

또래와 함께 적극적으로 자연을 탐색하는 영아

평평하지 않은 언덕을 올라가려고 도전하는 영아

높거나 많은 계단을 오르려고 적극적으로 노력하는 영아

자신이 찾은 자연물이나 동물을 교사에게 적극적으로 보여주는 영아

교사가 준비한 파라슈트로 놀이하는 영아

이동하면서 다른 사람의 그림자를 밟으려고 뛰는 영아

담을 수 있는 용기가 부족하자 신을 벗어 용기로 사용하며 적극적으로 수집하는 영아

산책 가서 간식을 먹는 영아

목표물을 향해 다양하게 움직이기(1세)

활동개요

핵심 교육 영역	활동 적정 시기	적정 인원	활동 영역
신체 및 운동	연중	관심 있는 영아	영아가 달리거나 뛰어도 안전한 공간

활동목표

신체 및 운동	• 정지된 또는 움직이는 목표물을 향해 뛰거나 뛰어 올라 잡는다. • 목표물을 향해 달리거나 뛰어 오를 때 균형과 안정을 유지한다.
문제 해결	• 목표물을 향해 움직일 때 또래와 충돌하지 않게 신체를 조절한다. • 잡으려는 목표물의 특성에 맞게 손의 힘을 조절하여 잡는다.

활동 선정 이유

넓은 공간, 특히 실내 대근육 활동실에서 영아는 다른 영아의 움직임을 보지 않고 뛰다가 자주 부딪혔다. 교사가 한 방향으로 뛰라고 이야기해도 영아는 이해하지 못하고 자신이 원하는 방향으로 뛰었다. 대근육 활동실의 한쪽 끝에 영아가 좋아하는 스티커를 붙여주고 스티커를 향해 한 방향으로 뛰게 함으로써 뛰다가 부딪히는 안전사고를 줄일 수 있었다. 이후 대근육 및 대근육 협응 능력을 길러주기 위해 움직이는 목표물을 향해 달려가서 잡아보는 일련의 활동을 실시할 수 있었다.

활동준비

(1) 영아가 선호하는 스티커 (2) 공
(3) 매달 수 있는 인형이나 물체 (4) 비눗방울

활동전개

정지된 목표 향해 달리기 ▷
움직이는 목표물 향해 달리다 잡기: 공 ▷
공중에 고정되어 움직이는 목표물을 높이 뛰어서 잡기: 매달린 사물 ▷
움직이는 부드러운 목표물 뛰어서 잡기: 비눗방울

(1) 정지된 목표물 향해 달리기

- 벽 또는 창문에 영아가 선호하는 곰, 자동차, 인형 등의 스티커를 붙여 놓았다.
- 영아가 서로 다른 방향으로 달려 위험한 상황이 될 때 다 같이 한쪽 방향으로 달릴 수 있도록 스티커(예 곰, 자동차, 인형 등)를 잡으러 가자고 권유하였다.
- 위험하지 않다면 영아가 빠른 속도로 뛰는 것을 격려하였다.
- 한쪽 방향으로 뛰는 것을 빈번히 경험하여 자연스럽게 한쪽 방향으로 뛰는 습관이 형성되도록 하였다.
- 영아가 뛰고 난 후 쉴 수 있도록 '잡은' 스티커 속 사물에 대해 이야기를 나누었다.

'잡아야 할' 스티커를 살펴보는 영아

한 방향으로 뛰는 영아

스티커를 '잡을' 수는 있어도 '소유' 할 수 없었기 때문에 영아는 스티커를 떼려고 했다. 스티커를 뗄 수 없자 짜증을 부리는 영아도 있었지만 교사는 영아가 한 방향으로 뛰는 습관을 가지게 하기 위해서 스티커를 붙여 두기를 원했다. 교사는 뛰기와 잡기도 할 수 있고 잡은 것을 소유할 수 있는 사물로 대체하기로 결정했다.

(2) 움직이는 목표물 향해 달리다 잡기: 공

- 고정된 물체를 향해 달리는 것보다 높은 수준의 대근육 협응 능력을 길러 줄 수 있는 공을 잡기 위해 한 방향으로 달리도록 하였다.
- 처음에는 교사가 공을 던져주지만 점차 영아가 던지거나 영아가 발로 찬 후 달려가 잡게 하였다.

• 참여하는 영아의 수만큼 공을 준비하고 영아가 원하는 공을 선택하게 함으로써 갈등이 발생할 가능성을 낮추었다.

걸어가서 잡기, 뛰어가서 잡기, 공이 멈춘 후 잡기, 공이 멈추기 전에 잡기 등 각자의 능력에 맞게 공을 잡는 영아

원하는 크기, 색, 무게의 공을 선택한 후 원하는 방법으로 던져서 잡는 영아

바닥에서 움직이는 공을 따라가서 잡다가 영아가 실수로 공이 공중으로 튀기기도 했다. 튀겨진 공을 잡을 수 있는 영아는 소수였고 대부분의 영아는 발달상 잡지 못했다. 영아가 자연스럽게 달리기를 할 기회는 많지만 위로 뛸 기회와 흔들리는 사물을 잡을 기회는 많지 않았다. 교사는 공중에서 움직이는 즉, 튀겨진 공을 잡는 협응력을 발달시킬 기회를 영아에게 주기 위해 공중에 사물을 매달아 주기로 했다. 적절히 흔들리는 물체를 뛰어서 잡는 것은 뛰기와 잡기 기능을 협응해서 사용할 수 있는 기회가 되므로 유익한 활동이라고 판단하였다.

(3) 공중에 고정되어 움직이는 목표물을 높이 뛰어서 잡기: 매달린 사물

• 영아가 높이 뛸 수 없어도 좌절하지 않고 잡거나 칠 수 있도록 적절한 높이에 영아가 좋아하는 사물을 매달았다.
• 영아의 능력에 따라 다른 수준의 도전이 되도록 다양한 높이에 매달았다.
• 영아가 선호하는 놀잇감, 치거나 잡았을 때 소리가 나는 놀잇감 등 다양한 특성을 가진 놀잇감을 매달았다.
• 영아가 잡았을 때 끊어지지 않도록 놀잇감을 고무줄에 매달았다.
• 영아가 다양한 전략(예 달려와서 높이뛰기, 사물을 놓고 올라가 잡기, 발꿈치를 들고 잡기)을 창안해서 목표물을 잡도록 격려하였다.

발끝으로만 서도 잡을 수 있는 놀잇감을 잡는 영아

다양한 방법으로 뛰어도 잡을 수 없자 주변의 매트와 긴 통을 이용해 치는 영아

실내에서 매달린 놀잇감을 다양한 방법으로 치거나 잡는 활동을 할 즈음에 실외에서는 비눗방울 불기놀이를 하고 있었다. 교사는 여러 방향으로 움직이는 비눗방울이 실내에서의 잡기 활동과 연관이 있고, 비눗방울을 잡기 위해서는 이전(즉, 이전에는 강하게 잡아야 잡을 수 있었음)과 다른 방식(즉, 부드럽게 잡아야 터뜨리지 않고 잡을 수 있음)으로 잡아야 하기 때문에 영아의 힘 조절력 향상에 도움이 된다고 판단하여 활동을 준비하였다.

(4) 움직이는 부드러운 목표물 뛰어서 잡기: 비눗방울

낮게 움직이는 비눗방울을 잡기 위해 방향과 속도를 바꿔서 움직이는 영아

높이 움직이는 비눗방울을 잡으려고 팔과 다리를 뻗거나 높이 뛰는 등 신체를 다양하게 조절하는 영아

동물 따라 하기(2세)

활동개요

핵심 교육 영역	활동 적정 시기	적정 인원	활동 영역
신체 및 운동	아무 때나	관심 있는 영아	영아가 동작을 할 수 있는 넓은 공간 또는 어두운 공간

활동목표

신체 및 운동	• 평소에 사용하지 않던 다양한 근육을 협응하여 사용한다.
의사소통	• 다양한 동물이 나오는 그림책을 교사나 또래와 함께 읽는다. • 그림책에 나오는 다양한 동물의 움직임을 신체를 이용하여 표현한다.

활동 선정 이유

『머리부터 발끝까지(From Head to Toe)』(글 · 에릭 칼(Eric Carle), Harper Collins Publishers)라는 책은 한 페이지에 각 동물이 특징적인 동작을 하고, 다음 페이지에 어린이가 그 동작을 따라 하는 그림이 있는 책이다. 함께 모여서 읽는 도중에 영아가 자연스럽게 동물의 동작을 따라 하였는데 좁게 모여 앉은 상태에서 동작을 따라 했기 때문에 영아 간에 갈등이 발생하였다. 이를 해결하기 위해 영아가 원하는 동작을 자유롭게 표현할 수 있도록 넓은 공간에서 책을 읽어 주었다. 그러나 책의 그림이 너무 작아 다수의 영아가 함께 보기에는 어려웠고, 또래와 함께 따라 하면서 서로의 동작을 관심 있게 보았기 때문에 또래의 동작을 따라 할 수 있도록 사진을 찍어 PPT로 투사해서 보여주었다. 영아가 놀이하는 과정을 가족과 공유할 수 있도록 복도에 사진을 게시하고 어떤 동작인지 맞추는 놀이로 확장하였다. 동시에 영아가 대근육을 많이 사용하고 동물의 움직임을 실감나게 표현할 수 있도록 큰 화면에 투사하여 주었다.

활동준비

(1) 동화책(머리부터 발끝까지), 넓은 장소
(2) 전신 거울, 넓고 어두운 장소, 투시물 환등기, 동물을 따라 하는 영아를 찍은 사진으로 만든 PPT
(3) 복도에 게시한 동물을 따라 하는 영아를 찍은 사진과 영아가 따라한 동물 사진, 연필과 메모지
(4) 다양한 넓고 어두운 장소, 투시물 환등기, 동물 사진으로 만든 PPT

활동전개

그림책에 나온 동물 따라 하기
또래가 표현한 동물의 움직임 따라 하기
또래가 표현한 동물 사진 보고 알아맞히기: 또래, 형님, 부모와 교류하기
확대한 동물 동작 따라 하기

(1) 그림책에 나온 동물 따라 하기

- 책의 처음부터 끝까지 순서대로 따라 하기보다는 영아가 선택한 동물이 나오는 장면을 보여주고 원하는 영아만 시도하도록 하였다.
- 정확히 따라 하는 것이 목표가 아니라 영아가 느끼고 인식하는 것을 대근육을 활용하여 자유롭게 표현하도록 격려하였다.
- 또래가 평소에는 자주 사용하지 않는 다양한 대근육을 활용하며 표현하는 것을 보거나 따라하게 하는 등의 상호작용을 적극적으로 격려하였다.

좁은 공간에서 책을 함께 보면서 자발적으로 동작을 따라 하는 영아(영아 간 갈등이 발생함)

넓은 공간에서 책을 보면서 펭귄의 모습을 표현하는 영아

원숭이를 모두 다르게 표현했는데 서로의 표현 방식에 많은 관심을 보이는 영아

관심 있는 또래의 동작을 따라 하려고 하나 그 또래가 자꾸 움직이거나 동작을 바꿔서 속상해 하는 영아

넓은 공간에서 영아가 보여 달라고 요청한 동물을 보여주고 따라 하기를 하였기 때문에 협소한 공간으로 인한 갈등은 없었다. 영아의 활동을 관찰한 결과 1) 책이 작아 먼 거리에서 책에 묘사된 동물의 모습을 잘 볼 수 없었고, 2) 또래가 동물을 표현하는 모습에 관심을 보이는 영아가 많았고, 3) 자신이 표현한 모습을 보고 싶어 하면서 또래에게 나는 어떻게 했는지 질문하기도 하였고, 4) 또래를 따라 하고 싶어서 따라 하려 했지만 또래가 동작을 바꾸자 짜증을 내는 경우가 있었다.

이러한 영아의 반응을 고려하여 1) 자신의 모습을 볼 수 있도록 큰 거울을 설치해 주고, 2) 동물을 흉내 내는 영아의 모습을 사진으로 찍어 크게 볼 수 있도록 투시물 환등기를 이용해서 투사해 주기로 다음 단계를 계획하였다. PPT 자료를 만들 때는 한 장에 동물, 다음 장에는 그 동물을 흉내 내는 영아와 동화 속 사람을 배치하였다. 특히 동물은 움직임을 주어 영아가 동물의 동작의 특성을 잘 파악할 수 있게 하였다.

이렇게 함으로써 1) 작게 보이는 문제, 2) 또래의 표현을 보고 싶은 욕구, 3) 자신이 한 것을 보고 싶은 욕구, 4) 또래가 한 것을 따라 할 수 있도록 정지된 모습이 필요한 욕구를 모두 해결할 수 있다고 판단하였다.

(2) 또래가 표현한 동물의 움직임 따라 하기

- 교사가 그림책을 읽어줄 때처럼 화면을 보면서 영아와 함께 사진 속 영아의 특징적인 모습이나 그 영아가 어떤 동물을 따라한 것인지에 대해 이야기를 나누었다.
- 영아에게 화면 속의 영아가 표현한 동작을 따라 하도록 하기보다는 원하는 영아만, 원하는 방식으로 표현하도록 격려하고 화면 속의 영아가 표현한 방식과 어떻게 다른지 읽어주었다.

동물을 흉내 내는 영아의 모습을 투사하고 영아가 볼 수 있도록 마련한 아늑한 장소

동물 이미지(예 기린)에 움직이는 효과를 주자 반복해서 주의 깊게 관찰하는 영아("와! 기린 목이 더 아래로 내려가네.")

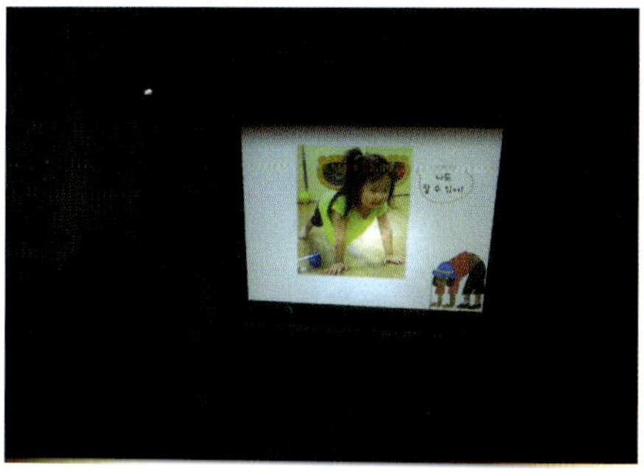

동물을 흉내 내는 영아 사진과 동화책에서 동물을 흉내 내는 사람의 모습을 함께 넣어 만든 PPT

관심 있는 영아가 모여 화면을 함께 보며 따라 하거나 말로 묘사하는 장면(〈주먹으로 자기 가슴을 여러 번 치며〉 "봐! ○○가 이렇게 쿵쾅쿵쾅 해!")

이 활동을 한 후 집에 가서 부모님께 이야기하거나 등원하였을 때 자신이 동물 흉내 내는 사진을 보라고 자랑스럽게 부모님께 말하는 경우가 많았다. 교사는 부모뿐만 아니라 다른 학급의 교사나 영유아도 동물을 흉내 내는 영아의 모습을 관람할 수 있도록 공유 공간인 복도의 다양한 곳에 영아의 사진을 게시하기로 결정하였다.

게시 자료에는 영아가 흉내 내는 사진을 크게 위에 배치하고 영아가 흉내 낸 동물을 작게 아래에 겹쳐 배치하였는데, 그 이유는 영아가 동물을 그대로 흉내 내는 것이 초점이 아니라 영아의 시각에서 해석한 동물의 특성을 강조하고 싶었기 때문이다.

(3) 또래가 표현한 동물 사진 보고 알아맞히기: 또래, 형님, 부모와 교류하기

- 이 활동을 한 영아, 다른 학급 영유아, 교사, 부모 등 여러 연령층을 대상으로 게시한 것이므로 관람자의 눈높이를 고려하여 다양한 높이로 게시하였다.
- 영아가 동물을 묘사한 사진을 보고 어떤 동물인지 추측하고 아래의 사진을 들어서 살펴보게 하는 방식으로 전시했기 때문에 관람객의 관심과 흥미가 촉진되었다.
- 전시를 관람한 관람객의 소감을 적을 수 있도록 메모지와 필기도구를 함께 비치하였으며 이를 통해 작가(즉, 영아)와 관람객(즉, 다른 학급의 영유아, 교사, 부모)과의 교류가 촉진되었다.
- 관람객이 남긴 소감을 읽어주는 활동을 통해 쓰기의 의미와 쓰기에 대한 영아의 관심이 높아졌다.

영아가 표현한 동물을 본 후 들춰서 아래의 사진을 보면서 어떤 동물을 표현한 것인지 살펴보는 영아

다양한 높이에 전시된 사진과 그것을 관람하는 다양한 연령층의 영유아

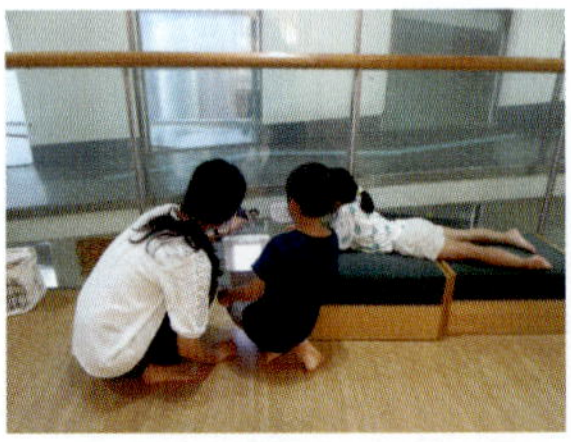

관람 소감을 쓰는 형님 반 유아

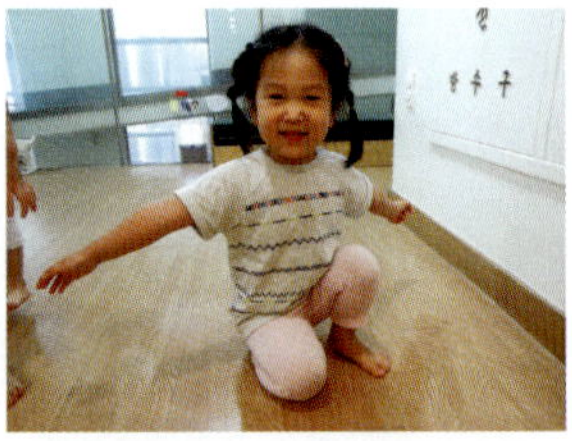

복도에서도 다양한 대근육을 활용해 흉내를 내면서 지속적인 관심을 보이는 영아

관람객이 남긴 소감을 읽어달라고 요청하는 영아와 이를 통해 쓰기의 기능에 대한 관심이 높아진 영아

전시를 통해 다양한 관객과의 교류가 지속되었고, 쓰기의 의미와 기능에 대한 관심이 높아졌다. 동물 동작 따라 하기에 대한 영아의 관심도 유지되었지만 특정한 동작만 반복하였기 때문에 점차 대근육을 활발하게 사용하지도 않았으며, 표현도 도식화되어 갔다.

교사는 영아가 다양한 대근육과 대근육을 협응해서 사용할 기회를 주고, 동물의 표정이나 작은 동작 같은 섬세한 부분까지 볼 수 있도록 동물 이미지를 아주 크게 확대해 주기로 활동 방향을 설정하였다.

(4) 확대한 동물 동작 따라 하기

- 동물 이미지를 평평한 벽뿐만 아니라 천정, 바닥, 굴곡이 있는 커튼, 다른 색과 섞일 수 있는 벽 등 다양한 곳에 투사해서 영아가 같은 동물의 이미지를 다양한 맥락에서 볼 수 있도록 하였다.
- 영아가 서로의 동작에 관심을 가지고 따라 하거나 말로 표현하도록 격려하였다.
- 교사는 투사된 동물의 이미지가 큼을 강조하고 가능하면 영아가 대근육을 크게 사용해서 표현하도록 격려하였다.
- 교사는 동물의 동작을 따라 하는 것뿐만 아니라 자연스럽게 나타나는 영아의 상상놀이(예 고릴라가 투사되었을 때 놀라서 도망가는 놀이)를 적극적으로 지원하였다.
- 하루일과 중 다양한 시간에 동물 이미지를 투사해 주어 영아가 대근육을 사용할 기회를 빈번히 제공하였다.

다양한 색과 표면의 바닥, 벽, 천정 등에 투사된 동물 이미지를 다양한 각도에서 관찰하고 따라 하는 영아

그림책을 가지고 와서 책과 비교하거나 새로운 방식으로 동작을 따라 하며 적극적으로 참여하는 영아

코끼리에게 먹이를 주거나 얼룩말에게 차이는 등 다양한 상상놀이를 자발적으로 하는 영아

OHP에 다양한 놀잇감을 올려서 벽에 투사된 동물 이미지를 새롭게 장식(예 옷 입히기)하는 등의 창의적 활동을 자발적으로 하는 영아

낮잠 준비 때 천정에 동물 이미지를 투사해 주자 편한 자세에서 적극적으로 대근육을 사용하여 따라 하는 영아

흙 점토놀이(2세)

활동개요

핵심 교육 영역	활동 적정 시기	적정 인원	활동 영역
신체 및 운동	2학기 초반 (다양한 유형의 점토를 경험하고 새로운 자료에 대한 거부감이 적어질 때)	관심 있는 영아	대·소근육을 사용해서 놀이할 수 있는 넓은 공간

활동목표

신체 및 운동	• 대·소근육과 다양한 사물을 이용하여 흙 점토를 변형시킬 수 있다.
감각 및 탐색	• 흙 점토의 특성을 살펴보면서 그동안 경험한 다른 점토(예, 밀가루 점토, 유점토, 지점토)와의 차이점을 탐색한다.
문제 해결	• 흙 점토에 대·소근육을 활용하여 힘을 가했을 때 형태가 변함을 경험한다.
의사소통	• 흙 점토와 관련된 어휘를 습득하고 흙 점토로 만든 것을 언어로 표현한다.
관계 형성	• 또래와 함께 흙 점토를 공유하고 대근육을 사용해서 활동할 때 협력한다.

활동 선정 이유

점토 특히 밀가루 점토와 컬러 점토는 영아에게 친숙하고, 촉감이 부드럽고, 원하는 대로 변형시킬 수 있기 때문에 영아가 선호하는 자료이다. 학기 초 적응 기간부터 영아는 밀가루 반죽으로 놀이하다 점차 컬러 점토나 유점토로 놀이하게 된다.

흙 점토는 색이 매력적이지 않고, 손에 묻고, 딱딱하여 다루기 어렵고 영아에게 낯선 자료이기 때문에 1학기에 제공하면 영아가 거부할 가능성이 높다. 그러나 2학기에는 손에 쥐는 힘도 증가하고 소근육도 더 발달하고 새로운 자료에 대한 거부감도 줄어들기 때문에 영아에게 제공할 수 있다. 교사는 딱딱하고 다루기 어려운 흙 점토로 놀이하면 영아의 소근육과 대근육이 함께 발달할 수 있고 흙 점토를 활용하여 다양한 놀이를 위한 표상물을 만들 수 있다고 생각하여 활동을 계획하였다. 소근육을 활용하여 충분히 놀이한 후 대근육을 활용하여 놀이하게 하기보다 영아의 흥미에 따라 두 가지를 동시에 할 수 있게 하였다. 아래는 편의상 소근육을 활용하여 놀이한 사례, 대근육을 활용하여 놀이한 사례의 순서대로 기술한 것이다.

활동준비

(1)(2) 흙 점토, 깔개(책상 위 또는 바닥), 점토놀이할 때 필요한 도구와 자료(예 자르는 도구, 두드리는 도구, 찍는 도구, 꾸미는 자료)

활동전개

소근육을 활용하여 놀이하기 ⇨ 대근육을 활용하여 놀이하기

(1) 소근육을 활용하여 놀이하기

- 영아가 소근육을 사용하여 자신이 원하는 대로 탐색하도록 격려하였다.
- 영아가 소근육을 사용하여 자르거나 두드릴 때 다른 종류의 점토와 달리 더 많은 힘을 주어야 함을 느낄 때를 교사가 읽어주었다(예 "흙 점토는 잘 잘라지지 않아서 ○○가 더 힘을 주어 자르는구나.").
- 교사가 준비한 자료 이외의 다양한 도구와 자료를 학급에서 가져와 사용하도록 격려하였다.
- 영아가 놀이하면서 만들어낸 자연스러운 결과물이나 표상물에 대해 적극적으로 반응해 주었다(예 "눌러서 구멍이 났네. 정말 카메라 같구나. 선생님 사진 찍어주려고?").

찍기: 자연물과 찍기 도구로 찍어보는 영아

찍기: 찍어서 무늬를 만들고, 구멍을 만들어 가면으로 쓰고 있는 영아

자르기: 역할놀이용 칼로 자르는 영아

자르기: 생일축하 케이크를 자르는 영아

자르기: 점토를 칼로 잘라서 만든 음식

두드리기: 손바닥으로 두드리는 영아

두드리기: 도구를 이용하여 두드리는 영아

두드리기: 평평하게 만들기 위해 두드리는 영아

꾸미기: 자연물을 이용하여 꾸미기를 하는 영아

꾸미기: 돌을 이용하여 꾸미기를 하는 영아

꾸미기: 연근 말린 것 위에 흙 점토를 이용하여 꾸미기를 한 영아

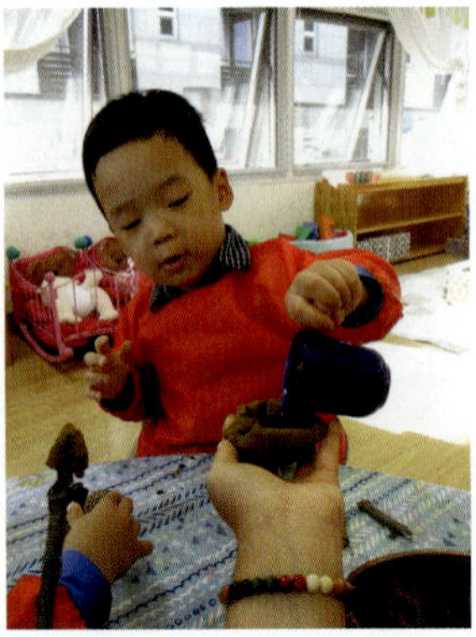

표상물 만들기: 컵 안의 주스와 컵으로 표상하는 영아

표상물 만들기: 구두로 표상하는 영아

표상물 만들기: 초콜릿으로 표상하는 영아

흙 점토는 영아에게 낯선 자료이기 때문에 발로 밟기 같은 대근육을 이용한 놀이를 처음부터 하기보다는 손으로 만져서 할 수 있는 소근육을 이용한 놀이가 먼저 일어날 가능성이 높다. 그러나 이미 흙 점토를 접한 경험이 있거나 새로운 자료에 대한 거부감이 없는 영아가 있는 경우에는 대근육을 이용하여 놀이할 수 있도록 바닥에 깔개를 깔고 많은 양의 흙 점토를 제공한다.

(2) 대근육을 활용하여 놀이하기

- 가능하면 대근육을 충분히 사용해서 놀이하도록 격려하였다(예 발로 밟아보기, 뛰어보기, 눌러보기).
- 대근육을 활용하여 놀이할 때도 영아가 원하면 학급에서 다양한 도구와 자료를 가져와 사용하도록 격려하였다.

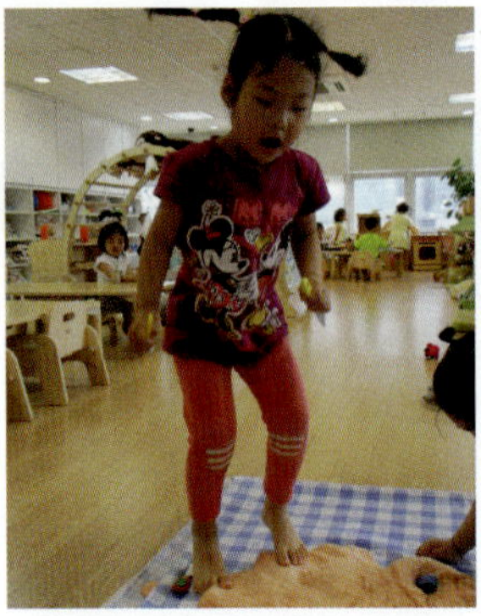

대형 깔개에 대형 밀가루 반죽을 내주자 대근육을 협응하여 뛰는 영아

또래와 함께 협동해서 대근육 운동을 하는 것처럼 놀이하는 영아

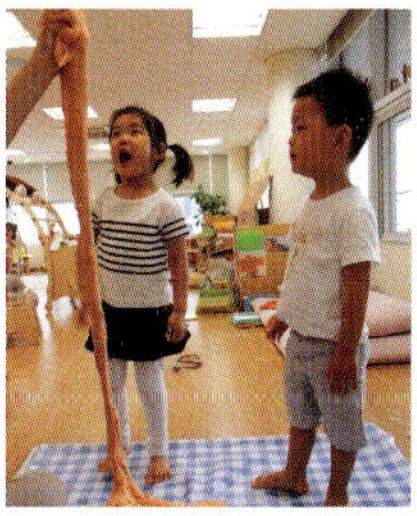

위로 길게 늘여 주자 생각보다 길게 늘어나는 것에 놀라는 영아

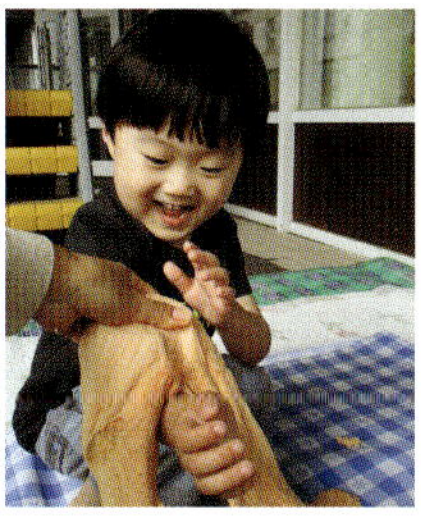

힘껏 들어 올리다 뜯어지자 손을 넣으며 "구멍이 났다."라고 말하는 영아

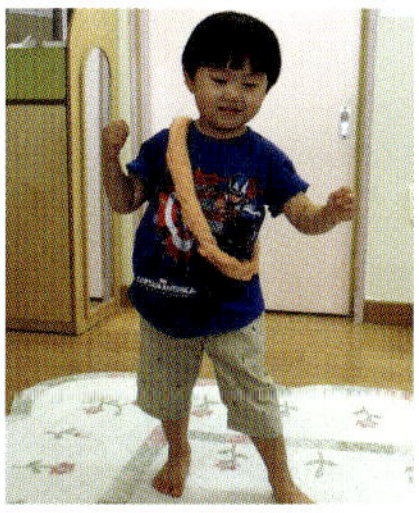

늘려서 이어 붙인 후 안전벨트로 표상하는 영아("안전벨트야, 아빠처럼 운전하는 거야.")

작은 반죽을 가지고 놀 때처럼 칼로 잘랐지만 잘 잘라지지 않자 힘을 주어 자르거나 손으로 뜯어내며 대·소근육을 사용하는 영아

09 감각 및 탐색 영역

1 일상과 놀이에서의 오감각을 이용한 탐색

2 교사가 계획한 활동

감각 및 탐색 영역을 지원하는 활동은 영아가 하는 모든 일상생활, 놀이, 활동에 적용된다. 영아는 오감각을 활용하여 세상을 탐색하기 때문에 무엇이든 만져보고, 먹어보고, 냄새를 맡아보고, 살펴보고, 흔들어 소리를 들어보려고 한다. 음식이 아니라도 먹어보려 하고, 유아나 성인은 눈으로만 살펴보는 사물도 손으로 만져보려 하고, 만지거나 먹어볼 수 있는 상황이 아니라면 자세히 살펴보거나, 소리를 들어보거나, 냄새를 맡아보려고 한다.

교사는 감각 및 탐색 영역의 활동으로 계획한 활동뿐만 아니라, 영아의 일상과 놀이에서 오감각을 이용한 탐색이 모든 활동의 시초가 됨을 인식하고 영아가 적극적으로 탐색하도록 격려한다(Schwarz & Luckenbill, 2015). 본 장에서는 영아가 일상의 다양한 일과와 놀이에서 자연스럽게 오감각을 이용해 탐색하는 예와 교사가 계획한 활동의 예를 살펴보고자 한다.

1. 일상과 놀이에서의 오감각을 이용한 탐색

벌레 먹은 잎을 눈으로 탐색하는 영아

빛의 움직임을 눈으로 탐색하는 영아

이파리를 만져서 탐색하는 영아

고인 물을 발로 밟아서 탐색하는 영아

여러 가지 과일을 먹어보며 탐색하는 영아

낯선 간식을 먹어보며 탐색하는 영아

북소리를 들어보며 탐색하는 영아

새소리를 들어보며 탐색하는 영아

꽃향기를 맡아보며 탐색하는 영아

귤 냄새를 맡아보며 탐색하는 영아

2. 교사가 계획한 활동

본 절에서는 1세와 2세의 활동 각 2개 중 1개를 쌀놀이로 선택하여 전개 방식을 묘사적인 방식으로 서술하고자 하는데 그 이유는 다음과 같다. 1세와 2세 영아가 쌀을 가지고 놀이하는 방식을 살펴봄으로써 교사는 영아의 발달 차이로 인해 자연스럽게 나타나는 자료 탐색 및 활용의 수준 차이에 대한 이해, 개방적 교육 자료에 대한 이해, 영아의 자발적 탐색을 위한 교육적 지원에 대한 이해를 높일 수 있다고 판단하였기 때문이다.

쌀놀이(1세)

활동개요

핵심 교육 영역	활동 적정 시기	적정 인원	활동 영역
감각 및 탐색	1학기 중반 이후	관심 있는 영아	활동하기 넓고 활동 후 정리하기 쉬운 곳

활동목표

감각 및 탐색	• 영아가 매일 밥으로 접하는 쌀의 특성을 오감각을 통해 탐색한다.
신체 및 운동	• 쌀을 가지고 놀면서 잡기, 담기, 뿌리기 등을 할 때 대·소근육을 사용한다.
의사소통	• 쌀을 가지고 노는 영아의 행동을 읽어주는 교사의 언어를 통해 관련 어휘를 익힌다.
관계 형성	• 또래와 좁은 공간에서 쌀을 공유하면서 같이 노는 기쁨을 경험한다.

활동 선정 이유

쌀은 영아에게 익숙하고 안전한 재료이고 감각 및 탐색적 가치가 높은 재료이기 때문에 1세와 2세 학급 모두에서 쌀놀이를 한다. 쌀놀이는 다양한 세팅과 방식으로 진행할 수 있다. (영아는 놀잇감을 공유하기 어렵다는 인식 때문인지) 교사가 개별 그릇에 쌀을 담아 각 영아에게 주거나, 함께 사용하도록 큰 그릇에 담아 책상 위에 올려놓고 의자에 앉아서 하게 하거나, 탐색대 위에 올려놓고 서서 하게 하거나, 쌀을 물들여 주거나, 쌀과 함께 다양한 그릇이나 숟가락을 주기도 한다.

교사가 영아 주도적인 놀이방식대로 따라가려고 계획한다 하더라도, 교사는 머릿속에 있는 전형적인 놀이지원 전략을 사용하는 경우가 있다. 교사는 쌀놀이 방법에 대해 미리 생각하지 않고 쌀만 내준 후, 영아가 주도적으로 놀이하는 것을 관찰하고, 반응하고, 지원하기로 계획하였다. 이를 통해 새로운 재료를 탐색하는 영아의 행동에 대해 이해할 기회를 얻고자 했다. 아래의 전개 과정은 오전 2시간 동안 놀이하면서 나타난 것인데, 영아의 주도적 놀이를 반응적으로 따라가도 교사의 머릿속에 있는 전형적인 놀이와 유사하게 진행된다는 것을 알 수 있다.

활동준비

(1)~(7) 쌀, 큰 플라스틱 통, 김장용 매트, 영아가 찾아온 용기와 도구

활동전개

김장용 매트에 들어와서 놀기 ➡ 큰 플라스틱 통에 담긴 쌀 살펴보기 ➡ 가지고 있던 놀잇감 넣어 보기와 놀잇감 가지고 와서 넣어 보기 ➡ 놀잇감 감추기 ➡ 쌀 옮기기 ➡ 플라스틱 통 안에 들어가 놀기 ➡ 작은 용기 가지고 와서 쌀 담기

(1) 김장용 매트에 들어와서 놀기

- 매트 밖으로 떨어진 쌀을 쉽게 치우고, 매트 밖으로 나가다 넘어지는 영아를 보호하기 위해서 큰 깔개 위에 김장용 매트를 올려놓았다.
- 영아는 매트에 들어왔다 나가기를 반복하거나 서기, 앉기, 눕기를 반복했고 또래와 함께 하는 것을 즐거워했다.

서거나 앉아서 또래를 부르는 영아

교사를 불러 함께 앉자고 요청하는 영아

나갔다 들어오기를 반복하는 영아

영아가 김장 매트에서 충분히 놀이한 후 큰 플라스틱 통에 쌀을 담아 내주었다.

(2) 큰 플라스틱 통에 담긴 쌀 살펴보기

- 쌀을 여러 가지 색으로 물들이면 영아에게 매력적일 수 있으나 영아가 일상적으로 접하는 쌀과 가까운 형태로 주기 위해 물들이지 않은 쌀을 제시했다.
- 영아는 물들이지 않은 쌀에도 관심을 보이고 적극적으로 가지고 놀기 시작했다.
- 처음에는 김장 매트 안에 앉아서 쌀을 손으로 만져보기 시작했다.

가지고 놀던 놀잇감을 내려놓고 손으로 만져보는 영아와 매트 안에 들어오지 않고 밖에서 지켜만 보는 영아

한참을 지켜보다 스스로 매트 안으로 들어가는 영아

오랫동안 손으로만 만지며 놀이 하는 영아

손으로 충분히 놀이한 후 손에 들고 있던 놀잇감을 넣기 시작했다.

(3) 가지고 있던 놀잇감 넣어 보기와 놀잇감 가지고 와서 넣어 보기

- 쌀을 내주었을 때 손에 들고 있던 놀잇감을 넣어 보기 시작했다.
- 한 영아가 놀잇감을 넣자 다른 영아도 따라 넣기 시작했다.

가지고 있던 자동차를 쌀에 넣고 움직여 보는 영아

지켜보다 나가서 자동차를 가지고 오는 다른 영아

가지고 있던 인형을 넣고 쌀을 뿌려서 덮는 영아와 국자를 가지러 가서 돌아보는 뒤편의 영아

국자를 가지고 와서 쌀을 퍼서 적극적으로 인형을 덮는 영아

한 영아가 시작한 덮기놀이는 놀잇감을 쌀 속에 숨기는 놀이로 전개되었다.

(4) 놀잇감 감추기

- 영아는 서로를 모방했는데 한 영아가 국자를 가져와서 놀잇감 숨기기를 하자 다른 영아도 국자를 가지고 와서 유사한 행동을 하기 시작했다.

국자를 가지고 와서 자동차를 숨기려는 영아

국자를 들고 있는 여러 명의 영아

국자에 쌀을 가득 담은 영아가 교사의 손에 쌀을 부어주길 원해서 교사가 받아 주었더니 다른 곳으로 옮기는 놀이를 하기 시작했다.

(5) 쌀 옮기기

- 영아는 교사의 손뿐만 아니라 플라스틱 통 밖(즉, 매트 안)으로도 쌀을 옮기려 했다.
- 영아가 쌀을 옮겨도 다시 플라스틱 통 안에 부어 줄 수 있도록 작은 통을 내주었다.
- 쌀이 매트로 많이 떨어지자 이를 인식하는 영아가 생기기 시작했다.

국자를 이용해 교사의 손으로 쌀을 옮기는 영아

다른 통으로 쌀을 옮기는 영아

쌀이 매트로 많이 떨어지자 쳐다보는 영아

쌀이 매트와 매트 밖으로 많이 떨어지자 스스로 청소도구를 가지고 온 영아

매트와 매트 밖으로 쌀이 많이 떨어져 큰 플라스틱 통 안의 쌀이 적어졌다. 국자로 쌀을 퍼내기가 어려워지자 쉽게 하려는 전략인지 한 영아가 통 안으로 들어가 국자로 쌀을 뜨기 시작했다.

(6) 플라스틱 통 안에 들어가 놀기

- 한 영아가 플라스틱 통 안으로 들어갔을 때 교사가 제지하지 않자 다른 영아도 따라서 들어가기 시작했다.
- 1세 영아는 또래의 새로운 행동을 유심히 관찰하다 교사가 제지를 하지 않으면 적극 모방하는 경향을 보였다.

플라스틱 통 안으로 들어가 놀기 시작한 영아

교사가 제지하지 않자 통 안으로 들어간 여러 명의 영아

너무 많은 영아가 통 안으로 들어왔기 때문에 놀이가 불가능함에도 앉아 있는 것에 만족하는 영아

오랫동안 앉아 있던 영아들은 놀 수 없었기 때문인지 플라스틱 통 밖으로 나오기 시작했다. 영아들이 계속 쌀을 퍼서 밖으로 내보냈기 때문에 교사는 작은 상자를 내주었다.

(7) 작은 용기 가지고 와서 쌀 담기

- 교사가 작은 상자를 내주는 것을 본 다른 영아가 쌀을 담을 작고 예쁜 그릇을 가지고 왔다.
- 이 행동을 다른 영아가 모방하여 작은 그릇을 가져다 쌀을 담는 놀이를 시작했다.
- 활동을 한 첫날이어서인지 역할놀이 소품을 많이 가져와서 쌀을 담고 쏟거나, 담아 놓은 쌀을 숟가락으로 저어 보기도 했으나 상상놀이로 이어지지는 않았다.

교사가 내준 작은 상자에 쌀을 모은 영아

스스로 담을 그릇을 찾아오는 영아

각자 찾아온 다양한 그릇으로 담고 쏟기를 반복하지만 먹기 등의 표상은 보이지 않는 영아

1세 영아의 일반적 발달 특성에 맞게 또래와 상호작용하기보다는 혼자서 오랫동안 담고 쏟기를 반복하는 영아

자신의 옷 안에 쌀을 모은 영아

손가락으로 떨어진 쌀을 집어서 치우려는 영아

두부놀이(1세)

활동개요

핵심 교육 영역	활동 적정 시기	적정 인원	활동 영역
감각 및 탐색	2학기 중반(활동 후 씻기기 쉬운 날씨일 때)	관심 있는 영아	활동하기 넓고 활동 후 정리하기 쉬운 곳

활동목표

감각 및 탐색	• 영아가 식재료로 자주 접하는 두부의 특성을 오감각을 통해 탐색한다.
문제 해결	• 유사한 다른 자료(예 밀가루 반죽)와의 공통점과 차이점을 인식하고 다르게 사용한다.
신체 및 운동	• 두부를 가지고 놀면서 누르기, 잡기, 뭉개기, 자르기, 담기 등을 할 때 대·소근육을 사용하고 조절한다.
의사소통	• 두부를 가지고 노는 영아의 행동을 읽어주는 교사의 언어를 통해 관련 어휘를 익힌다.

활동 선정 이유

두부는 영아가 반찬으로 집과 기관에서 자주 접하는 식재료이다. 두부놀이는 두 가지 이유로 선정했는데, 첫째는 두부를 반찬으로 선호하지 않는 영아가 두부를 친숙하게 느낄 수 있는 기회를 제공하기 위함이다. 둘째는 두부가 가지는 교육적 가치가 높기 때문이다. 두부는 영아에게 친숙한 자료이고 영아가 놀이할 때 쉽게 변형시키거나 조작할 수 있는 자료이다. 특히 쉽게 부서지기 때문에 대·소근육을 협응해야 하고, 자주 접하던 밀가루 반죽과 유사해 보이나 매우 다른 특성을 가졌기 때문에 두부를 가지고 놀기 위해서는 여러 가지 인지적 문제를 해결해야 한다.

활동준비

(1) 개인용 접시, 두부

(2) 김장용 매트, 두부(저녁에 재래시장에서 파는 두부를 저렴하게 구입할 수 있음)

(3) 개인용 넓은 쟁반, 두부, 영아가 찾아오는 다양한 용기와 도구(예 칼, 그릇 등)

활동전개

맛보기 ⇨ 바닥에서 몸으로 탐색하기 ⇨ 책상에서 도구를 사용하여 탐색하기

(1) 맛보기

- 맛보기를 원하는 영아가 맛을 볼 수 있도록 손을 씻게 하였다.
- 새로 접한 자료를 공유하기 어려운 영아가 있으므로 처음에는 개별적으로 두부를 제공하였다.
- 영아가 자유롭게 맛보기, 냄새 맡기, 살짝 잡아보기, 눌러 보기 등을 하게 하였다.
- 교사는 영아가 하는 기본적인 탐색에 맞춰 적절히 반응하였다.

교사가 조금씩 나눠 준 두부를 맛보는 영아

두부 맛을 본 후 맛없다고 손을 내저으며 표정으로 표현하는 영아

두부를 손가락으로 눌러보는 영아

두부를 손가락으로 눌러서 작게 만드는 영아

처음 두부를 접했을 때는 조심스럽게 잡아보거나 구멍을 내보거나 눌러보는 영아가 많았다. 탐색도 맛과 향, 촉감 같은 기본적인 것에 국한되었다. 교사는 영아가 두부에 익숙해진 후 적극적으로 탐색할 수 있도록 김장용 매트에 두부를 담아 주기로 하였다.

(2) 바닥에서 몸으로 탐색하기

- 김장용 매트에 큰 플라스틱 통을 넣고 그 안에 두부를 담아 제시하였다.
- 영아가 자유롭게 탐색하도록 도구는 제시하지 않았다(도구가 없을 때 손과 발을 이용하여 탐색할 가능성이 높다.).
- 영아가 하는 탐색 행동이 위험하지 않다면 제재하지 않고 적극적으로 반응하고 읽어주었다.

김장용 매트 안에 큰 통을 넣고 그 안에 담아 준 두부를 보는 영아

큰 통에 담아 주어도 처음처럼 손가락으로 눌러서 탐색을 시작하는 영아

작은 접시에 담아주었을 때보다 훨씬 적극적으로 탐색하는 영아

누르면 쉽게 눌리고 형태가 쉽게 변하는 것을 알고 더 누르려고 팔을 뻗는 영아

밀가루 반죽과는 달리 손에 붙는다고 신기해 하는 영아

밀가루 반죽처럼 손에 잡고 눌렀는데 빠져 나가자 유심히 보는 영아

뭉쳐지지 않자 앞뒤로 밀며 미끄러운 특성을 즐기는 영아

뭉쳐지지 않자 자신의 앞에 모으는 방식으로 '뭉치는' 영아

자신들 앞으로 '뭉쳐서' 손을 숨기는 놀이를 하는 영아

발로 밟아보기 시작하는 영아

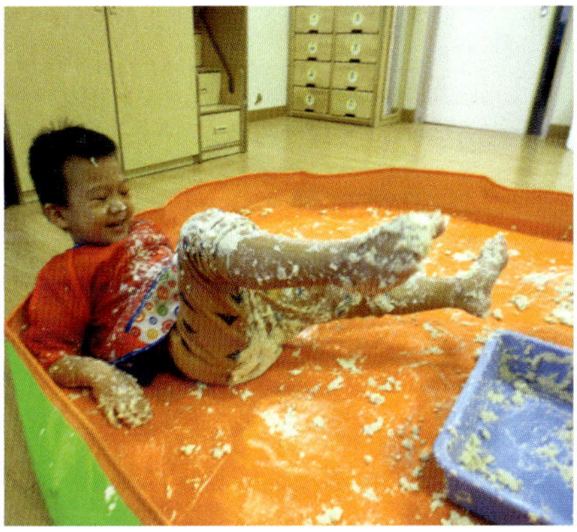

손으로 두부의 미끄러움을 탐색했듯이 발로도 탐색하는 영아

팔에 붙였듯이 일부러 다리에 '붙여놓고' 흘러내리지 않음을 관찰하는 영아

맛보기/ 냄새 맡기를 중심으로 탐색한 것과 달리 손과 발로 두부를 탐색하면서 두부의 다른 특성을 알아갔다. 특히 처음에는 밀가루 반죽과 같은 방식으로 떼고 뭉치려 했으나 밀가루와는 다른 두부의 특성을 이해하면서 눌러 부수기, 신체에 붙이기, 긁어모아서 쌓기 같은 행동을 했다. 두부를 다 함께 가지고 노는 과정에서 자신 앞으로만 두부를 모아서 갈등이 발생하기도 했다. 영아가 손과 발로 뭉갠 후에는 대근육 활동이 주로 이어졌고, 도구나 용기를 사용하기에는 양이 부족하였다. 교사는 앞서 서술한 어려움을 극복하고, 도구와 용기를 사용하여 탐색할 수 있도록 다시 책상 위에 앉아서 하는 활동으로 제시하였다.

(3) 책상에서 도구 사용하여 탐색하기

- 첫 번째 활동과 마찬가지로 개인별로 두부를 제공하였으나 도구를 사용해서 다양한 탐색을 할 수 있도록 더 넓은 쟁반에 더 많은 양의 두부를 제공하였다.
- 영아가 사용하는 도구에 따라 영아의 행동이 어떻게 달라지는지 관찰하며 적절히 반응하였다(예 "지난번에는 손가락으로 눌렀는데 이번에는 칼로 자르고 있네.", "손가락으로 눌렀을 때와 다르게 칼로 잘랐을 때는 두부가 잘라지네.").
- 영아가 도구를 사용할 때 두부의 특성(쉽게 잘라짐, 쉽게 뭉개짐, 다시 뭉쳤을 때 유지되지는 않아도 쉽게 모아짐, 힘을 들이지 않아도 모양이 찍어짐)을 이해하는지 관찰하며 적절히 반응하였다(예 "모아서 뚜껑을 덮기만 해도 동그란 모양이 만들어지네.", "세게 누르지 않아도 모양이 생기네.").

칼을 제공하자 손으로 사용하여 누르기보다는 바로 잘라 보는 영아(도구의 특성을 파악하고 행동함)

작은 조각이 될 때까지 칼로 계속 자르는 영아(도구의 특성을 파악하고 행동함)

자르기에 집중하는 모든 영아

김장용 매트에 내주었을 때는 먹어보지 않았는데 개인용 쟁반에 내주자 먹어 보는 영아(영아 스스로 먹을 수 있는 것과 없는 것을 판단함)

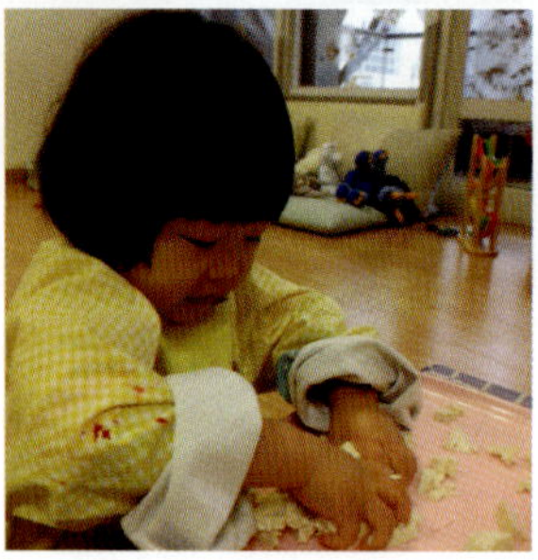

최대한 작게 자른 후에 용기를 가지고 와서 담는 영아(두부를 세게 잡으면 부서진다는 것을 이해해서 살살 잡아서 담는 영아)

그릇을 가져와서 담기와 쏟기 놀이를 하는 영아

두부를 모아 놓고 그릇을 덮은 뒤 다시 떼서 모양을 만드는 영아(두부의 특성을 이해하고 두부의 모양을 만드는 방법을 터득한 영아/ 모래놀이 때처럼 두부를 담아서 엎는 방식이 아니라 두부를 모아서 뚜껑으로 모양을 만드는 방법을 터득한 영아)

두부에 모양을 찍기 위해 두부를 두드려 평편하게 만든 후 찍기 틀을 이용해서 모양을 찍어 내는 영아

쌀놀이(2세)

활동개요

핵심 교육 영역	활동 적정 시기	적정 인원	활동 영역
감각 및 탐색	아무 때나	관심 있는 영아	활동하기 넓고 활동 후 정리하기 쉬운 곳

활동목표

감각 및 탐색	• 영아가 매일 밥으로 접하는 쌀의 특성을 오감각을 통해 탐색한다.
신체 및 운동	• 쌀을 가지고 놀면서 잡기, 담기, 뿌리기 등을 할 때 대 · 소근육을 사용한다.
문제 해결	• 쌀을 이용해서 하는 다양한 상상놀이를 통해 표상 능력을 발달시킨다.
의사소통	• 쌀을 가지고 노는 영아의 행동을 읽어주는 교사의 언어를 통해 관련 어휘를 익힌다.
관계 형성	• 또래와 좁은 공간에서 쌀을 공유하면서 같이 노는 기쁨을 경험한다.

활동 선정 이유

쌀은 영아에게 익숙하고 안전한 재료이고 사용방법이 미리 정해져 있지 않은 개방적인 자료이고, 감각 및 탐색적 가치가 높은 재료이기 때문에 1세와 2세 학급 모두에서 쌀놀이를 한다. 1세와 2세는 쌀에 대한 친숙도나 쌀을 가지고 놀아본 경험뿐만 아니라 발달적 차이 때문에 쌀을 다른 방식으로 탐색하고 놀이에 활용한다.

1세 학급과 마찬가지로 교사는 쌀놀이의 전개 방향에 대해 미리 생각하지 않고 쌀만 내준 후, 영아가 주도적으로 놀이하는 것을 관찰하고, 반응하고, 지원하기로 계획하였다. 아래에 기술된 전개 과정은 2일 동안 놀이하면서 나타난 것이다. 아래의 전개 과정에 나타나 있듯이 영아가 쌀로 놀이할 때 2세가 보이는 전형적인 반응(예 오감각으로 탐색하기, 담고 쏟기, 상상놀이 하기)도 보이지만, 그 시점의 영아만 보인 특별한 반응(예 소리 만들기, 폭이 좁은 사물에 올려놓기)도 있었다. 따라서 교사는 2세 영아에게 예측 가능한 일반적인 반응뿐만 아니라 특별한 반응도 수용할 자세를 가져야 한다.

활동준비

(1)~(6) 쌀, 큰 플라스틱 통, 김장용 매트, 영아가 찾아오는 다양한 용기와 도구

활동전개

큰 플라스틱 통에 담긴 쌀 살펴보기 ⇨ 소리 만들기 ⇨
폭이 좁은 사물 위에 쌀 올려놓기 ⇨
다양한 용기를 가지고 와서 쌀을 담고 옮기고 쏟고 통과시키기 ⇨
상상놀이하기 ⇨ 정리 · 정돈하기

(1) 큰 플라스틱 통에 담긴 쌀 살펴보기

- 제시한 쌀이 어디에서 오는 것인지 알게 하기 위해 쌀 포대를 함께 제시하였다.
- 영아가 쌀을 어떻게 탐색하기 시작하는지 관찰하고 적절한 상호작용을 하였다 (예 "팔을 쑥 넣어 살펴보는구나.").

플라스틱 통에 담긴 자료가 무엇인지 알 수 있도록 쌀 포대와 함께 제시된 쌀을 살펴보는 영아

손을 넣어 적극적으로 탐색하는 영아

발을 사용하여 적극적으로 탐색하는 영아

망설임 없이 쌀 포대를 내놓고 들어가서 앉는 영아

위에서 뿌리기, 손으로 잡아보기를 하면서 탐색하는 영아

교사와 함께 손으로 꽉 쥐어 뭉쳐지는지 보는 영아

손에 쥔 후 떨어뜨렸을 때 나는 소리를 듣는 영아

쌀 속에 손을 숨기는 영아

2세 영아는 1세와 비교했을 때 처음부터 망설임 없이 적극적으로 쌀을 가지고 놀이하였다. 쌀 속에 숨기기는 1세 영아에게도 관찰되었으나 훨씬 빨리 시작되었고, 뿌리기, 쥐기, 소리 듣기 등은 2세 영아에게서만 관찰된 행동이다. 쌀을 위에서 떨어뜨리거나 쌀 속에 손을 넣어 흔들 때마다 쌀 소리가 나자 영아는 소리에 주목하기 시작했다. 여러 방법으로 소리를 내던 영아는 악기를 가지고 와서 놀기 시작했다.

(2) 소리 만들기

- 영아가 다양한 전략을 사용하여 소리를 만들 때 격려하였다.
- 영아가 만드는 소리가 어떻게 다른지 주의 깊게 듣도록 격려하였다.

• 소리를 만드는데 사용된 사물이나 그 사물을 사용하는 방법에 따라 소리가 어떻게 다른지 주의 깊게 듣도록 격려하였다.

셰이커를 가져다 좌우로 움직이며 소리를 내는 영아

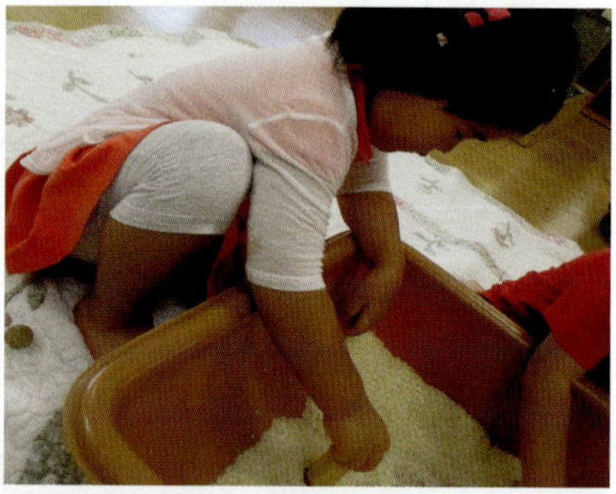

셰이커로 절구 찧듯이 찧으며 소리를 내는 영아

실로폰 막대를 가져다 흔들 어서 소리를 내는 영아

국자를 가져와 쌀을 퍼 담은 후 높은 곳에서 떨어뜨려 소리를 내는 영아

국자로 떠서 소리를 내는 행동이 다른 영아에게는 담아보기로 인식되었는지 국자와 유사한 물건을 가져와서 담아보기 시작했다. 일반적인 담기는 많이 담는 것을 목표로 하기 때문에 넓은 그릇에 담으려 하는 것이 보통이다. 그러나 이 학급의 영아는 폭이 좁은 사물에 담아보는 도전을 하기 시작했다.

(3) 폭이 좁은 사물 위에 쌀 올려놓기

- 영아가 가지고 오는 사물의 특성과 소근육 협응력을 고려하여 지원하였다(예: 현재의 소근육 협응력으로는 쌀을 올려놓기 어려운 사물을 가지고 올 경우, 쌀을 올릴 수 있는 최선의 전략을 함께 의논하였다.).
- 영아가 시도하는 다양한 전략에 대해 긍정적으로 반응하고 격려하였다.

뒤집개의 뒷면에 쌀을 올려 놓은 영아

뒤집개의 평평한 면에 쌀을 올려놓은 영아

뒤집개의 앞면에 쌀을 많이 올리려고 깊숙이 묻는 영아

젓가락을 가져다 쌀을 올려놓는 영아(쌀이 올려졌다기보다는 붙어 있어도 올려놓은 것으로 인식하고 자랑스러워함)

작은 숟가락을 선택하여 쌀을 올려놓은 영아

폭이 좁은 사물에 올려놓기는 담기의 의미를 가지므로 '올려놓기'는 자연스럽게 '담기'로 확장되었다. 영아는 각자 원하는 용기를 가져다 담고 쏟고 또래와 비교하는 놀이를 하였다. 폭이 좁은 사물 위에 쌀 올려놓기와 달리 용기에 담기는 실패했다고 느껴지지 않아서인지 많은 영아가 참여하였다.

(4) 다양한 용기를 가지고 와서 쌀을 담고 옮기고 쏟고 통과시키기

- 손으로 담기, 숟가락으로 담기, 통으로 담기 등 영아가 사용하는 다양한 담기 전략을 격려하였다.
- 담을 때 보이는 영아의 반응(예 빈 플라스틱 통에 담을 때 옆으로 흘러내리는 것에 좌절하는 영아와 개의치 않아 하는 영아)에 따라 적절히 지원하였다.
- 교사가 판단하기에 큰 의미가 없어 보이는 행동이라도 영아가 집중하고 의미를 부여하면 격려하였다(예 액자 같은 큰 사물에 쌀을 부어 통과시키기는 2세 영아에게 매우 쉬운 활동이었으나 영아는 예술 활동을 하듯이 다양한 아름다운 사물을 가지고 와서 통과시키기를 하였다.).

손으로 쌀을 빈 플라스틱 통에 담는 영아

그릇에 가득 담아 국자로 꾹꾹 눌러 담는 영아

병에서 병으로 쌀을 옮겨 담는 영아

뒤집개를 이용하여 그릇에 쓸어 담는 영아

컵에서 병으로 쌀을 옮겨 담으면서 떨어지지 않도록 손으로 막는 영아

담기에 자발적으로 참여한 많은 영아

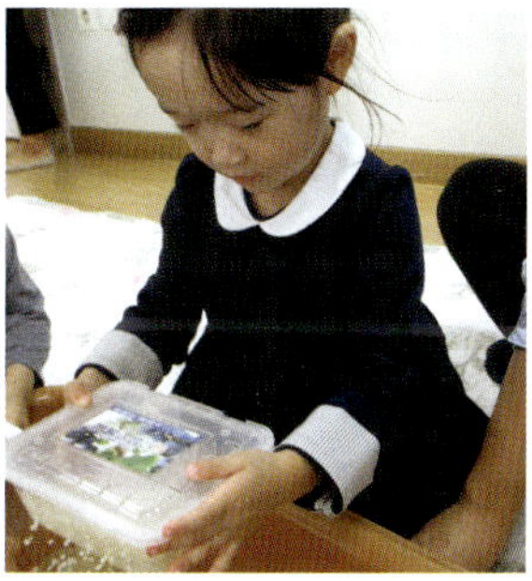

구멍 뚫린 플라스틱 통 밖으로 쌀을 통과시키려는 영아

장식용 그릇을 가지고 와서 쌀을 통과시키려는 영아

액자의 틀을 가지고 와서 쌀을 통과시키려는 영아

폭발적인 상상놀이는 2세 영아의 대표적인 발달적 특성이다. 탐색하는데 주로 집중했던 1세 영아와 달리 2세 영아는 쌀놀이를 시작하는 시점부터 상상놀이를 했다.

(5) 상상놀이하기

- 2세 영아는 인지 발달 특성상 표상과 상상놀이를 활발하게 하는 시기이다. 자료에 익숙해진 후에 초기 상상놀이를 시작하는 1세와는 달리 2세는 어떤 시점에서나 표상하거나 상상놀이를 하였다.
- 영아가 하는 다양한 표상과 상상놀이를 존중하고 놀이 참여, 필요한 자료 찾기 지원, 사고를 확장시킬 수 있는 질문(예 "케이크의 촛불을 끈 후 어떤 방법으로 생일을 축하해 줄 거니?")을 통해 상상놀이가 발전되도록 도왔다.

생일 초를 불어 끄는 영아

음식을 나눠 먹으며 생일 파티를 하는 영아

쌀 속의 동물에게 비를 내려주는 영아

쌀과 작은 돌을 이용하여 밥을 짓는 영아

1세 영아는 놀이를 마친 후 교사가 대부분 정리 · 정돈하고 관심 있는 영아만 도왔으나, 2세 영아는 놀이한 후 흩어진 쌀을 다시 모으는 것도 놀이로 인식하고 적극적으로 참여하였다. 교사는 영아가 다양한 치우기 전략을 찾고 소근육 협응력을 발달시킬 기회라고 생각하여 참여를 독려하였다.

(6) 정리 · 정돈하기

- 영아가 놀이하고 난 후 흩어진 쌀을 치우도록 적극적으로 격려하였다.
- 영아가 흩어진 쌀을 치우는 다양한 방법을 창안하도록 격려하였다.

흩어진 쌀 치우기에 적극적으로 참여하는 영아

손가락으로 집어서 치우는 영아

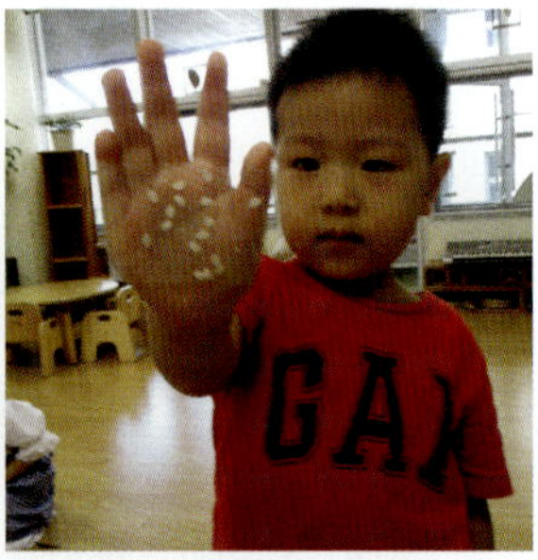

테이프에 붙여서 치우는 영아

호박으로 놀이하기(2세)

활동개요

핵심 교육 영역	활동 적정 시기	적정 인원	활동 영역
감각 및 탐색	10~12월 (호박을 수확한 후)	관심 있는 영아	활동하기 넓고 활동 후 정리하기 쉬운 곳

활동목표

감각 및 탐색	• 호박과 삶은 호박의 다양한 특성을 오감각을 활용하여 탐색한다.
신체 및 운동	• 대 · 소근육을 이용하여 호박과 삶은 호박을 탐색한다.
의사소통	• 호박과 삶은 호박의 특성에 관한 어휘를 익히고 표현한다.
문제 해결	• 호박과 삶은 호박의 겉만 보고 속을 예측한다. • 호박에 가하는 물리적 힘의 결과를 예측한다(예 누르면 '국물'이 나옴).

활동 선정 이유

영아는 기관의 현관에 장식되어 있던 호박에 관심을 가지고 그 앞을 지날 때마다 공처럼 굴려 보거나, 두드려 보거나, 호박 안에 있는 것에 대해 예측(예 벌레, 괴물)하였다. 영아는 1년 동안 다양한 식재료를 탐색했기 때문에 호박에도 거부감이 없을 것이고, 호박의 겉과 속이 다른 측면이 영아의 학습에 도움이 되며, 영아의 흥미도 지속되었기 때문에 교사는 영아와 함께 호박을 학급으로 가져가기로 결정했다.

학급으로 가져온 호박을 탐색하고 안에 무엇이 있을지 상상하던 영아는 호박에 구멍을 내서 안에 있는 것을 확인해 보기로 결정하였다. 호박에 구멍을 내서 놀던 영아가 호박을 깨뜨려 보기로 결정했을 때 교사는 호박을 열어 주었고, 그 후 삶은 호박과 비교할 수 있는 기회를 통해 열에 의한 변화를 살펴볼 수 있게 되었다.

활동준비

(1) 늙은 호박
(2) 늙은 호박, 호박을 담을 큰 용기, 호박에 구멍을 내려고 영아가 찾아온 도구
(3) 자른 호박과 자른 호박의 일부를 삶은 호박, 접시, 호박 속을 탐색할 때 사용할 다양한 도구(예 숟가락, 집게, 포크, 영아가 찾아온 도구 등)

활동전개

호박 살펴보기 ➡ 호박에 구멍 내서 살펴보기 ➡ 호박과 삶은 호박 살펴보기

(1) 호박 살펴보기

- 영아가 호박을 자유롭게 탐색하도록 허용하였다(교사가 색, 냄새, 촉감, 크기 등에 대해 먼저 묻기보다 영아가 어떻게 탐색하는지 먼저 관찰하였다.).
- 호박에 대한 사실적 탐색(예 "딱딱하다.", "누런색이다.", "무겁다." 등)뿐만 아니라 영아가 하는 상상적 탐색(예 "호박 안에 무엇이 살까?")도 격려하였다.
- 호박을 살펴보기 위해 필요한 도구를 영아 스스로 찾아서 가져오도록 격려하였다.

기관의 현관에 장식으로 놓였던 호박

"선생님, 나 힘세지? 의자보다 더 무거워."

호박의 무거움에 관심 보이는 영아와 주변의 다른 사물(예 무거운 의자 또는 가벼운 인형)과 비교해 보도록 격려하는 교사

"똑똑똑, 누구 없어요? 신데렐라 없어요?"

호박 안에 무엇이 있을까를 상상하면서 호박에게 말을 거는 영아

"호박 그림이에요!"

역할놀이용 칼을 가져와 그은 후 호박에 그림을 그렸다고 강조하는 영아

영아는 호박의 사실적 특성을 오감각을 활용하여 탐색했을 뿐만 아니라 상상적 요소를 가미하여 놀이하기도 하였다. 특히 상상놀이를 하는 영아가 호박 속에 무엇이 있을지를 궁금해 했기 때문에 잘라줄 것을 고민했으나 영아의 상상놀이가 전개되도록 기다리기로 결정하였다.

(2) 호박에 구멍 내서 살펴보기

- 다양한 도구를 찾아서 호박에 구멍을 내는 것을 격려하고 지원하였다.
- 영아가 호박에 구멍을 내기 위해 사용하는 전략을 읽고 적절히 상호작용 해주었다(예 "○○는 망치로 세게 두드리고 있구나, △△는 젓가락으로 힘껏 누르고 있구나.").
- 호박 속에 무엇이 있는지 알아보고자 하는 관심은 높았지만 영아가 호박에 구멍을 내는 것을 어려워 했기 때문에 교사가 적절히 도와주었다.
- 호박에 구멍을 낸 후에도 영아가 원하는 방식으로 놀이하게 허용하였다(예 상상한 것이 있는지 여러 방법으로 알아보기, 물건 넣기 등).

호박에 구멍을 내기 위해 망치로 두드리는 영아

각자 다양한 도구를 찾아 와서 구멍을 내려고 노력하는 영아

교사와 함께 낸 구멍에 다양한 사물을 넣어보는 영아

호박의 구멍을 들여다보며 자신이 상상했던 것이 있는지 찾아보는 영아

호박의 구멍에 끈을 넣고 끌고 다니다 깨진 호박을 열어보는 영아

호박이 깨지자 더욱 다양한 사물을 넣어보는 영아

호박 구멍에 다양한 사물을 넣었다 뺄 때 딸려나오는 호박씨나 실타래 같은 섬유질을 보며 영아는 호박 속에 대해 더욱 궁금해 했다. 호박에 끈을 넣고 끌고 다니다 깨진 후에는 호박 속을 적극적으로 탐색하기 시작했다. 교사는 호박 속을 탐색할 수 있도록 호박과 삶은 호박을 동시에 준비해 주었다. 삶은 호박을 준비해 준 이유는 삶은 단호박을 간식으로 먹은 경험이 있어 익숙했고, 호박을 삶았을 때 나타나는 변화가 크기 때문에 열로 인한 변화를 영아가 살펴볼 수 있다고 판단했기 때문이다.

(3) 호박과 삶은 호박 살펴보기

- 자르기 전의 호박과 자른 호박의 특성을 비교해서 탐색하도록 지원하였다(예 색이나 촉감의 차이, 호박 속에서 나온 씨, 호박, 섬유질의 특성 등).
- 호박과 삶은 호박의 특성을 비교하고 탐색하도록 지원하였다.
- 영아가 원하는 방식으로 탐색하고, 놀이(예 호박씨 담고 쏟기놀이, 역할놀이에 사용할 식재료로 사용하기, 찍기 등)에 활용하도록 격려하였다.

"이 씨는 미끄러워요. 담을 그릇이 필요해요."

씨의 특성을 언어로 표현한 영아

"이 호박은 색이 이상해요. 누르면 쑥 들어가네."

빈 플라스틱 통을 찾아와 누르면서 삶은 호박의 무른 특성을 확인하는 영아

"내가 모양을 찍어서…."

울퉁불퉁한 호박 속을 단추로 눌러 모양을 찍어내려는 영아

호박을 짜서 나오는 물을 받는데 관심을 보이는 영아

호박 속을 긁어내거나, 씨를 모아서 용기에 담고 쏟아보는 영아와 씨로 장식하는 영아

마른 호박의 특성을 살펴볼 기회를 주기 위해 사용하고 난 호박을 교사가 다시 말려서 제공하자 말린 호박을 들여다보는 영아

10 문제 해결 영역

1 교사가 계획한 활동

문제 해결 영역을 지원하는 활동은 인지적 문제를 비롯한 다양한 분야의 문제를 해결하는 능력의 발달을 지원하기 위해 실시된다. 영아기에는 교과 관련지식을 배우도록 하는 것이 아니라 추후 학습에 필요한 기초적인 성향이나 자세를 갖도록 지원하는 것에 초점을 두어야 한다. 영아가 주도성, 주의집중력, 끈기 같은 학습에 필요한 성향이나 호기심 갖기, 관찰하고 탐색하기, 질문하기, 비교하기, 원인과 결과 알아보기, 다양한 해결방안 찾기 같은 문제 해결에 필요한 능력을 기를 수 있도록 적극 지원해야 한다. 본 장에서는 영아의 기본적인 학습 성향과 문제를 해결하는데 도움이 되는 활동의 예를 살펴보고자 한다.

1. 교사가 계획한 활동

수박 깨기(1세)

활동개요

핵심 교육 영역	활동 적정 시기	적정 인원	활동 영역
문제 해결	수박을 자주 먹는 여름	관심 있는 영아	활동하기 넓고 활동 후 정리하기 쉬운 곳

활동목표

문제 해결	• 수박을 깨는 다양한 방법을 찾아 시도한다.
감각 및 탐색	• 수박의 특성(예 무게, 색, 모양, 두드렸을 때 나는 소리 등)을 다양한 방식으로 탐색한다.
신체 및 운동	• 수박을 깨려고 시도하는 과정에서 대근육을 사용한다.
의사소통	• 수박을 깨려고 시도하는 과정에서 사용한 전략과 그 결과에 대해 의사소통한다.
관계 형성	• 또래와 함께 수박을 깨는 방법을 찾아 시도한다.

활동 선정 이유

수박은 대부분의 영아가 거부감 없이 먹는 과일이기 때문에 여름에 가정과 기관에서 자주 접한다. 기관에서 영아는 수박을 간식이나 후식으로 먹으면서 이전에 먹어 본 경험이나 수박이 맛있음에 대해 자주 이야기했다. 그러나 수박을 줄 때는 성인이 잘라서 과육만 주기 때문에 영아가 수박 전체를 접해본 경험이 적다. 수박은 영아에게 친숙할 뿐만 아니라, 겉과 속의 색이나 질감이 다르며 무겁고 둥근 특성이 있기 때문에 영아가 탐색할 가치가 있다고 판단하였다. 영아에게 수박을 주어 탐색하게 하고 수박을 깨뜨리거나 자를 수 있는 전략을 찾아볼 수 있게 하기 위해 활동을 계획하였다.

활동준비

(1) 수박
(2) 수박, 영아가 수박을 자르기 위해 가지고 온 도구
(3) 자른 수박, 깨끗한 깔개(떨어진 수박을 먹어도 될 만큼 깨끗한 식탁 깔개), 큰 개인용 쟁반, 안전한 칼

활동전개

수박 살펴보기 ⇨ 수박 깨보기(잘라보기) ⇨ 잘라진 수박 살펴보기

(1) 수박 살펴보기

- 영아가 수박을 자유롭게 탐색하도록 허용하였다(교사가 색, 냄새, 촉감, 크기 등에 대해 먼저 묻기보다 영아가 어떻게 탐색하는지를 먼저 관찰하였다.).
- 영아가 수박을 '먹는 것'이 아니라 '노는 것'으로 인식하고 살펴볼 수 있도록 격려하였다.
- 수박이 깨지지 않도록 푹신한 곳(예 수건 위, 매트 위)에 내주었다.

수박을 보고 만져보려고 온 영아

수박을 굴려보는 영아

수박의 꼭지를 잡고 들어보려는 영아

"시원해!", "단단해!"

수박을 만져본 후 차고 딱딱하다고 말하는 영아

힘을 합해 들어보려는 두 명의 영아

집게를 가져와서 꼭지를 집어보려는 영아

둥근 의자처럼 앉아서 균형을 잡으려는 영아

발을 올려놓고 발로 촉감을 느끼고 균형을 잡아보려는 세 명의 영아

수박을 두드려 보는 영아

라이트테이블 위에 올려놓고 원형 놀잇감을 돋보기처럼 사용해서 수박을 살펴보는 영아

수박을 살펴보면서 영아는 수박을 먹기 위해서 깨야 한다고 몸짓으로 표현하거나 "잘라!", "깨!" 라는 말을 자주 하였다. 교사는 영아가 크고 무거운 수박을 깨거나 자르는 과정에서 다양한 전략을 찾을 것을 기대하며 자르거나 깨볼 것을 권유하였다.

(2) 수박 깨보기(잘라보기)

- 수박이 깨질 것에 대비해 깔개를 충분히 넓게 깔아 놓았다.
- 영아가 수박을 자르거나 깨기 위해 다양한 전략을 사용할 때 적극 격려하고, 영아가 사용하는 전략을 읽어주었다(예 "칼로 자르려고 하고 있구나. 집에서도 칼로 자르는 것을 보았니?").
- 영아가 사용하는 전략이 현실에 기반한 전략(예 칼로 자르기)인지 또는 다른 유형의 경험에서 유추된 전략(예 발로 차기)인지 살피고 적절히 반응하였다(예 "아~, 발로 힘껏 차면 부서질 것이라고 생각했구나.").

자석 블록으로 만든 기구로 깨보려는 영아

하트형 국자를 이용해서 파내 보려는 영아

주변의 다양한 사물로 깨보려다 안 되자 강아지에게 이빨로 물어뜯으라고 지시하는 영아

역할놀이용 칼로 잘라보려는 영아

딱딱한 공으로 두드려서 깨려는 영아

긴 원형 통으로 구멍을 내서 깨보려는 영아

톱 같은 놀잇감으로 썰어보려는 영아와 자신이 고른 도구를 가지고 순서를 기다리는 여러 명의 다른 영아

집게로 찍어서 깨보려는 영아와 수박을 잡아 주는 영아

모두 칼을 들고 와서 힘을 합해 잘라보려는 세 명의 영아

많은 영아가 오랜 시간동안 집중해서 다양한 방법으로 수박을 깨는 문제를 해결해 보려고 노력했다. 영아는 한 가지 시도가 실패해도 좌절하지 않고 다른 도구를 찾아서 다시 시도하는 집중력을 보였다. 수박 깨기가 영아에게는 신나는 놀이로 인식되는 듯했다. 오전 내내 수박을 깨는 시도를 할 시간과 기회를 충분히 준 후 영아의 다양한 시도가 줄어들었을 때 교사가 수박을 썰어주기로 했다.

(3) 잘라진 수박 살펴보기

- 영아가 보는 앞에서 안전에 유의하며 수박을 잘랐다.
- 영아가 수박 조각을 충분히 탐색하거나 먹을 수 있게 깨끗한 깔개, 큰 개인용 쟁반, 안전한 칼을 준비하였다.
- 수박을 자유롭게 탐색했듯이 수박 조각을 자유롭게 탐색하도록 지원하였다.

• 영아의 탐색 행동에 맞춰 적절히 상호작용하였다(예 "칼로 수박을 자르는 영아에게 ○○가 칼로 수박을 자르고 있구나. 이번에는 잘 잘라지네.").

교사가 수박을 가지고 오자 놀이를 멈추고 집중해서 보는 영아

수박이 잘라지자 환호하거나 기뻐서 웃는 영아

수박 조각을 살펴볼 수 있도록 담아 놓은 쟁반 중에서 선택하는 영아

수박을 손가락으로 눌러서 들어가는지 보는 영아(수박 껍질을 눌렀을 때 안 들어갔던 것과 비교하는 영아)

칼로 먼저 잘라보는 영아

먼저 먹어보는 영아

칼로 껍질 부분까지 파내서 한 줄로 가지런히 담은 영아

교사와 나눠 먹으려는 영아

또래와 나눠 먹으려는 영아

물과 거품놀이(1세)

활동개요

핵심 교육 영역	활동 적정 시기	적정 인원	활동 영역
문제 해결	물놀이가 가능한 여름	관심 있는 영아	활동하기 넓고 활동 후 정리하기 쉬운 곳

활동목표

문제 해결	• 물과 거품을 가지고 놀면서 물과 거품의 다양한 특성을 이해한다.
감각 및 탐색	• 물과 거품의 특성을 오감각을 활용해 느끼고 탐색한다.
신체 및 운동	• 신체 또는 도구를 이용하여 물과 거품을 가지고 놀면서 다양한 대·소근육을 사용한다.
의사소통	• 물(거품) 또는 물(거품)과 관련된 놀이를 하면서 관련된 어휘, 의성어 및 의태어, 느끼는 감정을 표현한다.
관계 형성	• 또래와 함께 물과 거품놀이를 즐기면서 같이 노는 기쁨을 경험한다.

활동 선정 이유

물은 영아에게 익숙하고 안전한 재료이고 영아가 매우 좋아하는 매체이다. 영아는 기관에서뿐만 아니라 가정에서도 씻거나 목욕할 때 물을 가지고 놀이한다. 특히 여름이 되면 물놀이와 거품놀이를 자주 하는데 교사는 영아가 즐겁게 물과 거품을 가지고 놀이를 하는 것에 초점을 두는 경우가 많다. 영아는 물과 거품을 가지고 놀거나 물에 들어가 놀면서 물과 거품의 교과지식적 특성을 자연스럽게 경험하게 된다.

영아에게 물과 거품의 물리적 또는 화학적 특성을 가르칠 필요는 없지만 교사는 교과지식적 측면에서 물과 거품의 특성을 알고 있어야 한다. 교사가 교과지식이 있을 때 영아에게 더 적절한 상호작용을 해 줄 수 있기 때문이다. 아래의 사례는 진행 과정을 기록한 다른 활동 사례와 다르게 영아의 자연스러운 물놀이와 거품놀이에서 분석할 수 있는 물리적·화학적 특성을 기록한 것이다. 교사가 물과 거품의 물리적·화학적 특성, 즉 교과지식을 알고 있을 때 영아에게 물과 거품의 다양한 특성을 자연스럽게 경험하도록 도와주거나 영아에게 더 적절히 반응해 줄 수 있음을 알 수 있다.

활동준비

(1)~(13) 물, 물을 담을 통, 다양한 물놀이 용품(영아가 학급에서 찾아온 자료 포함), 비누 거품

활동전개(활동에 포함된 교과지식)

물과 거품놀이의 경우 다른 활동의 전개 방식과 같이 시간적 순서로 제시하는 것이 아니라, 활동에 내재된 교과지식을 중심으로 서술하였다.

(1) 물은 시원하고 미끄럽다.

"손으로 만져 봐도, 발로 만져 봐도 아이 시원해."

"바닥을 비벼도, 선생님 팔에 비벼도 미끄러워요."

(2) 물에 힘을 가하면 움직임이 생긴다.

"하나, 둘, 셋! 내려치니 튀어 올라요!"

"두드리고, 물장구치고, 세수하고, 밟으니 물이 움직이고 튀어 올라요!"

(3) 물은 위에서 아래로 흐른다.

"물이 떨어져요."

"이쪽에서 저쪽 낮은 곳으로 흘러요."

(4) 물은 그것을 담는 용기의 모양대로 변한다(액체는 일정한 형태를 가지지 않는다.).

"담는 그릇 모양으로 변해요."

(5) 물과 물을 합하면 부피가 증가한다(동질의 액체를 섞으면 이질감 없이 혼합된다.).

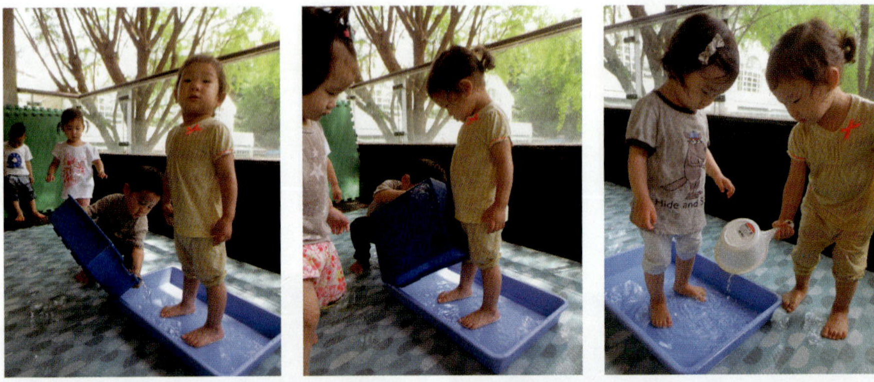

"물을 부으니 점점 많아져요."

(6) 물은 다른 물질에 의해 흡수된다.

"물에 스펀지를 담갔다 빼면 스펀지에서 물이 나와요."

"손으로 짜도, 가만히 들어도 물이 나와요!"

(7) 물은 다른 물질과 섞여 상태가 변화하기도 한다.

"물에다 비눗물을 넣고 흔드니 거품이 생겼어요!"

(8) 특정행동을 통해 거품을 만들 수 있다.

"흔들거나, 불거나, 휙 팔을 움직여서 만들 수 있어요."

(9) 거품은 구형이다.

"동그란 방울 같아요!"

(10) 거품은 서로 붙는다.

"손에도 붙고, 거꾸로 해도 붙고, 내 손으로 옮겨 붙기도 해요!"

(11) 거품은 공기 중에서 날 수 있다(공기와 같은 밀도의 거품은 공기의 흐름을 따라 이동한다.).

"거품이 날아가고 내가 잡을 수 없어요!"

(12) 거품의 상태는 쉽게 변한다(거품은 터질 수 있다.).

"잡으려 했는데 톡 하고 터졌어요."

(13) 많은 양의 거품은 시야를 방해한다.

"내 손이 안 보여!"

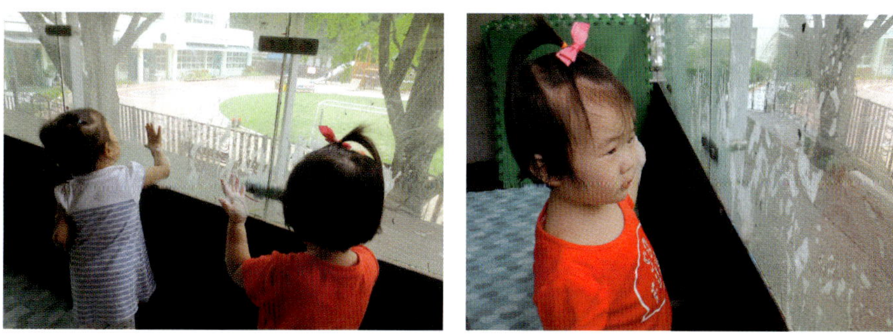

"비누 거품으로 칠했더니 앞이 안 보여!"

경사로 놀이(2세)

활동개요

핵심 교육 영역	활동 적정 시기	적정 인원	활동 영역
문제 해결	1년 동안 수시로	관심 있는 영아	영아 또는 교사가 경사를 만든 곳이면 어디나

활동목표

문제 해결	• 영아의 삶이나 놀이에서 자연스럽게 만들거나 접하는 경사로의 특성을 이해하고 효율적으로 이용한다. • 경사로를 이용하는 과정에서 인과 관계를 인식한다.
신체 및 운동	• 영아의 몸으로 경사로를 사용해야 할 때 대근육을 적절히 협응한다.

활동 선정 이유

경사로는 영아를 위해 교사가 자주 '준비하는' 활동이다. 교사는 경사로에 대한 탐색이 영아의 인지적 발달에 도움이 된다고 생각하여 의도적으로 경사로 활동을 준비한다. 교사가 의도적으로 준비하는 경우는 반으로 자른 파이프를 지지대에 지그재그로 걸어주거나, 영아가 쌓기놀이를 할 때 경사로를 이용해서 놀도록 길고 납작한 판이나 파이프를 제시(예 자동차 굴리기)한다. 또한 경사로의 경사를 다양하게 제시하여, 경사의 정도에 따라 사물이 굴러 내려가는 속도가 다름을 영아가 인식하도록 의도적인 노력을 한다.

그러나 영아의 삶(예 경사가 심한 언덕에서는 조심해서 내려감/ 경사가 심한 언덕을 올라갈 때는 기어서 올라가기도 함)과 놀이(예 침대에서 인형 내려 보내기)를 관찰하면 교사의 의도적 노력 없이도 영아는 경사를 경험하고 그 순간에 직면하는 문제를 스스로 해결한다. 때로는 교사가 의도적으로 준비한 것보다 더 높은 수준의 경사와 관련된 문제를 해결하기도 한다(예 사물이 멀리 굴러가서 가지러 가기 귀찮을 때 멀리 굴러가지 않게 하는 것).

본 활동에서는 교사가 의도적으로 제공한 경사뿐만 아니라 영아가 삶과 놀이에서 자연스럽게 경험하는 경사와 경사를 이용하는 것과 관련된 문제를 영아가 어떻게 해결하는지를 묘사하고자 한다. 이를 통해 영아의 무한한 잠재력과 능력에 대한 성인의 이해를 돕고, 교사가 '준비한' 경사로가 아닌 영아가 '자연스럽게' 경험하는 경사로를 통해서도 영아의 경사에 대한 인지적 진보를 지원할 수 있음을 강조하고자 한다.

활동준비

(1) 없음

(2)(3) 반으로 자른 파이프, 지지대

활동전개

경사로의 경우 다른 활동의 전개 방식과 같이 시간적 순서로 제시하는 것이 아니라, (1) 영아가 삶과 놀이를 통해 자연스럽게 경험하는 경사로와 문제 해결에 대해 먼저 서술하고, (2) 교사가 활동으로 준비한 경사로 I과 (3) 교사가 활동으로 준비한 경사로 II를 서술하는데, 각 활동별로 전개 양상을 간단히 서술했다.

(1) 영아가 삶과 놀이를 통해 경험하는 경사로

- 영아가 일상에서 직면하는 경사로에 어떤 것이 있는지 교사로서 주의 깊게 관찰하였다.
- 자연스럽게 경험하는 경사로를 교육적 기회로 활동할 수 있을지 생각하였다.
- 경사로에 대한 영아의 이해 수준을 파악하고 적절한 수준에서 지원하였다.
- 영아가 경사로를 경험하고 있어도 영아의 관심이 경사로에 없다면 경사로에 초점을 맞춰 무리하게 개입하지 않았다.

학급에 있던 경사진 매트 위에서 사물(유모차)을 내려 보내거나 밀고 올라가는 영아

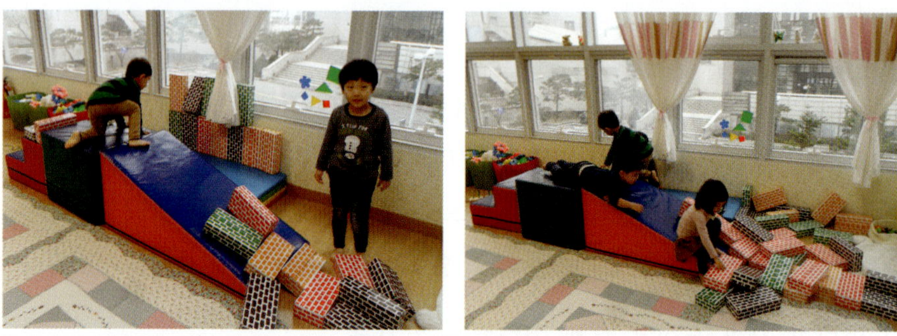

학급에 있던 경사진 매트 위에서 스스로 미끄러져 내려오거나 올라가는 영아

같은 조건의 경사로에서 무게가 다른 자동차를 굴려보며 비교하는 영아

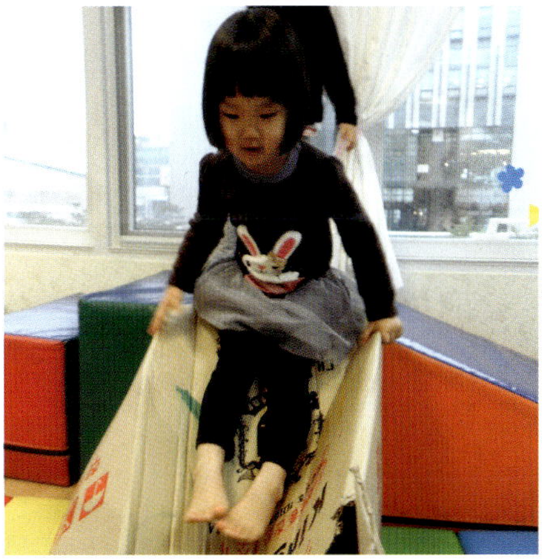

상자로 경사로를 만들어 미끄러져 내려오는 영아

기관에 있는 경사진 길에서 자신이 선택한 다양한 사물을 굴려 보거나 밀고 내려가면서 사물의 특성에 따라 다르게 내려간다는 것을 경험하는 영아(예 자동차, 플라스틱 끼우기 블록, 종이 벽돌)

경사가 있는 미끄럼틀을 타는 영아

오르막과 내리막이 있는 시설물을 기어가는 영아

산책길에서 경사로를 걸어 올라가는 영아

매트로 경사가 심한 길을 만든 후 기어올라 넘어가는 영아

앉아서 세면대에 국자로 공을 넣으려는 과정에서 국자를 기울여 성공하는 영아

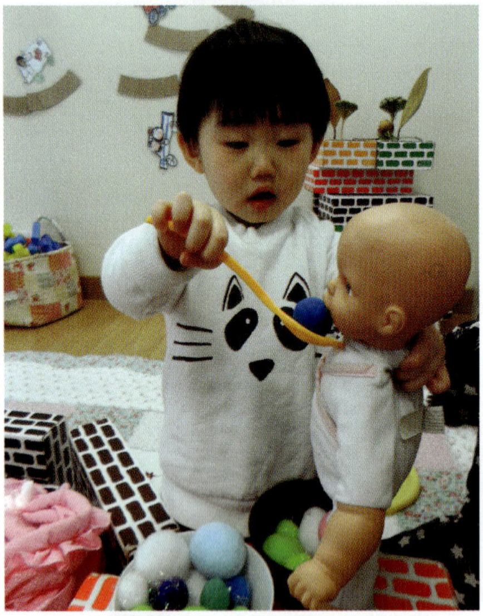
인형에게 밥을 먹이기 위해 국자를 기울이는 영아

호박의 속을 파낼 때 힘을 효율적으로 사용하기 위해 호박을 기울이는 영아

바구니의 뚜껑이 열리면서 생긴 경사로를 활용해서 동물의 놀이터를 만들어 놀이하는 영아

악기로 내준 빨래판을 미끄럼틀로 만들어 캐스터네츠를 미끄럼 태우는 영아

실로폰을 기울여 놓고 연주해 보는 영아

잔반을 치리히기 위헤 최대한 밥그릇을 기울이는 영아

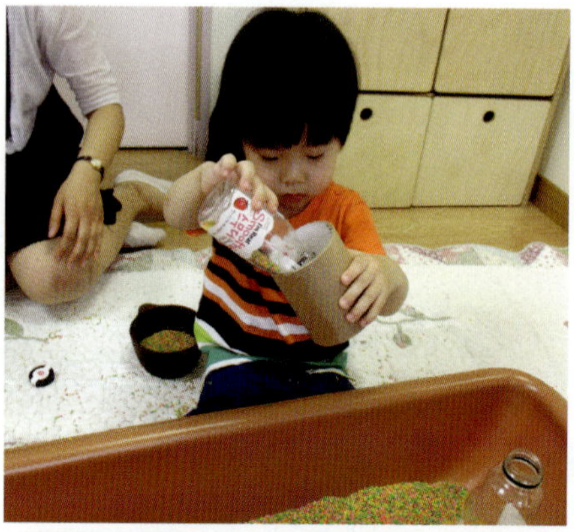

통에 색 쌀을 옮겨 담을 때 쌀이 떨어지지 않도록 기울기를 조절하는 영아

침대 위에서 천을 늘어뜨려 동물 미끄럼틀을 만들어 놀이하는 영아

우주선 탑승구를 만들기 위해 종이 벽돌로 경사로를 만든 후 탑승하는 영아

강당에서 매트로 긴 경사로를 만들어 놀이하는 영아

경사로에서 분무기로 물감을 뿌려 흘러 내려오는 모습을 보는 영아

(2) 교사가 활동으로 준비한 경사로 I (반으로 자른 파이프와 지지대만 제공)

- 경사로로 사용할 수 있도록 반으로 자른 파이프를 주고 영아가 어떻게 사용하는지 관찰하였다.
- 교사가 경사로로 사용할 가능성이 높은 파이프를 제공했더라도 영아가 경사로로 사용하도록 의도적인 개입은 하지 않았다. 영아가 스스로 경사로로 사용할 때까지 나타나는 다양한 탐색과 문제 해결 과정도 가치 있게 생각하고 지원하였다.
- 영아가 파이프를 경사로로 사용하기 시작한 후에도 교사가 다양한 각도의 기울기를 의도적으로 만들어주기 보다는 영아가 놀이하는 과정에서 스스로 시도하도록 인내심을 가지고 기다렸다.
- 활동의 전개 양상:

  파이프 살펴보기 → 파이프로 놀이하기 →
  경사 만들어 보기 → 다양한 각도의 경사 만들기 →
  경사를 활용한 놀이하기 → 지지대 살펴보기 →
  지지대에 파이프 걸어보기 → 다양한 방법으로 경사로 만들기 →
  다양한 각도의 경사로 만들기 →
  경사로를 굴러 내려간 사물을 멈추게 할 전략 마련하기

얼마나 높은지 세워 보는 영아

역할놀이 용품으로 두드려 소리를 들어보는 영아

친구가 두드려 주면 귀를 대고 들어보는 영아

놀잇감을 숨겨 놓았다 찾는 영아

길게 놓아두고 양옆으로 걸어가는 영아

엎어서 길게 이어놓고 그 위를 한 줄로 걸어가는 영아

"내가 붙잡아 줄게 굴려봐!"

처음으로 파이프를 경사로로 사용하는 영아

"이렇게 하면 더 편해."

장을 이용해 심한 경사로를 만든 후 공을 굴리는 영아

종이 벽돌 블록 위에 낮은 경사로를 만든 후 공을 굴리는 영아

"어느 길이 더 빠를까?"

"나는 거꾸로 굴릴 거야."

"거꾸로 보내려면 더 세게!"

두 가지의 경사로를 만든 후 공을 굴려 보는 영아

경사를 반대로 이용해 낮은 곳에서 높은 곳으로 공을 보내는 영아

"이것은 좀 천천히 내려가."

"이것은 안 내려가는데…."

공뿐만 아니라 다양한 사물을 굴려 보면서 경사면에서 잘 내려가는 사물의 특성을 알아가는 영아

"이렇게 하면 안 내려가는데…."

지지대를 처음 내주었을 때 파이프를 수평으로 끼워서 살펴보는 영아

"그냥 여기 있는데?"

공이 내려가지 않자 살펴보는 영아와 파이프를 뒤집어 공을 떨어지게 하려는 영아

"지지대에 끼우지 않고도 만들 수 있어."

지지대 사이에 끼운 파이프에 다른 파이프를 걸쳐서 경사로를 만든 영아

"굴러가는 공을 잡는 것은 귀찮아. 아기야, 잡아줘."

경사로를 내려와 멀리 굴러간 공을 가지러 가는 것을 반복하다 귀찮아지자 인형으로 막아 놓고 기뻐하는 영아

"파이프를 이렇게 놓아보면…."

파이프를 스스로 끼워서 경사로를 만드는 영아

"이렇게 만들면 내려가다 멈추지!"

두 개의 파이프를 엇갈려 놓은 후 사물을 굴려보고 멈추는 것을 보는 영아

"컵으로 이렇게 막으면…."

굴러 내려온 공을 잡기 위해 컵을 대보는 영아

"이렇게 하면 절대로 안 굴러가지!"

더 안전한 방법으로 의자에 상자를 대서 굴러 내려온 공이 들어가게 만든 영아

(3) 교사가 활동으로 준비한 경사로 II (반으로 자른 파이프를 지지대에 설치해서 제공)

- 지지대에 반으로 자른 파이프를 설치하여 제공한 후 영아가 어떻게 사용하는지 관찰하였다.
- 영아가 지지대에 설치된 파이프 경사로를 충분히 탐색할 시간을 제공하였다.
- 영아가 스스로 경사로를 사용할 때까지 나타나는 다양한 탐색과 문제 해결 과정도 가치 있게 생각하고 지원하였다.
- 활동의 전개 양상:
  굴릴 사물 잡고 경사로 따라 내려가기 또는 올라가기 →
  다양한 사물 굴려보기 →
  경사로를 따라 내려온 사물이 도착하는 지점을 파악하여 받을 준비하기

교사가 미리 설치해 준 3단 경사로

"친구가 가져가면 안 돼…."

공을 굴리면 또래가 가지고 갈까 걱정되어 손으로 잡고 내려가는 영아

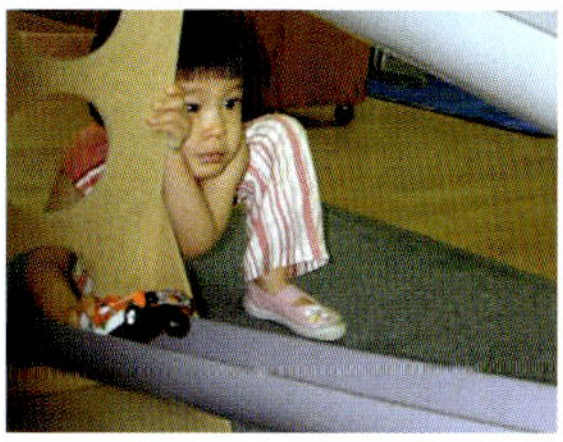

"거꾸로 올라갈 수 있을까?"

자동차를 거꾸로 밀고 올라가려고 시도했으나 지지대 밖에서 팔을 넣었기 때문에 곤란을 겪은 영아

"크레파스는 잘 안 굴러."

크레파스를 굴려보고 결과를 살피는 영아

"자동차는 틀림없이 잘 구르는데…."

자동차는 잘 구른다는 확신이 있었으나 너무 큰 자동차를 가지고 온 영아

"여기서 기다리면 안 되나봐…."

3단 경사로일 경우, 굴린 쪽이 아닌 반대편에서 기다려야 자신이 공을 잡을 수 있다는 것을 아직은 이해하지 못하는 영아(몇 번의 시행착오 후에는 이해하고 반대편에서 기다려 공을 잡음)

활동 2(교사가 준비한 경사로 I)와 활동 3(교사가 준비한 경사로 II)에서 관찰된 영아의 반응을 비교하면 다음과 같다.

표 10-1 교사가 파이프와 지지대를 제공한 활동과 설치해서 제공한 활동의 비교

구분	활동 2	활동 3
	파이프와 지지대를 제공만 한 경우	지지대에 파이프를 설치해서 제공한 경우
굴린 물건에 대한 집착	• 파이프를 가지고 자유롭게 놀 수 있었기 때문인지 굴릴 물건을 또래가 가져갈까 걱정하는 일이 없었음	• 파이프 경사로에 놀잇감을 굴리면 나로부터 멀어지기 때문에 처음에는 물건을 또래가 가져갈까봐 걱정하는 일이 있었음
경사	• 수평한 길을 포함한 다양한 각도의 경사로를 스스로 만듦	• 교사가 설치해 준 각도의 경사로만 놀이함
경사로를 만드는 방법	• 지지대를 활용해 다양한 방법으로 경사로를 만듦	• 교사가 설치해 준 경사로에서만 놀이함
역경사 탐색	• 역경사로 공을 굴리는 영아가 있었음	• 역경사로 자동차를 밀고 올라가는 영아가 있었음
다양한 사물 이용	• 다양한 사물을 굴려보며 잘 굴러가는 사물과 굴러가지 않는 사물을 찾아보는 영아가 있었음	
사물이 도착하는 지점에 대한 이해	• 경사를 굴러 내려온 사물이 도착하는 지점에 대한 이해가 있었음	

위에 비교한 바와 같이 교사는 파이프와 지지대만 제공하고 영아가 파이프를 탐색하고 자발적으로 경사로를 만들어 가게 했을 경우에 경사로와 관련된 더 다양하고 풍부한 문제 해결 기회가 있었다. 따라서 교사는 자발적으로 학습하는 영아의 능력에 대한 믿음을 갖고 지원하는 것이 필요하다.

줄놀이(2세)

활동개요

핵심 교육 영역	활동 적정 시기	적정 인원	활동 영역
문제 해결	2학기 (학급에 설치된 장애물을 인지하고 행동을 조절할 수 있을 때)	관심 있는 영아	다양한 줄을 설치할 수 있는 곳이면 어디나

활동목표

문제 해결	• 교실의 여러 곳에 설치된 다양한 특성의 줄을 자신의 상황에 맞게 적절히 이용한다.
신체 및 운동	• 줄의 다양한 특성을 고려하여 신체를 움직인다.
감각 및 탐색	• 줄의 다양한 특성(예 테이프 줄, 고무줄, 털실 줄, 모루 줄 등)을 탐색한다.

활동 선정 이유

영아가 통과하도록 고무줄을 얼기설기 설치해주는 활동은 영아의 문제 해결 능력(즉, 통과할 때 사용하는 전략)과 대근육 발달(즉, 통과하기 위해 기기, 넘기 또는 뛰어넘기)을 위해 교사가 자주 '준비하는' 활동이다. 교사가 의도적으로 준비하는 경우는 큰 사물(예 네스팅 브릿지)에 고무줄을 얼기설기 설치해 주고 영아가 통과하도록 격려하는 방식으로 실시된다.

교사가 큰 사물에 설치하여 제공하는 고무줄뿐만 아니라 다양한 줄을 제공함으로써 영아가 줄의 특성을 이해하고 자신의 목적(예 지나가기, 만들기)에 따라 다르게 사용하고 그 과정에서 다양한 문제를 해결할 기회를 가질 수 있다고 판단하여 활동을 실시하였다.

활동준비

(1) 두꺼운 테이프
(2) 다양한 소재의 긴 줄 또는 긴 고무줄
(3) 다양한 소재와 길이의 실 또는 줄, 줄을 감을 사물(영아가 찾아오는 모든 것)

활동전개

지그재그로 교차하여 설치한 두꺼운 검은색 테이프로 놀이하기 ➪
다양한 소재의 줄과 고무줄로 놀이하기 ➪ 줄로 감기

(1) 지그재그로 교차하여 설치한 두꺼운 검은색 테이프로 놀이하기

- 두꺼운 검은색 테이프를 교실 출입구와 교실의 가로 면에 설치해 놓았다.
- 검은색 테이프의 특성(탄성 없음, 늘어지지 않고 팽팽하게 유지됨)을 영아가 어떻게 이해하고 반응하는지 관찰한 후 상호작용하였다.

두꺼운 검은색 테이프를 교차하여 붙여 둔 교실 출입구

두꺼운 검은색 테이프를 교차해 놓은 교실의 가로 면

높은 곳을 찾아서 고개를 숙이고 지나가는 영아

낮은 곳으로 기어서 지나가는 영아

영아는 테이프로 된 줄을 밀면 떨어진다는 것을 파악하고 최대한 조심해서 지나가려고 노력했다. 이는 영아가 줄의 특성을 이해하고 지나가야 하는 문제를 효율적으로 해결할 능력이 있음을 의미한다. 테이프로 된 줄은 지나가기 이외에 할 수 있는 놀이가 없었기 때문에 영아의 관심이 지속되지 않았다. 교사는 교실의 여러 장소에 다양한 특성의 줄을 설치하고 영아가 줄의 특성에 따라 다른 방식으로 반응하는지 살펴보고자 하였다.

(2) 다양한 소재의 줄과 고무줄로 놀이하기

- 교실의 다양한 장소에 다양한 소재의 줄 또는 고무줄을 설치해 놓았다.
- 다양한 소재의 줄 또는 고무줄의 특성을 영아가 어떻게 이해하고 반응하는지 관찰한 후 상호작용하였다.
- 다양한 소재의 줄 또는 고무줄을 가지고 탐색하거나 문제를 해결하는 영아의 행동을 지지하면서 읽어 주었다(예 "집게를 이용해서 노끈에다 놀잇감을 걸고 있구나.").

검은색 대신 두꺼운 하얀색 고무줄을 교차해 놓은 교실

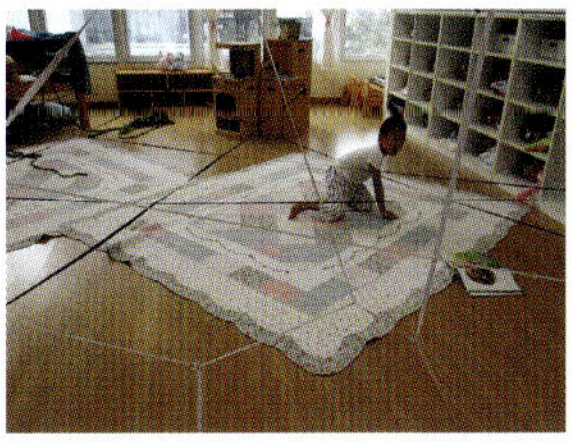

검은색과 하얀색 고무줄을 섞어서 설치해 놓은 교실

유희실의 가구에 설치해 놓은 흰색 고무줄

교실 벽면에 붙여 놓은 노끈과 원하는 것을 걸을 수 있게 준비한 집게

교실 내의 가구와 창문을 연결하여 설치한 두꺼운 털실 줄

자유롭게 사용하도록 제시한 두꺼운 털실 뭉치

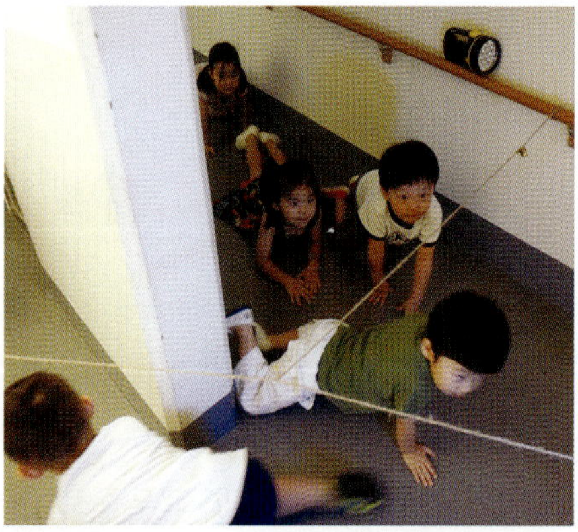

유희실의 대근육 활동 기구와 벽 사이에 쳐 놓은 흰색 고무줄

복도의 도는 모서리에 설치해 놓은 노끈과 종

"이렇게 모아서 밀면 안 끊어져."

여러 갈래의 고무줄을 모아 잡은 후 당기면서 탄성을 실험하는 영아

"발로 밟아도 돼."

팔로 당기고 발로 밟아서 탄성을 실험하는 영아

"이렇게 높이 뛰어서!"

높이 뛰어서 고무줄을 넘어 보려는 영아

"여기에 빨래를 널을 수 있어. 가벼운 것만!"

"집게로 잘 집어야 해."

교실의 가로 면에 설치된 고무줄에 가벼운 물건(역할놀이용 수세미)을 집게로 집어서 널어놓는 영아

"이거 봐! 내 손이 갇혔어!"

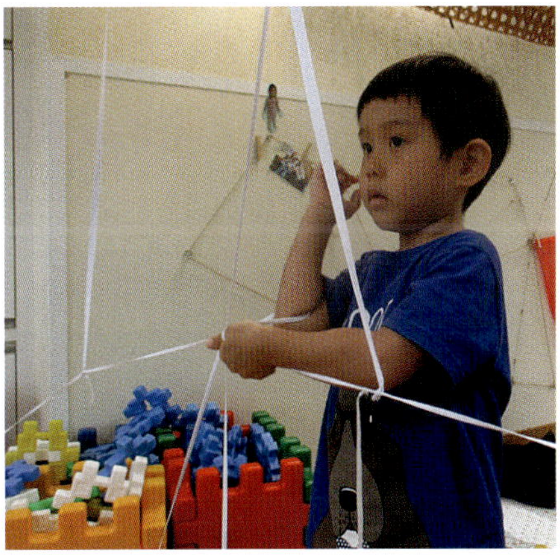

"양손을 다 묶었어!"

고무줄의 탄성을 이용하여 자신의 손과 몸을 감아보고 갇혔다고 표현하거나 잡는 놀이를 하는 영아

"그물이야…. 잡았어."

우레탄 퍼즐 조각인 가재를 그물로 잡았다고 좋아하는 영아

"나도 잡혔어."

고무줄 사이에 들어가서 자신도 잡혔다고 말하는 영아

"이 실을 여기에 걸어서 만들 거예요."

두꺼운 털실을 책꽂이에 걸어서 거미줄을 만드는 영아

"이 실은 잘 넘어가질까?"

두꺼운 털실로 자신들이 만든 거미줄을 들고 넘어 가는 영아

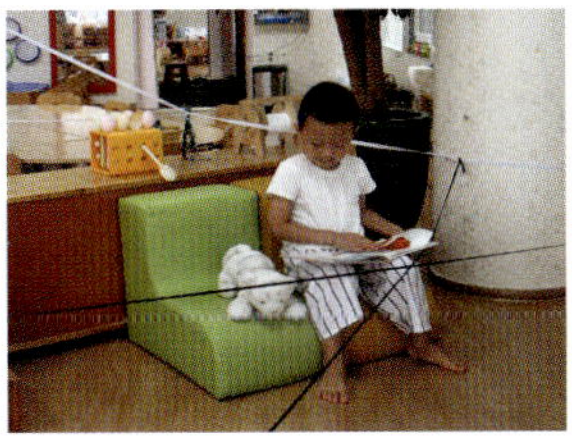

"여기는 아늑해."

줄 사이의 아늑한 공간에 의자를 놓고 앉아서 책을 읽는 영아

"내가 더 복잡한 거미줄을 만들 거예요."

교사가 만들어 놓은 거미줄에 얇은 털실을 더해서 복잡한 거미줄을 만든 영아

침대에 두꺼운 실을 감는 영아

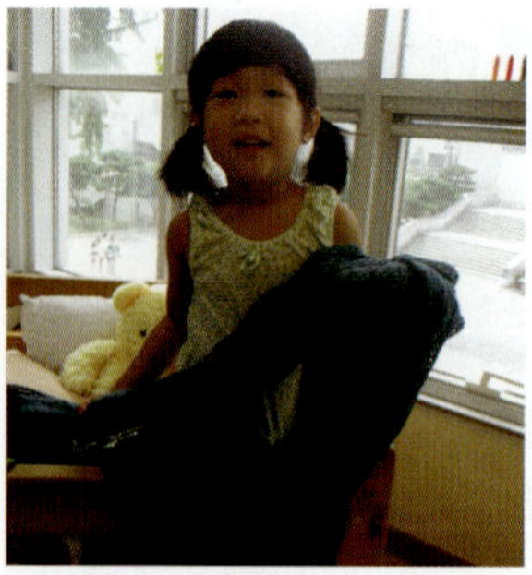

천을 줄처럼 사용하고 싶다고 말하는 영아

천을 사용해서 어떻게 포장할지 의논하는 영아

"나는 완전 싸였어!

친구와 교사가 함께 도와서 천과 검은색 고무줄로 몸을 싼 영아

다양한 소재의 줄을 다양한 장소에 설치해주거나 내주자 영아는 기거나 넘어서 줄을 건너가는 것 이외에도 다양한 방식으로 놀이하기 시작했다. 영아가 줄을 가지고 한 대표적인 놀이는 줄 넘어보기, 고무줄 늘려 보기, 몸에 감아보기, 스스로 줄 설치하기, 아늑한 공간에 앉아서 놀기 등으로 교사가 예측한 것 이상으로 다양하게 놀이하였다. 영아는 줄을 설치하는 과정에서 두꺼운 털실로 침대의 난간을 감았고 털실처럼 보이는 천으로 몸을 감고 놀기 시작했다. 교사는 더 다양한 종류의 줄을 제공하고 영아가 원하는 사물에 감아보도록 하였다.

(3) 줄로 감기

- 구부러지는 줄(예 모루), 굵기가 다양한 줄, 촉감이 다양한 줄 등 다양한 소재와 길이의 줄을 제공하고 영아가 탐색하도록 지원하였다.
- 영아가 줄을 다양한 사물에 감을 때 영아의 소근육 협응력과 집중력을 고려하여 적절히 도와주었다(예 한 가지 활동을 오래 하지 못하는 영아에게는 성취감을 느끼도록 두꺼운 실로 감아보도록 권유함).
- 영아가 줄로 감아서 만든 것으로 다양한 상상놀이를 할 때 격려하였다.

교사가 준비한 다양한 소재의 실과 줄을 살펴보는 영아

실을 다양한 사물에 각자 감아보는 영아

빈 페트병을 색실로 감은 영아

솔방울을 초록실로 감아보려는 영아

미끄러운 페트병을 세로로 감기 시작했기 때문에 실이 미끄러지자 잡고 있는 영아

잘 구부러지는 빨대에 실을 감기 시작한 영아와 시작 부분을 잡아주는 교사

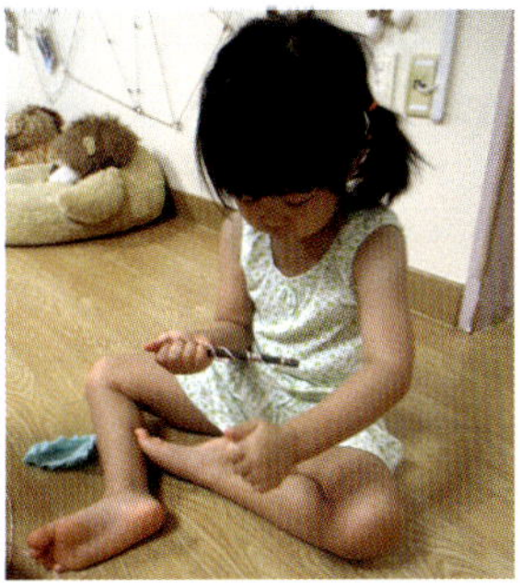

나뭇가지를 두꺼운 실과 얇은 실로 각각 감는 영아

나뭇가지에 두꺼운 털실을 감은 후 아래에 종이를 붙여서 꽃을 만드는 영아

페트병과 나뭇가지에 색 털실을 만든 후 함께 놀이하는 영아

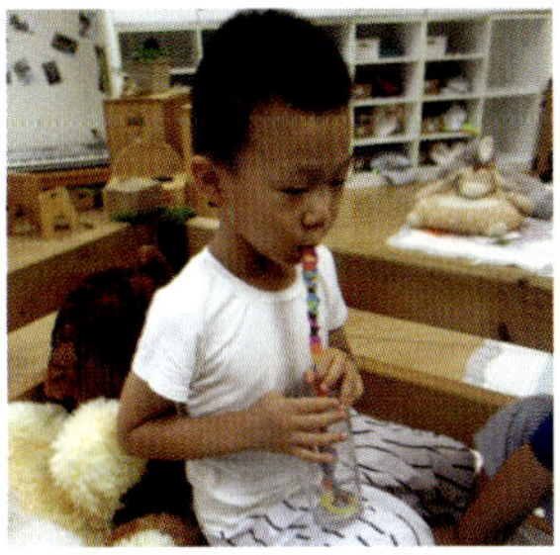

나뭇가지에 색 털실을 감아서 만든 피리를 연주하는 영아

11 의사소통 영역

1 일상생활에서 자연스럽게 이루어지는 의사소통

2 교사가 계획한 활동

의사소통 영역은 타인과 언어적, 비언어적 수단을 이용하여 자신의 생각과 정서를 표현하고 전달하는 능력을 갖도록 지원하는 영역이다. 따라서 하나의 활동보다는 일상의 모든 순간에서 영아가 자신, 또래, 성인과 의사소통하도록 언어적, 심리적, 정서적, 물리적 환경을 조성하는 것이 목표 달성에 효과적이다. 본 장에서는 일상적인 지원을 기본 전제로 하고 영아가 자신, 또래, 성인과 의사소통하는데 도움이 되는 활동의 예를 살펴보고자 한다.

1. 일상생활에서 자연스럽게 이루어지는 의사소통

영아는 매순간 자신 또는 타인과 소통하기 때문에 의사소통 능력의 향상은 교사가 의사소통을 목적으로 계획한 활동, 매일의 일과, 의사소통이 주요 목표가 아니었던 활동, 그리고 자발적으로 진행되는 영아의 놀이를 통해서 이루어진다. 특히 듣기와 말하기는 거의 모든 순간 일어나고, 영아기에 적절한 양질의 책읽기도 일상적으로 일어난다. 또한 영아가 자신의 생각과 감정, 경험, 느낌을 다양한 매체를 통해 자연스럽게 표현하면서 자신 또는 타인과 의사소통하게 된다. 교사는 의사소통을 목적으로 계획한 활동을 진행할 수도 있지만 일상생활에서도 의사소통 영역의 목표가 달성되도록 지원한다.

만나서 반가움을 껴안는 것으로 표현하는 영아

자신이 만든 것에 만족함을 춤으로 표현하는 영아

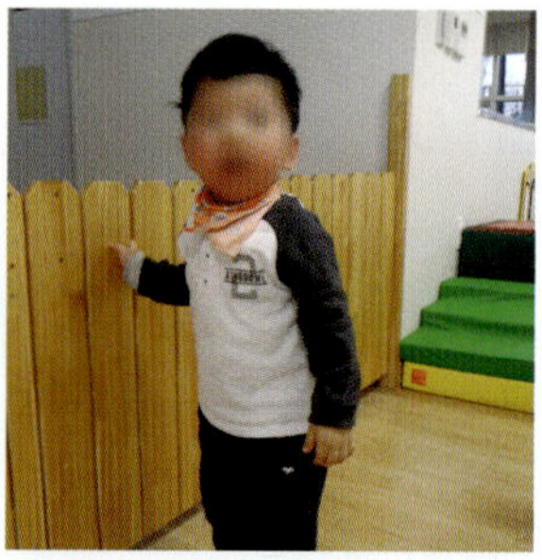

부모와 헤어져서 생긴 슬픔을 울음으로 표현하는 영아

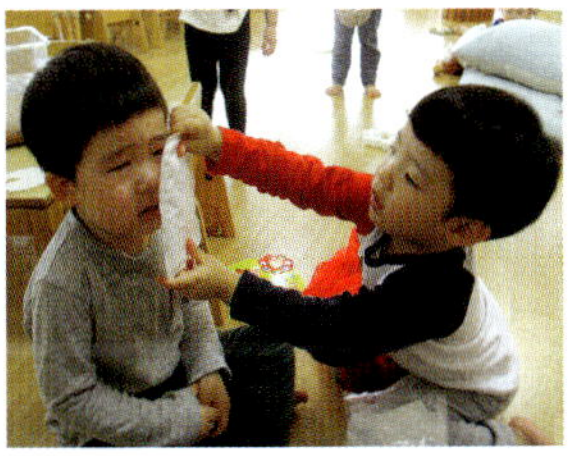

아픔을 울음으로 표현하는 영아와 공감함을 아이스 팩을 대주는 것으로 표현하는 영아

음악을 들은 후의 느낌을 악기 연주로 표현하는 영아

또래와 놀고 싶은 마음을 까꿍 놀이에 초대함으로써 표현하는 영아

자신의 생각과 감정을 긁적거리기로 표현한 후 만족하는 영아

산책 가서 본 풀밭과 꽃을 학급에서 표현하는 영아

동물인형을 가지고 대화하는 영아

영아기에 적절한 좋은 책을 혼자 집중해서 읽는 영아

자신의 사진을 묶은 책을 또래와 집중해서 읽는 영아

영아기에 적절한 좋은 책을 교사와 집중해서 읽는 영아

2. 교사가 계획한 활동

엄마, 아빠에게 전화하기(1세)

활동개요

핵심 교육 영역	활동 적정 시기	적정 인원	활동 영역
의사소통	3월 (적응기에 주 양육자와 분리한 후)	주 양육자와 분리되는 것에 어려움을 겪는 영아	학급 어느 곳이나

활동목표

의사소통	• 부모와의 전화 걸기놀이에서 자신의 감정을 말로 전달한다(예 보고 싶어요. 빨리 데리러 오세요. 재미있게 놀고 있으면 데리러 와요?).
관계 형성	• 부모와의 분리과정에서 겪는 어려움을 전화 걸기놀이를 통해 완화한다.

활동 선정 이유

적응기에 주 양육자와 분리하는 시간을 점차 늘려가는 과정에서 영아가 심하게 스트레스를 받으면 주 양육자에게 전화하여 다시 돌아오게 하였다. 영아의 스트레스 정도에 따라, 주 양육자를 실제로 오게 하기보다는 교사가 주 양육자에게 전화를 거는 흉내를 냈다. 이때 교사는 영아의 마음을 주 양육자에게 대신 전달하는 역할을 했다.

적응기 후반에는 주 양육자와 완전히 분리되지만 하루일과 중 여러 차례 엄마가 보고 싶다고 하는 영아가 있다. 교사는 영아와 주 양육자에게 전화하는 놀이를 하면서, 주 양육자인 체하며 영아의 말에 대답해 주면 영아가 안정을 찾기도 한다. 이를 위해 교사는 학급에 여러 대의 전화를 비치하여 영아가 원할 때 주 양육자에게 전화 걸기를 할 수 있게 하였다. 영아는 부모가 보고 싶을 때마다 스스로 가족 사진을 찾아보거나, 금붕어에게 먹이를 주거나, 꽃에 물을 주듯이 전화기를 찾아 주 양육자와 대화를 하였다.

활동준비

(1)(2) 다양한 모양의 전화기

활동전개

교사와 함께 주 양육자에게 전화하기 ⇨ 스스로 주 양육자에게 전화하기

(1) 교사와 함께 주 양육자에게 전화하기

- 영아가 주 양육자를 보고 싶어 할 때나 기분이 안 좋아지려 할 때 교사는 영아에게 전화해주기를 원하는지 물은 후 원한다면 전화해주었다.
- 주 양육자와 통화하는 흉내를 낼 때 영아가 듣고 있으므로 영아의 상태와 마음이 잘 전달되도록 하였다.

전화기를 가지고와 전화를 걸어달라고 요청한 후 전화하는 교사를 집중해서 보고 전화가 끝나자 안심하는 표정으로 전화기를 챙기는 영아

이제는 스스로 전화하는 영아

자신의 요청에 의해 전화를 걸고 있는 교사를 보는 영아

주 양육자에게 거는 '가짜' 전화가 영아를 더욱 좌절시킬지도 모른다는 교사의 우려와 달리 영아는 전화를 거는 흉내를 내는 교사를 보는 것만으로 안정이 되었다. 분리 스트레스가 심한 학기 초에는 '가짜' 전화를 거는 것이 영아를 더 불안하게 할 수 있겠으나 어느 정도 적응이 된 후에는 '가짜' 전화가 도움이 되었다. 교사는 영아가 교사에게 요청하지 않고 원할 때 스스로 전화를 할 수 있도록 여러 대의 전화를 비치해 주기로 하였다.

(2) 스스로 주 양육자에게 전화하기

- 영아가 필요할 때마다 자발적으로 전화하는 것을 격려하고 지원하였다.
- 영아가 전화하는 것을 지켜보다 필요하면 교사가 주 양육자의 역할을 해줄 수 있으나, 영아 혼자 전화하는 것으로 만족하면 개입하지 않았다.
- 교사가 주 양육자의 역할을 해주지 않아도 영아 스스로 안정감을 찾는 것을 목표로 하였다.

익숙하지 않은 모양의 전화기를 보고는 손가락으로 누르며 사용법을 교사에게 확인하는 영아

혼자 주 양육자에게 전화하면서 만족해하는 영아

전화 거는 자신과 전화를 받는 엄마 역할을 혼자 하며 안정감을 찾는 영아

또래와 앉아 각자의 엄마에게 전화하는 영아

함께 지낸 시간 돌아보며 이야기하기(1세)

활동개요

핵심 교육 영역	활동 적정 시기	적정 인원	활동 영역
의사소통	1학기 말	관심 있는 영아	학급 어느 곳이나

활동목표

의사소통	• 한 학기 동안 함께 지내며 찍은 사진을 보며 느낀 것을 단어, 문장, 몸짓으로 표현하며 이야기 나눈다.
관계 형성	• 교사 및 또래와 즐겁게 지낸 것을 돌아보며 긍정적인 관계를 공고히 한다. • 학기 초와 비교하여 성장한 자신의 모습을 보며 자부심을 갖는다.

활동 선정 이유

1학기 말이 되면 한 학기 동안 영아가 생활하는 모습을 찍은 사진 중 일부를 가정으로 보낸다. 교사는 각 영아별로 사진의 장수를 동일하게 준비하여 클리어 파일에 넣은 후 책을 두는 곳에 함께 놓아 주었다. 영아는 클리어 파일에 있는 자신과 또래의 사진에 큰 관심을 보이며 혼자, 또래, 그리고 교사와 함께 보는 것을 즐겼다. 이 과정에서 영아는 클리어 파일에서 자신의 사진 찾기, 좋아하는 친구의 사진 찾기, 한 학기 동안 지낸 것 회상하기 등의 활동을 자발적으로 하였다. 사진 보기에 대한 영아의 관심이 지속되었는데, 클리어 파일이 하나만 있었기 때문에 영아 간에 갈등이 발생하기도 하였다.

한편 자신이나 가족, 친구 사진에 대한 영아의 관심은 1학기 내내 지속되었다. 영아는 장이나 학급 벽에 붙여 놓은 자신, 친구, 가족 사진을 자주 보거나 떼서 들고 다니거나 자리를 바꾸어 놓았다. 교사는 하나의 클리어 파일로 인한 갈등을 줄이고 영아의 사진을 놀이에 사용할 수 있도록 종이 상자에 영아 사진을 붙여서 제공해 주었다. 영아는 사진이 붙어 있는 상자를 액자, 블록, 상상놀이 소품으로 사용하였고 사진과 관련된 놀이를 전개해 나갔다.

활동준비

(1) 영아의 사진을 크게 출력하여 끼워 놓은 클리어 파일(성장 과정이 보이는 사진, 영아가 좋아했던 활동을 하는 사진, 어떤 놀이를 하는지 분명히 드러나는 사진, 영아가 이야기할 거리가 많은 사진으로 준비함)

(2) 클리어 파일에 넣은 사진 중 영아가 가장 많이 언급한 사진을 붙인 종이 상자

활동전개

파일에 있는 사진과 상자에 붙인 사진 보고 이야기하기 ➡
사진 붙인 상자로 놀이하기

(1) 파일에 있는 사진과 상자에 붙인 사진 보고 이야기하기

- 교사는 영아가 사진에 대해 하는 이야기를 듣고 반응해 주었다.
- 영아의 어휘력이나 문장으로 말하는 능력을 고려하여 반응해 주었다.
- 영아가 이야기하고 다른 영아가 하는 이야기를 자연스럽게 듣게 하는 과정이 중요하므로 어휘를 알려주거나 문장으로 말해주고 따라 하게 하기 위해 영아의 이야기를 중단시키지 않았다.

클리어 파일에 담긴 사진에 관심을 보이는 많은 영아

교사에게 사진을 가리키며 어떤 일이 있었는지 이야기하는 영아

혼자 사진을 보는 영아와 카메라를 들고 와서 사진 찍는 모습을 재연하는 영아

상자에 붙여 준 사진을 보고 이야기하는 영아

영아가 설명한 것을 보충하여 손으로 묘사하는 교사

또래와 사진을 보며 이야기하는 영아

여러 명의 영아가 하나의 파일에 담긴 사진을 동시에 보려고 했기 때문에 갈등이 유발되었다. 교사는 사진을 사진으로만 볼 수 있게 하기보다는 영아가 놀이의 자료로 쓸 수 있게 빈 상자에 사진을 붙여서 제공해 주었다. 특히 영아가 종이 벽돌 블록으로 쌓기를 즐겼기 때문에 쌓기 블록 대용으로 사용할 수 있도록 튼튼한 상자에 사진을 붙여 주었다.

(2) 사진 붙인 상자로 놀이하기

- 사진 붙인 상자로 영아가 하는 다양한 놀이를 격려하고 지원하였다.
- 영아가 사진과 관련된 놀이를 하면 자연스럽게 반응해 주지만, 관련 없는 놀이를 하는 것도 허용하였다.

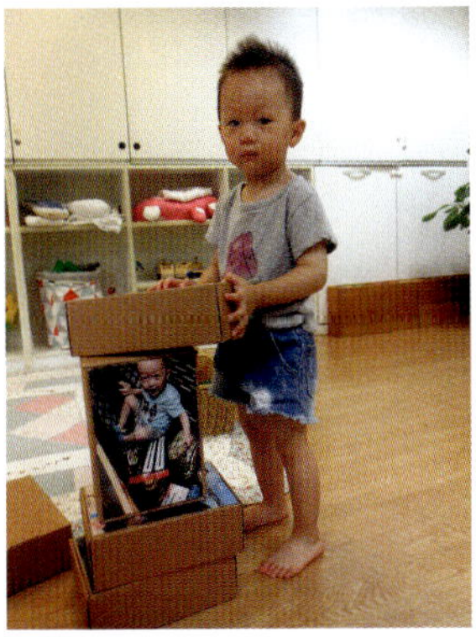

자신의 사진만 앞으로 보이도록 쌓은 영아

자신의 사진을 제일 위에 올려서 높이 쌓은 후 즐거워하는 영아

좋아하는 또래의 사진을 모아 기차로 만든 영아

사진 붙인 상자 두 개를 겹쳐 책상을 만든 후 상자 하나에 의자처럼 앉은 영아

모든 사진이 앞면으로 오게 해서 높이 쌓은 영아

장식품 액자처럼 장에 넣어 전시한 영아

낮잠 기도 듣기(2세)

활동개요

핵심 교육 영역	활동 적정 시기	적정 인원	활동 영역
의사소통	1년 내내	낮잠 자는 모든 영아	낮잠 자는 장소

활동목표

의사소통	• 교사, 부모, 또래가 들려주는 낮잠 기도의 의미를 이해하고 안정감을 갖는다. • 교사, 부모, 또래의 목소리를 변별한다.
관계 형성	• 자신을 위해 기도해준 교사, 부모, 또래와 긍정적 관계를 맺는다.
문제 해결	• 기도 음성을 듣고 싶을 때 CD 플레이어를 조작한다.

활동 선정 이유

적응 기간 중 부모와 분리된 후에도 영아가 어려움을 겪는 일과는 점심 먹기와 낮잠 자기이다. 낮잠을 재울 때 교사는 영아의 불안감을 줄여주는 전략을 사용하는데 음악 들려주기와 동화 읽어주기가 대표적 전략이다. 특히, 영아가 집에서 듣던 음악이나 가져온 동화를 들려주면 도움이 되기 때문에 교사는 매일 지속적으로 들려준다.

교사는 낮잠 때 불안해하는 영아를 위해 음악과 동화 외에 낮잠 기도를 추가해서 들려주기로 계획하였다. 교사의 기도로 불안감이 줄어든 영아가 반복적으로 듣고 싶어 했기 때문에 교사는 기도를 녹음하여 잠들 때까지 들을 수 있게 해주었다. 교사는 가정과 연계하여 부모의 기도를 영아에게 들려주면 더욱 효과적이라고 판단하여 원하는 부모에게 자녀를 위한 기도를 녹음해 주도록 부탁하였다. 교사와 부모의 기도를 오랫동안 들어 익숙해진 영아 중 일부가 자신도 기도를 녹음하고 싶어 하였다. 교사는 원하는 영아가 학급 친구에게 들려주고 싶은 기도를 녹음하도록 지원하였다.

활동준비

(1) 낮잠용 조용한 음악 CD, CD 플레이어, 교사가 녹음한 낮잠 기도

(2) 부모의 기도를 녹음한 CD(각 가정에서 받은 기도 파일을 하나의 CD에 저장함), 영아가 조작할 수 있도록 재생 버튼에 표시를 붙인 CD 플레이어

(3) 영아의 기도를 녹음한 CD(각 영아의 기도 파일을 하나의 CD에 저장함), 영아가 조작할 수 있도록 재생 버튼에 표시를 붙인 CD 플레이어

활동전개

교사의 낮잠 기도 듣기 ⇨ 부모님의 낮잠 기도 듣기 ⇨ 또래의 낮잠 기도 듣기

(1) 교사의 낮잠 기도 듣기

- 낮잠 잘 준비가 되면 조용한 음악을 틀어놓고 교사가 각 영아를 위해 기도하였다 (종교적 의미의 기도가 적절하지 않은 기관에서도 각 영아가 잘 자도록 기도할 수 있다.).
- 가능하면 오전 일과와 연계하여 각 영아의 이름이 언급되게 기도하였다(예 "○○는 섬심도 살 먹었으니 쑥 자고 일어나서 놀게 해수세요.", "△△는 열이 조금 있으나 잘 자고 일어나면 안 아프게 해주세요.").
- 영아가 이해할 수 있는 쉬운 어휘와 짧은 문장으로 기도해 주었다.
- 매일 기도의 시작과 끝을 같게 해서 영아가 자신들을 위한 기도임을 인식하게 하였다(예 기독교 기관일 경우, '사랑의 하나님' 으로 시작하고, "예수님의 이름으로 기도드렸습니다. 아멘!" 으로 끝낸다. 비기독교 기관일 경우, "○○반 어린이들이 잘 자도록 기도하겠습니다." 로 시작하고 "잘 자도록 도와주세요." 로 끝낼 수 있다.).

낮잠 잘 준비를 한 영아

조용한 음악을 틀어 놓고 각 영아를 위해 기도하는 교사

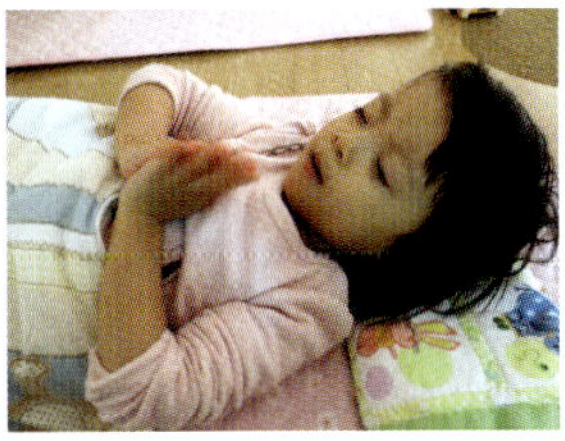

기도가 여러 날 반복되자 매일의 일과로 인식하고 기도를 들을 준비를 하는 영아

낮잠 기도가 여러 날 반복되자 기도의 시작과 끝 부분을 따라 하거나 낮잠 잘 자리에 누우면 눈을 감고 손을 모으고 기다리는 영아가 많아졌다. 낮잠 기도를 낮잠 시간 아닌 때에도 듣고 싶어 하거나 교사의 기도를 반복적으로 듣고 싶어 하는 영아가 많았기 때문에 교사는 낮잠 기도를 녹음해서 CD 플레이어와 함께 제공해 주었다. 영아가 교사뿐만 아니라 부모의 기도를 들으면 낮잠 시간에 더욱 편안 마음으로 잠들 수 있을 것으로 판단해 부모에게 자녀를 위한 기도를 녹음해 줄 것을 부탁하였다.

(2) 부모님의 낮잠 기도 듣기

- 부모의 기도는 낮잠과 관련된 것뿐만 아니라 자녀를 위한 일반적인 내용으로 구성하도록 부탁하였다.
- 자녀의 언어 발달 수준을 고려해 자녀에게 익숙한 어휘를 사용하고, 짧은 내용으로 천천히 녹음해 줄 것을 부모에게 부탁하였다.
- 음성 파일로 받은 부모의 기도를 하나의 CD에 모았다.
- 한 장의 종이에 부모의 기도 내용을 전사한 것과 해당 영아의 사진을 함께 배치한 후 모두 모아 클리어 파일에 넣었다.
- 낮잠 시간에 들려주기 전에 영아가 들을 수 있게 자유놀이 시간에 내어 주었다.
- CD 플레이어를 재생할 때 눌러야 하는 버튼을 표시하고 영아에게 사용법을 알려주었다.

자유놀이를 할 때 부모님의 기도가 담긴 CD 플레이어를 가지고 노는 영아

자신의 부모님 목소리가 들리자 기뻐하는 영아

등원할 때 부모와 함께 기도를 들을 수 있게 CD 플레이어, 부모의 기도를 전사한 것과 해당 영아의 사진을 함께 넣은 클리어 파일을 교실 앞에 비치

영아는 부모님의 기도가 녹음된 CD 플레이어를 가지고 놀았는데, 초반에는 기도 내용보다 자신의 부모님 목소리를 변별하는 것에 더 관심을 보였다. 부모님의 녹음된 목소리에 익숙해진 후에는 기도의 내용을 관심 있게 듣기 시작했다. 교사는 영아가 이해하기 어려워 할 경우 부모님이 해준 기도의 핵심(예 "OO 엄마는 OO가 감기에 걸리지 않게 기도해 주셨네.")을 말해 주기도 하였다. 가정과의 연계를 위해 학급 입구에 부모의 기도를 전사한 것, 해당 부모의 영아 사진을 함께 넣은 클리어 파일, 부모님의 기도 음성이 녹음된 CD 플레이어를 비치하고 등원 때 부모와 영아가 함께 들을 수 있게 하였다. 많은 영아가 자신들도 기도를 녹음하여 다른 사람에게 들려주길 원했기 때문에 또래나 부모를 위한 기도를 녹음하는 활동으로 확장하였다.

(3) 또래의 낮잠 기도 듣기

- 영아의 인지 및 언어 발달 정도에 따라 다른 사람을 위해 기도하는 과정에서 교사는 각 영아의 능력을 고려하여 개별적인 도움을 제공하였다.
- 녹음하기 전에 누구를 위해, 어떤 내용으로 기도를 하고 싶은지 생각해 보고 말로 표현해 보게 도와주었다.
- 교사 및 부모의 기도와 마찬가지로 낮잠 시간뿐만 아니라 자유놀이 시간에도 들을 수 있게 준비해 주었다.
- 교사는 영아가 녹음기에서 나오는 목소리를 구별하고 기도 내용을 이해하도록 지원하였다.
- 부모의 기도 때와 마찬가지로 영아의 기도 내용을 전사한 것과 해당 영아의 사진을 한 장의 종이에 편집한 후 모두 모아 클리어 파일에 넣었다.

낮잠 잘 준비를 끝낸 영아에게 또래의 낮잠 기도를 CD 플레이어를 통해 들려주는 교사

자신을 위한 기도 또는 자신이 아는 목소리가 들리자 기도를 들으며 즐거워하는 영아

자유놀이 시간에 또래의 기도를 들으며 해당 영아의 사진과 기도가 전사된 파일을 찾아보는 영아

상어로 놀기

활동개요

핵심 교육 영역	활동 적정 시기	적정 인원	활동 영역
의사소통	무관	관심 있는 영아	학급 내 여러 영역

활동목표

의사소통	• 상어의 특성을 신체, 음성, 미술 활동 등을 통해 표현한다.
관계 형성	• 또래와 함께 상어의 특성을 표현하며 즐겁게 놀이한다. • 필요한 도움을 형님 반에 요청하고 감사함을 표현한다.
감각 및 탐색	• 상어를 표상하는 과정에서 사용하는 다양한 자료의 특성(예 아세테이트지, 물감)을 탐색한다.
신체 및 운동	• 상어를 신체 움직임과 미술을 통해 표상하는 과정에서 대근육 협응력을 키운다.

활동 선정 이유

헌 모서리 보호대를 놀잇감으로 내주자 뱀, 긴 물고기, 상어를 연상하며 놀이하기 시작했다. 영아가 연상했던 뱀, 뱀장어, 상어가 나온 책을 읽어주었는데 그 중 상어 책에 영아가 높은 관심을 보이며 상어의 표정, 음성, 움직임을 표현하는 놀이를 자발적으로 시작했다. 영아는 자신이 신체로 표현하는 상어가 책에 있는 상어임을 확인하고 싶어 했지만 책이 너무 작았기 때문에 실감하지 못했다.

교사는 영아가 선택한 회색 상어를 크게 그려 놀이에 활용할 수 있도록 미술 활동을 준비하였다. 영아가 상어 색으로 칠할 수는 있었지만 큰 상어를 그릴 수는 없었기 때문에 형님 반에 도움을 요청했고, 5세 학급 유아가 매우 큰 상어를 그려 주었다. 영아는 형님 반이 그려준 상어를 가지고 다양한 상상놀이를 하였고 이 과정에서 또래와의 협력, 표상 능력의 발달, 대근육 협응 능력을 발달시킬 수 있었다.

활동준비

(1) 없음

(2) 영아가 언급한 긴 생물이 나오는 책

(3) 회색 물감, 질감이 거칠게 표현되는 큰 붓, 아세테이트지

(4) 형님 학급에서 그려 준 상어

활동전개

모서리 보호대로 놀이하기 ⇨ 교사가 읽어주는 상어 책 들으며 상어 되어보기 ⇨ 회색 상어 그리기 ⇨ 회색 상어로 상상놀이 하기

(1) 모서리 보호대로 놀이하기

- 교사가 떨이진 모시리 보호대를 새깃으로 교체하고 헌 모서리 보호대를 내주자 영아는 길이가 긴 생물인 뱀, 큰 물고기, 상어를 연상하며 표상했다.

모서리 보호대를 발견한 영아

서로 다른 생물을 유사하게 표상하는 영아

헌 모서리 보호대로 영아가 하는 표상은 단순했다. 영아마다 다른 생물을 말했지만, 영아가 하는 표상은 유사해서 대부분 기어가면서 몸을 비틀거나 무서운 소리를 내는 것을 반복했다. 교사는 영아의 흥미가 일시적인 것인지 확인하고 영아가 표상하는 각기 다른 생물의 차이를 알려주기 위해 각 생물이 나오는 책을 읽어주기로 했다.

(2) 교사가 읽어주는 상어 책 들으며 상어 되어보기

- 교사는 영아가 언급한 생물 중 뱀, 긴 물고기(뱀장어), 상어가 나오는 책을 읽어주고 어떤 생물에 관심을 보이는지 관찰하였다.
- 책을 읽어 줄 때 영아가 가만히 앉아서 듣게 하기보다는 적극적으로 움직이며 가장 큰 관심을 보인 상어를 표현하도록 격려하였다.

교사와 함께 상어 책을 읽는 영아

상어가 '수영'하는 모습을 표상하는 영아

상어가 물고기를 잡아먹는 모습을 표상하는 영아

상어의 모습을 자세히 보기 위해 책을 보는 영아

영아는 놀이하는 도중 상어 책을 자주 찾아보았는데 그림이 작아서인지 자신이 표현하고 싶은 큰 상어처럼 느끼지 않는 듯했다. 교사는 영아가 좋아한 회색 상어를 크게 그려서, 가지고 놀 수 있도록 상어 그리기를 활동을 준비했다. 교사는 상어를 크게 그리면서 대근육 활동도 할 수 있도록 큰 아세테이트지를 준비해 주기로 했다. 영아가 큰 아세테이트지를 회색으로 칠을 했지만 상어를 그리는 것은 어려워 하였다. 연령별 교류가 활발한 기관이어서 과거에도 형님 반의 도움을 여러 번 받았기 때문에 교사는 영아에게 5세 학급의 형님에게 도움을 청할 것을 권유했다. 영아는 교사와 함께 회색으로 칠한 아세테이트지를 5세 학급으로 가지고 가서 뾰족한 이빨과 무서운 눈을 가진 상어를 그려줄 것을 부탁했다.

(3) 회색 상어 그리기

- 아세테이트지에 큰 붓으로 회색 물감을 묻혀 상어의 느낌을 표현하도록 하였다.
- 손이나 다른 도구로 그리기를 원하면 허용하였다.
- 상어의 큰 움직임처럼 대근육을 활용해서 그리도록 격려하였다.
- 상어를 그리면서 자연스럽게 나타나는 상어놀이를 격려하였다.
- 5세 학급 형님에게 원하는 상어(예 이빨이 뾰족하고 눈이 무서운 아주 큰 상어)를 영아가 정확히 알려 주도록 교사가 지원하였다.

아세테이트지에 큰 붓과 회색 물감으로 상어를 표현하는 영아

아세테이트지에 손을 사용해서 상어를 표현하는 영아

상어를 손으로 그리다 상어놀이를 하는 영아

5세 형님 학급으로 가서 이빨이 뾰족하고 눈이 무서운 아주 큰 상어를 그려 줄 것을 부탁하는 영아

동생들의 부탁을 들어주기 위해 상어를 스케치 해보는 유아

태블릿 PC로 상어 동영상을 보며 스케치한 상어를 크게 복사하여 밑에 깔고 아세테이트지에 따라 그리는 유아

스케치한 상어를 교사의 도움을 받아 장판에 그린 후 오리는 유아

완성된 상어를 영아 학급에 배달 온 유아

고마움을 안아주는 것으로 표현하는 영아

형님 반이 완성해준 상어는 아세테이트지와 장판으로 만들어진 두 종류였다. 장판으로 만들어진 상어는 견고했으므로 영아가 가지고 놀 수 있게 했고, 아세테이트지로 만들어진 상어는 찢어지기 쉬웠으므로 학급 천정에 매달아 주었다. 교사의 예상과 달리 천정에 매달아 준 상어를 가지고 활발한 상상놀이가 이루어졌다.

(4) 회색 상어로 상상놀이 하기

- 영아가 어떤 내용의 상상놀이를 하든 적극적으로 격려하였다.
- 영아가 상상놀이에 필요한 도구와 자료를 스스로 찾거나 만들어 사용하도록 격려하였다.
- 상상놀이에 필요한 지식(예 상어의 먹이)이 있을 때 영아에게 책을 찾아보라고 권유하였고 교사도 도왔다.

• 영아가 책에서 알아낸 사실에 기반해 상상놀이를 하는 경우와 사실과 무관한 상상놀이를 하는 경우, 두 가지를 모두 격려하였다.

상어를 진찰하는 영아

잠수함을 타고 상어가 헤엄치는 것을 구경하는 영아

의자를 놓고 올라가 상어에게 먹이를 주는 영아

상어 이빨의 날카로움에 대해 이야기하는 교사와 영아

상어를 잡으러 갈 그물을 만들기 위해 블록을 쏟는 영아

12 관계 형성 영역

1 일상생활에서 자연스럽게 이루어지는 긍정적 관계 형성

2 교사가 계획한 활동

관계 형성 영역은 자신, 또래, 성인과 바람직한 관계를 맺도록 지원하는 것과 또래나 성인과 함께 지내는데 필요한 친사회적 행동 양식이나 갈등을 해결하는 능력, 그리고 단체 생활에서 필요한 기술(예 기다리기)을 영아가 갖도록 지원하는 영역이다. 따라서 하나의 활동보다는 일상의 모든 순간에서 영아가 자신, 또래, 성인과 바람직한 관계를 맺도록 지원할 수 있는 언어적, 심리적, 정서적, 물리적 환경을 조성해야 한다. 본 장에서는 일상적인 지원을 기본 전제로 하고 영아가 자신, 또래, 성인과 긍정적인 관계를 맺는데 도움이 되는 활동의 예를 살펴보고자 한다.

1. 일상생활에서 자연스럽게 이루어지는 긍정적 관계 형성

영아는 기관에서 교사, 또래와 자연스럽게 관계를 형성해간다. 관계 형성은 교사가 관계 형성을 목적으로 계획한 활동을 통해서도 이루어지지만 매일의 일과, 관계 형성이 주요 목표가 아니었던 활동, 그리고 자발적으로 진행되는 영아의 놀이를 통해서도 이루어진다.

타인과의 긍정적인 경험(예 또래와의 즐거운 놀이, 원하는 놀잇감 가짐)이 축적될 때와 부정적인 상황(예 부모와의 헤어짐에서 오는 불안, 또래와의 갈등, 싫어하는 음식을 먹어야 할 때)이 긍정적으로 해결되는 경험을 통해 관계 형성 영역의 목표가 달성된다. 교사는 관계 형성을 목적으로 계획한 활동을 진행할 수도 있지만 일상생활에서 관계 형성 영역의 목표가 달성되도록 하는 것이 더 중요하다.

또래에 대해 관심을 표현하는 영아와 긍정적으로 반응하는 1세 영아

또래와 한 공간에서 놀이하는 것을 즐거워하는 1세 영아

또래와 까꿍놀이를 하며 적극적으로 관계를 맺는 1세 영아

속상한 또래를 자발적으로 달래주는 1세 영아

속상한 마음을 가족 사진을 보며 스스로 달래는 1세 영아

교사와 병원놀이를 하는 1세 영아

속상한 또래의 눈물을 닦아 주는 2세 영아

또래에게 도움을 주는 2세 영아

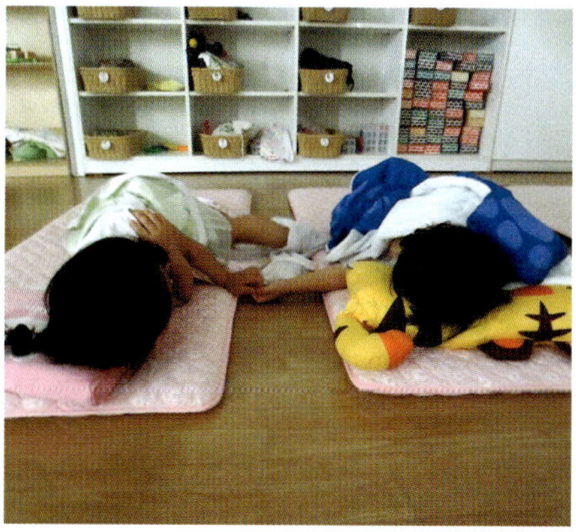

낮잠 자기 전 친밀감을 표현하는 2세 영아

또래와의 놀이를 즐거워하는 2세 영아

2. 교사가 계획한 활동

나와 친구 얼굴 스티커 찾아 붙이기(1세)

활동개요

핵심 교육 영역	활동 적정 시기	적정 인원	활동 영역
관계 형성	4월 말 (같은 반 또래의 얼굴을 익힌 후)	관심 있는 영아	학급 내 어느 곳이나

활동목표

관계 형성	• 실제 얼굴과는 약간 다를 수 있는 자신의 얼굴 사진을 찾아본다. • 사진을 보고 특정 또래를 인식하고 그 또래와 상호작용한다.
신체 및 운동	• 손가락 근육을 사용하여 스티커 얼굴 사진을 떼고 붙인다.
의사소통	• 또래, 교사와 사진을 매개로 관련된 이야기를 나눈다.

활동 선정 이유

적응 기간이 끝난 후에도 영아는 학급에 붙은 자신과 가족의 사진을 찾아보거나 가지고 다니면서 교사와 또래에게 보여주었다. 특히 기분이 안 좋은 날에는 사진을 마음의 안정을 찾는 도구로 활용하였다. 한편, 적응 기간이 끝나자 영아와 같은 학급 또래 간의 상호작용이 점차 활발해졌다. 교사는 자신의 얼굴 사진을 선호하는 영아의 흥미를 활용하여 같은 학급 또래와의 상호작용을 촉진하고 소근육 발달을 지원할 수 있는 활동을 계획하였다.

영아는 그동안 대형 시트지에 다양한 사물을 붙이고 떼는 활동을 했기 때문에 시트지에는 익숙했다. 같은 특성을 지닌 스티커는 사물에 붙이는 시트지와는 달리 소근육을 사용해서 떼야 사용할 수 있는 자료이기 때문에 유용하다고 판단하였다. 자신의 사진을 찾고, 떼어 붙이고, 교사와 상호작용하는 것을 충분히 한 후 영아는 자연스럽게 또래의 사진을 찾고 떼면서 또래와 상호작용을 시작하였다.

활동준비

(1)(2) 영아의 사진을 카메라로 찍어서 크게 인쇄한 스티커 용지(스티커 용지의 크기는 큰 것이 좋으나 영아의 소근육이 충분히 발달하였으면 작게 인쇄할 수 있음)

활동전개

내 얼굴 스티커 찾기 ▢ 친구 얼굴 스티커 찾기

(1) 내 얼굴 스티커 찾기

- 영아의 소근육 발달 정도와 자신 및 또래의 얼굴을 인식하는 능력을 고려하여 사진(예 가능하면 현재의 모습과 가까운 사진)과 스티커 크기(예 월령이 낮은 영아가 많을수록 큰 스티커)를 결정하였다.
- 영아가 스스로 만족할 때까지 자신의 사진을 찾을 수 있도록 얼굴 스티커를 여러 장 준비하였다.
- 한 장의 큰 스티커에 한 영아의 사진만 여러 장 인쇄하기보다는 한 학급 영아의 사진을 한 장에 모두 인쇄하여 여러 사진 중에 자신의 사진을 찾게 하고 그 과정에서 또래의 사진도 살펴볼 기회를 제공하였다.
- 영아가 자신의 사진을 찾아서 떼어낸 후 어떻게 사용할지는 스스로 결정하게 하였다.
- 영아가 사진을 떼어낸 후 하는 행동을 관찰한 후 교사는 상호작용을 하였다.

학기 초의 가족 사진과 역할놀이 소품을 벽에 붙어 있는 시트지에 붙이는 영아

한 학급 영아의 사진이 모두 인쇄된 스티커 종이와 자신의 얼굴 사진을 떼서 보는 영아

자기 얼굴 스티커에만 관심을 보이며 여러 장을 떼는 영아

자신의 얼굴 스티커를 많이 떼서 몸에 붙인 후 즐거워 하는 영아

바닥에 붙였던 자신의 얼굴 스티커를 다시 떼는 영아

활동 초반에 영아는 자신의 얼굴 사진을 찾는데 집중했다. 자신의 사진을 모두 찾아 몸, 활동실 바닥, 가족 사진 옆 등 다양한 장소에 붙이고 다시 떼어내어 옮겨 붙이기를 반복했다. 이 과정이 지나자 영아는 자연스럽게 또래의 사진에도 관심을 가졌다. 특히 이 활동에 참여하지 않아 스티커 사진이 남아 있는 또래의 사진을 떼서 가져다주거나 또래에게 자신처럼 몸에 붙일 것을 권하기도 하였다. 이 활동을 하는 과정에서 또래와 함께 사진 붙일 곳을 찾는 등 사진을 매개로 한 상호작용이 활발히 이루어졌다.

(2) 친구 얼굴 스티커 찾기

- 친구의 얼굴 스티커를 뗄 때 해당 영아가 싫어하면 얼굴 스티커를 그냥 두도록 설득하였다(예 "○○가 나중에 자기가 하고 싶은가봐. 너도 네 사진을 네가 떼었지? ○○도 너처럼 하고 싶은 것 같아.").
- 또래 사진을 떼서 해당 영아에게 갔을 때 긍정적인 상호작용이 이뤄지도록 지원하였다(예 "○○야, △△가 뭐를 가지고 왔는지 봐! 그래 네 사진이지? 친구가 네 사진을 갖다줬네! 고맙다고 할까?").

또래의 사진을 떼는 영아

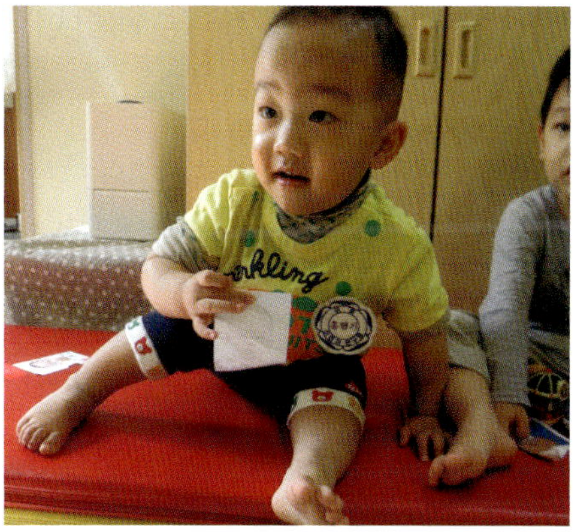

또래의 사진을 떼서 가져다주려고 일어나면서 그 또래가 어디 있는지 찾는 영아

"이것 봐, 네 사진이네! 친구가 갖다 주었네. 참 고맙지?"

또래 사진을 떼서 가져다 주는 영아와 긍정적 상호작용이 일어나도록 지원하는 교사

친구를 찾아 등에 붙여 주는 영아

어디에 붙일지 의논한 후 친구와 함께 복도로 나가 신발장에 사진을 붙이고 오는 영아

또래와의 낮잠놀이(1세)

활동개요

핵심 교육 영역	활동 적정 시기	적정 인원	활동 영역
관계 형성	5월 이후 (기관에서의 낮잠 자기에 익숙해진 후)	관심 있는 영아	조용한 곳이면 어디나

활동목표

관계 형성	• 또래와 같이 낮잠을 자거나 서로 재워주면서 함께 놀이하는 능력을 기른다. • 일시적으로 불안할 때 재워주는 역할을 하면서 심리적 안정감을 가진다.
일상생활	• 낮잠 시간에 자발적으로 또래를 재워주거나 깨워준다.
의사소통	• 낮잠 자는 것과 관련된 어휘를 익히고 표현한다.

활동 선정 이유

다양한 색의 얇은 천을 영아가 마음대로 사용하도록 내주었더니 처음에는 천을 살펴보거나 접어보거나 음악에 맞춰 흔드는 등 천 자체에 집중하여 놀이하였다. 그 후 점차 인형을 업거나 데리고 자면서 이불처럼 덮고 노는 놀이로 자연스럽게 확장되었다.

한편 낮잠 자기는 기관에서 생활한지 2달이 지났지만 몇몇 영아에게는 여전히 힘든 일과였다. 교사는 자연스럽게 시작된 낮잠놀이를 확장시켜 주어 영아가 낮잠 자는 것을 편안히 받아들이도록 지원하였다. 영아는 얇은 천 대신 자신이 낮잠 시간에 덮고 자는 이불을 사용하여 낮잠놀이 하는 것을 즐겼고, 교사는 이를 격려하였다. 또한 실제 낮잠 시간에도 놀이할 때처럼 이불 덮어주기, 재워주기, 깨워주기 등을 하도록 함으로써 낮잠과 놀이를 연계하였고, 이를 통해 영아가 낮잠 시간을 편안히 받아들이게 되었다.

활동준비

(1)(2)(3) 여러 색의 얇은 천 또는 영아가 덮고 자는 이불

활동전개

얇은 천 가지고 놀이하기 ▢ 업고 낮잠 자거나 재우는 놀이하기 ▢ 낮잠 잘 때 '낮잠놀이' 하기

(1) 얇은 천 가지고 놀이하기

- 영아가 얇은 천으로 자유롭게 놀이하도록 격려하였다.
- 영아가 천으로 하는 놀이에 적극적으로 반응하여 주었다(예 선물 포장하기, 천 팔기 놀이하기, 음악 틀어주기).
- 천으로 하는 놀이에서 낮잠놀이로의 전환은 우연히 시작된 것이었다(교사가 낮잠놀이를 하는 것이 영아의 낮잠 일과 적응에 도움이 된다고 판단되면 다양한 상황에서의 영아놀이를 관찰하다 적절한 기회가 생기면 시작한다.).

천을 펼쳐 놓고 살펴보는 영아

천을 흔들어 보며 탐색하는 영아

천을 음악에 맞춰 흔드는 영아

천을 접어 선물 포장을 하는 영아

색과 촉감이 매력적인 천 자체를 탐색하던 영아가 천을 놀이의 도구로 사용하기 시작했다. 특히 천이 길기 때문인지 몸에 둘러달라고 하거나 천을 사용해서 인형을 업어달라고 요청하는 영아가 많았다. 영아는 인형을 업고 놀다 인형을 재우거나 자신이 쉬려고 눕기 시작하면서 자연스럽게 낮잠 자는 놀이를 하게 되었다. 교사는 학기 초라 낮잠 자기를 힘들어 하는 영아에게 낮잠을 익숙하게 받아들이게 하는 기회가 될 수 있다고 생각하여 영아가 시작한 낮잠놀이를 적극적으로 지원했다.

(2) 업고 낮잠 자거나 재우는 놀이하기

- 영아가 원하는 대로 천을 사용하도록 격려하였다(예 인형을 업게 묶어 주기).
- 영아가 낮잠 잘 때 사용하는 이불을 놀이에 사용하길 원하면 허용하였다.
- 낮잠 잘 때의 상황과 연계하여 상호작용하였다(예 다 함께 자기, 눈 감고 편히 쉬기, 두드려 주기, 자고 일어나서 신나게 놀기).

인형을 업고 놀다 다 같이 누워서 노는 영아

천 이불을 덮고 누워서 자는 놀이를 하는 영아

물감놀이한 것을 바닥에 붙여 놓은 곳이 매트라며 누워서 놀이하는 영아

종이 벽돌 블록으로 침대를 만들고 자신의 실제 이불을 가지고 와서 자는 놀이를 하는 영아

매트를 만들어 깔고 인형을 재워주는 영아

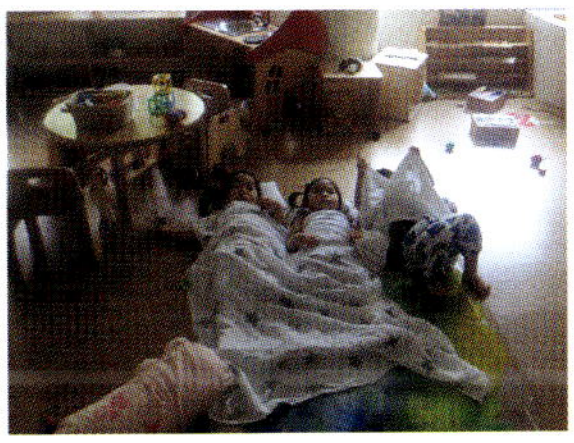

진짜 자는 것처럼 불을 꺼달라고 요구한 후 자는 놀이를 하는 영아

한 이불을 덮고 누운 또래를 재워 주는 놀이를 하는 영아

낮잠놀이는 실제 낮잠과도 연결되었다. 영아 스스로 낮잠 시간에 낮잠놀이에서 했던 깨우기, 재우기, 달래 주기, 이불 덮어 주기를 자연스럽게 또래에게 해주었다.

(3) 낮잠 잘 때 '낮잠놀이'하기

- 낮잠 시간에 자기 싫어하거나 늦게까지 일어나지 않거나 기분이 좋지 않은 영아가 있을 때 낮잠놀이했던 것처럼 놀이하면서 낮잠을 자거나 일어나도록 지원하였다.

기분이 좋지 않은 또래를 달래 주는 영아

깊이 잠든 영아를 더 자도록 두드려 주는 영아

아기 때 사진 보고 현재와 비교하기(2세)

활동개요

핵심 교육 영역	활동 적정 시기	적정 인원	활동 영역
관계 형성	2학기 후반/ 3세 학급 진급 전	관심 있는 영아	조용한 곳이면 어디나

활동목표

관계 형성	• 아기 때와 비교하여 성장한 자신의 모습을 보며 자신에 대해 긍정적인 태도를 가진다. • 또래의 성장과정에도 관심을 가지고 상호작용한다.
문제 해결	• 아기 때부터 현재까지 자신이 성장해서 달라진 점과 그대로인 점을 안다.
의사소통	• 자신의 아기 때 모습을 언어로 표현한다.
신체 및 운동	• 자신의 아기 때 모습을 신체로 표현한다.

활동 선정 이유

3세 학급으로의 진급을 앞두고 2세 학급에 처음 왔을 때에 대해 생각나는 것, 형님 반에서 달라지는 점, 그동안 달라진 점에 대해 이야기하는 과정에서 영아는 아기 시절도 자주 언급하였다. 교사는 2세 학기 초뿐만 아니라 아기 때의 모습과 비교하면서 영아가 자신이 많이 성장했다는 자부심을 가지면 3세 학급에 두려움 없이 진급할 수 있을 것이라 판단하여 활동을 시작하였다. 영아가 아기 때 사진을 보면서 언어로만 자신의 아기 때 모습을 표현하는 것이 아니라 자연스럽게 행동(예 기기, 우유 먹기)으로도 표현하였다. 교사는 아기 사진 책을 만들어 학급에 비치하여 주었고 자연스럽게 아기 때의 행동을 재현하는 놀이가 진행되었다. 교사는 영아가 아기 때와 비교해 달라진 모습을 비교하는 것을 통해 많이 성장했다는 자부심을 갖도록 격려하고 지원하였다.

활동준비

(1) 가정에 부탁해서 받은 성장과정이 잘 나타난 영아 사진 몇 장을 PPT로 만든 것과 묶어서 책으로 만든 것
(2) 아기 때 사진과 현재의 사진을 나란히 붙여서 책으로 만든 것

활동전개

아기 때 사진 보기 ➡ 아기 때 사진 보고 따라 하기 ➡ 아기 때와 현재 비교하기

(1) 아기 때 사진 보기

- 대 · 소집단 활동을 실시하는 3세 학급 진급 직전이므로 소집단 또는 대집단의 형태로 진행하였다.
- 형식적인 반원 형태로 앉기를 요구하기보다는 의자에 자연스럽게 앉게 하였다.
- 가정에서 보내온 영아 사진을 성장 순서에 따라 배치하여 PPT로 제작한 것을 보여 주었다.
- 슬라이드를 넘기면서 누구의 사진인지 다 함께 맞혀보고, 해당 영아가 무엇을 하는 사진인지 이야기하도록 격려하였다.
- 각 사진에 대한 영아의 관심이나 아기 때 무엇을 하는 사진인지 표현하는 수준에 따라 넘기는 속도를 조정하였다.

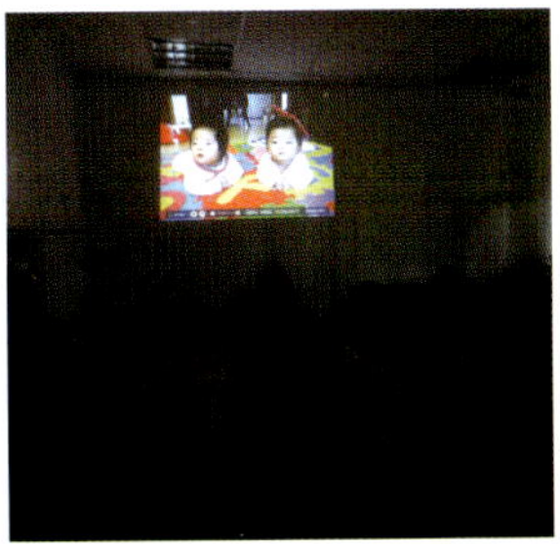

어두운 곳에서 다 함께 모여 대집단 형태로 아기 때 사진을 보는 영아

또래의 아기 때 사진을 집중해서 보며 이야기하는 영아

"○○는 예진에도 머리가 짧았어. 그런데 아기 때는 누워 있네."

지금과 같은 점과 다른 점에 대해 비교하며 이야기하는 영아

아기 때의 사진을 보면서 회상하거나 지금과의 다른 점을 이야기하는 과정에서 영아는 자연스럽게 아기 때 '이렇게' 했다고 하면서 아기 때의 모습을 따라 하기 시작했다. 교사는 영아가 어릴 때의 모습을 따라 하는 과정에서 자신이 얼마나 성장했는지를 느낄 수 있고, 다양한 방식으로 따라 하는 과정에서 의사소통 능력도 향상된다고 판단하여 적극적으로 지원하였다.

(2) 아기 때 사진 보고 따라 하기

- 아기 때의 사진을 책처럼 보면서 표정이나 동작에 대해 이야기를 나누었다(예 "○○가 고개를 들고 앞을 보고 있네. 그래, 팔도 앞으로 뻗었어. 왜 이렇게 엎드려 있을까? 아, 이때는 아직 어려서 걷거나 뛰지 못하고 가만히 엎드려 있었구나.").
- 사진 속 표정이나 동작을 따라 하는 영아의 행동을 구체적으로 읽어주었다(예 "○○가 아기 때처럼 고개를 들었네. 아기 때는 힘이 없었는데, 지금은 하나도 힘들이지 않고 팔로 몸을 받치네.").
- 사진 속 표정이나 동작을 따라 하는 자신의 행동을 볼 수 있도록 거울을 준비해 주었다.
- 아기 때의 사진처럼 해보기 위해 소품이 필요할 경우 찾아서 사용하도록 하였다.
- 아기 때 사진 보고 따라 하기를 하면서 풍부한 표상이 일어나도록 격려하였다.

쌍둥이가 어릴 때 엎드려 있는 모습을 재연하는 영아

"어때? 아기 때랑 똑같이 웃지?"
"똑같이 앉았는데 다리가 더 길어."

아기 때 사진과 비교해서 공통점과 차이점에 대해 이야기하는 영아

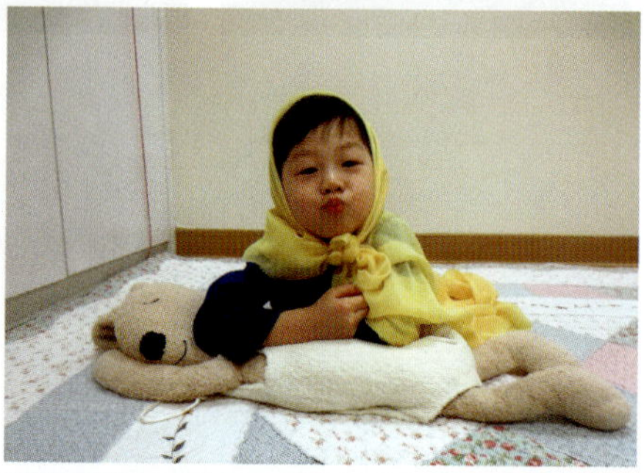

아기 때 사진을 따라 하기 위해 적극적으로 소품을 찾아 재연하는 영아

"아기 때는 작아서 자동차에 쏙 들어갔어.
그런데 교실에는 자동차가 없는데…."

"강당에 오니 있네! 타보자."

학급에서 적절한 수레를 찾을 수 없자 강당에 갔을 때 찾아서 재연하는 영아

영아가 아기 때의 모습을 따라 하는 과정에서 현재의 모습과 자연스럽게 비교하였다. 교사는 과거와 현재의 모습이 잘 대비되는 사진을 찍어주면 영아가 자신이 성장한 모습을 확실히 비교하는데 도움이 될 것으로 판단하여 아기 때 모습과 유사한 모습을 한 사진을 찍어서 책으로 제시해 주기로 하였다.

(3) 아기 때와 현재 비교하기

- 영아에게 원하는 사진을 고르게 한 후, 아기 때 사진과 유사한 자세를 취한 사진을 찍어 나란히 배치하였고 이를 모아 책으로 제작하였다.
- 사진 책을 보면서 자신과 또래의 생김새 변화 및 발달에 대해 이야기 나누도록 격려하였다.
- 영아가 자신의 성장과정을 자랑스럽게 느끼도록 긍정적인 어휘를 사용하여 이야기를 나누었다.
- 성장을 강조함으로써 3세 학급에 진급해서도 잘 지낼 수 있다는 자신감을 갖게 하였다.

아기 때 모습과 그 모습을 재연한 현재의 모습을 함께 찍어 만든 사진 책

또래와 함께 사진 책을 보며 자신들의 성장 과정에 대해 이야기 나누는 영아

자신과 타인의 기분 이해하기

활동개요

핵심 교육 영역	활동 적정 시기	적정 인원	활동 영역
관계 형성	2학기 중반 (영아가 타인의 감정에도 관심을 보일 때)	관심 있는 영아	조용한 곳이면 어디나

활동목표

관계 형성	• 영아가 자주 경험하는 상황(예 친구와 재미있게 놀 때, 친구가 놀잇감을 뺏었을 때)에서 자신에게 어떤 감정이 드는지 안다. • 상대도 자신과 같은 감정이 있음을 점차 이해한다. • 어떤 상황에 어떤 감정이 드는지 이해한다.
의사소통	• 감정에 적절한 어휘(예 슬퍼요, 화났어요, 기뻐요 등)를 사용한다.
문제 해결	• 또래 또는 자신과 관련해서 좋지 않은 감정을 느꼈을 때 긍정적인 방법으로 해결한다.

활동 선정 이유

영아는 자신의 감정을 어떻게 표현해야 하는지와 그로 인해 상대방은 어떤 기분이 들지를 잘 이해하지 못한다(예 화났을 때뿐만 아니라 관심의 표시로도 밀거나 때리기, 상대가 원하지 않아도 껴안거나 뽀뽀하기). 교사는 영아가 다양한 감정과 기분을 이해하고 표현하는 방법을 알 수 있도록 감정에 관련된 책을 비치하자 영아가 책에 관심을 보이고 여러 번 읽어달라고 하였다. 이 책은 조작할 수 있는 책으로 감정(예 기쁨, 슬픔, 화남, 무서움)이 표현된 곰돌이의 얼굴을 책의 내용에 맞게 끼워 넣게 되어 있었다.

책을 읽는 도중 영아가 서로 곰돌이의 얼굴을 끼워 넣기를 원했기 때문에 갈등을 줄이고자 책에 나오는 곰돌이 얼굴 그림을 크게 확대하여 가면으로 만들고 감정에 관련된 화보도 준비하여 주었다. 감정에 대한 영아의 흥미가 고조되어 교사는 학급 영아가 감정을 표현하는 사진을 찍어 묶은 감정 책을 만들어 주었는데 감정 변별이 잘 되도록 감정 표현이 분명한 사진을 선별하였다. 책을 보며 왜 이런 감정이 들었는지 서로 이야기했지만 사진에는 그 순간에 표현된 감정만 찍혔기 때문에 자신의 감정을 설명하는 영아와 설명을 듣는 영아 모두 왜 그런 감정이 들었는지 이해하기 어려워했다. 교사는 영아가 감정을 표현하는 것을 동영상으로 찍어서 보여주어, 감정의 원인과 표현, 상대의 반응을 맥락 안에서 파악할 수 있도록 도와주었다.

활동준비

(1) 감정에 관련된 책(『Little teddy bear's happy face, sad face』(글 · Lynn Offerman, The Millbrook Press), 『Feelings』(글 · Susan Canizares, Scholastic))
(2) 감정 드러난 곰돌이 얼굴 그림으로 만든 가면(영아 얼굴 크기에 맞게 확대한 후 눈 위치에 구멍을 뚫고 아래에 손잡이를 달아준 것), 거울, 감정이 표현된 화보
(3) 영아가 기분을 표현하는 장면을 찍어 인쇄한 후 묶은 책
(4) 영아가 기분을 표현하는 장면을 찍은 영상

활동전개

감정과 관련된 책읽기
감정 가면과 화보를 이용하여 이야기하기
자신과 친구의 감정 사진 보고 이야기하기
자신과 친구의 감정이 녹화된 영상 보고 이야기하기

(1) 감정과 관련된 책읽기

- 책 속의 등장인물(곰돌이)이 느끼는 감정(기쁨, 슬픔, 화남, 무서움)에 중점을 두고 읽어주었다.
- 곰돌이가 왜 그런 감정을 느꼈는지 영아가 유추해보도록 격려하였다.

곰돌이의 다양한 표정을 보여 주며 이 곰돌이의 기분은 어떤지, 왜 그런 기분이 드는지 물어보며 읽어주는 교사

영아가 감정을 분명히 볼 수 있도록 곰돌이의 표정과 같은 표정을 지으며 읽어주는 교사

책을 보며 자신도 그런 기분이 들었던 경험에 대해 이야기하는 영아

이 책은 감정이 표현된 곰돌이 얼굴을 동화의 내용에 맞는 곳에 끼워 넣을 수 있는 조작 책(예 곰돌이의 기분이 좋은 내용에 기분 좋은 곰돌이의 얼굴을 끼워 넣는 것)이었기 때문에 영아가 서로 조작하길 원해서 갈등이 빚어졌다. 교사는 감정에 대한 영아의 관심을 존중하고 조작하길 원하기 때문에 나타나는 영아 간 갈등을 줄이고자 곰돌이 얼굴을 크게 복사하여 가면의 형태로 만들어 주었고 감정이 잘 표현된 화보도 추가해 주었다.

(2) 감정 가면과 화보를 이용하여 이야기하기

- 영아가 곰돌이 감정 가면, 감정과 관련된 다른 책, 감정이 잘 드러난 화보를 보고 자유롭게 이야기를 나누게 격려하였다.
- 감정에 대한 인식(예 "이 아이는 울고 있어.")뿐만 아니라 그 감정이 생기게 된 이유(예 "넘어져서 아픈가봐."), 그리고 영아도 그런 일이 있었는지에 대해 이야기를 나누었다.
- 곰돌이 가면을 가지고 놀 때 감정에 관한 이야기 짓기를 격려하였다(예 영아가 무서움이 표현된 가면을 쓰고 있을 경우, 왜 무서운지 말해보게 한다.).

감정에 관한 다른 책을 읽으면서 책과 비슷한 감정을 가진 화보를 찾아 가리키는 영아

감정에 관한 다른 책, 감정이 표현된 화보, 곰돌이 얼굴로 만든 감정 가면, 거울

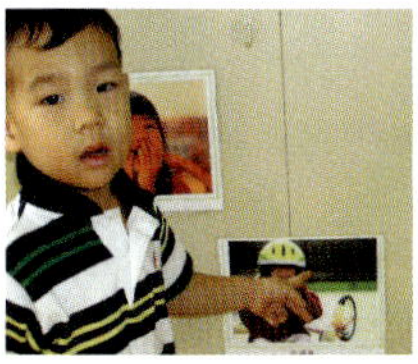

우는 감정이 묘사된 화보를 보며 울고 있다고 말하는 영아와 왜 우는지, 너는 그런 적이 없었는지 질문하는 교사

우는 가면을 쓴 후 왜 울고 있는지 말하는 영아와 영아가 설정한 감정에 맞게 상호작용하는 교사

영아가 교사에게 감정 설정(예 "선생님은 화났다고 해.")을 해주면, 그에 맞춰 이야기 짓기를 하는 교사(선생님이 화난 이유를 지어서 말해 주기)

스스로 감정을 설정한 후 교사와 그 감정을 중심으로 이야기 하는 영아

2세 영아의 특징: 자기중심성

하단 4번째 사진을 보면 영아가 감정 가면을 자신이 보이도록 쓰고 있음을 알 수 있다. 상대가 감정이 보이는 방향으로 가면을 써야 하는데 영아는 자신이 감정을 보는 방향으로 가면을 썼다. 자신이 보이면 상대도 보인다고 생각하는 자기중심성 때문이다. 교사는 뒤집어쓰라고 직접적으로 가르치기보다는 거울에 비친 가면 쓴 자신의 모습을 영아가 보도록 함(하단 왼쪽에서 2번째 사진)으로써 상대의 입장에서 볼 수 있는 기회를 제공했다.

영아는 책, 화보, 가면을 가지고 놀면서 자신과 타인의 감정에 대한 관심이 점차 증가했다. 교사는 영아가 생활 속에서 자기 자신의 감정과 친구들의 감정을 이해하고 좀 더 성숙된 관계를 가지기 위해서는 지금까지 했던 활동이 실생활과 연결될 필요가 있다고 판단하였다. 그래서 학급 영아의 사진 중에서 감정이 잘 드러난 사진을 책으로 묶어서 제공하여 자신과 친구의 감정과 관련된 이해를 넓힐 수 있는 활동으로 확장하기로 하였다. 가능하면 영아 한 명당 긍정적인 감정과 부정적인 감정을 표현하는 사진을 각각 한 장씩 준비해 주었는데, 책에 나타난 4가지 감정 이외의 다양한 감정이 표현된 사진을 찍어 주었다.

(3) 자신과 친구의 감정 사진 보고 이야기하기

- 동화책에 나타난 4가지 감정 이외의 다양한 감정 사진을 묶어 만든 책을 보며 자신과 친구의 감정에 대해 이야기하였다.
- 영아가 사진의 장면을 기억한다면 왜 그런 기분이었는지 회상하도록 격려하였다.
- 또래의 감정 사진을 보고 왜 친구가 그런 기분이었을지 추측해보게 격려하였다.

처음에는 감정에 대한 이야기보다 자신의 사진을 찾는데 집중하는 영아("이거 나잖아~.")와 영아가 감정에 대해 이야기할 때까지 기다려 주는 교사

자신의 사진 찾기를 충분히 한 후 왜 그때 기분이 좋았는지 말하는 영아("산책 가서 기분이 좋았어요.")

친구의 감정 사진을 보고 추측("친구가 그네 안 줘서 화났어.") 한 후, 그 친구에게 가서 확인해 보는 영아와 교사("너 친구가 그네 안 줘서 화난거야?")

"준성이가 울고 있어."

"내가 소리 질렀더니 준성이가 울었어요."

"그래서 나는 이렇게 했어요."

놀이하다 감정 사진에서 본 장면을 이야기하며 그 때의 감정과 행동을 다시 해보이는 영아

- 학기 초에 다 같이 사진을 찍는데 영아를 함께 모여 앉게 하는 것도 어려웠고, 모든 영아가 앞을 보게 하는 것도 어려웠다. 그런 와중에 지민이(아랫줄 맨 오른쪽)가 준성이(아랫줄 오른쪽에서 세 번째)와 부딪히자 소리를 질러서 준성이가 우는 일이 있었다(영아명 모두 가명임).
- 교사는 영아들의 다양한 표정이 담긴 이 사진도 기분 책에 첨가하였다.

- 준성이가 울고 있는 사진(위의 왼쪽 사진)을 볼 때 왜 준성이가 울고 있냐고 교사가 질문하자 지민이는 장소를 옮겨 역할놀이를 하면서도 이때의 상황을 설명하였다.
- 교사는 지민이에게 "준성이가 우니까 너는 어떻게 했니?"라고 질문을 했다.

- 지민이는 준성이가 울자 자기는 얼굴을 찌푸리고 팔짱을 꼈다고 사진과 똑같은 포즈를 취했다. 영아는 몸으로 그때의 기분과 상황을 표현해내고 있었다. 왜 그랬냐고 하자 준성이가 울어서 자기도 싫었다고 하였다.
- 교사는 지민이에게 이럴 때 준성이 기분이 어땠을지 물었다.

감정이 담긴 사진을 보며 감정에 대해 이야기하고 전후의 사정에 대해 추측해보는 놀이가 활발히 이루어졌다. 그러나 사진은 정지된 한 장면만 보여주었고, 2세 영아는 감정에 대한 이해가 충분히 발달하지 않았기 때문에 이야기가 제한적이었다. 교사는 감정 사진의 전·후의 과정까지 영아가 볼 수 있게 하기 위해 원인-감정-결과가 잘 드러나는 상황을 동영상으로 보여주었다.

(4) 자신과 친구의 감정이 녹화된 영상 보고 이야기하기

- 영아가 감정을 표현하는 장면을 교사가 동영상으로 찍은 후 보길 원하는 영아에게는 바로 보여주어 영아의 관심을 높였다.
- 원인과 감정, 그에 따른 결과가 잘 드러나게 편집하여 영아가 쉽게 볼 수 있도록 노트북이나 태블릿 PC에 저장해 제공하였다.
- 자신이나 또래의 감정이 잘 드러난 동영상을 보며 원인, 감정, 결과에 대해 이야기 나누고 비슷한 상황에 대해서도 이야기해 보도록 격려하였다.

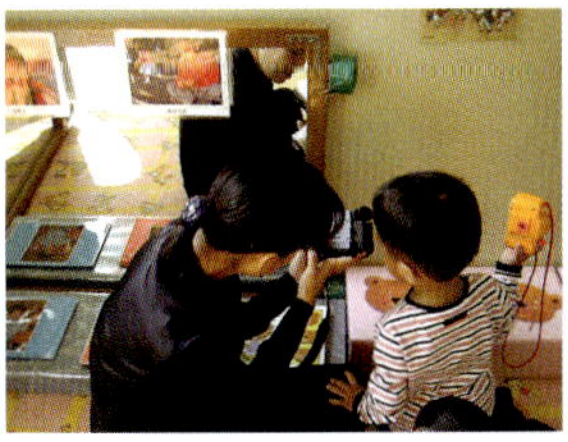

교사가 동영상 찍는 것을 보고 관심을 보이는 영아에게 방금 찍은 영상을 보여주는 교사

방금 찍은 영상이기 때문에 감정에 대해 더욱 활발하게 이야기를 나누는 영아

책이나 사진과 달리 동영상은 영아의 상황이 잘 드러나기 때문에 더 관심을 보이며 적극적으로 상호작용하는 영아

"왜 규원이가 얼굴을 찡그리지?"

- 동영상에는 맥락이 잘 드러나기 때문에 영아는 왜 저런 표정과 기분을 느끼는지 비교적 상세하고 정확하게 설명하기 시작했다. 예를 들어, 어떤 영아가 건어물을 탐색하고 김을 굽는 활동을 하다 혼자서 소금을 손가락으로 푹 찍어 입에 넣고는 얼굴을 찌푸리는 장면을 보고 영아는 "규원이 소금 먹었어."라고 설명하였다.
- 교사가 "그런데 왜 얼굴을 찌푸리지?"라고 하자, 영아는 "짜." 하고 대답하였다.

참고문헌

교육과학기술부 · 보건복지부(2013). 3-5세 누리과정 교사용 지침서. 서울: 교육과학기술부 · 보건복지부.

근로복지공단(2010). 직장보육시설 영아교사 전문성 향상 프로그램: 영아 발달을 고려한 일상생활지도. 근로복지공단.

김재춘(2012). 교육과정. 경기: 교육과학사.

김혜경 · 김홍은 · 문혁준 · 박은혜 · 유애열 · 임혜영 · 장영희 · 조혜진(2002). 효과적인 영아보육을 위한 지침서. 서울: 다음세대.

김희진(2014). 유아교육기관에서의 영유아 평가. 서울: 파란마음.

김희진(2015, 4). 학습표준(Learning standards)과 자유선택활동. 2015년 유아교육국제학술대회, 세계 여러나라의 교육과정을 통해서 본 누리과정의 운영과 과제. 아이코리아, OMEP, 이화어린이연구원 공동주최, 아이코리아 교육관 대강당.

김희진 · 김언아 · 홍희란(2006). 영아를 위한 프로그램의 이론과 실제. 서울: 창지사.

김희진 · 김현주 · 김언경 · 김소리 · 김지은 · 김진선, … 허지영(2016). 이화여자대학교 이화어린이연구원 총서 1: 영유아교육기관에서의 일상생활 지도. 서울: 파란마음.

김희진 · 박은혜 · 김현주 · 김언경 · 권수경 · 김미선, … 허지영(2016). 이화여자대학교 이화어린이연구원 총서 2: 함께 만들어가는 놀이터-놀이를 통한 학습. 서울: 파란마음.

김희진 · 박은혜 · 신은수 · 이지현(2010). 미래지향적 유치원 교육과정 개발 방향 설정을 위한 소고. 육아지원연구, 5(1), 105-128.

노동부(2002). 직업능력개발사업현황. 서울: 노동부.

뉴스위크(1999). 귀여운 우리 아기: 태어나서 3세까지 부모가 알아야 할 모든 것. 서울: 중앙일보.

뉴스위크(2001). 귀여운 우리 아기 II: 태어나서 3세까지 부모가 알아야 할 모든 것. 서울: 중앙일보.

뉴스위크(2008). 귀여운 우리 아기: 0세부터 취학 전까지 최신 육아법(개정증보판). 서울: 중앙일보시사미디어.

박은혜 · 김희진 · 홍누리 · 조하나(2016). 이화여자대학교 이화어린이연구원 총서 4: 교사라면 꼭 알아야 하는 쌓기놀이 지도의 모든 것. 서울: 파란마음.

박태순 · 최은실 · 최연희(2013). (교사를 위한) 영아교육의 실제. 경기: 양서원.

보건복지부(2002). 보육통계: 2002년 6월 30일 기준.

보건복지부(2013a). 제3차 어린이집 표준보육과정 해설서. 보건복지부.

보건복지부(2013b). 어린이집 표준보육과정에 기초한 영아보육 프로그램 0세 1권. 보건복지부.

보건복지부(2013c). 어린이집 표준보육과정에 기초한 영아보육 프로그램 1세 1권. 보건복지부.

보건복지부(2013d). 어린이집 표준보육과정에 기초한 영아보육 프로그램 운영의 이해(총론). 보건복지부.

보건복지부(2013e). 제3차 어린이집 표준보육과정 교사용 지침서. 보건복지부, 육아정책연구소.

보건복지부(2016a). 보육통계: 2015년 12월 기준. 보건복지부.

보건복지부(2016b). 2016년도 보육사업안내. 보건복지부.

보건복지부 · 한국보육진흥원(2014). 어린이집 평가인증 지표 및 운영체계 개선 시범사업 안내 [전자자료]: 홍보설명회용. 서울: 한국보육진흥원.

보건복지부 · 한국보육진흥원(2016). 2016 어린이집 평가인증 안내: 3차 지표 시범사업용. 서울: 한국보육진흥원.

서유헌(2000). 잠자는 뇌를 깨워라. 평단문화사.

이귀윤(1996). 교육과정연구. 교육과학사.

이미화 · 민정원 · 엄지원 · 윤지연(2013). 영아보육의 실태 및 질 제고 방안. 서울: 육아정책연구소.

이윤진 · 이정원 · 김문정 · 황은숙(2010). 가구유형별 육아지원 요구와 정책방안 연구: 맞벌이 및 한부모 가구를 중심으로. 서울: 육아정책연구소.

이정환 · 김희진(2013a). 영유아를 위한 미술활동(개정판). 서울: 파란마음.

이정환 · 김희진(2013b). 영유아교육의 교수학습방법(개정판). 서울: 파란마음.

이화여자대학교 교육과학 연구소 아동교육연구부(2006). 영아를 위한 프로그램의 실제. 서울: 창지사.

장영희(2000). 영아교육과정. 경기: 양서원.

통계정보시스템(2010). 통계정보시스템: 가구구성/가구원수별 가구자료. http://kosis.nso.go.kr 에서 인출

통계청(2014). 경제활동인구연보.

통계청(2016). 2016 통계로 보는 여성의 삶. http://www.kostat.go.kr에서 인출

한국어린이육영회(2002). 영아교육활동자료집 1(3-12개월)/ II(12-24개월)/ III(24-36개월). 한국어린이육영회.

ACECQA. National Quality Framework: NQF. www.acecqa.gov.au에서 인출

Albrecht, K., & Miller, L. (2000). *The comprehensive toddler curriculum*. Beltsville, MD: Gryphon House Inc.

Anderson, G., Spainhower, A., & Sharp, A. (2015). "Where do the bears go?" : The value of child-directed play. In H. Bohart, K. Charner, & D. Loralek (Eds.). *Spotlight on young children: Exploring play* (pp. 37-45). Washington, DC: NAEYC.

Bender, J. (1978). Large hollow blocks: Relationship of quantity to block building behaviors. *Young Children, 33(6)*, 17-23.

Berk, L. (1999). *Infants and children: Prenatal through middle childhood*. Boston, MA: Allyn and Bacon.

Berk, L., & Meyers, B. (2015). *Infants, children, and adolescents* (8th Ed.). Boston:

Pearson.

Bodrova, E., & Leong, D. (2005). High quality preschool programs: What would vygotsky say? *Early Education and Development, 16(4)*, 435-444.

Bowlby, J. (1969). *Attachment and loss.* New York: Basic Book.

Bredekamp, S., & Coople, C. (1997). *Developmentally appropriate practice in early childhood programs serving children from birth through age 8.* (Rev. ed.). Washington, DC: NAEYC.

Bredekamp, S., & Rosegrant, T. (1995). *Reaching potentials: Transforming early childhood curriculum and assessment.* Washington, DC: National Association for Education of Young Children.

Center on the Developing Child at Harvard University (2007). *The science of early childhood development(In Brief).* Retrieved May 8, 2015 from http://developingchild.harvard.edu/index.php/resources/briefs/inbrief_series/inbrief_the_science_of_ecd

Center on the Developing Child at Harvard University (2010). *The foundations of lifelong health are built in early childhood.* Retrieved May 8, 2015 from file:///C:/Users/eafox/Downloads/Foundations-of-Lifelong-Health.pdf

Connecticut Early Learning and Development Standards(CTELDS). http://www.ct.gov/oec/cwp/view.asp?a=4541&q=536726에서 인출

Curtis, C., Brown, K., Baird, L., & Coughlin, A. (2015). Lively minds at play: Planning environments and materials that support the way young children learn. In H. Bohart, K. Charner, & D. Loralek (Eds.). *Spotlight on young children: Exploring play* (pp. 17-25). Washington, DC: NAEYC.

Delaware Early Learning Foundations: Infant/toddler. http://www.doe.k12.de.us/Page/587에서 인출

Deviney, J., Duncan, S., Harris, S., Rody, M., & Rosenberry, L. (2010). *Inspiring spaces for young children.* Lewisville. NC: Gryphon House Book.

Durtis, D., & Carter, M. (2003). *Designs for living and learning: Transforming early childhood environments.* St. Paul, MN: Redleaf Press.

Durtis, D., & Carter, M. (2015). *Designs for living and learning: Transforming early childhood environments* (2nd ed.). St. Paul, MN: Redleaf Press.

Early Learning Catalog (1996). *Early learning catalog.* MA: J.L. Hammett, Co.

Edwards, C., Gandini, L., & Forman, G. (2012). *The hundred languages of children: The Reggio Emilia experience in transformation* (3rd ed.). Santa Barbrara, CA: Praeger.

Epstein, A. S. (2014). *The intentional teacher (Rev. ed.)*. Ypsilanti, MI: High/Scope Press.

Erikson, E. (1950). *Child and society*. NY: Noton.

e-나라지표, http://www.index.go.kr/potal/main/EachDtlPageDetail.do?idx_cd=1572에서 인출

Family and Work Institute(1996). *Brain development in young children: New frontiers for research, policy, and practice*. NY: Family and Work Institute.

Frost, J. (1992). *Play and playscapes*. Albany, NY: Delmar Publishers.

Frost, J., Wortham, S. C., & Reifel, S. (2005). *Play and child development* (2nd ed.). Upper Saddle River, NJ: Merrill/Prentice Hall.

Fu, V., Stremmel, A., & Hill, L. (2002). *Teaching and learning*. Toronto: Merrill-Prentice Hall.

Galinsky, E., Howes, C., Kontos, S., & Shinn, M. (1994). *The study of children in family child care and relative care*. New York: Families and Work Institute.

Gordon, G. (2009). What is play?: In search of a definition. In D. Kuschner (Ed.). *Children to red hatters: Diverse images and issues of play* (pp. 1-13). University Press of America.

Harms, T., Clifford, R., & Cryer, D. (2006). *Infant/Toddler Environment Rating Scale* (Rev. ed.). New York: Teachers College Press.

Hirsch, E. (1974). Block building: Practical considerations for the classroom teacher. In E. S. Hirsch (Ed.). *Block Building* (pp. 88-100). Washington, DC: NAEYC.

Johnson, H. (1933). The art of block building. In E. S. Hirsch (Ed.). *The block book* (pp. 9-27). Washington, DC: NAEYC.

Johnson, J., Christie, J., & Wardle, F. (2005). *Play, development and early education*. Boston, MA: Allyn & Bacon.

Kaplan (2003). *Early learning: First 3 years*. NC: Early Learning Company.

Kessler, S. (1991). Alternative perspective on early childhood education. *Early Childhood Research Quarterly, 6*, 183-197.

Kohlberg, L., & Mayer, R. (1972). Development as the aim of education. *Harvard Educational Review, 42*, 449-498.

Lally, J. (1998). Brain research, infant learning, and child care curriculum. *Child Care Information Exchange, May/June*, 46-48.

Lally, J. (2001). Infant care in the United States and how the Italian experience can help. In L. Gandini & C. Edwards (Eds.). *Bambini: The Italian approach to infant/toddler care* (pp. 15-22). New York: Teachers College Press.

Mantovani, S. (2001). Infant-toddler centers in Italy today: Tradition and innovation. In

L. Gandini & C. Edwards (Eds.). *Bambini: The Italian approach to infant/toddler care* (pp. 23-37). New York: Teachers College Press.

McAfee, O., & Leong, D. (2011). *Assessing and guiding young children's development and learning* (5th ed.). Boston, MA: Pearson.

NAEYC. *Early learning Program Standards and Criteria.* www.naeyc.org/academy에서 인출

New Zealand Goverment. Te Whāriki. http://www.education.govt.nz/early-childhood/teaching-and-learning/ece-curriculum에서 인출

Pellegrini, A., & Dresden, J. (1991). The concept of development in the early childhood curriculum. In B. Spodek & O. Saracho (Eds.), *Issues in early childhood curriculum* (pp. 46-63). New York: Teachers College Press.

Posner, G. J. (2004). *Analyzing the curriculum* (3rd ed.). Boston, MA: McGraw-Hill.

Roskos, K., & Christie, J. (Eds.). (2000). *Play and literacy in early childhood: Research from multiple perspectives.* Mahwah, NJ: Lawrence Erlbaum.

Schwartz, S. L., & Copeland, S. M. (2013). **발현적 유아교육과정과 표준의 연계.** 박은혜 · 신은수 · 김희진 · 이지현(공역). 서울: 학지사. (원서 2010 출판).

Schwarz, T., & Luckenbill, J. (2015). Let's get messy! Learning through art and sensory play. In H. Bohart, K. Charner, & D. Loralek (Eds.). *Spotlight on young children: Exploring play* (pp. 5-16). NAEYC.

Stacey, S. (2011). *The unscripted classroom: Emergent curriculum in action.* St. Paul, MN: Redleaf Press.

Thompson, R. A., & Nelson, C. A. (2001). Developmental science and the media: Early brain development. *American Psychologist, 56(1)*, 5-15.

Trawick-Smith, J., Wolff, J., Koschel, M., & Vallarelli, J. (2015). Which toys promote high-quality play?: Reflections on the five-year anniversary of the TIMPANA study. In H. Bohart, K. Charner, & D. Loralek (Eds.). *Spotlight on young children: Exploring play* (pp. 65-74). NAEYC.

U.K. Goverment. *Statutory Framework for the Early Years Foundation Stage(EYFS).* http://www.gov.uk/government/publications/early-years-foundation-stage-framework?2에서 인출

Walsh, D. (1991). Extending the discourse on development appropriateness: A developmental perspective. *Early Education and Development, 2*, 109-119.

Weber, E. (1984). *Ideas influencing early childhood education: A theoretical analysis.* New York: Teachers College Press.

Wood, E. (2009). Conceptualizing a pedagogy of play: International perspectives from theory, policy, and practice. In D. Kuschner (Ed.). *Children to red hatters: Diverse images and issues of play* (pp. 166-189). University Press of America.

Wood, E., & Attfield, J. (2005). *Play, learning and the early childhood curriculum* (2nd ed.). London: Paul Chapman.

Zigler, E., Finn-Stevenson, M., & Hall, N. (2003). *The first three years and beyond: Brain development and social policy*. New Haven: Yale University Press.

김 희 진

이화여자대학교 사범대학 교육학과(학령전교육 전공) 학사
University of Illinois at Urbana-Champaign 유아교육전공 석사
Purdue University 유아교육전공 박사
이화여자대학교 사범대학 부속 이화유치원 교사
현, 이화여자대학교 사범대학 유아교육과 교수, 이화어린이연구원 원장
관심 분야: 영아교육프로그램, 부모교육과 지원, 영유아 관찰, 영유아 평가, 교수학습방법,
부모-유아 상호작용

발현적 교육과정에 기초한 **영아 프로그램의 이론과 실제**

초판 1쇄 인쇄 2017년 2월 10일
초판 2쇄 발행 2020년 8월 26일

지은이_ 김희진
펴낸이_ 황호철
펴낸곳_ 도서출판 파란마음
주소_ 04315 서울시 용산구 백범로90라길 47 | 전화_ (02) 3275-2110~1 | 팩스_ (02) 3275-2199
홈페이지_ http://paranmaum.co.kr/
등 록_ 2006년 4월 24일 · 제302-2006-00024호

ISBN 978-89-97982-56-1 93370
값 27,000원